延續與變革

民國經濟史析論

鄭會欣　著

中華書局

目錄

經濟轉型

企業經營

序 ——

陳方正

現代化之路：競逐富強

對於我們這文明古國在近兩百年來所遭逢的奇劫鉅變，中國學者用心探究的很多，取徑則軍事、工業、政治、社會以至文化、思想等各方面莫不涉及，經濟自亦為其中不可缺少的一環。鄭會欣教授這本民國時期的經濟史論文集累積了超過二十多年探究的成績，所涉及的範圍很廣：十三篇文章的主題分別涵蓋了中央政策、國際關係、個別人物、經濟學活動與思潮等大約五個不同範圍，分量也大致相當；至於內容則絕大部分立足於原始文獻的研究和詮釋，所以非常扎實、深入可靠。這風格和鄭教授自本世紀初以來所出版的多部專業論文集可謂一脈相承，那當是得益於他在南京大學受到的史學訓練以及南京第二歷史檔案館工作時所培養的專業精神，當然，多年來在中國文化研究所得以享受充分的學術自由，恐怕也是一個重要的原因。

然而，在中國綜合力量已經脫胎換骨的今天，回顧它當年那些彷彿根本不可能解決的經濟問題和困境，我們究竟能夠得到些甚麼啟示呢？從整體看，答案似乎很明顯和簡單：清末以軍事與實業為目標的自強運動失敗了，這先後導致以政治改革為核心的辛亥革命，和以思想文化運動為核心的五四運動。但無論北洋政府抑或其後的國民政府，它們的努力和企圖都受制於外侮和外來資本的壓迫和干涉，因而無法持續下去，往往成為白費；只有在中國找到適合它本身的政治結構，從而達到完全的統一和自主，也就是新中國成立之後，它方才能夠不受干擾地探索各種不同發展道路，最後通過八十年代的改革開放，得以釋放自己在幅員和文化上的巨大潛力，這才談得到全面、深入和長期的經濟發展，從而

贏得本世紀初以來令人振奮的局面。

這個觀點很有道理，但是還未能接觸到長遠經濟發展根本問題的核心。從以下兩個不爭的事實看來，那是再也明顯不過了：首先，中國目前雖然在多項工業和技術上領先世界，但以人均產值計，整體發展水平只屬中等，比之西方世界仍然相距甚遠，僅及歐美五六分之一；更重要的是，它繼續發展所遭受的強大阻力正與日俱增，那就像在二十世紀上半葉那樣，同樣是來自西方世界（當然，日本已經被吸納成為其中一員）——雖然其着力點已經從中國境內轉移到境外去了。換而言之，今日中國的經濟固然已經脫胎換骨，水平比之二十世紀初提高到完全不同層次，但它的發展似乎仍然面對着本質上相同的困難，即外力的阻擋、干涉、牽制。這究竟是為何呢？

從國際貿易的角度看，這其實很簡單：就是為了市場的爭奪。在二十世紀初，西方國家是通過不平等條約和生產能力的絕大優勢，來佔領中國市場；現在形勢則顛倒過來：中國是通過西方所建立的自由貿易體制（即世界貿易組織 WTO）和在整體上遠勝於西方的生產能力，來侵奪甚至逐步佔領整個世界包括西方本身的市場，從最初的紡織、鋼鐵、移動通訊、船舶、高速列車，以至當今的風力發電、鋰電池、新能源汽車，都莫不如此，正可謂以其人之道，還施彼身。二十一世紀的中國經濟奇跡，就是通過這樣的擴張而贏來的。

在當初，以美國為首的西方世界本來預期能夠通過自由貿易來整合世界經濟，而自己則繼續通過在金融、學術、科技、高端製造等各方面的優勢，繼續掌控製造業「價值鏈」的龍頭，所以考慮再三，終於在本世紀初接納中國加入 WTO。然而，事與願違，此後發展完全出乎其意料之外：中國在「價值鏈」上迅猛攀升，由是令西方製造產業在多個重要領域迅速萎縮，連帶對西方國家的政治和經濟結構產生巨大衝擊，這是它們在二十一世紀之初所未能預見，也無法想像的。不能夠不承認，當今西方政局之混亂和分裂，有相當部分便是由上述衝擊導致。記得劍

橋大學專門研究中國大型企業的管理學教授諾蘭（Peter Nolan）曾經在本世紀之初宣稱：在加入世貿組織之後，中國的企業很可能會因為競爭實力不足而大量被外資吞併，那甚至可能帶來中國社會的動亂。這無疑是西方專家的預見與日後發展截然相反的最佳例證了。[1] 中國目前經常宣揚「合則兩利，分則兩傷」，這原則在理論上誠然無可辯駁，其實際結果卻絕非當今西方政府所能夠接受，它們近年對中國經濟擴張採取與日俱增的各種強力抗阻措施便是因此而來。

其實，這種抗阻不僅僅是基於經濟考慮，而還有更深層、更根本的理由。那可以從歷史學家麥尼爾（William McNeill）的西方近代軍事史名著 The Pursuit of Power 中的一段話說明：「市場化的資源調動緩慢地發展，逐漸證明它比指令（command）能更有效地把人的努力融成一體……（因此）到十六世紀，甚至歐洲最強大的指令結構在組織軍事和其他事業時，也要依賴國際組織和信貸市場。」從此出發，他進而解釋為何小小的荷蘭能夠在獨立戰爭中擊敗強大的西班牙，以及英國為何能夠在七年戰爭中戰勝法國。他的核心觀念是：資本主義和強大軍事力量之間具有密不可分的「正反饋循環」：因為軍備和戰爭是資本主義發展的主要（雖然並非全部）機制，而先進軍備又必須以強大經濟力量作為基礎，「富」和「強」是密不可分，相互促進的。因此他將該書目標定為「試圖彌合軍事史和經濟史……的鴻溝」，而我在編纂「現代化衝擊下的世界」這套翻譯叢書時，就把此書中譯本定名為《競逐富強》[2]。說到底，經濟和軍事不但是兩位一體，而且就是主宰世界權力之底蘊。從這一點看來，西方世界之所以由於中國的經濟飛躍發展而萌生「存在危

1　諾蘭：〈中國大型企業還將何以立足〉，載《二十一世紀》第 59 期（2000 年 6 月），頁 5-19；此文為其在香港中文大學的公開演講講稿的翻譯。

2　William McNeill, *The Pursuit of Power* (Chicago University Press, 1984)，其中譯本為麥尼爾著，倪大昕、楊潤殷譯《競逐富強》（上海：上海學林出版社，1996；上海：上海辭書出版社，2011）。文中徵引見本文作者為此書所作序言，在該書新版第 3 頁。

機感」（existential crisis），務必要千方百計加以阻撓、干涉，甚至損害部分自身利益亦在所不惜，就是很自然、很難避免的了。這是科技飛躍發展而導致全球不可逆轉地融合，所產生的最根本問題之一。它到底要如何才能夠得到解決呢？那無疑是對人類智慧的一場重大考驗。

　　會欣兄在九十年代初來到中國文化研究所，它本來是以發揚傳統文化為主的，但那時開始有點改變，我們很希望把它擴展到有關現代中國的探索，所以非常高興得到了這麼一位生力軍。此後他展開了民國時期經濟史的多方面研究，又因緣際會，受董浩雲後人付託，編輯董先生遺留下來的日記，由是進而撰寫這位船王的傳記，為中國航運史增添重要篇章。這些和我自己着力的現代化比較研究關係好像不多，不過，從上面的簡短討論看來，卻都可以視為由「現代化」這個大問題所衍生出來的不同探索。因為，廣義而言，所謂「現代化」也者，無非就是西方文明從十五六世紀開始，憑藉其信念、勇氣和先進科學和技術，向全球擴張，從而引起各原有古舊文明的連串反應、模仿、競爭，以求能夠適應此大變局的努力而已；而到了二十世紀末葉，則西方國家本身亦在不知不覺中，被捲入了同樣的模仿與競賽，同樣被迫講求它們本身的「現代化」。因此，歸根究底，「現代化」的本質無它，就是長期和全球性的「競逐富強」而已。

　　時光荏苒，三十多年彈指一揮間過去，現在會欣兄和我都已經退休多年了，但我們還不時在研究所碰頭，甚至還合作推動一些活動。會欣兄退而不休，除了繼續授課外，厚積薄發，這些年又出版了多部論著，而每當新書出版，他都會贈我一閱，讓我獲益甚多。如今又有新著出版，他很客氣要我為這本集子寫幾句話，遂把讀後感想和一些想法記下來，是為序。

2024 年龍年前夕於用廬

導 言

　　1911 年爆發的辛亥革命推翻了延續二千多年中央專制的帝王政權，建立了中華民國，從此中國改朝換代，走上了共和的道路。雖然中華民國在大陸只存在了短短的 38 年，在這段時間裏，國際上先後爆發了兩次世界大戰，又經歷了資本主義國家前所未有的經濟大蕭條；國內的政治局勢極不穩定，從北京政府到南京政府，內閣不斷更換，內戰外戰幾乎沒有停止。然而儘管如此，民國政府畢竟是中國第一個共和政體，正處於由舊到新、急劇向近代化轉變的關鍵時代，而革命的激蕩與政體的嬗變，自然會帶來眾多思想與意識方面的變化，具有承前啟後的重大意義。因此長期以來，民國歷史包括民國經濟史一直都是國內外學者關注研究的一個重要領域。

　　1982 年我自南京大學歷史系畢業分配到中國第二歷史檔案館，即開始從事民國檔案與民國史的研究，那時正是民國史研究從「險學」向「顯學」轉型的時刻，我正趕上這個史學興盛的年代。當時檔案館正在集中力量編輯《中華民國史檔案資料匯編》，館領導分配我負責編輯整理民國時期財政金融方面的檔案，我首先編輯的是 1912-1928 年間北京政府時期的內外債，在這之後就負責選編南京政府時期財政金融的資料。在收集檔案資料的同時，我亦結合自己的工作特點，開始注重研究南京國民政府推行的財經政策以及這一時期的中外經濟關係。我給自己預定的計劃是先從戰前開始，然後逐步向後延伸至戰時和戰後。在檔案館工作期間先後發表了十多篇論文，主要涉及的是戰前這一時期內容。六年多之後，我回到出生地香港，其後相繼在香港大學和香港中文大學求學和工作。在這期間，除了擔任饒宗頤教授的學術助手之外，其餘的時間仍繼續從事民國史研究，而研究的時段逐步向後延伸，涉及的領域

亦有所擴充。本書所選編的 13 篇論文，就是我近年來研究民國經濟史的一些成果，我根據各自內容，將其大致分成幾個專題，在這裏先就撰寫這些論文時的想法及其內容作一簡介。

「經濟轉型」一欄收入三篇論文，主要討論民國時期經濟體制、學術思想以及吸引外資等方面發生的變化。

辛亥革命之後，中國的經濟體制發生重大轉型，開始進入所謂中國資本主義發展的「黃金時代」。對於這一變化和成就國內外學者幾乎均無異意，甚至對其發生的原因都有共識。傳統的觀念認為，這是因為帝國主義捲入第一次世界大戰，無暇東顧，暫時放鬆了對中國的經濟侵略，以致中國的民族資本才有了一個千載難逢的發展時機；然而戰爭一旦結束，歐美列強立即捲土重來，重新強佔中國的市場，所謂「黃金時代」也就曇花一現，一去不復返了。上述觀點根深蒂固，幾乎成為定論。對這個結論我一直在思考，毫無疑問，第一次世界大戰的爆發確實為形成中國的資本主義「黃金時代」帶來重大的契機，但是若要尋找中國經濟轉型的真正原因，還必須從中國內部的深層結構去分析和研究。為此，我從民國成立後國民觀念與意識形態的變化、政府的支持與協助、民族主義思潮的高漲與國貨運動的興起、新生資產階級力量的壯大，以及投資環境的改變等方面，着重分析中國經濟轉型的內部因素，判斷這些才是經濟發展的重要原因，這就是〈辛亥革命與中國的經濟轉型〉一文的撰寫背景及其結論。

晚清民初，大批中國的知識分子留學國外，他們不僅學習西方先進的科學技術，而且還帶回了許多新穎的學術觀念，經濟學就是他們創辦的一門新興學科，而中國經濟學社則是民國時期著名的學術團體。學社社員數量眾多，他們不是留學歐美或日本的經濟學者、大學教授，就是聲名卓著的金融家和企業家，還有政府中主管財政金融事務的重要官員，學社的領導階層更是當時中國最優秀的經濟學家。學社成立後秉承「不激不隨，無黨無偏」的宗旨，而其舉辦的種種活動對於提高和普

及中國的經濟學理論、協助政府制定經濟政策、解決現實的經濟問題都作出了重要貢獻。〈中國經濟學社的年會及其特點〉便主要依據各種資料，重點考察學社成立後召開第一至十六屆年會活動的主題與內容，分析年會形式的演變及其特點，從中觀察學社所關心的經濟問題與當時環境之間的關係，並討論這些活動對國家的經濟決策產生的影響。

南京國民政府成立後雖然一直沒有放棄尋求西方援助的努力，同時也曾採取各種方式和辦法進行嘗試，卻一直收效甚微。然而到了抗戰爆發前的一兩年間，情況突然發生了變化，出現了一個西方各國競相向中國投資的高潮，這在鐵路投資與建設方面表現得尤為明顯。〈戰前西方對華投資意向轉變之原因〉就是對這一時期西方對中國投資意向為何由消極轉而積極的原因所進行的一些探索，從中既可觀察此時中國經濟發展的態勢以及政府對於吸引外資所做出的努力，同時也能加深了解世界經濟與中國經濟的互動，以及相互之間產生的作用。

「企業經營」亦收入三篇論文，主要探討的是民國時期幾種不同資本公司的創立背景及經營特點。

中國民用航空事業是伴隨着外資輸入而發展的。近代中國缺乏資金，科技落後，發展民用航空事業必須依靠外國技術並吸引外資；而中國幅員遼闊，市場廣袤，發展民航極具潛力，所以歐美各國都對中國的航空事業相互競爭，力圖在中國建立航線、出售飛機、合辦公司。〈三、四十年代中國民航事業的合資經營〉一文即依據原始檔案資料，對於民國時期幾家中外合資經營最具代表性的民航公司，如中國航空公司、歐亞航空公司和中蘇航空公司的創設背景、股份分配、人事安排、經營管理以及飛行路線等方面的史實作一簡要的敘述，並試圖在此基礎上對於引進外資與維護主權這一問題進行初步的探討。

中國建設銀公司是 1934 年由剛剛辭去財政部長的宋子文聯合國內最大的十多家銀行創辦的一家投資公司，公司董事會成員不是政府財經部門的高官，就是金融界的大亨，背景十分強硬。宋子文創設公司的目

的就是想借助政府與財閥的勢力，吸收外資，積極投資鐵路、電力等事業的發展，從而推動國內的經濟建設。然而正當公司事業發展蒸蒸日上之際，日本發動了全面侵華戰爭，公司的各項業務遭到了嚴重損失。在全面抗戰的年代中，公司仍然向外謀求借款，冀望打通國際通道，並在大後方開辦企業，堅持抗戰。〈戰時中國建設銀公司的經營活動〉一文介紹了公司在抗戰期間慘澹經營的過程。

全面抗戰爆發後，中國民營航運業同仇敵愾，積極響應政府的號召，借用輪船轉運物資；同時又奉命在長江各處沉船，以阻止日軍進攻，為此付出了極為慘重的代價。抗戰勝利後，國民政府為了賠償戰爭期間徵調民間輪船的損失，經與民營航運業公會及各受損船東商議，同意以政府的名義向美國購買輪船。購船費用部分是政府支付的賠償金，其餘不足部分，則由政府出面擔保借款，從而購買了美國戰時生產的十多艘大型的「自由輪」和「勝利輪」，並在此基礎上成立了一家由各船東合股的新型航運公司。〈復興航業公司成立的背景及其經過〉詳細地介紹了這家航運公司是如何利用國家賠償購買美國船隻，並通過民間合作而創辦的經過。

「經濟侵略」一欄收錄的兩篇論文，是我在整理中國文化研究所資料過程中的意外收穫。

二十多年前，我奉命整理中國文化研究所保存的兩大箱資料，發現其中有一部篇幅甚大的資料匯編，經認真閱讀，發現它的價值十分珍貴，這就是抗戰勝利後由河北平津敵偽產業處理局經濟資料室在接收敵偽機關各種調查資料的基礎上，整理和編撰而成的一部資料匯編，題目就叫《戰前及淪陷期間華北經濟調查》。眾所周知，日本帝國主義侵華野心存在已久，早在「九一八」事變之後，日本的各個情報機關就開始對華北各省區的自然資源、礦藏分佈、人文地理、城市人口等各種資源進行調查。抗戰勝利後，這些資料經過平津敵偽產業處理局工作人員的精心整理，不僅內容十分詳盡，而且是一孤本。這部資料不僅能印證日

本帝國主義對華侵略的野心，同時也可以為現實的經濟建設提供參考。天津古籍出版社得知這一發現後，立即主動聯繫我，願將這部資料集全部影印出版，而在我的建議下，香港中文大學和中國文化研究所也同意將原件移交給天津市檔案館永久保藏。〈日本對華北經濟侵略的鐵證〉就是我在編輯這部資料集後所撰寫的前言，而〈華北淪陷時期的貨幣與金融〉則是我利用這部資料集完成的論文。

「戰時經濟」收錄的四篇論文相對來説篇幅都比較大，而且這個問題也是我近年來關注的一個重點。

抗戰爆發前後，國民政府曾採取各種方式，積極向外尋求援助，陳光甫作為一位著名銀行家，1936 年，他擔任中國特使與美國財政部簽訂中美白銀協定，不僅保證了幣制改革的順利實施，而且與美國財政部高層建立了良好的關係。抗戰爆發後，他又受政府委派，前往美國洽商借款，幾經談判，終於取得成功，而且為日後向外借款開創了一種新的方式。〈陳光甫與戰時中美借款〉一文不僅介紹了陳光甫在借款中與美方進行的種種外交活動，還以陳光甫為代表，分析民國時期上海資本家這個群體與國民政府之間的關係。

戰時國民政府為了爭取外援，必須保證大批農礦產品出口換取外援，為此中國由平時經濟改為戰時經濟，管制外匯，並對所有出口物資實施統購統銷。當時中國出口的重要物資中特礦產品均由資源委員會負責，而其他如桐油、茶葉、豬鬃、生絲等農產品則由貿易委員會承擔。以往學界對於資源委員會的研究較為重視，但涉及貿易委員會的作用卻乏人問津。二十多年前我開始關注這一問題，並收集大量檔案資料，對於貿易委員會實施統購統銷的過程及其屬下幾家國營公司中國茶葉公司、富華公司和復興商業公司的創辦過程予以深入的研究，在這基礎上完成了一部專書，而〈統制經濟與戰時國營貿易〉則是對該領域研究的一篇總結。

日本帝國主義發動的侵略戰爭對中國造成嚴重的傷害和巨大的消

耗，再加上交通受阻、外援中斷、人口遷徙等原因，導致戰時大後方物資短缺，物價暴漲。國民政府在募債、增稅都無法解決赤字上升的情況下，只能通過大量發行貨幣予以舒緩，但這就更加刺激物價的上漲，通貨膨脹日益加劇。戰時政府既要保障前方軍隊的戰備物資和糧食供應，也要維持後方軍公教人員及普通市民最基本的生活需求，因此必須對物價實施管制，〈戰時國民政府管制物價的措施及其成效〉就是通過戰時政府從評議物價、平抑物價到限制物價政策的演變，分析抗戰以來政府對物價的統制政策經歷了一個從管得少到管得多、從管得鬆到管得嚴的過程。應該承認，這些措施對於堅持抗戰、穩定物價還是發揮了一定作用，但上述政策在制定和實施的過程中仍存在許多失誤。由於解決物價的根本問題是要增加生產，保證交通運輸，疏通物資交流，擴大商品供應，然而在戰爭的環境下，實際上這些問題又都是無法根本解決的。

太平洋戰爭爆發後，中國加入同盟國，國際地位上升。與此同時，美國也開始向中國提供大規模援助，不僅提供借款和物資援助，派往中國的軍事人員亦隨之大增，並在中國的大後方修築多處機場。根據雙方協議，美軍駐華官兵的日常消費以及修築機場的費用由中國先予墊付，日後再由美方結算成美金還付中國。這本是雙方互贏的一個方案，卻因為在外匯匯率的問題上發生激烈的爭執，中國要求按照官方匯率結匯，但美方堅持要求以市場價格結算，彼此間爭執日久。這場外交爭論不單成為抗戰後期中美雙方外交談判的一個重要內容，同時也對戰後美國的援華態度產生了重要影響。〈抗戰後期中美兩國關於外匯匯率的博弈〉一文就是根據中美雙方的歷史檔案，分析歷史上中美外交關係發生的一段往事。

本書收錄的最後一篇文章內容討論的是「官僚資本」。

在中國，「官僚資本」是個耳熟能詳的名詞，而且長期以來一直與「國家資本」、「四大家族」聯繫在一起，然而這主要是政治上的宣傳。從科學的意義上來說，「官僚資本」應該指的是「官僚的資本」，它既

不能與國家資本劃等號，也不能簡單地視為「四大家族」的私有資產；但另一方面，正是因為這些官僚及其子弟創辦的公司憑藉與政府之間密切的關係，依仗特權，以權謀私，在商業活動中賺取了超額利潤，因此它們又與民族資本具有巨大的差異。多年來，我一直關注這個問題，並進行個案研究，先後對受到朝野輿論一致攻擊的所謂三大「官辦商行」，即中國建設銀公司、孚中實業公司和揚子建業公司分別予以深入研究。十多年前，中國社會科學院近代史研究所與中央研究院近代史研究所邀請兩岸三地五十多名學者分別撰寫中國近代史的相關內容，我被指定的題目就是〈官僚資本與「官辦商行」〉，其後該文被收錄在《兩岸新編中國近代史》「民國卷」一書中。在這之後，我又在此文的基礎予以擴充內容，目前已完成一部 30 萬字的專書，希望不久後能奉獻給讀者。

　　以上就是對本書收錄論文書寫的提要，這裏需要特別説明的是，民國經濟史的內容十分豐富，本書收錄的這些論文只是其中之萬一，斷然無法反映民國經濟史的全貌；而且各篇內容雖然均與民國時期的社會經濟有關，但涉及民國的各個時期和範圍，題目亦比較分散，因此如何命名，則是一件極費思量的事。以財政經濟方面來説，民國各個時期的中央政府為了應付國內外局勢的變化，均會實施一些相應的措施，目的當然是希望維持與鞏固自身的政權。在這期間當政者對於前朝政府的經濟政策既有延續，也有相當大程度的變革；在改革過程中既有成功的經驗，也有錯誤的決策；而整個民國時期的國民經濟既有短暫的經濟繁榮，更多的還是持續多年的財政危機。雖然民國歷史存在的時期不長，而且戰亂頻仍，但這是一個承上啟下的變革階段，其間政府推行的財政經濟政策多有變化，對近代中國的經濟變遷自然產生了重要作用。因此思來想去，就以《延續與變革：民國經濟史析論》作為書名，冀望能從一個側面反映民國經濟史之一斑。

經濟轉型

辛亥革命與中國的經濟轉型
—— 兼論中國資本主義發展的內在原因

　　1911 年 10 月 10 日爆發的武昌起義表面上看似乎是由一些偶發事件所激起的突發事變，但實際上卻蘊涵着許多深層的政治、社會、經濟因素。辛亥革命推翻的是延續二千多年的君主專制，所建立的是中國歷史上第一個共和國，而不是單純的改朝換代，僅僅是更換幾個帝皇。因此從這個意義上來講，辛亥革命不僅是一場深刻的政治革命，更是一場觸及國人靈魂的社會變革。從此共和思想日益深入人心，「實業救國」的口號響徹雲霄。以辛亥革命為標誌，中國的經濟體制也由此發生了重大變化，中國的資本主義開始進入所謂「黃金時代」。本文主要通過大量的資料來顯示辛亥革命後中國經濟轉型的具體表現，同時深入探討形成這一時期中國資本主義發展的內在原因。

一　經濟轉型的具體表現

　　長期以來中國一直是一個傳統的農業國家，雖然明清之際在中國的東南、華南沿海等富庶地區開始出現某些資本主義萌芽，但從整體上來看，整個國家仍然是以自給自足的自然經濟為其主要經濟形態。然而鴉片戰爭的爆發打破了歷代王朝興替的循環過程，列強用大砲打開了中國

數百年來閉關鎖國的大門，中國的傳統社會經濟形態也開始發生變化。經歷了洋務運動、戊戌維新和晚清新政，中國的民族資本主義開始發生並出現了顯著的發展，而辛亥革命的爆發，更使得中國傳統的價值觀念產生重大的變化。以此為標誌，中國經濟的近代化由量變到質變發生飛躍，開始從傳統的農業型經濟向近代化的工業型經濟過渡，這可以從以下幾個方面的數據加以證實。

（一）工礦業的蓬勃發展

衡量一個國家近代化程度的標準有很多，然而毫無疑問，國家的工業化則是近代世界發展與社會進步的重要標誌。因此我們應首先觀察一下近代機器化工業的發展狀況。

鴉片戰爭後不久，外國資本便率先在上海、廣州等商埠經營起近代工業，在這些工廠中出現了中國最早的產業工人。到了十九世紀六十年代，清政府開始經營近代軍事工業，其後又陸續開辦一些採礦、煉鐵和紡織工業，這大都是國家投資並經營的官辦企業。直到七十年代之後，中國的民族資本才開始陸續投資近代工業，但是這些企業一般來講規模都比較小，遠遠不能與外資和官辦實業相比。然而到了甲午戰爭以後，特別是辛亥革命之後，中國的近代工業發生了巨大的變化。據統計，民國元年和民國二年全國新辦企業就分別多達 2,001 家和 1,249 家。[1] 儘管有些工廠開辦不久便停工結業，但從中還是可以看出當時人們投資工業的高漲熱情。有關中國近代工業成長的情形請看下表。

1　陳真、姚洛編：《中國近代工業史資料》第一輯（北京：三聯書店，1957 年），頁 10。

表 1　中國近代化工廠的成長（1895-1920）

	1895 年前	1913 年前	1920 年前
工廠數	108（其中官辦 31）	698	1,759
資本（千元）	182,603（其中官辦 175,312）	330,824	500,620
工人數	84,571（其中官辦 47,421）	270,717	557,622

說明：本表所列工廠不包括外資在華投資企業，其中 1895 年前含官辦與商辦兩大部分，1913 與 1920 年雖未加區分，但應以商辦企業為主。

資料來源：根據陳真、姚洛合編：《中國近代工業史資料》第一輯（北京：三聯書店，1957 年）頁 54-56 表改製。

我們再來看看民國初年中國近代工業投資規模的演變情形。

表 2　辛亥革命後中國近代工業投資規模的演變（1912-1920）

年份	1 萬元以下		1-5 萬元		5-10 萬元		10-20 萬元		20-50 萬元		50-100 萬元		100 萬元以上		合計
	廠數	比例	廠數	比例	廠數	比例	廠數	比例	廠數	比例	廠數	比例	廠數	比例	廠數
1912	522	53%	241	25%	68	7%	60	6%	49	5%	12	1%	25	3%	977
1913	501	50%	294	29%	68	7%	55	6%	42	4%	17	2%	16	2%	993
1914	551	48%	305	26%	85	7%	73	6%	95	9%	19	2%	22	2%	1150
1915	476	42%	359	32%	86	8%	90	8%	67	6%	23	2%	26	2%	1127
1916	445	42%	302	29%	111	13%	88	8%	34	3%	21	2%	38	3%	1039
1917	387	37%	305	29%	112	13%	79	8%	76	7%	29	3%	36	3%	1024
1918	378	40%	275	29%	86	9%	79	8%	78	8%	27	3%	33	3%	956
1919	244	32%	224	30%	73	10%	71	9%	76	10%	21	3%	43	6%	752
1920	204	31%	161	24%	66	10%	57	9%	82	12%	33	5%	57	9%	660

資料來源：龔駿編：《中國新工業發展史大綱》（上海：商務印書館，1935 年），頁 119-120。

　　上表反映出的一個明顯趨勢就是投資規模的相對集中，其中資本在 5 萬元以下的工廠大幅下跌，5 萬至 20 萬規模的工廠則基本維持不變，而 20 萬以上投資規模的工廠卻顯著上升（以廠家數目計算，1922 年資本在 20-50 萬的工廠增加了 67%，50-100 萬增加了 175%，100 萬以上的則增加了 128%）。因此全國工廠總數雖然有所下降，但投資總額卻持續上升。據一項日本人的統計，1919 年中國大規模的新式工廠共有 335

家，資本共計為 133,228,960 元，平均每廠資本大致為 40 萬元左右。[2]

　　近代中國工業規模最大的是輕工業，其中又以棉紡織工業的發展速度為最快，因此棉紡織業的發展情形便可視為中國近代化工業的一個縮影。據統計，1912-1927 年全國新設立華資棉紡廠共 86 家，創設資本 136,703,000 元；而在此之前的二十多年全國僅設立華資紗廠 24 家，資本亦僅有 18,630,000 元。[3] 一些著名的紡織廠如榮氏兄弟的申新集團、郭氏的永安紡織公司以及位於天津的華新、裕元、恆源、北洋等廠也大都創辦於此時。下表反映的就是民國初年中國棉紡業發展的大致情形。

表 3　民國初年中國棉紡業的發展（1913-1922）

指數：1913 = 100

年度	紡綻數	指數	織機數	指數	棉紗產額（千包）	指數	盈利（規元兩／每包紗）
1913	836,828	100.0	5,980	100.0	400	100.0	------
1914	855,196	102.2	6,430	107.5	531	132.8	14.00
1915	976,620	116.7	7,830	130.9	531	132.8	−3.13
1916	1,288,152	153.9	9,030	151.0	834	208.5	5.45
1917	1,280,672	153.0	9,530	159.4	867	216.8	26.40
1918	1,456,012	174.0	10,926	181.7	900	225.0	15.33
1919	2,366,722	282.8	13,796	230.7	1,100	275.0	50.55
1920	3,110,546	371.7	15,316	256.0	1,340	335.0	46.75
1921	3,191,546	381.4	16,324	272.0	1,500	375.0	7.30
1922	3,266,546	390.3	16,224	272.0	1,006	251.5	−14.75

說明：盈利是按市價推算之 16 支紗每包紗價扣去生產費用（包括原料及其他費用）後之所得。

資料來源：紡綻及織機數參見陳真編：《中國近代工業史資料》第四輯（北京：三聯書店，1961 年），頁 201；棉紗產額參見同上書，頁 308；棉紗廠盈利參見嚴中平：《中國棉紡織史稿，1289—1937》（北京：科學出版社，1955 年），頁 186。

2　日本《遠東時報》（*The Far Eastern Review*）〈工業公司增刊〉，轉引自龔駿編：《中國新工業發展史大綱》（上海：商務印書館，1935 年），頁 120。

3　杜恂誠：《民族資本主義與舊中國政府，1840-1937》（上海：上海社會科學院出版社，1991 年），頁 109。

　　若按個別企業盈利計算，效果就更為明顯。如上海申新一廠的利潤率 1916 年開辦時為 9.5%，短短三年就上升到 131%，1920 年利潤總額更高達 1,276,000 餘元，相當於創業資本的四倍。[4] 而南通大生紗廠的第一和第二兩廠 1914-1921 年的平均利潤都能維持在 40% 以上，其中 1919 年兩個廠的利潤都超過了 100%。[5] 所有這一切都充分反映出資本主義發展黃金時代的繁榮特徵。

　　除了工業之外，作為另一項重要衡量指標的近代化礦業，這一時期也取得長足的進步。以燃料等採掘業為例，1912 年以前，中國歷年設立的創辦資本額在 1 萬元以上的企業共有 72 家，資本總額共約 24,586,000 元；而 1912-1927 年，新設企業即高達 106 家之多，創辦資本約 51,871,000 元。其中 1918 年是一個高峰年，該年新設企業 15 家，創辦資本 16,058,000 元。[6] 另一項統計資料表明，自 1913 至 1921 年的八年時間全國共增加大型煤礦 13 家，而全國煤炭的產量也由 1912 年的 900 萬噸上升到 1927 年的 2,400 餘萬噸。[7] 因此可以肯定地說，這一時期正是中國煤礦業蓬勃發展的時期。

（二）近代金融業的興起

　　銀行業的興起是近代金融發展的重要標誌。鴉片戰爭後外資銀行紛紛在中國開設分行，進而壟斷中國的國際匯兌和對外貿易，並發行貨幣、操縱匯價，攫取各種特權。與此相對照，中國的第一家銀行——中

4　上海社會科學院經濟研究所編：《榮家企業史料》上冊（上海：上海人民出版社，1980年），頁 58、84。

5　大生系統企業史編寫組編：《大生系統企業史》（南京：江蘇古籍出版社，1990 年），頁 126-129。

6　轉引自杜恂誠：《民族資本主義與舊中國政府，1840-1937》，頁 130。

7　參見陸仰淵、方慶秋主編：《民國社會經濟史》（北京：中國經濟出版社，1991 年），頁 130、131。

國通商銀行卻直到 1897 年才宣告成立，這要比中國的近代工業落後大約三十多年。在這之後，中國的銀行業開始進入發展狀態：1905 年 8 月中國第一家國家銀行——大清戶部銀行在北京成立（1908 年 2 月更名為大清銀行）；1908 年批准成立交通銀行，郵傳部為其最大股東；與此同時，民營銀行也相繼成立，如浙江興業銀行（1907）、四明商業銀行（1908）、浙江銀行（1909）等。然而這一時期成立的銀行資本都比較少，實收資本均在幾十萬兩到一、二百萬兩左右，其活動能力及範圍都無法與外資銀行和中國傳統的錢莊相抗衡。

辛亥革命的爆發推翻了清王朝的統治，1912 年 1 月，中華民國臨時政府剛剛成立，原大清銀行商股聯合會即上書政府，建議「就原有之大清銀行改為中國銀行，重新組織，作為政府的中央銀行」。臨時大總統孫中山隨即批示：「新政府既已成立，凡商民已得舊政府正當之權利，自宜分別准予繼續。所請將大清銀行改為中央銀行，添招商股 500 萬兩，認為新政府之中央銀行」，「大致尚屬妥協，著即准行」。[8] 1912 年 2 月 5 日，中國銀行在上海漢口路原大清銀行舊址宣告成立，並正式對外營業。以此為標誌，中國銀行業開始呈現出一派蓬勃發展的局面。自 1897-1911 年中國開設的銀行共 17 家，而民國元年（1912）僅一年期間全國開設的銀行就陡然增加到 14 家。[9] 這自然與辛亥革命的爆發與中華民國的成立密切相關。

辛亥革命以後，除了各省官銀錢號相繼改組為省立銀行外，大批的民營銀行也如雨後春筍般紛紛出現，如在民國金融史中佔據重要地位的「北四行」——鹽業銀行（1914）、金城銀行（1917）、大陸銀行（1919）

8　《申報》，1912 年 1 月 28 日，轉引自中國銀行總行等編：《中國銀行行史資料匯編》上編（1912-1949）第一冊（北京：檔案出版社，1991 年），頁 1-3。

9　沈雷春主編：《中國金融年鑒》（上海：中國金融年鑒社，1939 年），頁 105。據最近的研究所得，1897-1911 年中國共設本國銀行 30 家，而 1912 年一年設立的本國銀行就高達 24 家。見杜恂誠：《民族資本主義與舊中國政府，1840-1937》，頁 159。

和中南銀行（1921），「南三行」中的上海商業儲蓄銀行（1915）以及
勢力遍及西南各省的聚興誠銀行（1915）大都是這一時期先後成立的。

　　由於缺乏詳細的資料，以往對於民國初年中國銀行業的發展只能依
據北京政府農商部所統計的資料作為參照，但是這些資料既不完整，又
不準確。近年來有學者認真查閱了當時出版的有關記載銀行業的書刊、
年鑑，以及前人整理的銀行資料共五十餘種，在此基礎上加以核實與整
理，從而得出早期中國銀行業的發展情形。

表 4　早期中國銀行業的資本狀況（1897-1920）

指數：1912 ＝ 100.0

年份	家數	指數	實收資本（元）	指數
1897	1	2.7	3,425,000	12.6
1905	3	8.1	4,794,000	17.7
1906	5	13.5	7,099,000	26.2
1907	6	16.2	7,363,000	27.1
1908	11	29.7	16,160,000	59.6
1909	13	35.1	17,314,000	63.8
1910	14	37.8	19,250,000	70.9
1911	15	40.5	20,304,000	74.9
1912	37	100.0	27,122,000	100.0
1913	42	113.5	28,980,000	106.8
1914	46	124.3	38,584,000	142.2
1915	51	137.8	44,947,000	165.7
1916	57	154.1	51,546,000	190.0
1917	65	175.7	54,920,000	202.5
1920	97	262.2	87,829,000	323.8

資料來源：根據《學術月刊》（上海）1981 年第 5 期頁 39 資料改製。

　　上述這些數字說明，1897-1920 年中國銀行業的資本數額是在不斷
上升的，1920 年超過 1912 年的資本額達兩倍以上，而不是農商部所統
計的只增長 43.3%。其間銀行的實收資本額穩步上升，1912-1920 年平
均每年上升 15.9%，1920-1925 年的年增長率則為 13.9%，至 1925 年年

底，全國 130 家商辦銀行實收資本共達 9,300 萬餘元。[10] 若以銀行的儲蓄存款計算，其間的增長也是非常明顯的，據統計，1911 年上海所有華商銀行的存款總共還不到 1 億元，而到了 1921 年，上海一些重要銀行的存款總額已接近 5 億元。[11]

　　值得注意的是，這一階段中國的銀行業雖然取得長足的進步，但仍落後於傳統的錢莊業資本發展速度。若仍以 1912 年為指數 100.0 統計，那麼傳統錢莊銀號 1920 年則為 522.0，增加了四倍有餘，1926 年指數更高達 1,260.6。[12] 然而在投資實業方面，先進的銀行業卻逐漸取代了傳統錢莊的地位，這是因為錢莊的資本有限，不能適合於現代工業發展的需要。根據農商部的不完全統計，自 1912 到 1920 年，錢莊與銀行對工業的投資比例正好顛倒過來。這種變化說明近代化的銀行已逐漸取代了傳統的錢莊的地位。對於這種變化三十年代就有學者予以注意，他認為：「自民國六年以後，銀行事業漸次發達；民國八、九年以後，銀行投資超過錢莊，於是銀行對於工業發生密切的關係，有彼此互相輔助之效。」[13] 請看下表：

10　唐傳泗、黃漢民：〈試論 1927 年以前的中國銀行業〉，載《中國近代經濟史研究資料》第四輯（上海：上海社會科學院出版社，1985 年）。

11　洪葭管、張繼鳳：《近代上海金融市場》（上海：上海人民出版社，1989 年），頁 16。

12　中國人民銀行上海市分行編：《上海錢莊史料》（上海：上海人民出版社，1961 年），頁 191「1912-1926 年錢莊資本增長情況表」。

13　鄧飛黃：〈中國經濟的衰落程度及其前途〉，載《中國經濟》第一卷第二期（1933 年 2 月），頁 10。

表 5　民國初年錢莊、銀行投資實業數額及比例（1912-1920）

年份	錢莊投資額（元）	比例%	銀行投資額（元）	比例%	投資總額（元）
1912	75,098,313	68	36,254,919	32	111,353,232
1913	86,628,664	76	27,301,526	24	113,930,190
1914	53,110,635	73	19,726,716	27	72,837,351
1915	64,463,021	82	14,136,426	18	78,599,447
1916	246,229,262	87	37,803,690	13	284,032,952
1917	171,457,373	78	46,072,611	22	217,529,984
1918	169,329,736	83	34,685,195	17	204,014,931
1919	37,448,536	41	54,247,711	59	91,696,247
1920	31,314,932	37	51,987,077	63	83,302,009

資料來源：龔駿編：《中國新工業發展史大綱》，頁 99。

從上表可以看出，1916-1918 年是中國錢莊與銀行投資發展最為迅猛的年代，在此之後即大幅度下跌。很明顯，這是因為第一次大戰結束後歐美外資銀行又重新佔領中國投資市場的結果，但此時中國銀行的投資額還是比民國元年有了明顯的增加。這就說明，傳統的錢莊業愈來愈不適應現代化的投資要求，已將以往放款的壟斷地位拱手讓給新興的銀行業了。

（三）對外貿易與商業的發展

如同中國近代工業的出現一樣，近代中國的對外貿易也是開始於鴉片戰爭爆發之後，但是中國納入世界體系是在列強的武力威逼之下被迫進行的，由於貿易雙方所處的地位不同，各自的經濟實力又存在着巨大的差異，因此中國近代的對外貿易從一開始就具有極為明顯的不平等性，其中一個突出的特點就是長期以來貿易入超的不斷擴大。辛亥革命之後、特別是第一次世界大戰的爆發使得這一狀況稍有改善，這也往往被認為是中國資本主義發展的一個重要特徵。表 6 統計了民國初年中國進出口貿易的大致情形：

表 6　民國初年海關進出口貿易淨值統計（1912-1923）

貨幣單位：國幣元
指數：1912 ＝ 100.0

年份	總計	指數	進口	指數	出口	指數	入超	佔進口值之百分比
1912	1,314,355,962	100.00	737,085,174	100.00	577,270,788	100.00	159,814,386	21.68
1913	1,516,663,305	115.39	888,313,264	120.52	628,350,041	108.85	259,963,223	29.26
1914	1,441,879,161	109.70	886,878,073	120.32	555,001,088	96.14	331,876,985	37.42
1915	1,360,658,864	103.52	708,073,170	96.06	652,585,694	113.05	55,487,476	7.84
1916	1,555,202,394	118.32	804,562,098	109.15	750,640,296	130.03	53,921,802	6.70
1917	1,577,397,729	120.01	856,150,250	116.15	721,247,479	124.94	134,902,771	15.76
1918	1,621,529,184	123.37	864,523,422	117.29	757,005,762	131.14	107,517,660	12.44
1919	1,990,823,449	151.47	1,008,022,387	136.76	982,801,062	170.25	25,221,325	2.50
1920	2,031,447,423	154.56	1,187,585,858	161.12	843,861,565	146.18	343,724,293	28.94
1921	2,348,494,887	178.68	1,411,738,760	191.53	936,756127	162.27	474,982,633	33.65
1922	2,492,708,986	189.65	1,472,387,355	199.75	1,020,321,631	176.75	452,065,724	30.70
1923	2,611,707,032	198.71	1,438,661,698	195.18	1,173,045,334	203.21	265,616,364	18.46

資料來源：國民政府主計部編：「民國以來海關進出口貿易淨值」（1948 年 6 月），載中國第二歷史檔案館編：《中華民國史檔案資料匯編》第五輯第二編「財政經濟」（九）（南京：江蘇古籍出版社，1997 年），頁 626-627。

　　從進出口貿易總的趨勢來看，1923 年較 1912 年的貿易總額上升了將近一倍，其中出口數額上升的幅度略高於進口。另一個明顯的特徵就是，自 1915-1919 年間中國對外貿易的入超額大幅下跌，尤其是 1919 年進出口數額幾乎持平。這是因為第一次世界大戰的爆發使得西方列強無法向中國提供充足的產品，如棉布、化學品、染料和其他消費品；與此同時，世界市場對於中國出口的絲、絲綢、羊毛、蛋製品、籽仁以及錫、銻、鎢等戰略物資和金屬品的需求又大量增加，於是為中國的企業家帶來了發展的大好時機。在此期間進出口商品的結構也發生相應變化，具體表現為進口商品中生產資料明顯增加，消費資料相對減少；而出口商品中原材料比重下降，製成品比重上升，其中又以機製品上升的

幅度最為顯著。[14] 這一時期中國的對外貿易，不但在數量上大幅上升，而且在世界貿易總額中所佔的比例也有所增加，由 1914 年的 1.5% 增加到 1920-1929 年的 2.4%，佔國民生產總值的 7.3%。[15] 毫無疑問，這種狀況正反映出中國經濟轉型的發展態勢。

民國初年，隨着近代工業和城市化的發展，國內的商品經濟也發生很大的變化，它不但表現在農產品以及工業品、手工業品商品化的不斷擴大，而且從長距離販賣貿易量的增加中更能看出其中的變化。有學者根據釐金收入、海關出口統計和海關的「土產國內貿易統計」三種資料計算出長距離販運貿易量的增長情況，若以 1840 年的指數為零，那麼 1910 年則為 155，1920 年為 300。[16] 由此可見其增長幅度之大。

與此同時，以近代工業為依託，新式商業也在崛起，並逐漸取代了傳統商業的主導地位。新式商業首先出現於沿海、沿江的一些大中城市，民國初年在廣州、上海、天津、青島、武漢等地相繼出現了一批新型的、規模較大的百貨商店，它們經營的範圍已不限於傳統的商品，而主要以工業品為主；這些工業品不僅包括本國產品，同時也有來自世界各地的產品。在競爭中新式商業朝着大型化發展，進而產生了新式商業資本集團，其中尤以大型百貨業最為突出，這是因為百貨業是近代都市的主導商業。以中國最大的商埠上海為例，民國成立後大型百貨商店迅速崛起，1912 年後在南京路、河南路一帶繁華地段出現了一些較大型的華資百貨商店。1917 年，總部在香港的先施公司首先在南京路浙江路口開設分公司，資本 200 萬港元，公司大樓共分五層，其中四層為

14　有關這一時期中國進出口商品結構的變化可參閱鄭友揆著、程麟蓀譯：《中國的對外貿易和工業發展（1840-1948）——史實的綜合分析》（上海：上海社會科學院出版社，1984 年），頁 34-44。

15　楊端六：〈最近六十五年間中國的對外貿易統計〉，頁 32-33，轉引自陸仰淵、方慶秋主編：《民國社會經濟史》，頁 163。

16　參見吳承明：《中國資本主義與國內市場》（北京：中國社會科學出版社，1985 年），頁 267 表。

商場，面積達一萬多平方米，分設 49 個商品部，經營一萬餘種商品；1918 年，永安公司又在先施公司的對面成立，資本也大約為 200 萬港元，設 44 個部門，營業規模又超過先施。[17] 大型百貨公司的成立是商業競爭的結果，反過來它又促進了商業競爭的深化，同時它也標誌着中國商業的近代化發展已步入一個新的歷史階段。

（四）人口的遷移趨勢與城市化的發展

社會經濟狀況是一個國家人口變動的基礎，而人口的數量增減、素質高低以及遷移分佈，又反過來對國家的生產、消費與積累具有深遠影響。從民國初年中國人口的遷移和流向趨勢也可以看出當時的經濟正處於轉型的變化之中。

民國初年，隨着近代工業與鐵路交通事業的發展以及新型商業的崛起，中國的人口也出現了較大規模的流動，除了向關外移民（闖關東）和僑居海外（下南洋）之外，另一個明顯的特徵就是農村人口不斷向城鎮再向都市遷移的趨勢。在此期間，產業工人的數目不斷上升，有學者統計，1894 年中國的產業工人總數約為 9 萬餘人，1913 年上升到 50-60 萬人，到了 1920 年初，更增加到 260 萬人左右。[18] 這些新出現的產業工人當然大都來自於都市附近鄉村的農民。如二十年代的江蘇無錫：「在昔農閑之候，農民之為堆棧搬運夫者甚多。近年來，各種工廠日見增多，而鄉間僱農，大多改入工廠矣。」江蘇宜興的情形也差不多：「附城鄉村，頗有入城進工廠作工者，甚有往蘇、滬、錫等埠在紗廠紡織者，此亦以生活所迫，使其不得不如此也。統計全縣由農婦變成

17　熊月之主編：《上海通史》第 8 卷《民國經濟》（上海：上海人民出版社，1999 年），頁 69。

18　參見劉明逵：《中國工人階級歷史狀況》第一卷第一冊（北京：中共中央黨校出版社，1985 年），頁 87-122。

工人者，可達六千之數。」而號稱九省通衢的武漢，由於近代工業的發達，在在需要工人，以致「附近居民貧窮者多入工廠，附郭漁民，多從事漁業船業者。故武漢附近，多呈有田無人種之象」。[19]

商品經濟的發展必然導致國內統一市場經濟的擴大，由此而產生了許多新興的商埠，並在此基礎上形成了幾個較大的商業經濟區域。如以廣州為中心的閩廣區，東有汕頭、廈門，西有佛山、肇慶、梧州等中等地市；以漢口為中心的華中區，南有長沙，東有九江、南昌，北有鄭州和開封，西有宜昌；以上海為中心的下江區，南有杭州、寧波，西有蘇州、無錫、南京，北有徐州、南通；以天津為中心的華北區，西有北京、太原、保定，南有濟南，北有唐山、秦皇島等。因此民國初年也是近代中國人口城市化發展較為迅速的一個時期，城鎮人口約從 1912 年的 2,700 萬增至 1928 年的 4,100 萬，十六年間城鎮人口增加了 1,400 餘萬，相當於晚清七十年所增加的城鎮人口總數；同時城鎮人口佔全國人口的比例也從 1912 年的 7.6% 上升到 1928 年的 8.9%。與此同時，大城市的人口急劇膨脹，全國出現了四、五個人口超過百萬以上的大城市，其中上海的人口超過 260 萬，成為遠東最大的城市。民國初年全國最大的幾個城市人口變化情形如下：[20]

上海：	1910 年	129 萬，	1927 年	264 萬；
武漢：	1913 年	120 萬，	1927 年	158 萬；
北京：	1912 年	113 萬，	1928 年	136 萬；
天津：	1910 年	60 萬，	1928 年	112 萬；
廣州：	1902 年	85 萬，	1931 年	104 萬。

19　轉引自章有義編：《中國近代農業史資料》第二輯（北京：三聯書店，1957 年），頁 639。

20　參見黃逸平、虞寶棠主編：《北洋政府時期經濟》（上海：上海社會科學院出版社，1995 年），頁 325。

人口城市化的趨勢與中國近代化的進程是同步進行的，同時也是相輔相成的。可以這麼說，中國的近代化需要人口向城市、特別是向大都市聚集，而人口的城市化又反過來刺激了城市商品經濟的進一步繁榮，這也成為中國近代經濟轉型的一個重要標誌。

二　資本主義發展的內在原因

以上我們從幾個方面通過大量的相關數據，對於民國初年中國資本主義的發展規模及其速度進行了充分的表述，從而說明辛亥革命後中國的經濟發生了重大的轉型，這也是國內外學者平時常將這一階段形容為中國資本主義發展的「黃金時代」。對於這一結論學術界似乎從未有人提出異議，甚至對於為甚麼中國會在這個時期出現資本主義發展的高潮的原因都有共識。以往的學者多以為，由於第一次世界大戰的爆發，西方列強紛紛捲入戰爭，無暇東顧，暫時放鬆了對華的經濟侵略（包括資本輸出和商品傾銷），中國的民族資本家趁此千載難逢的機會發展實業，從而出現了資本主義發展的「黃金時代」；然而一旦戰爭結束，歐美列強立即捲土重來，重新強佔中國的市場，所謂「黃金時代」也就曇花一現，一去不復返了。近年來還有學者從銀價的漲落來分析這一時期中國經濟出現的變化，她認為，由於戰爭的爆發使得西方列強對中國和印度這類原料生產國的購買力大大提高，推動了國際市場上的白銀升值；再加上世界上重要產銀國墨西哥在 1913 年革命後爆發的動亂，加劇了世界市場上白銀生產「純短缺」的狀況。而中國是一個銀本位的國家，白銀的升值不但提高了中國貨幣在世界市場上的購買力，同時也減少了中國對外債的支付額，因而可以減輕外來競爭的壓力，有助於打開

新的國際市場。[21]

　　毫無疑問，上述結論的確是中國資本主義得以快速發展的重要原因。但是相對來講這畢竟都是些外在因素，那麼導致中國經濟出現轉型有沒有內部動因呢？我以為不僅存在，而且它們是影響中國資本主義發展的主要原因。然而長期以來這些因素卻被人們所忽視，以下即以前文所列之表象為基礎，對於辛亥革命後中國經濟發生巨大轉型之內因進行具體分析。

（一）國民觀念及意識上的轉變

　　辛亥革命的爆發首先對人們帶來的重大影響就是觀念以及意識上的轉變。

　　在中國傳統社會的漫長歲月裏，在「官本位」的政治和社會背景下，在自給自足的自然經濟環境中，重農輕商、重本抑末一直主導整個社會的取向，因此商人的地位歷來很低，常居於「四民」（士農工商）之末。

　　鴉片戰爭之後，西方列強用大砲打開了中國閉關的門戶，中國不僅成為西方資本主義的原料產地，還成了傾銷商品、輸出資本以及廉價勞力的市場。面對列強的侵略，中國早期改良主義者先是提出了「商戰」，其目的就是為了抵制外國的經濟侵略、與列強爭奪市場；而當十九世紀末帝國主義經濟滲透由商品輸出改為資本輸出之際，中國的民族資產階級更發出「實業救國」的口號，表現出強烈的民族主義愛國情懷。二十世紀初、特別是辛亥革命爆發後，由於政府的提倡，現實的需要，整個社會的價值觀，如對於「義」與「利」的價值判斷、對於職業的取向追求等等，都發生了巨大的變化。人們不再死守儒家「重義輕

21　（法）白吉爾著，張富強、許世芬譯：《中國資產階級的黃金時代，1911-1937》（上海：上海人民出版社，1994 年），頁 79-80。

利」、「崇義抑利」的傳統信條，而旗幟鮮明地為「利」正名，認為「趨利」乃大勢所趨，同時它也成為社會發展的動力；而職業取向變化的顯著特徵就是重商主義的確立以及職業平等的趨勢。商人社會地位的提高以及商人在經商活動中所取得的高額利潤，又極大地刺激了大批士紳的投資意欲，因而愈來愈多的士紳由以往在鄉間購田置房而改向到都市投資經營近代的工商業和金融業，甚至連那些軍閥、官僚也都將以往投資土地等傳統經濟項目轉向投資近代的金融與企業。有學者對此曾專門進行過統計，根據他的研究，北京政府時期有 45 名軍閥、官僚投資於119 家實業和企業（不包括金融和商業在內）。[22] 這一事實說明，辛亥革命的成功強烈地激發了民族資產階級創辦實業、發展經濟的熱情，而這一良性互動對於中國資本主義發展無疑具有極大的促進作用。

（二）政府的支持與鼓勵

在由傳統的經濟型態向近代化社會轉變的過程中，政府的行為與態度對於制度的變化以及國家工業化的影響是至關重要的。晚清新政雖然是清王朝滅亡前的一次迴光返照，但是它首先在政府的職能部門中設置商部（後改為農工商部），以及所公佈的一系列獎勵工商的法令卻是對推動中國民族企業的發展具有積極的作用。辛亥革命後，不論是孫中山領導的南京臨時政府還是袁世凱等北洋軍閥統治的北京政府，都對於國民經營近代化經濟加以鼓勵和保護，這從孫中山先生的有關指示以及民國初年政府所頒佈的有關法令中就可以得到佐證。

武昌起義爆發後，孫中山先生立即從國外趕回國，在歸國途中於巴黎他即致電國民軍政府，明確指示：「此後社會當以工商實業為競點，

22　參見魏明：〈論北洋軍閥官僚的私人資本主義經濟活動〉，《近代史研究》1985 年第 2 期。

為新中國開一新局面。」[23] 南京臨時政府成立之後，孫中山在《臨時大總統就職宣言》及其他批文中也曾多次指出，當茲民國初立，「建設之事更不容緩」，而應「亟當振興實業，改良商貨，方於國計民生有所裨益」。[24] 雖然南京臨時政府存在的時間很短，但它承前啟後，開拓民智，特別是它所制定和頒佈的中華民國《臨時約法》，第一次以近代國家憲法的形式宣佈「人民有保有財產及營業之自由」，不但激發了人民的愛國情操，還為資本主義經濟活動提供了法律保障。

以袁世凱為首的北洋軍閥雖然在政治上鎮壓革命黨，實行獨裁統治，但在經濟上卻還是鼓勵發展資本主義、推行「振商」、「保商」的經濟政策，這是因為要鞏固新政權的統治基礎，則必須取得工商界的支持。因而袁世凱就任臨時大總統後就曾多次訓示：「民國成立，宜以實業為先務」；他認為「營業自由，載在國憲，尤宜尊重」。[25] 而且當時北京政府主管財政經濟的首腦如張謇（農商總長）、周學熙（財政總長、代理農商總長）、梁士詒（交通銀行總經理、代理財政總長、國務總理）等人本身就是著名的實業家、金融家，特別是張謇於任內更是制定和頒佈了大量法令，[26] 據初步統計，自 1912-1923 年北京政府共頒佈有關經濟方面法規 76 項，其中包括工商礦業（21）、農林牧漁（14）、交通運輸（6）、銀行金融（7）、權度（5）、稅則（11）、經濟社團（12），而且大部分都是在 1915 年以後頒佈的。[27] 所有這一切自然都有利於鼓勵和

23　《孫中山全集》第一卷（北京：中華書局，1981 年），頁 547。

24　中國科學院近代史研究所編：《辛亥革命資料》（北京：中華書局，1961 年），頁 3、217。

25　摘自徐有朋編：《袁大總統書牘匯編》（上海：新中國圖書局，1932 年），卷首「文辭」、卷 2「政令」。

26　有學者曾對此進行詳盡的資料收集，見沈家五編：《張謇農商總長任期經濟資料選編》（南京：南京大學出版社，1987 年）。

27　參見汪敬虞主編：《中國近代經濟史，1895-1927》中冊（北京：人民出版社，2000 年），頁 1533-1535。

推動國內工商業和金融業的發展。

（三）民族主義的高漲與國貨運動的興起

　　隨着西方列強經濟入侵與商品傾銷的不斷加劇，中國人民的民族主義情緒亦日益高漲，其中最為明顯的反映就是抵制外貨、提倡國貨運動的出現。

　　抵制外貨是與中國民族資產階級的成長緊密聯繫的，它的標誌就是1905年爆發的反美愛國運動，為了抗議美國政府凌辱和歧視華工，剛剛步入政治舞台的中國資產階級號召國人抵制美貨，初次顯示出這支力量的作用。進入民國後，抵制外貨、提倡國貨的運動更是方興未艾，其中尤以1915年反對二十一條以及1919年五四愛國運動中群眾性自發的抵制日貨最為激烈，與此同時，提倡國貨、興辦實業亦蔚然成風。

　　國貨運動的產生與民國成立前後改易服式浪潮的衝擊也密切相關。出於對晚清陋習的憎恨，隨着辛亥革命的爆發，國人改易服式的要求亦日益迫切，這也強烈刺激了國內工商業的發展。1911年12月，就在辛亥革命爆發僅兩個月之際，上海緒綸公所、農業公所等十餘個團體為維持國產衣帽的銷售和生產，率先成立「中華國貨維持會」，其成立宗旨即為「提倡國貨，發展實業，改進工藝，推廣貿易」。[28] 嗣後在全國各地，各種國貨團體紛紛誕生，這也意味着近代中國國貨運動已從思想醞釀階段發展到實際提倡階段。

　　在國貨運動蓬勃發展期間，剛剛成立的共和政府也採取種種方式，予以積極的配合。1912年11月，在工商部的主持之下，召開了首屆全國工商會議，各省到會的實業界人士多達一百餘人，會議的宗旨為「謀工商礦業改良發達，欲集全國實業家及專門學者之意見」，實為「中國

28　轉引自潘君祥主編：《近代中國國貨運動研究》（上海：上海社會科學院出版社，1998年），頁6。

工商界數千年來未有之盛舉」。[29] 第一次世界大戰爆發後，由於進口銳
減，出口呆滯，導致各商埠一片蕭條，工商業損失慘重。然而農商部卻
認為，這未嘗不是發展國內實業的大好時機。1914 年 12 月 5 日，農商
部向各省發出飭文，指出歐戰「未始非工商發達之轉機，凡各省種種實
業，俱應切實整頓，所有大小工廠悉予竭力維持，一面趁外貨入口稀少
之時，改良土貨，仿照外貨」，並公佈《維持工廠辦法大綱七條》，責
令各地方長官在抵押貸款、產品改良、運輸費、拓展銷路諸方面提供援
助。1917 年 8 月，農商部又通令各地：「嗣後所有公共機關日用消耗各
品，除特種無國貨可代用者外，務請專購國貨，以示提倡。」[30] 以此同
時，政府有關部門還開辦國貨展覽會，並組織各省企業參加國際性的博
覽會，充分展示中國的產品。所有這一切，對於推動中國國內企業的發
展都具有積極的作用。

（四）民族資產階級力量的壯大

　　辛亥革命推翻了中國兩千多年的君主專制，不但激發了國民的愛國
情懷和民族自豪感，同時也為資本主義的經濟活動提供了法律保障，因
此中國的民族資產階級的力量亦隨之不斷增強。民國初年中國民族資產
階級力量的壯大可從以下幾個方面得到反映。

1. 大量的實業團體不斷湧現

　　民國初年實業團體的崛起同當時政治團體的出現一樣活躍，據不完
全統計，僅民國元年成立的實業團體就高達四十餘個，其範圍幾乎遍及
全國各個省區。這些實業團體從形式上來講，不但包括全國性的總分會
制，更多的是具有區域性的地方性集合方式；從行業上劃分，既具有包

29　同上注，頁 9-10。

30　轉引自汪敬虞主編：《中國近代經濟史，1895-1927》中冊，頁 1547。

含各個行業的實業總匯，也有以行業為基礎的同業組織。其發起旨趣在言辭上雖有不同，但振興實業、富國強民則是它們的共同主張。正如與南京臨時政府差不多同時誕生的「中華民國工業建設會」在其成立的宣言中所說：「往者憂世之士亦嘗鼓吹工業主義，以挽救時艱而無效也」，其原因即在於「專制之政毒未除，障害我工業之發達」；然而當此共和政體剛剛成立之際，「群知非實業不足以立國，於是有志於實業者項背相望」，其結論自然是「所謂產業革命，今也其時矣」。[31] 實業團體的不斷湧現，亦成為中國民族資產階級力量壯大的有力佐證。

2. 創辦反映資產階級輿論的刊物

中國的民族資產階級在其成長過程中深深地體會到掌握輿論陣地的重要，因此一旦他們略有實力，便積極創辦刊物，反映本階級的種種訴求。1912 年民國成立之後至 1915 年，不僅新創刊的實業報刊如《中華實業界》等多達五十餘種，遍及全國大多數省區，而且原有的著名報刊如《東方雜誌》、《大公報》等也都相繼增闢欄目，普及實業知識，通報實業信息，宣傳實業救國。特別是新文化運動開展之後，工商界、金融界同人也積極創辦刊物與之配合，如由中國、交通、浙江興業、浙江實業、上海商業、鹽業、中孚等七家銀行 1915 年發起的上海銀行公會即於 1917 年創辦《銀行週報》，以及 1917 年成立的北京銀行公會所創辦的《銀行月刊》（1920 年 1 月創刊），即是中國金融業最重要的兩大刊物。這些刊物不僅發佈國內外金融界的信息，更重要的則是它們代表了業界的利益，反映的是金融界的要求。

3. 資產階級參政議政意識的加強

資產階級隨着自身力量的壯大，他們的參政議政的要求亦日益強烈。1912 年 3 月間，剛剛成立的上海總商會就向南京臨時政府上呈，

---

31 《臨時政府公報》第十二號（1912 年 2 月 10 日）。

要求在即將召開的參議院中應有由各埠商會推選的三名參議員，這樣便「可以徑直參議，上下交通，不致再有從前隔閡之弊」。[32] 同年 11 月召開工商會議時，與會的各地商會及其他工商界團體代表亦乘機聯合，力爭獲得選舉權並爭取議席而進入國家的立法機關，他們甚至提出，「如參議院不聽此要求，決定全國工商各界今後無論國家地方各捐稅一概不納，必以達到目的為止」。[33] 儘管他們的這一要求最後並未完全達到，但凡此種種，都在在體現了中國年輕的資產階級參政議政意識不斷增長的這一趨勢。

（五）中央集權的式微

民國初年，特別是袁世凱去世之後，北洋軍閥混戰，輪流執政，地方政府則各自為政，政令不出京門。然而中央集權的式微對於各地資本主義的發展卻未嘗不是一件好事，這是因為中央不得不減少對地方的束縛，對地方亦無法進行有效的干預。雖然長年以來的軍閥混戰對於內地的經濟曾造成某種程度的破壞，但中國的主要城市、特別是上海、天津、廣州、青島等通商口岸一般來講卻並未受到直接的戰禍影響，相反倒獲得地方政權的保護，從而形成了內地的游資向都市集中的這一趨勢。海關的十年報告也證實了這一點，在分析上海工業發展的原因時海關報告認為，由於「內地動亂不寧，那裏的工廠經常遭到騷擾，這就形成了工業集中於上海的趨勢。許多本應遷出或開設在原料產地的工廠也都在滬設廠，雖然運費成本有所增加，但在上海特別在租界內，可在一定程度上免受干擾」。[34] 也正是由於中央集權的式微，中國的民族資產階

32　轉引自徐鼎新、錢小明：《上海總商會史，1902-1929》（上海：上海社會科學院出版社，1991 年），頁 187。

33　轉引自虞和平：《商會與中國早期現代化》（上海：上海人民出版社，1993 年），頁 319。

34　轉引自上海雪筍等譯編：《上海近代社會經濟發展概況（1882-1931）——〈海關十年報告〉譯編》（上海：上海社會科學出版社，1985 年），頁 278。

級的力量開始壯大，他們甚至敢於向中央或地方政府說「不」，其中最明顯的例子就是 1916 年中國銀行上海分行的宋漢章、張公權公然抵制北京政府的停兌令。[35]1919 年五四運動中上海的商人也積極響應，並組織了罷市活動。罷市結束後，活動的領導人黃炎培在給淞滬護軍使盧永祥的信中說：「此次罷市、開市純出商民公意……但願政府今後事事順民意而行，則商民何至出於罷市而更〔何〕所用並勸慰。苟其不然，則民喦可畏，雖軍警之力，有所不行。」[36] 這充分顯示出中國民族資產階級的力量已經壯大，他們不再逆來順受，而欲與統治者進行談判，要在政治舞台上佔據一個席位了。

（六）投資環境的改善

歐戰期間中國資本主義得以發展與此時國內投資環境的改變息息相關，當然上述原因實際上也意味着投資環境的改變。除此之外，諸如鐵路交通的開闢、國內商品市場的擴大、新式教育的興起及普及以及隨之而引起的科學技術的傳播、先進管理知識的運用、以銀行為代表的近代化金融機構與市場的建立等等，都使得國內的投資環境發生重大的轉變，以致吸引內資與外資不斷投入中國的資本市場，而這一時期僑資大量投資國內企業就是一個極為典型的事例。據統計，自 1912-1927 年期間華僑投資國內企業數和資本額分別佔 1862-1949 年投資總額的 27.2%和 34.5%，其中包括中南銀行、永安紡織公司、新新百貨公司等大型金融業和工商業。[37] 如此大規模僑資投資國內實業，當然是與投資環境的改善分不開的。

35　有關中國銀行抵制中央政府停兌之經過，參見鄧先宏：〈試論中國銀行與北洋政府的矛盾〉，《歷史研究》1986 年第 4 期。

36　《時報》，1919 年 6 月 24 日，轉引自杜恂誠：《民族資本主義與舊中國政府，1840-1937》，頁 154。

37　轉引自汪敬虞主編：《中國近代經濟史，1895-1927》中冊，頁 1552。

　　上面分析的這些原因實際上彼此間都是相互聯繫、相互作用的，很難分清哪個原因是主要的、哪個原因是次要的，但若將它們結合在一起考察，就可以清楚地看出這都是促進中國資本主義發展的重要因素。再從中國工商業和金融業發展的整體趨勢上來看，中國民族資本主義經濟在辛亥革命之後就開始有了顯著的發展，並不是隨着歐戰的爆發而產生，同時，這個所謂資本主義發展的「黃金時代」也並非由於世界大戰的結束而完全消失。因此筆者認為，第一次世界大戰的爆發確實為形成中國的資本主義「黃金時代」帶來重大的契機，但是若要尋找中國資本主義發展的真正原因，還必須從中國內部的深層結構去分析和研究。

原載《近代中國》總第 145 期（台北：近代中國雜誌社，2001 年 10 月）

中國經濟學社的年會及其特點

一　引言

　　中國經濟學社（Chinese Economic Society）是民國時期最著名的經濟學術團體，這不僅是因為學社存在的時間久遠（自 1923 年創辦後一直延續到中華人民共和國成立）、成員眾多（抗戰爆發前學社登記在冊的各類社員已近 800 人），而且社員絕大部分不是留學歐美或日本的經濟學者、大學教授，就是聲名卓著的金融家和企業家，還有政府中主管財政金融事務的重要官員，而學社的領導階層多是當時中國最優秀的經濟學家。除此之外，學社還創辦了重要的學術期刊《經濟學季刊》，出版並翻譯了大量的經濟學著作，因而學社成立後的所有活動對於提高和普及中國的經濟學理論、協助政府制定國家的經濟政策、解決現實的經濟問題都作出了重要的貢獻。[1]

1　以往很少有學者注意中國經濟學社並進行任何研究。筆者在撰寫本文的同時，亦撰有〈「無黨無偏，不激不隨」：論中國經濟學社的歷史地位及其作用〉，對於中國經濟學社的創立經過、成員的構成、領導階層的作用以及學社的功能等方面進行深入的分析，刊於《中國文化研究所學報》第 46 期（香港：香港中文大學中國文化研究所，2006 年 10 月）。在本文刊發同時，四川大學孫大權亦通過了他的博士論文《中國經濟學的成長》，後被評為 2007 年全國百篇優秀博士論文。

　　當年成立中國經濟學社的重要原因就是為了聯絡經濟學界同人交流各自的研究成果，深入研究共同關心的現實經濟問題，因此學社成立之初即決定每年召開一次社員大會，彼此相互切磋學術，聯絡感情，因此年會的召開便成為中國經濟學社成立後最重要的一項活動，並長年堅持不懈，即使在抗日戰爭那樣艱苦的條件下，學社社員仍然克服種種困難召開會議。本文主要根據中國經濟學社歷年來出版的各類期刊、著作以及各大報刊的報道，重點考察學社成立後召開第一屆至第十六屆年會活動的內容，分析年會形式的演變及其特點，從中既可觀察到學社所關心的經濟問題與當時的環境之間的關係，同時也能看到學社成立後二十年活動的發展及其影響。

二　中國經濟學社的成立與初期年會

　　二十年代初期，北京既是民國政府的首都，也是全國政治、文化的中心，各個高等學府中聚集了當時國內最優秀的一批學者。他們大多從海外留學歸來，不但崇仰西方的民主與自由，更渴望有一個充滿學術氛圍的空間。他們在外國留學期間對於學術社團的作用都有親身的體驗，回國後也都想成立相應的學術團體進行交流。為了促進和推動中國科學和經濟事業的發展，這些愛國的知識分子不但教書育人，潛心研究學術，還分別提出「科學救國」、「實業救國」和「教育救國」的口號，希望在中國摸索出一條實現現代化的道路，而大量學術團體的出現就是其中一個真實的寫照。據統計，民國成立的第一年申報成立的學術社團僅有 5 個，1919 年五四運動時已增至 53 個，到了國民政府成立之後（1931 年）又增加到 74 個，共出版叢書 279 種，創辦期刊 33 種，抗戰

前夕全國性的學術社團已劇增至 159 個，[2] 而中國經濟學社也就是在這種環境下應運而生並逐步發展，最終成為中國知識界重要的學術團體。

　　1923 年夏，當時居住在北京的留美回國一批治經濟學的學者就常常感到困惑，由於沒有一個團體可以交換彼此之間的知識和意見，因而無法在一起切磋學問，特別是當時許多學者在編譯出版有關歐美學術著作的過程中，更因為互不通氣而形成工作重複，因此他們都覺得沒有合作、缺乏交流實在很難解決這些問題。正好此時擔任燕京大學經濟系主任的英國人戴樂仁教授（Prof. J. B. Taylor）早就有意聯合北京各大學教授經濟學的教授和政府財政部門官員以及金融機關的高級管理人員組織一個學社，討論彼此之間共同關心的中國現實經濟問題，這樣既可作為平時授課時之相關參考資料，又能為進一步的深入研究奠定基礎。戴樂仁首先找到劉大鈞（曾在清華學校、北京大學、北京師範大學等校任教，當時並兼任財政整理委員會及稅則專門委員會專門委員）商議，他的這一設想立即得到劉大鈞的贊同，並立即出面發起致函，邀請在北京的知名經濟學者陳長蘅、衛挺生、趙文銳、胡立猷、陳達、林襟宇、吳君澤、楊培昌、李炳華和外國人貝君（Blaisdell）等十餘人多次到他位於南池子的住宅聚餐，一邊吃飯一邊討論，終於達成一致意見，與會者共同推舉，由劉大鈞擔任臨時主席，林襟宇為臨時書記，並推選劉、林、戴三人負責起草社章。然後再經創社社員的多次討論，最後修改通過社章，定名為「中國經濟學社」。

　　經眾人討論，商定成立學社的目的有以下數端：一、研究中國經濟問題；二、輸入外國經濟學說；三、刊印經濟學書籍及論文；四、社員之間召開會議，互相交換經濟知識。1923 年 11 月，中國經濟學社正式成立，並選舉出學社的領導成員：社長劉大鈞，副社長戴樂仁，書記林襟

2　方慶秋等：《民國黨派社團出版史叢》（南京：江蘇人民出版社，1996 年），頁 29。

宇，會計衛挺生，出版部主任陳長蘅，副主任陳達，出版經理胡立猷。[3]

　　既然中國經濟學社成立的目的就是為了加強社員間的聯絡，促進學術的交流，那麼定期召開會議就是最有效的一個形式。因此學社成立初期通過的《社章》第五條即規定社員大會分常年會和臨時會兩種，其中「常年會每年舉行一次，在常年會中除分別由社長、副社長等報告社務經過與收支情形以及其他事項外，應按照第六條之規定，決選社長、副社長及各理事，並議決其他社務」。[4] 在這之後社章又經過多次修改，到三十年代中期新通過的《社章》[5] 對年會的職責就有了更詳盡的規定：

> 1、社長及其他職員報告社務經過、收支情形及其他事項；
>
> 2、選舉理事並推定社長、副社長；
>
> 3、推舉其他委員會委員；
>
> 4、修改社章；
>
> 5、訂定有關社務各種章程；
>
> 6、舉行學術討論演講會及建議經濟改革事項；
>
> 7、其他任務。

　　因此中國經濟學社成立後各屆理事會均將召開一年一度的年會作為學社的重要事務予以準備，而且一屆比一屆辦得出色。

　　中國經濟學社成立之初由於成員較少，而且大多集中於北京，所以早期幾屆年會的規模比較小，並且都在北京舉行。

3　　劉大鈞：〈中國經濟學社略史〉，載中國經濟學社編：《中國經濟問題》（上海：商務印書館，1929 年 3 月初版），頁 353。

4　　《中國經濟學社社章》（1925 年第 2 屆社員年會通過），載中國經濟學社編：《中國經濟問題》，頁 359。

5　　戰前新修改通過的《中國經濟學社社章》全文載《中國經濟學社一覽》（南京：中國經濟學社自印，1935 年 12 月新編），頁 8-13；又載《檔案與史學》1998 年第 6 期，頁 25-26。

　　1924 年 5 月於北京中央飯店召開了學社成立後的第一屆年會，學社的理事成員原封不動予以繼任，但社員人數自此開始逐漸增加，馬寅初、金問泗、程萬里等 50 餘名新社員報名加入，尤其是時任北京大學經濟系主任馬寅初教授的入盟對於中國經濟學社日後的發展產生了巨大的作用。

　　第二屆年會於 1925 年 5 月在北京中國政治學會舉行。在此之前留美中國學生中也有類似經濟學會的組織來函要求加入學社，這就與原社章的宗旨不相適合，因此理事會決定由金問泗、程萬里和趙文銳三名社員組成修改社章委員會，負責修改社章，並於本屆年會中討論通過。新社章規定學社實行理事制，由社員於每年召開之年會一個月前以通信方式推舉理事 9 人，並在會議期間開票產生，以得票多少而決定，其中得票最多之前二人為社長與副社長，理事任期一年，可連選連任；由於社員人數增加，活動範圍擴大，因而社章又規定經總社同意可在社員人數較為集中之地點成立分社，但其章程不得與總社章程相抵觸。在這屆年會上劉大鈞、馬寅初眾望所歸，當選為社長與副社長，吳澤湘、楊培昌、趙文銳、金問泗、衛挺生、陳長蘅、程萬里等 7 人當選為理事。這一時期馬寅初因工作需要，常常往返於北京和上海，在他的推動下，上海的許多經濟學者和銀行家都加入學社，社員不斷增加，嗣後不久上海分社即告成立。

　　由於早期理事會的理事大都在北京居住，因此每月召開的一次理事會便形成了一個不成文的規矩，即由諸理事輪流作莊，各自在家中設宴款待，一邊吃飯，一邊討論社務工作，同時審查新社員的入社申請。第三屆年會就是這樣經過理事會的籌備，於 1926 年 5 月假北京歐美同學會舉行，並依社章之規定，選舉產生了新一屆理事會，原理事衛挺生、陳長蘅落選，由周詒春、盛俊取而代之。[6]

6　劉大鈞：〈中國經濟學社略史〉，載中國經濟學社編：《中國經濟問題》，頁 354-355。

三　年會逐漸步入規範化、學術化

　　1927 年是國內政治局勢發生重大轉折的一年，這一年的 4 月，在南京建立了國民政府，全國的政治中心開始南移；對於中國經濟學社來說，這一年也是學社發生重大變化的一年。由於戰事頻仍，津浦鐵路受阻，南北交通不便，而更加重要的是，此時學社新發展的社員中幾乎大半旅居上海，加之上海分社業已成立，並且活動頻繁，影響亦日益擴大。[7] 鑒於前幾次年會都在北京舉行，因而理事會決定第四次年會改在上海召開，並委託上海分社組織籌備。從此開始，中國經濟學社的年會步入了一個新的階段。

　　1927 年 11 月 18-20 日，中國經濟學社第四屆年會在上海天后宮橋上海總商會會址隆重舉行。與往屆年會會期只有一天相比，本屆會議不僅時間長達三天，而且會議的內容眾多，除了公開演講和宣讀論文兩項重要內容外，還組織參觀商務印書館及東方圖書館、南洋兄弟煙草公司和申新第二紡織廠。此次年會備受上海各界歡迎，會議期間商務印書館、商業雜誌社、上海總商會和銀行週報社等機構還輪流設宴款待與會學者。本屆年會於 27 名候選人中選舉產生了新的一屆理事會：社長馬寅初，副社長劉大鈞，理事盛俊、楊端六、潘序倫、金國寶、周詒春、劉秉麟、李權時，理事會中除周詒春外，其他 8 位都居住在上海和杭州，這也就說明此時學社的重點已經南移。本屆年會決議籌募基金，成立基金委員會，推舉馬寅初、楊杏佛等 12 人為委員，眾社員在本次會議中捐款達 2,000 餘元；本屆年會期間召開的第一次理事會議還決定創辦經濟刊物，推舉衛挺生等 32 人成立學社社刊編輯委員會；同時還以

---

[7]　據中國經濟學社 1927 年 11 月編輯的社員名錄中得知，1926 年中國經濟學社上海分社的社員有 73 人，1927 年加入上海分社的有 65 人，同年由總社轉入上海分社的社員有 11 人，合計 149 人；而當年中國經濟學社總社的社員只有 66 人。參見《中國經濟學社名錄》（1927 年 11 月），上海市檔案館藏檔案：Y4-1-351。

學社的名義向即將召開的財政和經濟會議提出各項財政建議和經濟改革計劃。[8] 就在這一年，南京中央大學和上海交通大學的經濟學會亦先後加入學社，成為團體會員。

1928 年 6 月，國民革命軍北伐成功，隨後立即在上海和南京召開了全國經濟會議和全國財政會議，這是國民政府成立後為了確立今後財政經濟政策而舉行的兩次重要會議，而這兩次會議均邀請中國經濟學社委派代表參加，足見學社地位之重要。緊接着國民黨中央又於 8 月 8-15 日在南京召開了二屆五中全會，並頒佈《訓政時期約法》。在這國家社會彷彿進入統一和建設的階段時，中國經濟學社亦對外公開發表宣言，聲稱「爰本國家興亡，匹夫有責之義，於黨國經濟大計亟待商榷者悉心研討，管見所及，以為在積極方面，當集合團體才智，從事經濟建設；在消極方面，當革除苛捐雜稅，裁併駢枝機構」。那麼如何才能集合團體才智呢？他們認為，「必須集合社會各種階級、各種職業之代表，與夫研究經濟之專家，合組一經濟議會」，因為只有如此，國內的「一切經濟問題，不難迎刃而解」。[9] 進而中國經濟學社還以德國在第一次世界大戰之後設立經濟議會的模式，對國民黨五中全會提出成立經濟議會的具體方案與組織大綱，並認為只有這樣，才可以「整齊經濟制度」、「普及經濟利益」、「改善經濟現狀」。[10] 由此可以看出，此時中國經濟學社關注的已經不僅僅是現實的經濟問題，更表現出他們已具有一種強烈的參政議政的欲望。

就在這一背景下，中國經濟學社第五屆年會於 9 月 28 日至 10 月 3 日在杭州舉行，這當然與社長馬寅初此時擔任浙江省政府委員有關。往

8　陳震異、李可權：〈中國經濟學社第四次年會紀錄〉，載《中國經濟問題》，頁 341-352。

9　〈中國經濟學社宣言〉，載中國經濟學社編：《經濟建設》（上海：商務印書館，1929 年 11 月），頁 1-2。

10　〈中國經濟學社建議五中全會擬請設立經濟議會案〉，載中國經濟學社編：《經濟建設》，頁 3-6。

屆年會雖然都安排一些社員宣讀論文，但因籌備時間倉促，論文篇數不多，而此刻學社成員已發展有 200 餘名，為了調動社員的積極性，提高學社的學術水準，本次會議事前便成立了論文委員會，積極向社員徵求論文，因此本屆年會的論文不論是數量還是質量均有所提高。而且在宣讀論文時，與會社員亦能廣泛參加討論，學術研究的氣氛日見濃厚。

　　針對當時國家經濟與社會存在的重大弊病，年會中有社員分別提出「聯絡全國工商界督促裁釐」（劉大鈞提）、「擬請督促政府實行廢兩改元」（徐寄廎提）和「請政府速照財政會議及裁釐委員會議決案實行裁釐以蘇民困」（魏頌唐提）等提案，這些方案對於政府日後推行的財政金融改革均發揮了重要作用。

　　本屆年會同樣受到杭州商業、金融與教育各界的歡迎，各方輪流舉辦宴會予以招待。而且本次會期時間較長，會議的籌辦者除了安排與會者在會議期間遊覽杭州西湖的湖光山色，還特別組織社員前往錢塘江觀潮以及乘船遊覽富春江的風景，所需費用則由參與者自理，從而開創學社藉召開年會之際遊覽各地風景之先例。本屆年會選出理事會的成員為（按得票數多少排列）：馬寅初（社長）、劉大鈞（副社長）、盛俊、李權時、劉秉麟、戴克諧、壽景偉、衛挺生、徐寄廎。[11]

　　國民政府自定都南京後便開始推行首都建設計劃，新京建設，進步顯著，因而學社決定第六屆年會即於南京舉行，而且為了慶祝國慶，日期更定於雙十節期間（1929 年 10 月 9-13 日）召開。為此籌備委員會特設立會務及論文兩個小組分別籌備，向鐵道部申請並獲其同意，會議期間與會社員乘搭火車可享有半價車費之優惠，為了擴大影響，籌備委員會還邀請立法院院長胡漢民擔任本屆年會的名譽會長。根據當時國內經濟的特點，本屆年會討論的重點是「訓政時期的經濟政策」，多位學者

11　〈中國經濟學社第五屆年會紀錄〉，載中國經濟學社編：《經濟建設》，頁 265-276。

圍繞這一問題發表演講及報告論文，立法院、工商部、南京市政府和中央大學等機構亦輪流設宴款待與會學者。會議期間與會社員除了參觀國慶閱兵典禮，遊覽南京市郊的中山陵、燕子磯等名勝之外，還專門乘搭鐵道部特別安排的專車前往鎮江，觀賞焦山、金山和甘露寺等處的古蹟與風景。此次年會通過修正基金籌集委員會組織法及基金保管委員會人選，決議創辦《經濟學季刊》，推選李權時擔任總編輯，並根據社章，選舉產生了本屆理事會成員：馬寅初（社長）、劉大鈞（副社長）、戴克諧、衛挺生、盛俊、錢新之、潘序倫、陳長蘅、金國寶。[12]

　　江蘇省無錫縣地處江南水鄉，商業繁榮，工業發達，中國經濟學社為實地考察起見，決定第七屆年會於 1930 年 9 月 20-23 日在無錫舉行。會議期間先後宣讀論文 20 餘篇，並參觀當地的工藝機器廠、恆德油廠、慶豐紗廠、麗新染織廠和茂新第二麵粉廠，還遊覽了太湖黿頭渚、蠡園等名勝，雖屬走馬觀花，但也為眾人留下深刻印象。本次年會通過的重要決議包括：促進中國商業票據市場；吸收社員應取限制主義，凡無經濟著作，或於經濟事業無貢獻者不得入社；促進各地成立分社，並鼓勵社員研究經濟問題；號召本社社員於社會發生重大經濟問題時進行演講或發表文字，以作社會之貢獻。同時還通過社章修正案，規定理事會成員每年改選三分之一，應改選者不得連任。在本屆年會上，馬寅初、劉大鈞、朱彬元、李權時、衛挺生、潘序倫、金國寶、徐寄廎、劉秉麟等 9 人當選為理事會理事。[13]

　　第八屆年會於 1931 年 9 月 1 日在浙江寧波召開，由社長馬寅初主持，邀請監察院院長蔡元培先生演講。會議中討論了社員提交的論文，

12　朱彬元：〈中國經濟學社第六次年會記錄〉，載《經濟學季刊》第一卷第二期（1930 年 7 月），頁 265-272。

13　朱彬元、徐師慎：〈中國經濟學社第七次年會紀錄〉，載《經濟學季刊》第二卷第二期（1931 年 6 月 1），頁 184-189。

其程序規定為，先由論文作者報告，再經與會者加以質詢、批評、商榷，最後由主持人予以歸納及總結。在本屆年會上，馬寅初、劉大鈞、邵元沖、陳其采、陳長蘅、衛挺生、朱彬元、李權時、楊蔭溥等 9 人被選舉為理事。會後與會者還遊覽了奉化、普陀等地名勝。[14]

　　第八屆年會召開之際，正值長江大水災肆虐之時。此次水災亘古稀有，受災地區多達十七省之多，災民幾達七、八千萬人，淹沒農田約七億畝，損失極為嚴重。因此本屆年會在討論經濟學術之餘，更加關注救災與善後諸項問題，並起草意見書予以公開發表。出席年會的學社社員大聲疾呼，「救災辦法須分治標與治本二端，而二者之前提，尤在立止人為之戰禍，以冀天災厄運之未滅。否則兵連禍結，天災之外，又加以人禍，火上添油，吾黃胄其猶有噍類之望呼」？接着還對治標與治本提出了許多具體方案。[15] 這說明中國經濟學社的社員不僅關注各人的研究，同時也展現出他們關心社會、注意民情、希望國家民族繁榮富強的胸懷與理想。

四　年會與時政相結合

　　1931 年 9 月中國經濟學社第八屆年會曾議決下一年將於瀋陽召開，可就在年會剛結束沒幾天，日本軍隊便在瀋陽發動了「九一八」事變，並很快侵佔了整個東北。在這種情形之下，理事會便決定第九屆年會改在杭州舉行，時間定為第二年的 9 月 16-23 日。

　　本屆年會特別邀請三位銀行界元老（他們也都是學社的社員）發表專題演講，分別是吳鼎昌（鹽業銀行）：「國難與中國經濟學社之新使

14　《申報》，1931 年 9 月 4 日，第 12 版。

15　〈中國經濟學社救濟水災意見書〉，載《經濟學季刊》第三卷第一期（1932 年 5 月），頁 257-261。

命」，張公權（中國銀行）：「中國經濟目前之病態及今後之治療」，李馥蓀（浙江實業銀行）：「回到繁榮之路」。年會期間曾分三次進行論文報告，多位學者圍繞着「國難時期內的經濟問題」發表論文。9月18日是國恥週年紀念，與會代表前往天目山繼續進行會議，於途中休息時靜默數分鐘，並相約不進中餐，以示紀念，當晚7時與會者還集中在東天目山寺大殿舉行九一八國難紀念。

四年前中國經濟學社曾在杭州舉行過第五屆年會，此刻舊地重遊，與會者別有一番感受。此次年會期間代表除了遊覽天目山風景區和嚴子陵外，還乘坐杭江鐵路直達蘭谿，參觀考察浙江省剛剛建成的這條省營鐵路以及周邊十多個縣區的經濟實況。本屆年會開始實施新通過的社章，即理事會進行普選，以後每年抽籤改選理事會中三名理事，不得連任。選舉結果，根據得票多少，馬寅初、劉大鈞、張公權、賈士毅、吳鼎昌、何德奎、李權時、戴克諧、黎照寰9人當選為本屆理事。[16]

中國經濟學社第十屆年會於1933年8月24-31日在山東省青島市舉行，討論的議題確定為「中國經濟之改造」，特約演講的嘉賓及講題分別為：梁漱溟（鄉村建設研究院主任）：「解決中國經濟問題之特殊困難」，周作民（金城銀行總經理）：「華北產業之發展與金融之關係」，陳光甫（上海商業儲蓄銀行總經理）：「吾國經濟改造的根本問題」。會議收到論文計23篇，根據其內容大致分為三類，即一般經濟問題及國際經濟，金融問題及農村經濟，商業貿易及會計問題，與會社員發言踴躍，特別是對社長馬寅初發表的有關利用外資的報告興趣尤大。

長期以來青島的輕工業一直在日本勢力的壓迫下慘澹經營，此次與會代表在會議期間特別安排參觀華新紗廠、華北火柴廠和冀魯針廠，都是規模最大的幾個代表企業，學社社員的到來既能參觀各廠的經營管

16　參見王永新：〈中國經濟學社第九屆年會紀詳〉，《經濟學季刊》第四卷第二期（1933年6月），頁211-236。

理，同時也是對民族工業的一種支持。本屆理事會通過決議，與中國統計學會合組中國社會科學研究委員會，並由兩會合辦中國經濟統計研究所，原學社的研究委員會亦同時取消。通過改選產生新一屆的理事會成員為：馬寅初、劉大鈞、黎照寰、王雲五、金國寶、何德奎、李權時、吳鼎昌、壽景偉。會議期間代表們遊覽了青島附近的嶗山等風景區，會後還乘火車先到濟南，遊覽趵突泉和大明湖，再到泰安登臨泰山，最後到曲阜瞻仰孔廟。[17]

中國經濟學社成立後召開的年會早期在北京，後多在江浙地區，從未在內地舉行，第十屆年會於青島召開，取得成功的經驗，因此社員大會在議決下屆年會地點時，決定在重慶、溫州、長沙、廣州或北平擇一進行，以擴大學社的影響。湖南省主席何健聞訊後竭力爭取在長沙舉行，並為此親自致電社長馬寅初：「報載貴社下屆年會將在長沙舉行，聆悉之餘，毋任欣幸。湘省物產，諸待考查，各項建設，亦待指導，特電歡迎，務懇貴會早日決定，以便飭屬籌備招待也。」[18] 馬寅初暨眾理事收到來電後深為榮幸，一致決議第十一屆年會於長沙舉行。

三十年代初期，世界和中國都先後陷入經濟恐慌，各國政府都在尋求解決危機的方法，中國的學術界也最早在國內提出實施統制經濟的主張。[19] 對這個問題經濟學社的社員更是當仁不讓，紛紛發表各自的主張，因此學社決定該屆年會即以「中國實行統制經濟政策之商榷」作為討論的議題。

1934 年 8 月 26 日第十一屆年會在湖南大學召開，湖南省省主席何

---

17 徐兆蓀：〈中國經濟學社第十屆年會紀事〉，載《經濟學季刊》第四卷第四期（1933 年 12 月），頁 147-161。

18 轉引自〈本社第十一屆年會預誌〉，載《經濟學季刊》第五卷第一期（1934 年 4 月），封三。

19 關於這一問題可參閱拙文〈戰前「統制經濟」學說的討論與實踐〉，《南京大學學報（哲學社會科學版）》2006 年第 1 期，頁 86-100。

健、教育廳廳長朱經農、財政廳廳長張開璉等率省府重要官員出席開幕式，何健還在會上致詞，介紹湖南環境與物產，希望經濟學家為發展湖南的經濟出謀劃策，更歡迎金融界前來投資。在開幕式上，國民黨中央宣傳委員會主任委員邵元沖（也是學社社員）亦以「經濟統制與能力統制」為題發表演講，湖南大學校長胡庶華最後以東道主的身份對與會學者表示歡迎。

本屆年會共收到論文 18 篇，根據內容分為「一般經濟問題」與「統制特殊經濟問題」兩個小組進行報告和討論。同時馬寅初、甘乃光、梁寒操、陳長蘅、李權時、潘序倫、唐慶增等多位社員還圍繞統制經濟這個議題對湖南各界發表公開演講。會議期間，與會代表還分組參觀了當地的紡紗、玻璃、造紙、機械等工廠以及地質調查所和棉業、農事試驗場。大會還組織學者於會議結束後遊覽素有「五嶽獨秀」的南嶽衡山以及岳陽、武漢等地風景名勝。

馬寅初自第二屆年會選為學社副社長，第四屆理事會以來更一直擔任社長，對於學社的發展貢獻極大，但由於新社章規定每年必須從理事會中改選三分之一理事，因此本屆年會馬寅初、吳鼎昌和壽景偉三人退出理事會，由潘序倫、王志莘和周作民接任。[20]

第十二屆年會於 1935 年 12 月 26-30 日在廣州舉行，這次會議同樣受到廣東省和廣州市黨、政、軍以及商界、學界的歡迎。在本屆年會上宣讀的論文共有 18 篇，主要圍繞當時國內正積極進行的國民經濟建設運動為討論的議題。為了更加深入討論當前的經濟政策，吸收未能與會學者的意見，理事會和各分社特地於年會召開之前先於南京、上海、武漢、長沙等地舉行座談會，邀請各地社員廣為發表意見，並將各地召開

20　參見〈中國經濟學社第十一屆年會紀事〉，載《經濟學季刊》第五卷第四期（1935 年 3 月），頁 183-193。

的座談會會議紀錄發表在《經濟學季刊》上。[21] 在本屆年會上，馬寅初
眾望所歸，重新被選入理事會，並再次出任社長，同時被選入理事會的
還有楊蔭溥和衛挺生，取代劉大鈞、何德奎和李權時三位理事。[22]

　　中國經濟學社第十三屆年會再次移師上海，於 1936 年 9 月 27 日
至 10 月 1 日假上海八仙橋青年會舉行，由於學社社員多集中於江浙兩
省，特別是上海，因此出席本屆年會的社員多達 300 餘名，實為歷屆年
會之最。

　　在本屆年會的開幕式上，財政部長孔祥熙（也是學社社員）以「經
濟復興與經濟學社之使命」為題發表專題演講，他在介紹了當下國內的
經濟局勢以及採取的各項措施之後，還特別向學社的社員提出，「我國
民眾教育尚未普及，尚有待在座各位經濟專家於研究之餘，致力於經濟
智識之普及」，「尤希諸位各就專長，從事經濟學識之普及化、實用化，
藉收民眾與政府一致合作之效，則吾國經濟復興前途，藉可事半而功
倍」。[23] 上海市長吳鐵城、市黨部代表何元明以及上海市商會主席王曉
籟等亦先後在年會上發言表示祝賀。

　　本屆年會召開之際正是國家實施新貨幣政策並取得成功之時，同時
又是日本帝國主義從各方面加緊對中國侵略的關鍵時刻，因此學社籌
備委員會將本屆年會討論的議題訂為「非常時期之經濟與財政問題」，
共收到 15 篇論文，分為兩個小組予以宣讀和討論。本次年會還別出心
裁，專門舉辦一場辯論會，籌備組根據正在進行中的幣制改革中所遇到
的問題而預先確定辯論題「中國施行新金融政策應求外匯穩定乎抑求內

21　〈中國經濟學社南京社員座談會紀錄〉（1935 年 11 月 26 日）、〈中國經濟學社武漢社員
　　座談會紀錄〉（1935 年 11 月 20 日），均載《經濟學季刊》第七卷第一期（1936 年 6 月），
　　頁 179-188；189-191。

22　參見〈中國經濟學社第十二屆年會紀事〉，載《經濟學季刊》第七卷第一期（1936 年 6
　　月），頁 192-203。

23　參見《經濟學季刊》第七卷第三期（1936 年 11 月），頁 227。

價穩定乎」，事先在社員中邀請劉傳書（鐵道部）、程紹德（中央銀行）、梁慶椿（浙江大學）、張素民（暨南大學）四位主張外匯維持穩定的學者為一方，而以陳長蘅（軍需學校）、姚慶三（國民經濟研究所）、張家驤（中央政治學校）、李權時（復旦大學）四位堅持穩定物價的學者為另一方，雙方依序發言，各自就國際形勢以及國內社會環境，結合理論，進行辯論。這幾位都是學有所專的著名學者，各家所論均言之成章，說之有理，而辯論的形式又格外新穎，因此吸引了眾多社員旁聽，並積極參與討論。[24]

根據社章，原理事會中黎照寰、王雲五、金國寶三位理事屆滿，經與會社員選舉，何廉、劉大鈞、李權時三位當選新一屆的理事會。會議期間與會代表還分組參觀了商務印書館、中華書局、滬江大學、交通大學以及上海電力公司、永安紡織一廠、龍華水泥廠等文化教育部門和相關工廠企業，並前往常熟、蘇州等地遊覽，受到當地各界的歡迎。[25]

五　抗戰爆發後召開的三屆年會

中國經濟學社原定第十四屆年會於 1937 年 8 月在福州舉行，為此福建省政府負責年會的籌備工作並已大致準備就緒，然而 1937 年 7 月 7 日日軍發動了蘆溝橋事變，不久淞滬戰爭爆發，戰火又蔓延到東南沿海，國家陷入危難之中，年會自然也就無法召開。

由於戰事的擴大，國民政府決定西遷，並宣佈長期抗戰。隨着東南沿海的大批工廠、學校紛紛內遷，學社的許多社員也搬遷到大後方，繼

24　參見李黃孝貞：〈記中國經濟學社辯論會並抒所見〉，載《經濟學季刊》第七卷第三期（1936 年 11 月），頁 214-218。

25　參見〈中國經濟學社第十三屆年會紀事〉，載《經濟學季刊》第七卷第三期（1936 年 11 月），頁 220-234。

續推動社務發展。理事會有鑒於此，決定 1938 年 8 月在四川峨嵋山九老洞召開第十四屆年會，計劃同時參觀自流井鹽場及北碚工業區的建設。散佈於重慶、武漢、長沙等地的社員聞風而動，熱心組織，積極聯絡，然而實在是因為社員居住過於分散，戰爭時期交通不便，無法購置車船票而準時到達會議地點，理事會不得不通告會議延期舉行。待到廣州、武漢失守後，大批民眾又陸陸續續遷移到四川，僅聚居在重慶一地的社員就不下百人。多數社員均主張，國難當頭，更應舉行年會，集思廣議，為堅持抗戰獻計獻策。理事會順從諸社員的意見，決定當年 12 月 4 日假重慶市銀行公會召開第十四屆年會，並將年會討論的議題定為「戰時經濟問題」。由於戰爭時期條件限制，本屆年會一切從簡，時間只限於一天，而且因無法聯絡散居於各地的眾多社員，理事會亦決定不予改選，由上屆理事會繼續負責社務。[26] 儘管如此，大後方的社員還是積極響應，在短短的時間內便提交了 25 篇論文，共 20 餘萬言，作者均為國內著名經濟學學者。根據其內容，編輯委員會將其分為財政、金融、貿易、農業與經濟建設五大類結集出版，[27] 這也充分顯現中國經濟學社的社員在危難之際對國家與民族所作出的貢獻。

　　在本屆年會上，由於時間有限，所有問題都集中在戰時是否維持法幣匯率這個問題上，馬寅初、劉大鈞等大多數社員均主張維持法幣匯率，而以葉元龍、厲德寅、陳長蘅等社員卻認為政府根本沒有能力維持法定的匯率，與其讓出口商人蒙受損失，不如將法幣貶值。雙方爭辯極為熱烈，以致當時的輿論將本屆年會稱之為「學術界稀有的大舌戰」。[28]

26　有關該屆理事會的選舉資料未見，但從日後中國經濟學社寄發的信箋可以得知理事會成員與上一屆基本一致，即社長馬寅初，副社長周作民，理事衛挺生、王志莘、潘序倫、穆湘玥、李權時、劉大鈞、何廉。與第十三屆理事會名單相比較，只是由穆湘玥取代了楊蔭溥，其他理事未變。見〈中國經濟學社致浦心雅函〉（1940 年 3 月 28 日），中國第二歷史檔案館藏重慶交通銀行檔案：三八 /198。

27　中國經濟學社編：《戰時經濟問題》（長沙：商務印書館，1940 年 2 月），頁 426。

28　《大公報》（重慶），1938 年 12 月 5 日，第 3 版。

最後財政部長孔祥熙以社員的身份發言，表示政府維持法幣匯率的決心，出席會議的社員及來賓計 160 餘人起立鼓掌，時間長達數分鐘之久。[29]

　　抗戰爆發後條件艱苦，自然不可與平日相比，雖然學社原規定每年定期（一般均為秋天）召開年會的目標無法達到，但學社仍在極端困難的條件下堅持活動，特別是社長馬寅初自 1939 年就任重慶大學商學院院長之後，對於學社開展各項活動就更加方便了。重慶的許多社員主張 1940 年春季召開年會，正值南洋華僑經濟考察團計劃於同一時間訪問重慶，因此學社理事會就決定利用歡迎考察團的這一機會召開第十五屆年會，地點就定在重慶大學禮堂。會議地點的設立主要基於兩方面的考慮，一來是社長馬寅初任該校商學院院長，與校長葉元龍（也是經濟學社社員）關係熟稔，商借禮堂自然較為方便；再有就是當時日軍經常對重慶進行空襲，而重慶大學備有堅固的防空洞，躲避轟炸也比較容易。為此中國經濟學社提前通知所有在渝社員開會的時間與地點，告知本屆年會討論的議題為「戰時與戰後經濟問題」，因為這一問題「不僅備當局之採擇，兼可供僑胞之參考」，[30] 要求眾社員踴躍參加並提交論文。

　　1940 年 4 月 28 日上午，中國經濟學社第十五屆年會在重慶大學禮堂開幕，有 100 多名社員出席會議，各界來賓多達 400 餘人，整個禮堂座無虛席。社長馬寅初首先說明，以往年會多為一星期左右，但因非常時期，此次年會只有一天，因此不宣讀論文，而採用口頭辯論方式，上午討論物價問題，下午討論西南建設與外匯問題。雖然此次年會準備時間倉促，但會議仍收到 32 篇論文，說明廣大社員對國事、對學社的關

29　馬寅初：〈法幣法價打破之危險〉，《中央日報》（貴陽），1938 年 12 月 18 日。

30　〈中國經濟學社致浦心雅函〉（1940 年 3 月 11 日），中國第二歷史檔案館藏重慶交通銀行檔案：三八 /198。

心與熱愛。[31]

　　馬寅初報告完畢即邀請南洋華僑經濟考察團團長、著名愛國華僑陳嘉庚先生發表演講，題目是「華僑投資祖國問題」。他的演講主要闡明兩個問題，第一，不要只將吸引華僑投資的目光集中於南洋的資本家，而應擴大到整個華僑身上；其二，國內必創造並提供良好的投資環境，方可吸引廣大華僑投入資金，報效祖國。陳嘉庚演講剛一結束，馬寅初就上台發言，稱贊他的發言至情至理，切中時弊，緊接着他又說：「現國家不幸遭強敵侵略，危險萬狀，而保管外匯之人，尚逃走外匯，不顧大局，貪利無厭，增加獲利五七千萬元，將留為子孫買棺材！」陳嘉庚事後回憶此事亦不禁稱贊道：「馬君發言時，面色變動，幾於聲淚俱下，且重行複述，激烈痛罵，其勇豪爽，不怕權威，深為全座千百人敬仰。」[32]

　　馬寅初雖然「其勇豪爽，不怕權威」，但他這種痛斥豪門的言行卻引起執政者的不滿，最高當局竟於 1940 年 12 月初以赴前方考察戰區經濟為名，對馬寅初長期實施軟禁。[33] 馬寅初自學社成立之初就長期擔任學社的領導，為學社的發展嘔心瀝血，他更是一位著名的經濟學者，著作等身，在學術界威望極高，自他身陷囹圄、失卻自由之後，不僅是學社，整個大後方的學術界和高校學生都為馬寅初恢復自由而奔走疾呼。在國內輿論的強大壓力下，國民黨在關押了二十多個月之後，不得不解除對馬寅初的軟禁，然而對他的人身自由還是有所限制，同時還不准國

31　《新華日報》（重慶），1940 年 4 月 29 日，第 2 版。

32　陳嘉庚：《南僑回憶錄》（福州：福州集美校友會，1950 年），頁 125-127。

33　關於馬寅初被軟禁的原因和經過當時任蔣介石侍從室第六組少將組長的唐縱曾在日記中有過真實的記錄，他在 1940 年 12 月 8 日的日記中寫道：「馬寅初迭次公開演講，指責孔宋利用抗戰機會，大發國難財。因孔為一般人所不滿，故馬之演說，甚博得時人之好感與同情。但孔為今日之紅人，炙手可熱，對馬自然以去之為快，特向委座要求處分，委座乃手令衛戍總司令將其押解息峰休養，蓋欲以遮阻社會對孔不滿之煽動也。」參見《唐縱失落在大陸的日記》（台北：傳記文學出版社，1998 年），頁 161。

立各高等學校聘請他擔任教授。在馬寅初經濟生活和學術生涯都處於困境之際，他的老朋友、學社理事潘序倫出於正義感，更是出於對他的同情與欽佩，特意聘請馬寅初出任他所創立的私立立信會計專科學校財經教授，並請馬寅初和他的子女們一起到學校的所在地、風景秀麗的重慶北碚校舍居住。[34]

此刻學社的廣大社員也沒有忘記他們的老社長，因為馬寅初還無法享受充分的自由，學社理事會特地決定，第十六屆年會就借用位於重慶北碚的立信專科會計學校召開，時間則定在 1943 年 4 月 24 和 25 日兩天。年會地點的確定一方面是因為立信學校的校長是學社的老社員和理事潘序倫，對此事一定會大力配合；但更重要的原因恐怕還是學社社員希望以此來寄託一種對老社長馬寅初的支持與懷念。[35]

北碚距重慶市區數十公里，風景秀麗，但交通卻不方便。為了選擇到北碚召開年會，理事會還千方百計地尋找交通工具解決與會者的困難。學社代社長陳其采曾致函財政部花紗布管制局局長尹任先（也是社員），向該局商借一艘輪船使用四天。但該局的答覆是由於「柴油船吃水過深，值此枯水時期，不能開往北碚」；而另一艘淺水輪則因「引擎、煤氣爐尚未裝置完竣」，因而無輪可撥。[36] 在遭到花紗布管制局的拒絕

34　潘序倫：《潘序倫回憶錄》（北京：中國財政經濟出版社，1986 年），頁 45-46。

35　關於馬寅初 1942 年 8 月之後是否完全恢復自由目前存在爭論，以往學者多認為此時馬寅初雖被釋放，但實際上仍被軟禁於歌樂山的家中，孫大權則認為此說不確，他列舉眾多資料，指出馬寅初此時可以參加立法院會議並進行公開授課，因此「軟禁」一說不能成立。見孫大權：〈抗戰時期「馬寅初被捕案」有關幾個問題的辯析〉，載《求索》2004 年第 8 期，頁 229-232。前引潘序倫的回憶亦可證實馬寅初並非軟禁於歌樂山，然而馬寅初釋放後並沒有恢復其中國經濟學社社長的職務（仍由陳其采代社長），而且 1943 年 4 月召開的第十六屆年會就在馬任教的立信會計學校舉行，他竟然無法參加（當時大後方各家報紙都報道了年會召開的消息，但出席會議學者的名單中卻未見馬寅初之名），這說明至少此時馬寅初的恢復自由仍然是有很大限制的。

36　〈中國經濟學社代社長陳其采致財政部花紗布管制局局長尹任先函〉（1943 年 3 月 10 日）以及花紗布管制局批簽，中國第二歷史檔案館藏財政部花紗布管制局檔案：八二〇/19000。陳其采曾於第八屆年會當選為理事，但之後就沒有繼續擔任。馬寅初社長被軟禁後不知通過甚麼程序，學社的社務工作改由他代理。

後，理事會又再向經濟部甘肅油礦局借用汽油 50 加侖，並為該局局長批示「照借」。[37]

1943 年 4 月 24 日上午，中國經濟學社第十六屆年會在重慶北碚立信專科會計學校禮堂召開，與會社員及各界嘉賓約 200 餘人，北碚當地各校學生亦列席會議。代社長、國民政府主計長陳其采主持會議，重慶軍政機關如國民黨市黨部、社會部、教育部和國家總動員會議先後派代表致詞祝賀，希望此次大會能對目前存在的問題商討實施的具體辦法，擬具縝密之方案，以供政府採納。此次年會共收到論文 32 篇，在會上宣讀的論文有金天錫〈中國戰後經濟建設問題〉、李炳煥〈戰後經濟調整的理論與政策〉、章乃器〈我國戰後經濟建設的兩大問題〉、劉鴻萬〈我國戰後之經濟建設與國家資本〉、胡元民〈經濟復員與建設西北問題〉、李超英〈對敵偽經濟鬥爭之方略〉等。下午舉行討論，題目即為「戰後經濟問題」，與會社員均踴躍發言。[38] 4 月 25 日上午繼續召開大會，內容主要是討論並通過各項提案，其中包括成立戰時經濟問題研究會、翻譯出版歐美各國名著等議案，同時還決定組織中國經濟學社重慶分會，推定李炳煥、朱通九、劉大鈞、壽勉成、楊蔭溥等 15 人為籌備委員。[39]

就在本屆年會召開前不久，蔣介石以個人名義公開出版《中國之命運》，這本書打着「三民主義」的旗號，既反對共產主義，也反對「自由主義」（即資產階級自由主義）；與此同時，國民政府內部各部門亦正在奉命擬定戰後推行的各項政策。值得注意的是，此刻國共兩黨對於中國經濟學社的召開都表現得格外關心，《中央日報》為此曾專門發

---

37 〈中國經濟學社代社長陳其采致經濟部甘肅油礦局函〉（1943 年 3 月 13 日），中國第二歷史檔案館藏甘肅油礦局檔案：九五 /2175。

38 參見《大公報》（重慶），1943 年 4 月 25 日，第 3 版；《新華日報》（重慶），1943 年 4 月 25 日，第 3 版。

39 參見《大公報》（桂林），1943 年 4 月 26 日，第 2 版。

表社論,其中心思想就是將蔣介石的指示貫穿其間。社論稱,總裁的言論「實已提示了我國戰後經濟問題的綱領,這綱領就是說明,我們必須實施計劃經濟,而此計劃經濟的大目標很簡單,即為『工業化』三個大字」;為了達到這個目標,「希望全國經濟學者,協助政府,善為規劃,使此有關國家命運的戰後經濟問題,獲得優良的建設方案」。[40] 與此同時,《新華日報》也為學社年會的召開發表短評,以示祝賀。短評說:「我們從抗戰大勢觀測,抗戰還是長期艱苦,今日最急切的要務,莫過於發展戰時生產,以達自力更生、爭取勝利的目的。所以中國經濟界的優秀分子,當前最迫切的工作,是在如何為發展生產事業做些實際的貢獻,這也可以說是一種責任,望經濟學社的專家們注意及此。」[41] 由此可以看出,此時國共兩黨已充分認識到知識分子的作用,並採取各種方式,爭取得到他們的認同。

六　年會的演變及其特點

中國經濟學社自 1923 年成立之後的第二年即開始召開年會,這一制度一直沒有改變,至抗戰爆發前的 1936 年共召開了 13 屆年會,抗戰爆發後,由於交通困阻,環境惡劣,學社不可能按期召開年會,但理事會仍然克服種種困難,在極端艱苦的條件下,先後在重慶以及北碚召開了三次年會。由於筆者目前暫未收集到抗戰勝利後中國經濟學社召開年會的資料,因此本文只能對學社成立後召開並一直延續到抗戰中期的 16 次年會加以簡介,進而歸納與分析歷屆年會召開過程中的演變及其特點。

40　〈社論:戰後經濟問題〉,《中央日報》(重慶),1943 年 4 月 26 日,第 2 版。

41　〈短評:對經濟學社的希望〉,《新華日報》(重慶),1943 年 4 月 25 日,第 3 版。

　　由於中國經濟學社成立之初成員不多，而且大多集中在北京一地，所以早期年會的形式與內容並不規範，事先並無準備，帶有某種隨意性，會議地點亦都在北京；然而自從馬寅初加入學社、特別是當他出任社長之後，中國經濟學社的規模以及影響愈來愈大，它不僅表現為社員人數急速增加、幅蓋區域不斷擴大，而且只要從歷年召開年會的規模與內容就可以明顯地反映出學社成立 20 年來的發展與變化。因此若對年會的特點深入加以分析，就可以更加清楚地看出中國經濟學社的成長與擴大的成就。

（一）年會的規模

　　我們可以從舉辦年會的地點、年會召開的時間、參加會議的人數幾方面進行分析。

　　前面講過，早期年會均在北京舉行，這是因為當時社員多集中在北京，而且參加年會的人數平時不到 20 人，時間也僅有一天。可是自從馬寅初擔任學社的主要領導之後，在他的熱情推動與促進下，社員人數大幅增加，而且新增社員多集中在江浙、特別是上海一地，因此從第四屆年會開始，會議地點開始向江浙一帶轉移，先後於上海、杭州、南京、無錫、寧波等地召開年會，自第十屆開始則又更擴大到青島、長沙和廣州，而且學社也藉在各地召開年會之際擴大影響，於總社之外，先後成立了上海、杭州、南京、華北、長沙、廣州等分社；與會人數亦與日俱增，社員踴躍參加，少則 6、70 位，多則逾 200；與此同時，年會召開的時間也大為延長，少則三、五天，多則一個星期以上。抗戰期間由於交通條件所限，所召開的三次年會地點都選擇在重慶或重慶附近的北碚，前兩次時間只有一天，但學社也還是因陋就簡，積極宣傳，從而在社會上產生了重大影響，這只要從當時大後方各家報紙的連續報道中即可看出。

（二）會議前的準備

雖然中國經濟學社成立之初就規定每年定期召開年會，以利於交流學術，聯絡社員之間的感情，但早期的年會帶有某種隨意性，基本上屬於社員之間一種定期的聚會，規模亦不是很大，因此會議之前往往並沒有進行甚麼準備。自第四屆年會之後，隨着與會社員人數的增加，會議地點每年都要更換，並不固定，同時會議的時間與內容亦相應延長和擴大。為了將會議開好，學社理事會格外重視會議的準備工作，這從以下幾個方面可以得到體現。首先，每年年會召開之際，即在全體社員大會上討論決定下屆年會的舉行地點（通常都決定三至五個城市，最後由理事會斟酌，選擇其中最合適的地點，再與當地政府或機構聯繫）；其次，會前由理事會決定成立會議籌備委員會，其下再設接待、會務、論文、宣傳等幾個小組，指定專人，各司其責；再有，由於每屆年會都分別在不同城市舉行，社員則來自全國各個地區，因此理事會往往於會前就與政府鐵道部門聯絡，要求對與會代表給予車票半價優惠，同時在住宿方面也事先與當地旅舍聯繫，通常都能得到一些優惠。

（三）規範化與學術化

早期召開年會沒有甚麼特定目標，大都是事先邀請一些學者或社員就自己的研究專題作一報告。隨着年會規模的不斷擴大，會議的形式日益規範，內容亦愈來愈學術化、多樣化，從形式上來看大致可以分為幾個內容：

開幕式：例由學社社長致開幕辭以及年會籌備委員會負責人報告會議籌備情形，順便說一句，自從南京國民政府成立之後，每次年會的開幕式上還免不了有奏國歌和恭讀總理遺囑等形式。

名人演講：自第六屆年會始，籌備委員會的一個重要任務就是於會前邀請政界、商界及學術界的知名人士擔任主講嘉賓，譬如學社就曾先後邀請到監察院長蔡元培、立法院長胡漢民、考試院長戴季陶、財政部

長孔祥熙等黨國要人以及青島特別市市長沈鴻烈、湖南省主席何健、廣東省主席林雲陔、上海市長吳鐵城等年會舉辦地的政府首腦在年會上發表演講，此外學社還邀請金融界之巨擘出任主講嘉賓，如中國銀行的張公權、鹽業銀行的吳鼎昌、浙江實業銀行的李馥蓀、金城銀行的周作民、上海商業儲蓄銀行的陳光甫，而他們大都也是學社的社員，張、吳、周還曾被選舉為學社的理事。

報告論文：這是年會的最重要內容。早期年會宣讀的論文主要是個人研究所得，沒有甚麼針對性，事先也沒有進行準備；自第四屆年會起，開始於籌備委員會中設立論文股（後改為論文委員會），專門負責聯絡並印發與會學者的論文；嗣後每屆年會召開之前，都先向社員發出徵集論文的通知，並結合國內重要的經濟問題，確定當年年會討論的議題，如「訓政時期的經濟政策」（第六屆）、「中國商業票據市場」（第七屆）、「國難期間之經濟問題」（第九屆）、「中國經濟之改造」（第十屆）、「統制經濟政策之商榷」（第十一屆）、「國民經濟建設」（第十二屆）、「非常時期之經濟與財政問題」（第十三屆）、「戰時與戰後經濟問題」（第十四至十六屆），學社社員多能積極參與，圍繞議題提交論文。其形式一般是先由作者報告論文的基本內容與結論，與會者接着進行熱烈的討論，最後再由主持人加以總結。在第十三屆年會上還首次試行了一場辯論會，即由籌備委員會確定題目，分別邀請多位學者以正反雙方進行辯論，會場反應熱烈，收到極好的效果。

公開演講：除此之外，年會一般還安排部分社員於會議期間在高等學校或商會等場所進行公開演講，他們或是著名的大學教授，或是知名的經濟學者，或是富有經驗的金融家、企業家，所報告的內容又都是個人的研究專長，所以通過演講而達到普及經濟學知識與擴大學社影響的雙重目的。

社務會議：年會的另外一個重要內容就是召開社務會議，由上一屆理事會進行社務總結，檢查賬目，討論社員遞交的提案，議決各項理事

會動議，通過本年度入社社員的名單，以及選舉產生新一屆理事會。由於社員分散各地，不可能都出席年會，因此理事會於年會召開之前就將選票寄給每一個社員，要求他們不論參加年會與否，都需在年會召開前將選票填好寄來，於社務會上當眾開票。新一屆理事會成立後即在年會期間召集會議，確定來年及未來學社的發展計劃，這些內容都是學社得以順利發展的關鍵所在。

招待宴請：為了開好年會，籌備委員會事先還分別和會議所在地的黨政機關以及金融、商業、教育出版等各界聯繫，因而在會議期間各界都輪流舉行宴會、酒會，招待與會學者，這樣不僅有利於擴大學社的影響，加深社員與各界的聯繫，同時亦為學社召開會議節省了不少支出。

參觀遊覽：早期年會因為時間短，而且都集中在北京召開，所以年會的內容亦比較簡單，除了報告論文之外，沒有安排其他活動。自第四屆年會起，由於時間延長，會期充裕，再加上會議地點不再固定，因而年會的組織者往往在會議期間安排一些參觀和遊覽的活動。參觀的對象主要是各地新興的工廠企業、出版機構與高等學校，這樣既可以讓與會學者了解各地經濟發展的面貌，更希望能達到理論與實踐結合的目的。自第五屆年會開始又增加了遊覽名勝的內容，而會議地點及附近地區的名勝則成為遊覽的主要目標，如在杭州開會就觀賞西湖美景、前往錢塘江觀潮，在南京開會之後乘車到鎮江遊覽金山、焦山、甘露寺，在無錫則順道暢遊太湖黿頭渚，在青島開完會後先往濟南泛舟大明湖、趵突泉，再登臨泰山、瞻仰孔廟，長沙會議結束之後則結伴遊覽南嶽風光，返程時順路再登岳陽樓。與會學者藉開會之際，遍遊各地名山大川，心曠神怡，實為一舉兩得。這裏要說明的是，學社籌備會只是負責聯絡前往各地遊覽的交通、住宿等事宜，而所有遊覽的費用則採取用者自付的原則。

（四）會議論文集的出版

中國經濟學社成立之初確立的宗旨就是討論中國經濟問題、出版經濟論著、召開學術會議，因此每當年會召開結束之後，重要的工作就是收集編輯並出版論文集。前而曾經提出，學社討論主題的確定常與國內政治經濟狀況相互結合，比如 1925 年北京段祺瑞政府曾向各有關國家發出邀請，在北京召開關稅特別會議，討論修訂中國稅則問題，中國經濟學社就此要求社員圍繞這一重大問題發表意見，事後並結集出版了《關稅問題專刊》，這也是中國經濟學社成立之後出版的第一部著作。1928 年北伐成功後，國民政府開始致力於各項經濟建設，中國經濟學社的成員也都積極地參與這項工作，他們不但應參加財政部舉辦的全國經濟會議和全國財政會議並提出各種議案，還先後將第四屆和第五屆年會的論文結集為《中國經濟問題》與《經濟建設》，並委託商務印書館出版發行。其後中國經濟學社創辦了《經濟學季刊》，這是當時經濟學界最重要的一份學術刊物，自 1930 年創刊共出版了 8 卷 29 期，所刊論文均為國內著名的經濟學者的力作，其中也以專輯的形式，刊載了社員提交各屆年會的優秀論文。抗戰爆發後，《經濟學季刊》被迫停刊，中國經濟學社也無法按期召開年會，但學社的廣大社員仍然在極其艱苦的條件下繼續進行研究工作，他們不僅在戰時召開了三次年會，還克服種種困難，先後出版了《戰時經濟問題》和《戰時經濟問題續集》兩部論文集，對於戰時財政金融及經濟的發展提出了精闢的建議，也是為堅持抗戰作出了應有的貢獻。

七　簡短的結語

民國成立後，隨着新文化運動的興起和發展，特別是一批批留學海外的學子學成歸來，一個個學術社團亦應運而生。社團的增加帶動了學術風氣的活躍，而年會正是普及與推動科學研究的重要形式，當時有人

曾這樣說：「科學團體之舉行年會，其主要目的，不外乎集各方碩學專家，晤對一堂，各出教研所得，著為論文，到會宣讀，俾得多數同道之討研，獲切磋觀摩之實益。」[42]中國經濟學社歷屆年會的舉行及其成效則正是說明了這一事實。

　　從中國經濟學社歷屆年會召開的規模與效果來分析，可以看出學社歷史上發展最為輝煌的階段為戰前10年（1927-1937年），這正是中國的國民經濟遭到世界經濟危機的衝擊、日本帝國主義又肆意發動全面侵華的危難之際，同時也是國民政府致力推動各項財政經濟改革之時。學社之所以能夠在這一時期得到長足的發展有諸多原因，譬如學社歷屆的理事會都是由一批既具崇高學術地位、又熱心服務的專家學者組成，其中最重要的人物就是長期擔任學社社長、副社長的馬寅初和劉大鈞兩人的作用；國內發展經濟的呼聲高昂，格外需要經濟學家的意見，學社的廣大社員也結合實際，對於國家重大的經濟政策，如關稅自主、廢兩改元、裁釐改統、引進外資、整理債務、統制經濟等措施，紛紛著書立說，建言獻策，發揮了積極的作用，因而學社的活動自然得到中央及各級政府的支持以及社會各界的贊助。這也就說明，任何一個學術團體若要得到發展與進步，除了需要領導成員的熱情與獻身精神以及團體自身的努力奮鬥外，還與整個社會的大環境、特別是國家與實業界的支持與否具有密切的關係。

原載《中國社會經濟史研究》2006年第3期

42　重熙：〈論科學團體之年會〉，載中國科學社主辦：《科學》，第21卷第8期（1937年8月），頁603-604。

戰前西方對華投資意向轉變之原因

南京國民政府成立後雖然一直沒有放棄尋求西方援助的努力，同時也曾採取各種形式和辦法進行嘗試，然而在其成立初期卻收效甚微。為了維持政府的有效統治，財政部門主要是依靠增加稅收、發行內債而解決日益龐大的財政開支。但是到了抗戰爆發前的一、兩年間，情況卻突然發生了變化，在中國出現了一個西方各國競相投資的高潮，這在鐵路投資與建設方面反映得尤為明顯。因此對這一時期西方對中國投資意向為何由消極轉而積極的原因進行深入的探索，既可以清楚地看到中國經濟發展的態勢，同時也可以加深了解世界經濟與中國經濟的互動及其相互之間所產生的作用。

一　債信低落，舉借無門

南京國民政府剛剛成立即承認並允諾清理前清及北京政府遺留下來的債務，同時還相應制定了一些在維護國家主權的原則下引進外資的政策，其目的就是為了得到西方各國外交上的支持和財政上的援助。1929年3月，行政院第17次會議確定利用外資的原則，後經中央政治會議第179次會議議決通過，其原則主要是「平等互惠」、「尊重主權」，譬

如中外合資企業華股須佔全部股份的 51% 以上，華董須佔多數，董事長及總經理必須由華人擔任以及合資企業應遵守中國公司法及其他法律之限制。[1] 1930 年 3 月，國民黨三屆三中全會通過《最近建設方針》，指出「鐵道、水利、造船、製鐵、煉鋼等偉大建設之事業，依照總理節制資本之意，宜由國家經營之。如國庫不足，於不妨礙國家主權之範圍內借用外資，乃為必要」，並規定「煤、鐵、油、銅礦之未開發者，均歸國家經營，政府得照總理所定之國際發展實業計劃，在一定範圍內，准外人投資或合資創辦」；「中國之特種工業，在總理實業計劃內所規定應新創設之廠，均由政府計劃辦理，並得借用外資及人材」；「政府應在兩年之內籌設：一、大規模之製鐵煉鋼工廠，二、造船廠，三、電機製造廠，得借外資興辦」。[2] 很明顯，國民政府此時所制定的建國方針就是希望通過利用外資，重點建設一個由國家經營、以國家資本為主要成份並以鐵路、水利、能源和礦產為中心的重工業經濟體系。

　　為了達到這一目標，國民政府還採取各種方式進行努力，譬如聘請外國財政顧問來華幫助設計改革方案，派遣政府高級官員出國訪問以尋求外國的援助。然而這些嘗試並未取得相應的成效，吸引外資、尋求援助遭到許多困擾，實際上南京國民政府成立初期不但沒有舉借過甚麼外債，就是外國對華投資的數額亦為數甚少。因此這一時期國民政府為了應付日益增加的財政支出，除了千方百計擴大各種稅收之外，籌集資金更重要的途徑是向國內金融界發行公債和庫券。據統計，國民政府自 1927 年 5 月至 1931 年 12 月共發行內債和庫券 28 筆，發行額高達 10 億餘元。[3]

1　〈行政院為利用外資案致工商部訓令〉（1929 年 3 月 26 日），載中國第二歷史檔案館編：《中華民國史檔案資料匯編》第五輯第一編「財政經濟」（五）（南京：江蘇古籍出版社，1994 年），頁 122-123。

2　上海《民國日報》，1930 年 3 月 4 日，第 1 張，第 3 版。

3　詳見千家駒編：《舊中國公債史資料》（北京：財政經濟出版社，1955 年），頁 370-373。

　　應該說，造成外資對華投資卻步這一現象的出現是與當時國內外大環境息息相關的。

　　從國內局勢來看，當時財政枯竭、收支不敷的現象極為嚴重，自清末到民國初年，由於財政支絀，歷屆中央政府幾乎都只能依靠舉債而度日。據統計，1853-1893 年清政府共舉借外債 45,922,969 庫平兩，1894-1911 年舉借外債 1,203,825,453 庫平兩，1912-1927 年北京中央及地方政府共借外債 387 筆，債額計銀圓 1,279,619,514 元；同期南京臨時政府、護國軍政府及南方獨立各省亦先後舉借各類外債 80 筆，債額計銀圓 57,377,276 元，[4] 此外還有為數高達四億五千萬兩白銀的庚子賠款。然而由於各地截留，中央政府財政收入遠遠無法應付日益增加的開支，所以只好剜肉補瘡，寅吃卯糧，借新債還舊債，以致許多債項到時無法償付，不少債務甚至利息早已超過本金。截至 1925 年年底，財政部經管的有確實擔保外債積欠本金為銀圓 413,962,019.79 元，庚子賠款積欠本金計銀圓 396,518,786.52 元，無確實擔保外債積欠本息為銀圓 354,018,611.50 元。[5] 同期交通部經管之外債積欠本息為銀圓 561,967,765.37 元。[6] 而為了舉借外債，清政府和北京政府不得不將關稅、鹽稅、釐金、貨物稅、煙酒稅、印花稅以及鐵路收入等一一充作抵押，到最後，舉凡賴以維持財政的所有收入幾乎都成為擔保，既然抵押殆盡，當然難以舉借新債了。同時因巨額借款無法按期償付，導致債信低落，日甚一日，也難以期望增強外國投資者的興趣，故北京政府到後期早已無法向外國舉債了。國民政府成立後這一狀況非但未曾改變，反

4　參見徐義生編：《中國近代外債史統計資料，1853-1927》（北京：中華書局，1962 年），頁 21、90、240。根據最近的研究統計，清政府共舉借 208 項外債，總額超過 13 億庫平兩；北京政府（包括南京臨時政府）共舉借 633 項外債，總額為 15.56 億銀圓。參見許毅主編：《北洋政府外債與封建復辟》（北京：經濟科學出版社，2000 年），頁 3。

5　北京政府財政部檔案：一〇二七 (2)/1611。本文所引用之檔案如無說明，均藏於中國第二歷史檔案館，下略。

6　北京政府財政部檔案：一〇二七 (2)/1574。

而有所加重。1929 年 7 月 14 日，美國出席國際商會的首席代表拉蒙特（Thomas Lamont）曾於阿姆斯特丹召開的國際會議上聲明：「中國現在的國際信用很低，除非他們對重建工作有詳細確切的計劃，否則是不可能向紐約市場借款，我敢說在歐洲也是一樣。」[7] 應該說，拉蒙特的這番話確實代表了當時歐美國家一般投資者的態度。

然而，對於國民政府來說，舉債艱難更重要的原因恐怕還是受到當時國際大環境的影響，這可以從以下幾方面具體進行分析。

首先，國民政府成立之初，正值空前未有的經濟危機席捲全球之際。1929 年美國最先陷入大蕭條，緊接着世界上主要資本主義國家都先後爆發了經濟危機，這場危機持續時間之長、波及範圍之廣、造成危害之大均是歷史上前所未有的。伴隨着經濟危機而來的是整個西方國家的信用危機，德國、奧地利、匈牙利以及大多數南美國家由於無力償付逾期的國際債務，紛紛單方面宣佈停付或緩付本國所拖欠的債務；而債權國一來因為經濟危機導致本身的資金短絀，更重要的則是有恐於國際間普遍存在的賴債行為，故而視投資為畏途，拒絕向國外提供借款，導致國際信貸市場的活動幾乎陷於停頓，資本輸出的數額亦隨之大幅下降。據統計，美國的外國有價證券發行額從 1928 年的 132,500 萬美元猛跌到 1933 年的 160 萬美元，英國（不包括對殖民地的貸款）亦從 1928 年的 5,700 萬英鎊下降到 1933 年的 800 萬英鎊。[8] 這對中國尋求外資自然造成嚴重的阻礙。

其次，新四國銀行團的存在亦阻止了列強對中國的投資活動。國際銀行團是二十世紀初伴隨着列強對華大肆進行資本輸出而出現的一個產物，成立銀行團的目的主要在於通過建立一個彼此認可的機構，共同協

7　轉引自張貴永：《詹森與中美關係》（台北：台灣商務印書館，1968 年），頁 86。

8　轉引自吳首天〈一九二七——一九三七年國民黨政府外債政策之研究〉，載《史學月刊》1984 年第 6 期。

調各國在對華借款問題上所出現的矛盾，從而進一步壟斷國際對華借款。儘管國際銀行團在成立的過程中其組織成員先後曾發生許多演變，先是三國，後四國，再六國，又五國，最後又變成四國，但在控制和壟斷對華借款的這一目的上卻是始終一致的。1918 年第一次世界大戰結束後，沙俄被推翻，德國成了戰敗國，國際格局發生了重大變化。原先退出銀行團的美國首先向英、法、日三國提出重新控制對華借款的建議，不久即在此基礎上成立了新四國銀行團，並規定：「除已為各國既定之權利外，凡中國之實業與鐵路借款，無論現在或將來，其優先權概為本團承受」（第二條）；「銀團外資本家已經訂有契約或優先權者，務設法使其讓歸本團」（第三條）。[9] 儘管新銀行團成立後並未得到中國歷屆政府的承認，同時亦未經手承借任何款項，但它的存在及其具體規定確實阻礙了外國對華的投資與借款。

此外，外資不敢放心大膽地對華投資還與這一時期的國際關係、特別是遠東國際關係密切相關。

日本早就對中國懷有覬覦之心，特別是「九一八」、「一二八」事件爆發之後，日本帝國主義對中國的侵略野心更暴露無遺。為了達到其獨霸中國的目的，日本竭力反對西方國家對中國提供任何形式上的援助，其間最明顯的事例便是阻止和破壞宋子文尋求歐美國家援助的努力。

1933 年 4 月至 8 月，行政院副院長兼財政部部長宋子文開始了他藉參加世界經濟會議之名實為尋求西方援助的歐美之行，其間他先是與美國簽訂了棉麥借款協定，後又同歐洲各國洽談成立國際援華機構（宋將其稱之為諮詢委員會）的可能。然而宋子文的這一舉動卻引起日本方面極大的猜忌，甚至公開採取反對的態度。7 月 17 日，日本外相內田

9　參見〈法、日、英、美駐華公使抄集四國新銀團文件致外交部照會〉（1920 年 9 月 28 日），北京政府財政部檔案：一〇二七 (2)/1466。

康哉分別向駐歐美各國使節發出訓電，命令他們立即與所在國交涉，要求各國不得「以購買武器或財政的援助為目的」，向中國提供借款。他還進而警告說，若各國不予理睬，「則將來中國藉此關係國之經濟的援助，而敢為反滿抗日方策之際，我方則有繼續行使前於滿洲、上海兩事變曾經表示毅然的自衛行動之意向。關於為此所引起日華紛爭之再發，其責任應由援助國分擔」。[10] 7 月 28 日，內田外相更向駐中國公使有吉明發出措辭強烈的訓令：「我方歷來主張，日支問題應由兩國間直接交涉處理，決不允許第三國介入。而且，如果要增加對華援助的話，一定要排擠其他各國，而由日本獨自進行，或者至少應在日本同意之後，諸國方能協商進行，這是希望支那安定、並對保持遠東和平負有重任的帝國應採取的不可動搖之態度。」[11] 與此同時，日本政府也開始對宋子文尋求西方援助的計劃進行阻撓和破壞。四國銀行團中的日本代表野原大輔加緊向銀行團的其他成員進行遊說，他強調，考慮到日本在遠東的特殊地位及其影響，歐美各國不能成立排除日本在外的任何機構；退一步說，即使成立這樣的組織也不會具有甚麼權威性，反過來卻只能加劇中日之間的緊張關係。[12] 在日本的干預下，歐美各國政界和財團害怕觸怒日本並進而捲入複雜的遠東國際關係之中，此時也紛紛改變了態度。美國摩根公司的拉蒙特首先拒絕參加諮詢委員會，因為他的公司在日本有大量生意，因此不能不考慮到日本的反對立場。[13] 英國同樣不願意得罪日本，所以也拒絕加入這一機構；甚至當匯豐銀行有意向中國借款時，

10　轉引自惜微：〈日本朝野對於我國棉麥借款等措施之態度〉，《外交月報》第 3 卷第 5 期（1933 年 11 月 15 日），頁 185。

11　轉引自伊豫谷登士翁：〈アメリカの對華棉麥借款と日本〉，載小野一一郎、吉田肅編：《兩大戰間期のアジアと日本》（東京：大月書店，1979 年），頁 109-110。

12　*Foreign Relations of the United States, 1933* (Washington, D.C.: Government Printing Office), Vol.3, pp.505-506.

13　Dorothy Borg, *The United States and Far Eastern Crisis of 1933-1938* (Cambridge, MA: Harvard University Press, 1964), p.64.

英國國家銀行總裁立即加以反對，他認為這樣做不僅會失去英國在華的重要地位，同時亦將喪失日後對中國借款的權利。[14] 因此宋子文不但沒有完成他預期「聯合歐美、抵禦日本」的戰略目標，就連他剛剛與美國簽定的棉麥借款也遭到了重大挫折。[15] 更為嚴重的是，當宋子文回國後不久，由於與中央最高當局政見與理財意見上出現重大分歧，因而不得不辭去行政院副院長與財政部長的職務，黯然離開黨國的決策中心。

二　國內外政治經濟局勢的變化

然而，到了 1935 年之後，隨着中國國民經濟的好轉，外資開始紛紛湧入中國，其中最為明顯的就是鐵路借款。據當時擔任鐵道部部長的張嘉璈後來回憶，自 1936 年 1 月至 1937 年 6 月的一年半時間內，中國修築新路共向國外借款 471,027,511 元，國內借款 63,000,000 元；舊路方面國外借款 58,078,455 元，國內借款 11,550,000 元。總計國外借款 529,105,966 元，約合美金 157,260,535 元，或英金 31,932,370 鎊；國內借款 74,550,000 元，約合美金 22,157,699 元，或英金 4,499,207 鎊。[16] 兩相比較，同期國外借款佔總借款的 87.7%，而這一時期舉借外債的數額竟超過國民政府成立最初十年借款總額的一半。[17] 毫無疑問，西方各國對華投資意向的改變也是和此時國內外大環境的轉變密切相關。

首先，困擾多年的全球性經濟危機此時已開始復甦，歐美各大財團

14　Stephen Lyon Endicott, *Diplomacy and Enterprise: British China Policy, 1933-1937*(Vancouver: University of British Columbia Press, 1975), pp.36-37.

15　有關棉麥借款的經過與結局可參見鄭會欣：〈1933 年的中美棉麥借款〉，載《歷史研究》1988 年第 5 期。

16　張公權：《抗戰前後中國鐵路建設的奮鬥》（台北：傳記文學出版社，1974 年），頁 91。

17　筆者撰寫的〈戰前國民政府舉借外債的數額及其特點〉（載《民國研究》第 1 輯，南京大學出版社，1994 年）之附錄曾統計了國民政府 1927-1937 年歷年舉借外債的數額，可供參考。

隨即四處尋找和開闢海外市場，而中國則正是西方各國心目中的一個重要目標。在這場對華投資的浪潮中，由於德國不是新銀行團的成員，不受對華投資借款種種條款的約束，再加上當時亦正值德國復興之際，也刺激其積極尋找向海外投資和擴張的機會，因此德國財團率先進軍中國。1934 年 5 月，德國奧托‧華爾夫（Otto Wolff）公司與鐵道部簽訂玉（山）南（昌）鐵路借款，成為三十年代西方國家第一個向中國提供貸款修建鐵路的國家。[18] 在這之後，英、法、比等國財團便蜂擁而至，相繼與中國簽訂了寶成鐵路（比）、京贛鐵路（英）、湘黔鐵路（德）、成渝鐵路（法）等借款，原本為控制對華借款而成立的新銀行團已形同虛設，名存實亡，再也發揮不了壟斷的作用，就連一向對中國提供借款極為冷淡的美國財團此刻態度也發生了變化，1937 年春天，美國進出口銀行總裁皮爾遜（Warren L. Pierson）專程訪問中國，其間他曾與鐵道部部長張嘉璈多次洽談，並表示願意向中國提供大額度的信貸。[19] 儘管這一計劃由於不久日本對華侵略戰爭的突然爆發而未能付諸實行，但卻可以見到當時美國銀行家對華投資的意向確已發生深刻的變化。

　　西方國家對華投資意向的轉變也與當時中國內部機制的變化有關，而成立於這一時期、以吸引外國投資為宗旨的中國建設銀公司就是其中一個重要因素。

　　中國建設銀公司是宋子文卸任財政部長之後不久，聯合國內最大的十多家銀行共同出資而成立的一家投資公司。長期以來，由於中國一直缺乏現代金融市場的運作和股份公司的經營，以致外國資本對華投資往往採取的都是對企業直接投資的方式，或是通過進口生產資料和工業原

18　William C. Kirby, *Germany and Republic China* (California: Stanford University Press, 1984), pp.194-98.

19　姚崧齡編著：《張公權先生年譜初稿》上冊（台北：傳記文學出版社，1982 年），頁 177-78。

料，或是把貿易入超的資金轉變為當地投資，這種方式對中國的工業發展長遠來看存在着種種弊端。宋子文主掌全國財政多年，他深深地感受到其中的癥結所在，當時他聘請來華訪問的著名財政專家讓‧蒙內（Jean Monnet）就曾向他建議，中國若要吸引外資，本國資本必須發揮導向作用，只有這樣外國資本才可能跟進。[20] 多年後宋子文在回顧發起成立中國建設銀公司的目的時曾說：「我國以前舉借之外債，幾乎都須以稅收為擔保，如關稅及鹽稅均因借款關係，而由外人管理。至於鐵路借款，亦常有由外人監管或共同管理之規定，而四國銀行團對我國則仍無一借款得以成功，且其時我國工商業之公司組織方在萌芽時代，多數工商事業均以私人或家屬或合夥之方式經營，一經人事變遷，事業即隨之不振，真正之資本市場尚付厥如，一切事業幾全賴拆款或短期貸金以資周轉，而無長期債券市場之便利」，因此他創辦公司即出於兩方面的考慮：「第一，如何能在國人可以接受之條件下，鼓勵大量外資之輸入，及如何獲取外國技術管理之協助；第二為如何促進國內資本市場之發展」。[21] 應該說，宋子文講的這番話是有一定道理的，而事實更是如此，中國建設銀公司成立之初，憑藉宋子文在國內外政界與財界廣闊的人脈關係以及公司股東的強大實力，幾乎包攬了國內所有引進外資的業務，發揮了吸引外資的導向作用。[22]

中國建設銀公司在引進外資的過程中改變了以往舉借外債的方式，應該說這也是戰前吸引大量外資投向中國的一個重要原因。

從十九世紀末列強開始大規模對華投資、修築鐵路以來，西方各國與中國政府簽定的合同大都涉及到路權，除了政府的各項稅收之外，借

20　*Foreign Relations of the United States, 1934*,III, pp.379-80.

21　「宋子文向中央常會報告中銀公司經營經過」，天津《大公報》，1947 年 9 月 19 日。

22　有關這個問題可參閱拙文〈戰前中國建設銀公司的投資經營活動〉，載《中國經濟史研究》2004 年第 1 期。

款亦多以鐵路收入為擔保，而且債權人還具有監督鐵路財政及委任工程、財務人員的特權，但從浙贛、成渝鐵路借款開始，中國對外借款採用了一種新的方式，即由中國的金融界負責招募國內建築方面的用款，外國財團則負擔所有鐵路材料的費用。這種新的中外合作方式既能提高國內金融界投資鐵路的興趣，同時又可免除外國財團對投資風險所產生的種種憂慮，從而達到吸引外資的導向作用。同時這種借款的債務人是一個新成立的、以商辦形式出面的鐵路有限公司，而不是以往均由中央或地方政府出面承擔，純屬「商辦性質」，與政治無緣，因而既達到了利用外資發展實業的目的，又解決了以往外國財團通過借款來控制中國鐵路這一沿襲已久的歷史問題。[23]

西方各國競相對華投資也與此時中國國內投資環境的改善密切相關，這具體表現在以下兩個方面。

首先就是幣制改革的成功。1935 年 11 月，國民政府面對着嚴重的金融危機毅然實施法幣政策，這一舉措不僅在國際上先後得到英國和美國的認同與支持，同時也廣泛獲得國內金融業與工商業的響應，取得了意想不到的成功。幣制改革不但是中國貨幣史上的一次重大變革，它的順利實施也對中國的經濟發生了重大的影響。從幣制改革後到抗戰爆發前二十個月的時間裏，中國的國民經濟呈現出一派上升的趨勢，成為舊中國歷史上經濟發展最好的年份。具體表現為外匯平穩，物價回升，金融安定，對外貿易大幅增加，入超相對減少，1936 年初對外貿易更出現幾十年未有的貿易順差，1937 年上半年達到 1935 年同期的兩倍左右，貿易赤字亦迅速縮小；1936 年除少數省份受災減產外，全國農業空前豐收，據中國銀行統計，1936 年重要穀物收成的價值達 56 億元，比 1933-1935 年的平均產值高出 17 億元，即幾乎增加了 45%，1936

23　參見拙文〈引進外資的新模式及其特點——以成渝鐵路借款為例〉，載上海市檔案館主編：《檔案與史學》2000 年第 4 期。

年的農業總產值亦較 1935 年增長 5.9%。[24] 1936 年的工業品總產值為 122.74 億元，較 1935 年的 110.41 億元增長了 11.1%，全國物價指數亦開始回升，1936 年上海的物價指數較前一年上升了 12.6%，到 1937 年 6 月底時又上升了 16%[25] 與此同時，人民的生活水平也有所提高，由於幣值和匯率的穩定，國內儲蓄額大幅增加，1936 年各種儲蓄存款由 27 億元增加到 35 億元，海外華僑匯款則從 1933 年 200 萬元增加到 1936 年的 320 萬元。[26] 國內經濟條件的好轉自然有利於吸引外資的投入。

其次則是國民政府對外債的整理初見成效。南京國民政府成立後雖然承諾對前政府舉借的外債加以整理，同時又設立整理內外債委員會，並召開債權人會議，計劃對所有積欠外債進行通盤整理，然而當時中國政府整理債務的基金根本不敷使用，而各國對華借款情形各異，數額亦相差甚遠，對於整理債務的態度並不一致，因而導致全面整理債務的計劃最終失敗。直至 1934 年初，政府為了加強國防建設，促進國內經濟發展，需要大量資金投入，而連年發行內債已遠遠超過國內的承受能力，因此才重新考慮清理外債、提高債信並進而吸引外資這一問題。當年 4 月，行政院開始對於外債的整理加以全盤計劃，並召集財政、外交、交通、鐵道等有關部門舉行會議，最終確定整理外債的方針：「整理外債取分別整理辦法，不取整個交涉方針。具體原則為：（一）其數小而毫無問題者，應不待交涉，即時開始償還；（二）其數大而無問題者，即予承認，商議償還方法；（三）其有問題者，另行交涉。」[27] 與

---

24 參見陸仰淵、方慶秋主編：《民國社會經濟史》（北京：中國經濟出版社，1991 年），頁 343-44。

25 轉引自董長芝、馬東玉主編：《民國財政經濟史》（大連：遼寧師範大學出版社，1997 年），頁 176-77。

26 轉引自虞寶棠編著：《國民政府與民國經濟》（上海：華東師範大學出版社，1998 年），頁 116。

27 「行政院關於確定整理外債方針的訓令」（1934 年 5 月 25 日），外交部檔案：十八／1185。

此同時，參謀本部國防設計委員會（即資源委員會的前身）也召開會議，對於加強國防與推動經濟建設進行專門討論，其中重要內容之一就是「鞏固對外信用利用外資案」，其宗旨為「逐漸整理外債，恢復對外信用，以冀外資之輸入」。[28] 在此原則之下，國民政府對於外債分別進行認真的清理，特別是鐵路外債的整理取得了顯著的成績，債信普遍得以恢復，鐵路債票的價格隨之大幅上升，國外輿論對此亦表示歡迎。如《倫敦泰晤士報》稱：中國政府努力恢復鐵路債信，實為最可喜之事；《財政時報》云：吾英人應十分承認中國政府恢復債信之決心，及鐵道當局之勇於負責，能從遠處大處著眼，鐵路債信恢復，即國家信用恢復，必能鼓勵國外之投資；《財政新聞》則表示：債票雖不能即臻穩固，但中國政府恢復鐵路債信之努力，值得欽佩，整理案之成功，尤足忻賀。[29] 事實也確是如此，隨着大批債務逐步清理，債信不斷得以提高，中國又開始出現了一個外資投資的高潮。

三　投資高潮的出現

戰前西方對華投資意向的轉變可以從各國對待孔祥熙的態度及其他出訪歐美所取得的成效方面得到明顯的反映。

1937 年 4 月，孔祥熙以國民政府特使的名義，應邀出席英王喬治六世的加冕典禮，並順道訪問美國、德國、法國、比利時、意大利、捷克、荷蘭、瑞士等眾多歐美國家。孔祥熙此次出訪歐美與其內弟及前任宋子文四年前出訪相比，不僅二人的身份相同（均為行政院副院長兼財

28　參見「參謀本部國防設計委員會致國民政府文官處密函」（1934 年 9 月 18 日），國民政府檔案：一 (1)/6224。

29　轉引自張公權：《抗戰前後中國鐵路建設的奮鬥》，頁 108。有關戰前鐵路債務的整理可參見鄭會欣：〈戰前國民政府整理鐵路外債的經過及其成效〉，載《中國文化研究所學報》新第 2 期（香港：中文大學中國文化研究所，1993 年）。

政部部長），而且其任務也完全一樣，表面上都是藉國事訪問的名義出訪歐美，實質上則是尋求西方各國在經濟上和財政上的援助。然而他們二人出訪的最終結果卻大不相同，宋子文非但未能完成預期計劃，回國後不久反倒黯然下台；而孔祥熙的出訪卻取得了令人滿意的結果，他不僅受到各國政府和財團的熱情接待，引進外資的任務也取得了實質性的進展。5 月 29 日，孔祥熙在意大利的羅馬致電財政部次長鄒琳的電報中說：「此次來英，甚受歡迎，我國信用現已恢復，向我投資不成問題，惟其條件則待研究。」同日他在致鐵道部部長張嘉璈的電報中則透露：「鐵路借款英欲正式以關、鹽擔保，此事關整個問題，似不宜枝節處理，且急則條件苛，於我不利，現正積極進行，不久當有具體決定。」[30]

　　由於國內發行內債的數目已高達二十餘億元，而且利息高昂，難以承付，因此孔祥熙此次出訪的重要任務之一就是「爰擬秉承總理利用外資遺教，吸收國際資金，以充國內生產建設之用，並以年內債款數目幾及二十萬萬元，擬設法借於低利外資，償還高利內債，俾社會金融日形活潑，國庫支出亦得以稍資彌補」。[31]孔祥熙企圖以低息外債（4%）來償還高息內債（通常為 6% 或以上），此舉若能成功，每年即可節省大約八千萬元的利息，因此他的借款計劃是十分龐大的，僅對英國他就提出需要舉借一億二千萬英鎊。[32]

　　孔祥熙抵達歐美之後即頻繁活動，他並公開對外表示：「我的政府衷心歡迎外國投資，並將為他提供充分保障。」[33]他在與各國政府及財團密切交換意見之後，各國對於投資一事亦均表示歡迎，並取得相當進

30　財政部檔案：三 (1)/98。

31　「國民黨五屆五中全會財政報告」（1939 年 1 月），載《民國檔案》1986 年第 2 期，頁 70。

32　*Foreign Relations of the United States, 1937*,Vol.IV, pp.603-604.

33　《字林西報》，1937 年 7 月 8 日。

展。在英國，除了已簽定廣梅鐵路借款四百萬英鎊及浦襄鐵路借款三百萬英鎊外，還簽定了二千萬英鎊的金融借款草約；在美國，簽有續買生銀之協定及五千萬美金之透支，同時與美國進出口銀行洽商五千萬美金的信用貸款已有進展；在荷蘭，與孟德宋公司（Mendelsson & Co.）簽有由荷蘭中央銀行提供的一千萬荷蘭盾的信用借款，為調整金融之用；在瑞士，則有瑞士銀行之信用貸款，由中央銀行借款一千萬瑞士法郎，為調整金融之用，再由財政部借款五千萬瑞士法郎，作為充實法幣、外匯準備之用；在法國，與法國銀行團簽定的信用貸款，由中央銀行借款二億法郎為調整金融之用，同時還代軍事委員會簽訂信用借款一億二千萬法郎，專為購置飛機之用，期限六年；在捷克，由司各達公司（Skoda Works）出面借款一千萬英金鎊，限期二十年，為購置機器及工業材料之用。[34] 除了上述國家之外，孔祥熙還專程前往德國，先後與總理希特勒（Adolf Hitler）、經濟部部長兼國家銀行總裁沙赫特（Hjalmar Schacht）以及航空部部長兼普魯士總理戈林（Hermann Goring）等人進行會談，並取得了一定的成果，如德國同意繼續向中國提供軍事裝備、並派遣軍事顧問及專業技術人員來華，而中國政府將以農礦產品作為所借款之抵償，此外，雙方還初步同意在中國設立中德銀行，以促進彼此間的經濟來往，並草簽了德國援助興建中國鋼鐵廠的合同。[35]

俗話說「形勢比人強」，孔祥熙與宋子文出訪歐美的成敗並不意味着他們二人之間的外交經驗或是人格魅力有甚麼高下之分，其實關鍵完全在於國際局勢的變化，特別是中國國內各方面狀況的改善，才贏得了外國投資者的信任，並付諸於行動，因此在 1936-1937 年出現了西方國

34　「國民黨五屆五中全會財政報告」（1939 年 1 月），載《民國檔案》1986 年第 2 期，頁 70。

35　關德懋：〈抗戰前夕孔特使團訪德之前因後果〉，載《傳記文學》第四十七卷第一期；又見秦孝儀主編：《中華民國重要史料初編——對日抗戰時期》第三編《戰時外交》（二）（台北：中央文物供應社，1981 年），頁 705-706。

家對華投資的高峰。然而，正當孔祥熙出訪歐美期間，日軍發動了蘆溝橋事變，並隨即開始了全面侵華戰爭。抗戰的突然爆發使得原來已商定的許多借款陷於中斷，無法繼續實施，但是我們應該對抗戰前國民政府在恢復債信、發展經濟方面所作出的重要成績予以充分肯定，同時也正是因為這些努力，才能為日後抗日戰爭的最艱苦的歲月中尋求西方援助奠定必要的基礎。

原載《史林》2005 年第 1 期

企業經營

三、四十年代中國民航事業的合資經營

一　引言：中國民航事業的起步

　　中國民用航空事業是伴隨着外資的輸入而發展的。近代中國缺乏資金，科技落後，發展民用航空事業必須依靠外國技術並吸引外資；而中國幅員遼闊，市場廣袤，發展民航極具潛力，所以歐美各國都對中國的航空事業相互競爭，力圖在中國建立航線、出售飛機、合辦公司。本文主要依據原始檔案資料，對於上世紀三、四十年代幾家合資經營最具代表性的民航公司如中國航空公司、歐亞航空公司和中蘇航空公司在股份分配、人事安排、經營管理以及飛行路線等方面的史實作一簡要的敍述，並試圖在此基礎上對於引進外資與維護主權這一問題進行初步的探討。

　　由於第一次世界大戰期間飛機、飛艇發揮了顯著的威力，因而戰後歐美列強均積極發展軍事航空。與此同時，各國的民用航空也有了長足的進步，1918 年美國始創空中郵運，1920 年英國開闢英國與歐洲大陸之間的空運。此後空運便成了一項新興的事業，航空科學技術的發展極為迅速。其間歐美先進國家相繼成立各自的航空公司，辦理空中交通，中國的民用航空事業就是在這種背景下開始起步的。

1919 年 1 月，北京政府交通部在一份籌辦航空事宜的呈文中指出，近年來歐美各國利用飛機運載客貨，與海運相比，其神速無可比擬，因此中國應該一面籌辦航空事宜，一面則應擬訂航空法規，對各國飛機飛航中國有同一待遇，以免後患。1920 年初，交通部屬下的籌辦航空事宜處曾擬訂過以北京為中心的全國五大航空線計劃，分別是北京 — 廣州的京粵線、北京 — 上海的京滬線、北京 — 成都的京蜀線、北京 — 哈爾濱的京哈線以及北京 — 庫倫的京庫線。然而由於財政支絀，政局混亂，這五條航線除了京滬線的北京 — 天津和北京 — 濟南航線曾先後投入營運外，其他線路均未開通。[1]

二　中國航空公司的演變

中國的民航事業主要還是在南京國民政府成立之後才逐步發展的，此時亦正是經濟危機蔓延全球之際，歐美各國為了擴充軍備、傾銷物資，紛紛計劃開拓和擴大歐亞之間的空中航線，中國這個巨大的市場便成為各國民航資本競相爭奪的目標。

1928 年 6 月，國民政府交通部部長王伯群採納了航政司科長聶開一關於以中國人為主、利用外資購買飛機並利用外國人來開闢航線的建議，在部內設立了航空籌備委員會，研究發展航空的計劃，並於次年成立了滬蓉航空線管理處，從國外購買了四架小型客機，聘請數名外籍和中國機師，計劃經營上海 — 南京 — 漢口 — 宜昌 — 重慶 — 成都之間的航空運輸。然而由於種種原因，管理處成立一年多來只開辦了上海 — 南京的航線，而且飛飛停停，航班極不正常，上海至漢口之間的航線雖經多次試航，但始終未能正式通航。

1　參閱姚峻主編：《中國航空史》（鄭州：大象出版社，1998 年），頁 28-29。

　　與此同時，國民政府鐵道部部長孫科卻與美國寇蒂斯（Curtiss）集團屬下的美國航空開拓公司（Aviation Exploration Inc.）洽談，美國公司提出可向中國政府提供資金發展中國的商業航空，但條件是要換取中國全部郵件及旅客運輸的壟斷權，並建議成立中美合營的航空公司。公司額定資本 1,000 萬美元，其中美方擁有 60% 的股份，其餘 40% 的股份則為中方所有。1929 年 4 月 15 日，國民政府公佈《中國航空公司條例》，特派孫科為公司理事會的理事長。4 月 17 日，孫科以籌建中的中國航空公司理事長的身份與美國航空開拓公司代表羅伯遜簽署了《航空運輸及航空郵務合同》等協定。根據這些合同，公司可計劃發展全國商務郵務航空事業，投資經營全國商務客貨運輸等項業務，而美國航空開拓公司則取得了開辦上海—南京—漢口、南京—徐州—濟南—天津—北平及漢口—長沙—廣州三條航空郵務航線的專利權。[2]

　　由於中美合營航空公司的內容明顯違背了國民政府剛剛通過的有關合資企業中方股份必須佔百分之五十以上這一原則，而且合同還明文規定由一個外國公司承攬中國的郵件運輸並且不受任何空中交通管制，再加上孫科的這一舉動又侵犯了政府其他部門的權益（孫科是鐵道部部長，而民航事業原本應屬於交通部管轄），從而引起全國各界人士、其中也包括政府某些上層人物的極大不滿。5 月 14 日，中華航空協進會對此發表聲明，公開譴責這一嚴重侵犯中國領空和主權的行徑。聲明指出，《合同》「內容幾乎專以保障美商營業為利益前題〔提〕，而於危害國防喪失利權之處毫不慮及。若任其實行，小則損失權利，使我國航空事業永受人操縱而不能自立；大則啟列強攫奪我領空權之競爭，為東亞大戰之導火線，以我國運為犧牲」，聲明最後大聲呼籲：「全國同胞奮

---

2   參閱王開節：《我國民用航空事業發展簡史》（台北：中國交通建設協會，1955 年），頁9-11。

起，力爭抗議取消，以免將來之無窮禍害。」[3]剛剛當選為國民黨中央政
治會議候補委員的朱家驊（後任交通部部長）也上書中央政治會議，
他認為，「航空權關係國家主權及國防軍事甚鉅，按照國際航空條約之
規定，各獨立國對於本國航空有完全獨享之主權。又凡公司如非遵守所
在國法律，不得在該國經營航空事業。」然而該公司是在美國註冊，受
美國法律保護，整篇合同內沒有一個字提及遵守中國之航空法律，實在
是對中國航空主權及國防軍事的嚴重侵犯。[4]除了主權之外，中國在經
濟上之損失也極為嚴重。根據合同之規定，所有沿線各地場站均由中國
供給，美方自備飛機及人員負責飛航，中方則按飛機可載之重量予以津
貼，並擔保每日有三千英里之飛行。譬如開航初期三個月間，飛機每
日至多飛行一千多英里，中方實際收入（郵件及客運）平均每日還不
到 600 元，而美方則僅依照實飛里程計算，每日酬金折合國幣即已達
3,900 餘元，超過中方收入五倍以上，若美方再要求三千英里之擔保，
中方損失更不堪設想。[5]1929 年 12 月交通部科長聶開一、技正錢春祺奉
命接收中國航空公司，對於中美航空郵務合同之危害更是深有體會。隨
後聶開一在致交通部的一份呈文中報告，「該合同規定允許美方立於包
辦者之地位，而又予以專利，收入之計算既訛，酬金之給予尤濫，實有
喪失空權及影響郵務之危機」；「現在合同履行已逾半年，開航將近兩
月，證以公司方面迄無他種良好之建樹，而財源奇絀，權責支離，美方
之苛求不已，郵方之應付日艱，其為失策，已不待言。尤可怪者，所謂
六釐空港金幣借款合同，竟規定美方為處分抵押品得收執我國之土地。
而合觀所謂關於學校製造及運輸之合同，是美方得在各空港為根深蒂固

3　〈中華航空協進會對於中國航空公司與美商簽訂合同之意見〉（1929 年 5 月 14 日），台
　　灣中國國民黨黨史委員會藏檔：政 007/33。

4　朱家驊：〈對於中國航空公司與美國航空發展公司所訂航空郵務合同之意見書〉（1929
　　年 6 月 23 日），中國國民黨黨史委員會藏檔：政 007/33。

5　王開節：《我國民用航空事業發展簡史》，頁 55。

之建築，以經營各種之航空附屬事業，而為美人在我國境內謀百年長久之計，其失策實更有甚於郵運合同」。[6] 為此他建議立即取消中美航空郵運合同，以維護國家權益。

　　在全國輿論一片反對聲中，同時又經實踐證明原合同確實存在種種弊端，孫科不得不辭去中國航空公司理事長的職務。1930 年 1 月，中國航空公司召開會議商討善後辦法，中方理事一致主張撤銷原合同。其時美國航空拓展公司已將其所有權益出讓給美商飛運公司（China Airways Federal Inc.），交通部於是奉令與該公司代表協商修改合同的辦法，經過三個多月的談判，1930 年 7 月 8 日，雙方終於同意取消原合同，並修正簽訂新的中美航空郵運合同。[7] 原中國航空公司亦同時宣告結束，另由交通部與美國飛運公司組成新的航空公司，新公司仍稱「中國航空公司」（China National Aviation Corp.），[8] 屬交通部管轄，交通部將原屬下的滬蓉航空線管理處及前中國航空公司的資產移交給中航，美商中國飛運公司也將原先投入的資金交出，作為中美雙方對中航的第一批投資。與原先那份合同相比，新成立的中國航空公司最重要的特點是，公司資本定為國幣一千萬元，共分為一萬股，其中中方佔 55%，美方佔 45%；公司董事會由七人組成（中四美三），其中董事長和副董事長兼總經理由中方擔任，另由美方一人任副董事長；新合同有效期定為十年，期滿後經雙方同意得再延長五年；新公司仍繼續經營滬蓉、京平和滬粵三條航線。中國航空公司是民國時期國家最重要的民航企業，不管是在平時還是在戰時，它都為推動和發展中國的航空事業發揮了極

6　〈聶開一關於取消中美航空郵運合同以挽利權而維郵政呈〉（1929 年 12 月 13 日），載中國第二歷史檔案館編：《中華民國史檔案資料匯編》第五輯第一編「財政經濟」（九）（南京：江蘇古籍出版社，1994 年），頁 461。

7　交通部與美國飛運公司訂立合同原文見瞿韶華主編：《航空史料》（台北：國史館，1991 年），頁 207-218。

8　《中國航空公司章程》（1930 年 7 月 27 日），原文可參閱《中華民國史檔案資料匯編》第五輯第一編「財政經濟」（九），頁 475-482。

其巨大的作用。因此，中國航空公司的成立亦即標誌着中國的民航事業開始步入一個嶄新的發展階段。

三　德國資本與歐亞航空公司

就在美方與中方洽談成立合資公司的前後，德國資本也將觸角伸向了中國。此時德國積極在華開闢市場、尋找投資對象，這是與當時的國際背景、特別是與德國的國內環境密切相關的。

德國在第一次世界大戰失敗後雖然國力受到巨大的打擊，然而其欲圖稱霸世界的野心不但沒有削弱，反而更加加強。由於《凡爾賽和約》明文規定禁止德國成立空軍，以致德國在發展航空事業方面受到極大的限制，為了維持並發展自身的航空製造能力，德國政府不斷制定一些優惠政策，鼓勵德國廠商向海外投資，與其他國家合資成立航空公司和飛機製造廠。對於德國來說，這樣既可以開拓海外市場，同時本國的航空技術又不致中輟，亦可以保證日後德國重整空軍時保持其必要的製造能力，而中國則正是德國心目中理想的一個合作夥伴。

1928 年 9 月國民政府剛剛成立後不久，德國漢莎航空公司（Deutsch Lufthansa. A.G.）就通過外交部向交通部建議中德雙方合作，創辦溝通歐亞兩大陸間空運的航空公司。國民政府當時主要是想利用外資成立一個飛機製造工廠，而漢莎公司只專營空運，並不製造飛機，與政府之原意相去甚遠，因此談判拖延了一段時間，直到 1930 年 2 月 21 日雙方代表才在南京簽訂了《歐亞航空郵運合同》。[9] 應該說這一合同對於中方來說是相當有利的。譬如說新成立的合資公司必須完全遵守中國的有關法律（第一條）；公司的股份中方佔三分之二，而此三分之二中

9　合同原文可參見《中華民國史檔案資料匯編》第五輯第一編「財政經濟」（九），頁467-473。

之半數須由德方按年息七釐墊借，墊借款項除以相等金額之股票擔保外，並無其他條件（第二、三條）；公司的管理權及監察權屬於董事會和監察會，而公司董事和監察人中之三公之二均為中國人，而且董事長、總經理及其他行政業務人員亦均由中國人擔任（第四條）；技術方面雖暫由德方負責，但規定只有三年時間，在此期間內德方有為中方訓練各種航空郵運人才之義務（第七條）。1931 年 2 月 1 日，中德合辦的歐亞航空公司（Eurasia Aviation Corp.）正式成立，並於同年 5 月 31 日正式開航。

根據中德雙方簽定的合同，歐亞公司主要經營三條從中國出發、經過蘇聯前往歐洲的航線，分別是滬滿線（上海—南京—濟南—北平—林西—滿洲里）、滬新線（上海—南京—洛陽—西安—蘭州—酒泉—迪化—塔城）和滬庫線（上海—南京—天津—北平—庫倫）。然而開航以來歷盡波折，均未實現開通橫跨歐亞兩大陸國際空運幹線的目標，因此只能改向中國內地開闢航線。[10]

歐亞航空公司成立之後不久，中德兩國之間又開始為合資成立飛機製造廠而進行洽商，雙方的初步意向是：新建的飛機製造廠由中德合資創辦，其股份按中二德一的比例分攤，德方負責提供建廠所需的全部機器設備，並為中方培訓工程技術人員，中方則保證每年購買該廠一定數量的飛機。在得到蔣介石的同意之後，中德雙方代表於 1934 年 3 月開始在上海舉行談判，並於 9 月 29 日雙方簽定了《中德合辦航空機身及航空發動機製造廠股份有限公司合同》。[11]

10　有關歐亞航空公司的經營情形可參閱姜長英：《中國航空史》（台北：中國之翼出版社，1993 年），頁 103-105。

11　馬振犢、戚如高：《友乎？敵乎？——德國與中國抗戰》（桂林：廣西師範大學出版社，1997 年），頁 238-239。

　　從這份合同 [12] 中可以看出，其主要內容與歐亞航空公司的條款基本相同。比如新成立的飛機製造廠定名為「中國航空器材製造廠股份有限公司」，由中國的財政、交通二部和航空委員會與德國的容克斯公司（Junkers Aircraft Co.）合辦（第一條）；公司股本定為國幣三百萬元，分為三千股，其中中方佔二千股，德方為一千股，若日後擴大股本時亦按此比例增加（第六條）；公司董事會包括九名董事和三名監察人，亦按中二德一之比例組成，其中董事長和總經理必須由中方擔任，副經理則由德方選派（第二十一至二十三條）。應該說這個合同在原則上對於中方還是有利的，為此中方談判代表、歐亞航空公司總經理李景樅在致蔣介石的一份呈文中特別強調說，該合同「大致尚與我方有利無害，而對於應由德方負責擔保（一）可以養成我方技術人員；（二）可以使能獨立自行製造兩點，尤為難能可貴」。[13]

　　1935 年 9 月 20 日，中國航空器材製造廠在上海召開發起人會議，會議選出董事會人員，並通過公司章程及董事會議事規則。[14] 然而在公司選址問題上雙方又出現分歧，此時日本侵華的野心昭然若揭，中國方面已開始暗中進行抗戰準備，因而極力主張工廠建在四川，但德方則以交通不便為理由，堅持在長江下游尋覓地點。幾經磋商，最後雙方才取得折衷的意見，將廠址定於江西的萍鄉，1936 年 8 月，該廠正式掛牌成立，中方並派遣工程技術人員赴德國實習。然而不久抗戰即全面爆

---

12 《中德合辦航空機身及航空發動機製造廠股份有限公司合同》（1934 年 9 月 29 日）共十二章三十三條，合同原文藏中國第二歷史檔案館中央信託局檔案：三一八 (2)/549；又載中國第二歷史檔案館編：《中德外交密檔（1927-1947）》（桂林：廣西師範大學出版社，1994 年），頁 394-406。

13 〈李景樅關於中德合辦飛機製造廠談判情形致蔣介石呈〉（1934 年 6 月），中國第二歷史檔案館藏中央信託局檔案：三一八 (2)/548；又載《中德外交密檔（1927-1947）》，頁 385。

14 《公司章程》（共六章二十九條）和《董事會議事規則》（十四條）均見中國第二歷史檔案館藏中央信託局檔案：三一八 (2)/549；又載《中德外交密檔（1927-1948）》，頁 412-416。

發，戰火很快便波及到江西，建廠工程雖然已完成一半，但也被迫停頓，奉命將所有設備轉移到大後方，並主要利用這些設備在雲南的昆明創辦了飛機零件裝配廠，[15] 這倒是對戰時中國空軍力量的加強發揮了重要的作用。

　　至於歐亞航空公司也隨着形勢的發展而出現了變化。抗戰爆發後中德關係日益疏遠，特別是第二次世界大戰爆發後，德國下令禁止向中國輸入軍火，兩國關係更趨緊張。1941 年 7 月，德國正式承認汪偽政權，中國政府隨即宣佈與德國斷絕外交關係，7 月 29 日中方宣佈解僱所有歐亞公司內的德籍人員，收歸自辦；後來交通部與空軍鑒於歐亞公司維持困難，決定將其改組為中央航空運輸公司，資本定為國幣二千萬元（其中政府至少認購 55% 以上），若有必要得隨時增資。並擬具組織大綱，經行政院第 603 次會議修正通過。[16]1943 年 3 月 6 日，新公司在空軍的協助下接收了前歐亞航空公司的全部資產，並由空軍補充飛機，交通部補充經費，這就是後來與中國航空公司齊名的中央航空公司（Central Air Transport Corp.）。

四　英、法與中國民航事業

　　長期以來英國在華利益一直居於列強之首，然而自二十年代以來，美國、日本、德國的對華投資急劇上升，這種變化反映在民航事業的利益分配上就格外明顯。除了早期英國財團曾向北京政府出售過飛機

15　參見 William C. Kirby, *Germany and Republican China* (California: Stanford University Press, 1984), pp.200-201；馬振犢、戚如高：《友乎？敵乎？——德國與中國抗戰》，頁 238-242。

16　〈行政院關於取消歐亞航空公司創立中央航空運輸公司訓令〉（1943 年 3 月 1 日），載中國第二歷史檔案館編：《中華民國史檔案資料匯編》第五輯第二編「財政經濟」（十）（南京：江蘇古籍出版社，1997 年），頁 646-647。

外，[17] 後來在華合辦航空公司、開闢空中航線均無英國人參與，英國政府對於這種狀況自然極不滿意，一旦遇到機會，就會想方設法加以改變。

　　1936 年 3 月，英國皇家航空有限公司開辦檳榔嶼至香港間的航空郵運，國民政府航空委員會與參謀本部經過詳細會商，認為該航線勢必經過我國領空，要求外交部向英國大使館提出交涉，但是英國大使館堅稱該線係屬繞線飛行，並不跨越中國領土，因而成為一椿懸案。1937 年 3 月，英國駐華大使在晉謁軍事委員會委員長蔣介石時又提出兩點希望：一、准許檳榔嶼與香港間飛行之皇家航空線飛機得經過中國領空；二、准許開辦港滬航空，將現在檳榔嶼香港間航空線由香港展至上海。蔣介石當時表示，第一點可以考慮，第二點因某種關係應予緩議。嗣後英國大使一再向外交部追問，經外交部函由航空委員會呈奉軍事委員會批：「英國開辦檳榔嶼至香港航空線路原則上同意，但須英方以書面將航線經過地點通知我國核定後再議。」於是英國外交部即將擬定之兩條航線函告：一、檳榔嶼、西貢、土倪、廣州灣，飛越海南島及雷州半島，直達香港，中間經過中國領空；二、檳榔嶼、西貢、土倪、香港間直接飛行，必要時經過中國領海及香港之南暨西南各島嶼，惟如與暹羅談判成功，則擬採用曼谷、烏杜拉、義安、廣州灣線，飛經雷州半島而達香港。此函經由軍事委員會發交航空委員會邀同參謀本部及交通部會商，決定對於第一線未便同意，第二線可予同意，但附加條件是「英國皇家航空有限公司在由義安至廣州灣間，及由河內至廣州灣間，並由廣州灣至香港間作一直線，飛越雷州半島而並不降落」，有效期定為

17　如 1919 年交通部籌辦航空事宜處曾與英商福公司（Peking Syndicate, Ld.）簽訂合同，向英國購買愛弗羅（Avro）式小型飛機兩架和漢德利·佩琪（Handley Page）式大型飛機六架；同年陸軍部又與英國的維克斯（Vickers）飛機公司訂立 180 萬英鎊的飛機借款，其中 130 萬鎊借款用來購買 150 架英國製造的各式飛機，其餘借款則作為陸軍部屬下的航空辦事處之行政經費。參見王開節：《我國民用航空事業發展簡史》，頁 2-3；姜長英：《中國航空史》，頁 94。

五年。12 月 18 日經英國駐華代辦將上述決定各點與中國外交部正式換文，此案方告一段落。[18]

　　抗戰爆發後，日軍迅速侵佔了東南沿海大片領土，中國為了堅持抗戰，爭取國際援助，因而急需開闢西南的交通運輸線，除了鐵路、公路運輸之外，開闢空中航線也是一個重要內容。由於當時印度支那的緬甸、印度和越南分別是英國和法國的殖民地，因此要想開闢至東南亞各國的航線，首先必須取得其宗主國的同意。

　　1938 年 2 月，中國政府開始與英國駐華大使館洽商有關闢設中緬航線的具體事務。英國方面當時表示允許中國的航空公司開闢自昆明至阿恰布或仰光的航線，但同時也必須同意英國的航空公司依照同一線路開闢通至昆明的航線，並於情勢許可時再將航線展至香港和上海。交通部根據以往政策，要求英方先准許我方通航，至於英方所提關於參加該線航行之事，則主張照中國、歐亞兩公司成例，以合組中英航空公司之方式辦理。然而屢經磋商，卻一直沒有取得雙方同意之辦法。11 月間交通部奉蔣介石密電：「關於中緬通航一案，頃准英大使館面交節略一件，仍請中國政府先准英籍公司通航昆明，並俟情形許可時展至香港上海，至於日後合組中英航空公司，亦可贊同。中意以為此時只要能合組公司，即允其延長至香港與上海。」於是交通部重與英方洽商，歷經往返交涉，於 1939 年 1 月 24 日經雙方同意，由中國外交部與英國大使館正式互換照會，暫取雙方對飛為臨時辦法。[19] 2 月 28 日，中國航空公司正式開闢昆明至仰光的航線，交通部部長張嘉璈並隨第一班航機親自前往仰光主持通航儀式。

18　〈外交部辦理英國皇家航空有限公司飛機經過我國領空情形致行政院呈〉（1937 年 12 月 22 日），載《中華民國史檔案資料匯編》第五輯第二編「外交」，頁 547-548。

19　〈外交、交通部呈行政院擬關闢設中緬航線事〉（1939 年 1 月 30 日），載《航空史料》，頁 425-426。

　　太平洋戰爭爆發後，日軍攻佔緬甸，開辦不久的中緬航線又被迫中斷。為了爭取得到盟國的各項援助，中國政府又積極尋求開闢新的國際航線。1942 年 3 月 27 日，中國政府與英國駐華大使館又為關於中印通航事宜進行換文，「聯合王國政府現同意中國航空公司，或為聯合王國政府所認可之其他中國公司，在下列辦法之規定下有權立即開辦一航空線載客、運貨、運郵，由重慶至加爾各答，中經昆明、臘戌、吉大港，或經昆明、臘戌、仰光及吉大港，或同時採用兩線」，英國公司「在原則上應可開辦自加爾各答至昆明，及在同線上往返之航空運輸業務，且於情況許可時，自昆明展至香港及上海」。[20] 當時中國政府的立場十分明確，即開闢新航線必須是以民用航空公司的面貌出現，不含軍事內容；但英國政府卻公開要求開闢軍用航線。1943 年 2 月 19 日英國軍事代表團來函，要求在定疆、阿薩姆及昆明、重慶、成都間闢一定期航運線，專為軍用性質，以運輸物品供給英國在華工作機關。為此航空委員會、外交部、交通部專門派員討論，並形成決議：「倘任其以軍用機名義自由飛行國境，我方勢難探知其內容，更無法限制其數量，殊礙我方權益。」為便利雙方運輸，並確定航線、限定時間、便於控制約束起見，中方再次提議組織一中英航空公司，並參照中美（即中航）、中德（即歐亞）、中蘇航空公司合同之優劣各點，擬具了一份中英航空公司草約，以作為將來與英方談判開闢中印定期航線之根據。行政院院長孔祥熙參閱各方意見之後在致蔣介石的密電中認為：「原擬意見當屬妥適，合約草案亦甚完善，擬請准如所議辦理。」[21] 然而很可能是因為英方認為戰時組辦商業公司風險太大，所以對於合資成立航空公司不感興趣，因此直到抗戰勝利前英國方面都沒有加緊進行組建合資公司的談判。

20　〈外交部致英國大使館換文〉（1942 年 3 月 27 日），載《航空史料》，頁 438-440。

21　〈航空委員會等研擬核議開闢中印定期航線一案意見呈電〉（1943 年 4 月），載《中華民國史檔案資料匯編》第五輯第二編「外交」，頁 560-566。

在與英方洽商開闢西南國際航線的同時，中國政府也積極向法國政府協商，準備打通通往越南的國際航線。1937 年 11 月 23 日，國民黨元老李石曾與法國航空公司總經理阿立格在巴黎簽訂了一份合作經營自河內經香港至廣州，以及河內經昆明至長沙兩航線的合同，經行政院第355 次會議決議：「一、法國航空公司經營河內香港線，其在我國領土上空飛行，及危急時在我國領土降落，一切均照英帝國航空公司河港線辦法辦理；二、與法合資設立中法航空公司，按照中國、歐亞兩公司成例，遵照中國法律辦理，經營昆明、長沙等地航空線。」[22] 次日，交通部航政司司長何墨林在致法國航空公司代表穆岱的信中進一步強調，中法航空公司應由中法雙方出資經營，其中交通部投資額至少應佔該公司資本總額的 55%；如中法航空公司未能於六個月內組織完成，則六個月終了之日，所予法國航空公司暫營河內昆明航線之准許當然撤銷。[23] 當時中國政府考慮的是，萬一漢港、港渝兩線遭受敵機威脅而不得不停航時，仍能經由渝昆、昆河兩線與河港線之聯運，維持內地與香港之空中交通。[24] 然而法國方面卻認為「值此抗戰時期，合組公司，未合時宜」，提議原有河港線航班，照舊維持飛行，但由該線加開第二航班，中方則應按飛行公里數予以津貼。中國政府則主張將該河港線展設至昆明，並同意按一般航空營運成本，對法方所擬增開之第二航班予以津貼。[25] 最後中法雙方簽訂《開闢昆明河內香港航空線合同》，規定法國航空公司每星期在昆明、河內、香港間開行往返航班各一次，中國交通部允參加該航線之開闢、維持及營業，並給予法國航空公司每年營業款二百五十

22　〈行政院抄送議決中法合作經營自河內經香港至廣州等航線案公函稿〉（1938 年 3 月 24日），載《中華民國史檔案資料匯編》第五輯第二編「財政經濟」（十），頁 613。

23　〈何墨林與法國航空公司代表往來函〉（1938 年 3 月），同上書，頁 614。

24　〈抗戰五年來之交通〉（1942 年），同上書，頁 78。

25　〈張嘉璈抄送中法航空合作事宜提案致魏道明函〉（1940 年 3 月 4 日），同上書，頁 620-621。

萬法郎之保證金。[26] 然而這一合同簽訂後不久，1940 年 6 月，法國在歐洲戰場上戰敗投降，成立了傀儡政權；在越南，法國殖民當局屈從於日本的壓力，扣壓存放在越南的中國戰略物資，停止中越運輸。9 月 22 日，法國維希政府更與日本簽訂法日協定，同意日方假道越南向中國進攻，這條開設不久的空中航線也就完全停航了。

五　中蘇航空公司的成立

蘇聯是抗戰爆發後最早向中國伸出援助之手的國家。「八一三」淞滬抗戰爆發之後不到十天，中蘇兩國就正式簽訂了互不侵犯條約，隨後蘇聯開始向中國提供大量飛機、坦克等軍事裝備和戰略物資，並派遣軍事顧問和志願飛行員前往中國直接參戰，對於中國軍民堅持抗戰予以極大的支持。

由於日寇入侵，東南沿海大片國土淪陷，中國與外界的聯繫嚴重受阻，國民政府急於開闢西北的空中通道，迫切希望得到蘇聯的援助。而長期以來無論是沙俄帝國還是蘇聯政府，對於新疆都懷有領土野心，視新疆為其勢力範圍，特別是三十年代之後，新疆督辦盛世才靠攏蘇聯，奉行一面倒的政策，蘇聯實際上已成為主宰新疆的主要力量。此時蘇聯出於戰略上的需要，亦極樂於藉此機會打通與中國的聯繫，並進而開闢歐亞兩大洲之間的航線，因此自 1938 年春開始，中國交通部即派代表與蘇聯中央民用航空總管理局的代表就合資成立航空公司、開闢兩國間的航線而展開談判。其後因蘇方談判代表不斷更換，以及雙方對於具體細節存在分歧，以至談判遷延日久。1938 年 9 月，交通部與蘇聯駐華大使商訂合作辦法九項，提呈行政院第 383 次會議通過照辦，並奉國防

26　〈張嘉璈報告與法方磋商中法航空合作及擬訂合同情形致行政院呈〉（1940 年 4 月 15日），同上書，頁 622-623。

最高委員會常務委員會第 100 次會議修正通過。後交通部奉行政院令將
兩點修正意見轉告蘇方：一、中國政府在國境內該公司專利航線上應保
留非營利之航行絕對自由；二、該公司如不能按期飛航，交通部應即有
權自行舉辦。沒想到蘇方不但對於中方意見表示不能接受，而且還提出
兩點反要求：一、蘇方對於前次修正案規定公司設董事長及總經理各二
人由雙方分別指派各一人，會同管理公司事務一節認為不妥，要求仍按
原議由中方指派董事長，蘇方指派總經理；二、合約有效期請改為建築
開始期之二年以外有效十年以上。在這種情況之下，交通部「明知蘇方
主張與院議核定原則不盡相符，但為求本案得以早日解決，藉副雙方政
府之願望起見，不得不本協調精神折衷決定」。[27]9 月 6 日，交通部部長
張嘉璈約見蘇聯駐華大使館參贊、蘇聯中央民用航空總管理局代表，向
他們轉答中國政府對於合約草案業已核定。9 月 9 日，雙方代表在重慶
正式簽訂了《中蘇關於組設哈密阿拉木圖間定期飛行合約》，[28] 合約雙方
同意設立哈密與阿拉木圖間（經由伊犁及迪化）往來定期飛航，並為此
而合組一中蘇航空公司（俄文簡稱為 HAMI─Atd，中文為「哈阿」）。
該公司僅限合約雙方參加，合約結尾還特地加以註明「密件不得發表」。

　　由於中蘇航空公司成立於特殊的時期，飛行的航線又橫跨兩國之
間，因此與中國航空和歐亞航空公司相比，中蘇航空公司有許多明顯的
不同，特別是在股份分配與公司管理方面，中方作了相當大的讓步。如
公司之法定股本為美金一百萬元（後來增加到一百八十萬美元），由雙
方平均認購，即每方認購上述法定股本百分之五十（第三條）；公司由
董事會監督管理，董事會設董事六人，由交通部（中方）和中央民用總

27　〈交通部部長張嘉璈於行政院會議提案有關中蘇通航事〉（1939 年 8 月 28 日），載《航
　　空史料》，頁 347-349。

28　該合約全文暨附件收於《中華民國史檔案資料匯編》第五輯第二編「財政經濟」（十），
　　頁 655-665。

管理局（蘇方）各指派三人，董事會設董事長、副董事長各一人，由董事中互選之，並由董事中互選總經理、協理各一人，公司成立後頭兩年，董事長及協理由中方擔任，副董事長及總經理由蘇方擔任，其後有關公司之組織形式則由雙方協商同意而決定（第四條）；公司按雙方國內關於註冊之法律，將股本平均分為兩部分，分別在中蘇兩國註冊登記（第五條）；雙方按互惠原則，准許公司之飛機免費使用各該國境內沿航線現有之飛機場及降落場，並准許在雙方國境內使用現有之無線電台、電報及電話設備、機場勤務、無線電定向器及氣象設備（第十條）。

　　1939 年 12 月 5 日，哈密—阿拉木圖航線正式通航，全線航程 1,514 公里，每週一班，使用三架里 -2 型運輸機。開始處於建設時期營業並不繁忙，而且多飛於蘇聯與新疆區間，即阿拉木圖—伊寧段和阿拉木圖—迪化（即今烏魯木齊）段，而哈密—迪化段和哈密—伊寧段的飛行次數則較少，兩者相比幾乎相差一半。[29] 中蘇航空公司通航之際也正是第二次世界大戰爆發之時，其後不到兩年又爆發了蘇德戰爭，經營上遇到種種困難，國際運輸受到嚴重阻塞，而且沿線地區及各城市人口稀少，經濟文化均很落後，雖然已盡量減少飛行班次，但運輸量僅為飛機載量的七成左右，因此多年來營業方面一直虧損甚大。據有關資料統計，自 1939 年至 1946 年，該公司飛機共運輸旅客 2,370 人次，貨物 1,088 噸，郵件 87 噸，[30] 遠未達到中蘇雙方所預期的目標。

　　然而除了經營和技術方面的困難外，最大的問題還是來自於雙方政治上的摩擦。蘇德戰爭爆發之後，新疆督辦盛世才開始轉而投靠重慶政府，中央對新疆的控制有所加強，而與蘇聯的關係則逐步惡化。歐亞航空公司被改組為中央航空公司之後，交通部擬將其業務拓展到蘇聯邊

29　姚峻主編：《中國航空史》，頁 116。

30　王真：《動盪中的同盟——抗戰時期的中蘇關係》（桂林：廣西師範大學出版社，1993 年），頁 105。

界，蘇聯駐華大使向中國外交部提出異議，認為此舉有違中蘇協定。為此交通部於 1943 年 4 月 19 日決定不准蘇聯飛機入境，同時加快裝備中央航空公司，每週一班飛往迪化，後來則由中國航空公司承擔了與哈密相銜接的航空運輸業務。[31]

對於中方來說，最不滿的地方就是有關公司管理權的安排。簽約之初雙方曾有過默契，即頭兩年公司的董事長和協理由中方擔任，總經理和副董事長則由蘇方派人，兩年後互換。按理說董事會為公司的最高權力機構，負監督管理之全責；但是執行之權則屬於經理部，董事會不開會就無法執行權力。而公司成立「四年之中，僅開會三次，施行權利之時間亦不過十數日耳」，因此中方「徒負董事長崇高之名義，而實際權利〔力〕全為蘇方所操縱」。中方屢次要求召開董事會，但蘇方則總以各種理由加以拖延。而且公司經理部及其沿線共有職員八十餘人，其中只有二人（一名協理，一名翻譯）是中國人，中下層人員都是蘇聯人，因此即使總經理換由中方派員擔任，也無法擔負起領導責任。[32]再加上蘇方可根據協定在中國境內架設電台，中方對此極不情願，屢次要結束公司所有業務。抗戰勝利前後，新疆伊犁、塔城、阿勒泰等地區曾發生動亂，蘇聯不僅在幕後支持，甚至公開派兵參戰，中蘇關係急劇惡化。交通部趁此機會提議：「中蘇航空公司之存在既於我國無所補益反有損害，值茲新疆變亂之際，正可利用此一機會，以公司虧損太大、業務難以維持及顧全雙方利益為理由，由本部向蘇民航總局提議，將該公司業務暫予停止活動。」[33] 1948 年 6 月，鑒於歷年來蘇方一直未能遵守約章，以致中方權益蒙受嚴重損害，而公司的財政又嚴重虧蝕，根據合約

31　姚峻主編：《中國航空史》，頁 116。

32　〈中蘇航空公司組織概要〉（1942 年），載《航空史料》，頁 377-383。

33　〈航政司長高廷梓對中蘇航空公司的存廢陳述意見〉（1945 年 11 月 19 日），載《航空史料》，頁 401-402。

中方必須與蘇方共同負擔，為此外交部部長王世杰、交通部部長俞大維聯名會呈，要求藉中蘇航空合約即將屆滿之際，結束該公司的一切經營業務。[34] 然而此時擔任西北行轅主任的張治中卻不同意廢除合約，他認為若單以公司本身經營而論，現行條約對中方極多損害，而且公司虧損嚴重，自不應繼續辦理；但「如從中蘇關係及新省局勢著想，則我方之解約，對蘇刺激極大，不但惹使已陷僵局之中蘇關係更趨惡化，而目前新局與中央在新推行政策影響實大」。他的結論是，「權益利害得失，此項條約殊不宜遽行廢止」，為了兼顧事實、維護權益，張治中建議採用折衷辦法，即一面通知蘇方表示中方有續約之意，同時提出條約內容必須加以調整。但他又提出警告：「商談進行時，我方只能作比較合理之建議，如存將公司置於我方控制之下，則不但不可能，且徒招不愉快之後果。」[35] 以後中蘇航空公司雖然沒有立刻取消，但其業務則一直沒有得到明顯的改善。

六　戰後英、美對中國民航事業的爭奪

抗戰勝利後，世界格局發生了重大變化。英國雖然在第二次世界大戰中實力大減，但卻依然計劃重新恢復它在世界各地的地位。原先對於在中國合組航空公司一事興趣不大的英國，此時卻加快了步伐，積極謀求在中國創辦航空公司，開闢中國國內及國際航線。

英國此時要求合組航空公司具有相應的法理依據，這是因為當初開闢中緬航線時中英雙方曾有過承諾：中英兩國政府「在中日兩國目前軍

34 〈外交部、交通部為中蘇航空合約將屆期滿要求不再續約會呈〉（1948 年 6 月 3 日），載中國第二歷史檔案館編：《中華民國史檔案資料匯編》第五輯第三編「財政經濟」（七）（南京：江蘇古籍出版社，2000 年），頁 686-687。

35 〈張治中致俞大維密電〉（1948 年 5 月 5 日），載《中華民國史檔案資料匯編》第五輯第三編「財政經濟」（七），頁 689。

事行動停止後，於一適當時機開始討論，俾可考慮於兩國政府同意之原則下，組織一中英公司是否合宜，以期發展仰光（或阿恰布）昆明香港（及上海）之航空線路或並最後從有關各公司接辦上述各航空線」。[36] 除此之外，這也和當時的機遇有關。1930 年簽訂的《中美航空合同》規定有效期為十年，期滿後若雙方同意可再延續五年，此時有效期業已屆滿，中國政府有關方面正積極尋求不再續約，將中國航空公司收回自辦；[37] 另一家中外合資的歐亞航空公司早就因中德兩國宣戰而於 1943 年收歸國有。因此在英國方面看來，或許這正是恢復其在華利益的大好時機。

1945 年 10 月 10 日，距抗戰勝利剛剛兩個月，英國駐華大使薛穆（Sir Horace Seymour）就親自致函國民政府主席蔣介石，搶先要求中國政府同意合組中英航空公司以經營中國的民航事業。原函由英國駐華大使館譯為中文，[38] 現全文抄錄如下：

主席閣下：敬肅者。茲不揣冒昧，敬以關於中國民航事業問題上陳釣聽。竊查英國方面對於計劃中英合作為經營在華民航事業上效力，業經過相當時間之考慮，此當已邀洞鑒。簡括言之，其建議為應請中國政府與英國方面聯合組織一中國公司，行駛民航飛機於中國各主要城市間，往來載運郵件、搭客及貨物。至其詳細情節，則主持關於本件洽商之中國交通部業經與英國利益方面之 British and Chinese Corporation 作多次之初步討論，相信必盡明瞭矣。穆茲接倫敦來電，以擬派最近以空軍中將階級退休之鮑爾溫爵士（Air Marshal Sir John Baldwin）同詳細計劃

36　〈外交部部長覆英大使照會〉（1939 年 1 月 24 日），載《航空史料》，頁 435-436。

37　〈周至柔陳述中國民航現狀及今後趨勢致軍事委員會呈〉（1944 年 8 月 31 日），載《航空史料》，頁 39-42。

38　英國大使薛穆致蔣介石函的中英文原件均藏於中國第二歷史檔案館：國民政府行政院檔案：二 (2)/2774。

及介紹函件來華，與　貴政府進行訂立合約之磋商等情。在表示對其此行同意之先，敢請惠持鈞座是否同意以為中國境內民航事業可由中英合作經營及是否認目前為磋商該件之適當時間，分別賜示。穆明知　貴國政府刻正忙於處理日本投降後發生之一切問題，惟同時竊以為發展中國國內航空事業亦關係綦重。緣事屬急切，故敢不辭冒昧，於鈞座國務百忙之際，以此中英雙方互感重要之件上陳，伏維鈞察。肅啟。敬頌
鈞祺

薛穆拜上
一九四五年十月十日

　　然而蔣介石在收到英國大使的來函後卻明確指示：合作經營航空公司一事「以暫緩為宜，交行政院迅即核議逕覆」。[39] 蔣介石並未說明暫緩進行的具體原因，因此行政院院長宋子文不得不為此加以解釋。10月 24 日他在回覆薛穆的信中稱：「最近的上海之行對我有很大啟發，對此您或許也會有所興趣。在當前恢復國民經濟的困難時期，我們的資源和能力連維持現有的交通事業都深感日漸窘迫。因此我以為這個新計劃延遲到適當時間再加以考慮可能會更好。」[40] 薛穆收到來信後深感失望，但又無可奈何，但他在回覆宋子文的信中仍不放棄希望：「我已將您有關在目前環境下　貴國延遲考慮合組航空公司的態度通知了外交部。鑒於我所了解的英國政府對於　貴國航空事務的關注，我希望您能盡快讓我知道您認為 Air Marshal Baldwin 何時訪問　貴國最為合適。」[41] 宋子文的答覆實在是沒有甚麼道理，按理說，既然缺乏資源和能力，就更迫切需要外國的合作與投資才是。但從中卻可看出當時國民政府對待英國

39　〈國民政府文官處致行政院公函〉（1945 年 10 月 22 日），出處同上。

40　T.V. Soong to Seymour (Oct. 24, 1945), 出處同上。

41　Seymour to T.V. Soong (Oct. 25, 1945), 出處同上。

與對美國的態度截然不同。除了此時英國的勢力大不如前，已不足為中國所依賴，恐怕還同英國在戰時一直未能真正與中國合作、支持中國抗戰，蔣對之不滿有很大關係。

就在英國要求與中國合辦航空公司的前後，美國泛美航空公司（Pan American Airways Corporation）的代表也在積極同中國政府商談延續中美航空合約（早在 1933 年泛美公司就收購了飛運公司手中的股權，成為中國航空公司的大股東）。1945 年 3 月 27 日，美國泛美航空公司代表、中國航空公司美方副董事長班德（W. L. Bond）與交通部部長俞飛鵬會晤，洽談如何修訂即將期滿的中美航空合同，班德並堅持要求在新合同內訂明，除原合同所列滬蓉、京平、滬粵三條航線外，該公司仍可經營在戰爭期間所有開辦過之航線。對此蔣介石曾明確表示：「凡戰時該公司所闢之航線如其他航空公司飛行時，該公司亦可有權飛行一節，甚屬不妥，未便允許。」交通部奉命婉予拒絕，但美方代表則一再堅持，認為該公司在戰爭期間對於中國交通貢獻甚大，「如不准其仍得經營戰爭期內所辦各線，對於該公司之功績未免抹煞」，絕不讓步。美方後來的談判代表薩賚德（George Shelett）甚至還提出若未遇有公共利益需要時，中國其他航空公司不可同時經營這幾條航線，意圖壟斷經營中國內陸航線，雙方談判終陷於停頓。然而未過多久，抗日戰爭突然宣告勝利，國民政府急需派遣大量軍隊和官員前往東北、華北和華東接收敵偽產業，必須依靠美國方面出動飛機運送，若美方「拒絕接受，於我復員工作及臨時應急所需反為不利」，因此交通部建議同意美方所提出的經營各條航線的要求，只是為了將來具有某種伸縮性，要求「此項航線在新合同內不予開列」。[42]

42　參閱〈交通部關於戰後中國航空公司經營航線事呈行政院文〉（1945 年 9 月 15 日）、〈交通部部長俞飛鵬就中美商訂空運合同呈行政院文〉（1945 年 10 月 8 日），載《航空史料》，頁 237-241。

　　1945 年 12 月 21 日，交通部與泛美航空公司為合組中國航空股份有限公司簽訂合同，[43] 合同規定新公司依照中國法律在中國註冊，所有款項應存於中國國家銀行；公司資本定為中國法幣二十五億元，其中中國資本佔 80%，美國資本佔 20%；董事會由九人組成，為公司的最高管理機關，其中七人由中國政府選任，二人由美國公司選任，董事長及副董事長（兼總經理）由中國政府提出人選，另一名副董事長則由美國公司提出，監察二人，由中美各派一人；公司有效期定為五年，期滿前一年若雙方同意可再延續五年，次數不限，但若有一方提前以書面通知終止時，本合同即於期滿時終止；公司除繼續經營原來的三條航線外（即滬蓉、滬平、滬粵），在合同有效期內還可以經營重慶—香港、重慶—河內、重慶—哈密、重慶—西安、漢口—長沙等五條新的航線。

　　1946 年 8 月 30 日，中美雙方為開設和發展兩國領土間的定期空運，公佈《中美空中運輸協定》草案，同年 12 月 20 日協定正式簽字，這是與差不多同一時間簽訂的《中美友好通商航海條約》並列的另一個重要條約。協定規定兩國航空公司在指定地點（中國為天津、上海、廣州，美國為舊金山、檀香山、紐約）有裝卸國際客貨郵的權利；雙方同意互相經營的三條航線為：第一條北太平洋線，中方經東京、千島群島、阿留申群島至舊金山及其他各處，美方橫渡太平洋至天津及上海，再至菲律賓群島及其他各處；第二條太平洋線，中方經馬尼拉、關島、威克島及檀香山沿線各地點至舊金山及其他各處，美方橫渡太平洋至上海、廣州及其他各處；第三條大西洋線，雙方均經歐洲、北非、近東、緬甸、越南諸地點通航至對方境內指定地點。1947 年 10 月 6 日，中國航空公司正式開通第二條中美航線（上海—關島—威克島—中途島—檀香山—舊金山），而在此之前，美國的泛美、西北兩家航空公司早就

43　合同全文收於《航空史料》，頁 245-254；又見《中華民國史檔案資料匯編》第五輯第三編「財政經濟」（七），頁 583-590。

開通了所有三條中美航線。[44]

七　結語：利用外資與維護主權

　　關於如何看待利用外資，在中國長期以來一直是個爭論不休的問題。早在三十年代，著名經濟學家馬寅初就明確指出，衡量這一問題的標準是「中國舉辦工業，要利用外資，不為外資利用」。[45] 換言之，引進外資本是福禍之門並開、利害之路共存、得失之機同在的舉措，只有不讓輸出國在輸出資金時附上控制中國社會、政治、經濟諸方面的條件，才能達到利用外資而不被外資所利用的目的。

　　南京國民政府成立之後，鑒於前北京政府濫借外債，以致債信低落、抵押殆盡的教訓，此時著重強調的是引進外資必須遵循「平等互惠」、「尊重主權」之原則。1928 年 10 月 19 日，國民政府對於經濟建設發表宣言，以為「必須首謀開發社會經濟所賴以為發動之基本工業」，「惟以目前社會之貧乏，科學之落後，驟欲舉事而求速效，勢不可能。故必依平等互惠而不損主權之原則，盡量吸收外資，借用專門人材，庶幾事半而功倍」。[46] 嗣後不久，孫科在就任鐵道部部長時也發表施政方針：「國內集資，河清難俟；生民痛苦，長夜漫漫。」因此主張「在平等互惠條件下盡量吸引國際資本」。[47]

　　1929 年 3 月，行政院第 17 次會議根據孫中山先生的計劃實施方案，確立了利用外資及合資經營的原則，並經中央政治會議第 179 次會

44　姚峻主編：《中國航空史》，頁 140。

45　徐湯華、朱正直編選：《馬寅初選集》（天津：天津人民出版社，1988 年），頁 116。

46　轉引自張其昀：《中華民國史綱》第三冊（台北：中華文化事業出版會，1954 年），頁 197-198。

47　上海《民國日報》，1928 年 11 月 23 日，第 2 張，第 2 版。

議議決通過：

甲、在不損害主權範圍內，除普通借款外，政府亦可採用與洋商合
　　資經營各種建設事業，並以公司名義經營之，但須有相當之限
　　制，其限制原則另定之。
乙、政府投資之公司或華商經營之公司，得許洋商投資或合資經營
　　之，但須有左列限制辦法：
　　一、華股須佔全部股份百分之五十一以上；
　　二、華董事須佔多數；
　　三、董事長及總經理等職應由華人充任之；
　　四、商人合資應受中國公司法及其他法律之限制。[48]

　　在這之後，中國政府在引進外資和合資經營方面大致上都遵循上述
原則，這可以在中國發展民用航空事業的進程中找到實例。

　　近代航空事業自起步至今不過一百多年，但其發展的速度極為迅
速，尤其是經歷過第一次世界大戰，飛機的運用在政治、經濟、國防諸
方面所產生的影響更為顯著，因此戰後歐美各國都在積極發展各自的航
空事業。對於中國來說，發展航空事業實乃當務之急，然而由於資金短
缺，技術落後，人才缺乏，若要盡快發展，勢必需要外國的資金、技術
和人才，這也可以說是發展中國家成長的必由之路。但是航空事業在在
涉及國家的主權，無論是空中航線的開闢，或是地面場站的建設，以及
飛機的降落、電台的開設，都與一個國家的主權息息相關，若處理不
當，定會損害國家的主權和尊嚴。因此當鐵道部部長孫科與美國洽談成
立合資公司時，由於美方資本佔據多數，並涉及到國防、關稅和專利，

---

[48] 〈行政院為利用外資案致工商部部長訓令〉（1929 年 3 月 26 日），載《中華民國史檔案
資料匯編》第五輯第一編「財政經濟」（五），頁 122-123。

同時還要壟斷全部郵件和旅客的運輸權，故而遭到國內各界的強烈抗議，公司開辦不久即告改組。在此之後成立的中外合資公司（如中美合資的中國航空公司、中德合資的歐亞航空公司以及曾擬議建立的中英、中法航空公司）大都遵循政府擬訂的利用外資必須尊重主權、平等互利的原則，具體可以從以下幾個方面得到體現：

一、股份中方必須佔多數，如中國航空公司中方股份佔 55%（戰後中方股份增加到 80%），歐亞公司中國佔三分之二，董事的名額亦基本上按股份佔有率分配；

二、公司的管理權屬於董事會，董事長及總經理必須由中方擔任，外方則擔任副董事長及協理；

三、公司在中國註冊，並遵守中國的法律；

四、規定外國公司有培訓中國駕駛員以及地面工作人員（機械師、無線電報務員等）的義務，並享有優先聘用的權利；

五、公司經營權有一定的期限（一般定為十年），期滿後若雙方同意可續約，但若其中一方於合同結束前一年提出終止合約，該合約即到期終止。

在中外合資的航空公司中只有中蘇航空公司與此不同。正如前文所述，1939 年成立的中蘇航空公司無論是資本還是董事名額均為雙方平等，公司各在所在國註冊，董事長和總經理的職務則分別由中蘇兩國派員出任。當時中方在談判中之所以作出如此重大的讓步，是因為在戰時中國急需開闢國際航線，運輸戰略物資，有求於蘇聯不得已而為之。為此在審查中蘇通航案的國防最高會議第 100 次常務委員會中曾專門作出決議：「本案情形特殊，特許雙方對等投資，嗣後同類事件，非經國防最高會議核准，不得援例。」[49] 除此之外有所不同的是，此一航線是直

49　〈行政院函國防委員會秘書廳轉核該院對中蘇通航案之意見〉（1939 年 8 月 28 日），載《航空史料》，頁 350。

接開設於兩國之間（新疆的哈密至蘇聯哈薩克聯邦共和國首府阿拉木圖），而不是像以往中國航空公司那樣只是在中國境內開設航線，或是像中英、中法那樣開闢航線至對方的殖民地（如香港、仰光、河內）。順便說一句，中華人民共和國成立後，1950 年 3 月中蘇兩國宣佈成立一家新的中蘇民航公司，而新公司合約的主要條款也完全是按照這一模式簽定的。[50] 這也就說明，蘇聯政府的對華政策並未因中國政權的更換而發生根本性的改變。

　　上述合約從內容上看似乎對中國有利，或至少在文字上是平等互利的，但由於雙方實力上的差距，資本輸出國往往利用強大的力量維護其本國的利益，實際上並不平等。長期擔任航空委員會主任的周至柔在陳述中國民航現狀的報告中就曾深刻地加以檢討。他在談到中美合資的中國航空公司的經營狀況時指出：

　　該公司人事行政實權皆操於美員之手，外人來我國唯一目的，只在求利。因此該公司之中國主辦人員雖有以該公司為基礎，徐圖發展民航事業之用意，其結果以事權不一，美商種種排擠，故歷十四年之時間，毫無成績之可言。即就人員訓練一項而論，我國飛行員之在該公司服務者現有七十三人，內中雖有技術較優良、合於正駕駛之資格，然以檢定之權操於美人，故十四年中之訓練，中國人員為正駕駛者至最近一兩年內稍有提升，至今亦不過十人。至檢定飛行員及各項技術人員，按照我國航空法之規定，應由我國政府辦理之，此項航空法雖奉國民政府於民國三十年五月間公佈，而交通部迄未實行，以至該公司之美員非但未受我國政府檢定，而我國人員反受美員檢定，主權旁落，反客為主，執此

50　1950 年 3 月 27 日剛剛成立的中華人民共和國政府與蘇聯政府於莫斯科簽訂了《關於創辦中蘇民用航空股份公司的協定》，資本定額為 4,200 萬盧布，中蘇雙方各佔 50%，經營期限為十年，管理委員會成員也是雙方各佔一半，管理委員會主任和總經理則分別由中蘇雙方各自派人擔任，兩年後互換。詳見姚峻主編：《中國航空史》，頁 215。

一端，餘可概見。[51]

　　再以培訓技術人員而言，合約條款雖然規定外商有訓練中國飛行技術人員的責任，但實際情形並不完全如此。抗戰勝利前夕，美國根據租借法案擬培訓中國的航空技術人員，交通部航政司即要求選派 240 名人員前往美國受訓，其中大部分為「需要最急之飛行及地面技術人員」。然而美方則同意培訓 180 名，而且全都是地面技術人員及地勤工作人員，「揣其用意，或係使我對外飛行工作，將來仍須借才異邦，民航事業在無形中仍易為外人所控制」。[52]

　　戰後簽訂的《中美空中運輸協定》從表面上看對雙方都是平等的，但是由於兩國實力上的差距，中國方面經營的中美航線無論是在班次上還是在業務上均無法與美國公司相比。協定簽定後美方指定的泛美、西北兩家公司很快就開通了中美間三條航線，據不完全統計，1947 年 4月至 11 月，僅西北航空公司從美國飛至上海的飛機就有 141 架次（包括試航和不定期飛行），而中國航空公司限於設備能力，只能開闢三條航線中的一條。而且協定還規定美方可在中國領土做「非交通之停靠」，即除平時交通起降外，美機享有軍事停落權，故美方可以利用這個協定在中國無限制地飛行，這無疑是對中國領土和領空主權的嚴重侵犯。[53] 大量的歷史事實說明，所謂平等互利最終還是要依各自國家的軍事和經濟實力來體現的。

　　儘管合資企業中存在着上述種種問題，然而對於中國政府來說，在

51　〈周至柔呈軍事委員會文〉（1944 年 8 月 31 日），載《航空史料》，頁 39。

52　〈交通部關於派員赴美培訓事致航空委員會公函〉（1945 年 2 月 8 日），載《航空史料》，頁 94。

53　姚峻主編：《中國航空史》，頁 140。

發展民航事業的初期，特別是在戰爭環境之下，以優厚的條件來吸引外資，實在也是不得已而為之的事。但應該指出的是，國民政府在引進外資、成立合資公司之時，還是盡量設法維護國家主權、積極發展和培植國營及民營航空公司的，一旦具備條件，即將合資企業收歸國有，戰時國民政府將歐亞航空公司改組為國營的中央航空公司就是最明顯的事例。同時，發展民用航空事業並不僅僅是購買飛機、開闢航線那樣簡單，還牽涉到營運、管理、培訓、法律諸方面的問題。應該承認，國民政府在這些方面也都作過努力，如制訂《航空法》（1941 年），設立民航局（1946 年）等等，因而在與外資共同經營國內民用航空事業的十多年時間中，無論是國內外航線的開闢、客貨運輸量的增加，還是場站設施的改善、技術人員的培養，都取得不同程度的進步。以中國、中央兩航空公司為例，1947 年 12 月兩公司所開闢的航線總長達 78,157 公里，較抗戰勝利前夕增長幾近五倍；兩公司飛機共有 79 架，經常使用者 63 架，平均每日出動飛機 40 架；抗戰勝利後兩公司奉命空運復員，自 1945 年 8 月至 1946 年 1 月底止，客運 110,281 人次，貨運 4,169,261 公斤。[54] 特別是中國航空公司在戰時克服種種困難，運送大量的戰略物資，譬如 1938 年 10 月武漢撤退時，中航奉命於三天之內，冒着空襲危險，日夜搶運，將所有政府重要工作人員全部撤出；太平洋戰爭爆發後，公司又於九龍失守前，利用短短的四天時間，夜間飛行，搶救出各界重要人物四百餘人；更為重要的是，公司於抗戰期間擔任中印線空中運輸，在氣候極為惡劣、條件極為艱苦的情況下，飛越駝峰，輸入大量軍用物資，最高每月可達二千噸，同時又輸出大量的鎢砂、生絲和豬

54　交通部編：《戰後兩年來交通運輸》（1948 年），載《中華民國史檔案資料匯編》第五輯第三編「財政經濟」（七），頁 566-582。

鬃，公司於該線犧牲的員工甚多。[55] 所有這一切對於堅持抗戰發揮了極為重要的作用，這些都是應該永誌不忘的。

原載《中國文化研究所學報》總第 41 期，2001 年 11 月

55　〈中國航空公司概況〉（1948 年 3 月 20 日），載《中華民國史檔案資料匯編》第五輯第三編「財政經濟」（七），頁 623。

戰時中國建設銀公司的經營活動

中國建設銀公司（China Development Finance Corporation）成立於1934年，它是由剛剛辭去財政部長一職的宋子文聯合國內最大的十餘家銀行共同創辦的一家投資公司，正當中國建設銀公司各項事業順利發展之際，1937年7月7日日本侵略軍發動了蘆溝橋事變，不久戰火即蔓延到東南沿海，全國軍民萬眾一心，同仇敵愾，開始了艱苦卓絕的八年抗戰。

在抗日戰爭的艱苦歲月裏，中國建設銀公司既同全國人民一樣遭受到嚴重的損失，但同時又能憑藉特權在大後方以及香港、美國等地繼續活動。其間建設銀公司除了相繼創辦中湘煤礦和建川煤礦，慘澹經營之外，最重要的則應數戰爭初期聯絡外資、興建南鎮、敘昆鐵路，企圖打開國際通道這一行動。雖然這些計劃後來由於種種原因並未能完全實現，但不能因此而否定建設銀公司對抗戰所作出的貢獻，更不應將這種活動斥之為充當帝國主義經濟侵略的掮客。

一　戰爭損失及其物資轉移

中國建設銀公司自正式開辦到抗日戰爭的爆發不過只有短短的三年

時間，但這卻是銀公司業績發展最為輝煌、最為迅速的時期，同時也是公司歷史上的鼎盛階段。在這段時期裏，銀公司聯絡外資，投資國內各項事業，取得了迅猛的發展。據公司戰時業務概況報告書稱，戰前公司「對於國內工、礦、路、電事業之經營無不竭力以赴，藉應各處之需要，其犖犖大者，為揚子電氣公司之首都與戚墅堰兩電廠、淮南鐵路與煤礦、漢口既濟水電公司、江南鐵路、川黔公司之成渝鐵路、廣梅鐵路、中國棉業公司、中國木業公司、中國礦業公司、西京電廠、南昌水電公司、盧山升降電車及咸陽酒精廠」等十餘家工礦企業，工礦業投資總金額為 14,808,420 元，金融業投資為港幣 100,000 元及 100,000 法郎，此外各附屬事業之企業投資尚未計算在內。[1]與此同時，公司的業績也取得了驕人的進展，據公司戰前歷年度營業報告書所公佈的資料稱，二十三年度（公司開業只有半年）純益為 587,558.69 元，二十四年度為 1,211,997.73 元，二十五年度更上升到 1,914,531.62 元，[2]純益接近總資本的 20%，在短短的幾年中就能取得如此驚人的成績，不能不說是個奇跡。

然而抗戰的突然爆發不但使銀公司醞釀已久的發展計劃胎死腹中，那些已投資興建的項目更是遭到嚴重破壞。比如銀公司與中英銀公司洽商多年的廣梅、浦襄鐵路借款雖然於 7 月 30 日和 8 月 4 日先後簽定正式合同，但因戰爭的爆發與擴大，致使無法發行債票，借款終未成立；正在興建中的成渝鐵路則因戰爭的關係，導致各項材料無法運進而被迫中斷；而損失最嚴重的當數銀公司於抗戰前夕投資入股、參與經營的三大企業——揚子電氣、淮南礦路和漢口既濟水電公司。據統計，上述三大公司所屬四個企業的資產共計為 52,565,845.68 元，除去折舊、呆賬

1　參見「中國建設銀公司戰時業務概況報告書」（1943 年 12 月 30 日），中國第二歷史檔案館藏揚子電氣股份有限公司檔案：四〇一 /121。

2　中國第二歷史檔案館藏中國銀行檔案：三九七 (2)/314。

及內遷的設備外，尚有價值 40,583,891.68 元的財產陷入敵人手中。[3]

以揚子電氣公司為例，建設銀公司剛剛接管建設委員會屬下的首都、戚墅堰兩電廠時雄心勃勃，計劃在蘇州附近興建第三座電廠，於首都電廠下關發電所添置整套 20,000 千瓦的發電機，期於 1939 年將南京市的發電總容量由目前的 30,000 千瓦增加到 50,000 千瓦。然而正在力圖進展之時，抗戰爆發，不久南京即告淪陷，首、戚二廠被日偽華中振興株式會社強佔，[4]別說上述計劃根本就不可能實現，就是原有的設備也遭到嚴重破壞，待到抗戰勝利後接收時該廠供電能力不足 10,000 千瓦，實際供電量僅有 7,000 千瓦，經各種方法加以搶救，最高也只能恢復原發電量的六成，加上汽鍋上之損壞而增加耗汽，安全供電量只能達到 15,000 千瓦，僅及戰前的一半。[5]更加令人髮指的是，首都電廠有四十五名職工於南京淪陷時遭到日軍滅絕人性的集體大屠殺！[6]

淮南礦路公司於撤退時奉令將礦區設施及機車車輛加以破壞，以免資敵；人員及其材料則盡量撤往大後方。1937 年 11 月公司派員護送賬冊赴漢，重要材料亦千方百計經由津浦、隴海、平漢三路，陸續搶運赴漢。因這批材料相當完整，足可裝備一個新礦，起初不擬出售，待到武漢危機時，除了出售一部分外，大部分材料運往湘潭再轉運衡陽、桂林，最後全部讓售給軍事及交通機關，總計價款為 873,456.91 元。另外

3　「中國建設銀公司戰時業務概況報告書」（1943 年 12 月 30 日），揚子電氣公司檔案：四〇一 /121。

4　華中振興株式會社成立於 1938 年 11 月 7 日，總部設在上海，資本一億日圓。根據《華中振興株式會社法》及日本內閣總理大臣命令書，會社受日本政府監督、操縱，同時也享有種種特權，實際上是為其侵略政策服務的「國策會社」。該會社下設十六家直屬公司，包括交通、通訊、公共事業、礦產、房地產等行業，抗戰爆發後，揚子電氣、淮南礦路兩公司都相繼被其掠奪。有關該會社的情形可參閱〈華中振興株式會社概況〉，載上海檔案館主編：《檔案與史學》1998 年第 5 期，頁 14-23。

5　陸法曾：「首都電廠現狀略述」（1946 年 11 月），揚子電氣公司檔案：四〇一 /37。

6　「首都電廠員工殉難蒙難紀略」記載了大屠殺的經過並附有被害者的詳細名單，見揚子電氣公司檔案：四〇一 /313。

還有存放在香港約為 235,000 餘元的材料亦於太平洋戰爭爆發後陷於敵手。[7]日軍侵佔期間將淮南煤礦與崑連之大通煤礦合併，成立偽淮南煤礦公司，隸屬於偽華中振興株式會社，八年間為日本軍部之需進行瘋狂的掠奪式開採，挖去煤斤不下 400 萬噸，礦脈亦備受斲喪；日寇並將自礦區迤南 20 餘公里之水家湖起至裕溪口止計 180 公里長之鐵路完全拆毀，其中一部分材料移築由水家湖向東至蚌埠之鐵路，其餘則運往他處，致使礦區遭到嚴重破壞。[8]

由於東南沿海相繼淪陷，中國建設銀公司總辦事處也隨着政府的不斷遷移而遷移，先是從上海遷往漢口，借駐既濟水電公司辦公；武漢失守前公司又遷到重慶，總部設於重慶市中正路川鹽銀行五樓；另一部分員工（包括總經理宋子安）則前往香港。從香港辦事處職員致重慶公司的信中可以得知，當時香港辦事處設在港島皇后大道的公主行三樓，除了總經理宋子安經常於各處活動外，辦事處還有職員五人，工役四人，其中丁鏡人管理庶務及公館的私事，陳俊述負責西京電廠、中湘煤礦及敘昆礦業等事務，應福梅負責打字、抄寫及會計等雜務，胡顧問管理川黔公司事務，張奏農則代理總經理宋子文應做之事。[9]太平洋戰爭爆發前後，駐香港的辦事處撤銷，一部分員工回到重慶，而總經理宋子安、協理劉景山和副經理尹仲容等人則長期駐在美國，進行各種聯絡工作。

抗戰爆發後，建設銀公司及其所屬企業遵照政府指示，盡量將設備及材料遷往大後方，其中揚子電氣公司有一部分原存於上海的材料運至香港暫為儲藏，準備日後再運到後方，結果太平洋戰爭爆發後這部分未來得及運出的材料均為敵人所劫掠；撤到內地的器材有部分運到湖南，

7　「淮南礦路公司戰時業務報告」（1946 年 5 月 8 日），中國第二歷史檔案館藏資源委員會檔案：二八／23203。

8　「淮南礦路公司三十五年度業務報告」，揚子電氣公司檔案：四○一／262。

9　「應福梅致張禪臣信」（1941 年 7 月 17 日），中國第二歷史檔案館藏中國建設銀公司檔案：二八九／316。

於第一次長沙會戰時亦略受損失；至於運達重慶的整套 6,000 千瓦發電機、小火輪一艘、百餘具變壓器以及其他五金電氣材料，因公司在大後方並無電氣專營權，不能自行設廠，發電機及小火輪遂為資源委員會接收，裝置於宜賓電廠，其他材料則被兵工署收購。[10] 漢口既濟水電公司則於武漢失守以前，即奉經濟部工礦調整處指令，將所有停用原動力機器擇優拆遷，以利後方盡快恢復生產。故而組織拆遷委員會，指派人員夜以繼日，努力工作，結果在一個月的時間裏將所有重要機件全部拆卸裝船，於武漢失守前夕（10 月 23 日），經宜昌、巴東、萬縣一帶，由民生公司派船分批運抵重慶。運出的機器設備包括 6,000 千瓦透平發電機、鍋爐、變壓器及五金電氣材料，另外還有揚子電氣公司寄存漢口之週波調整機及其他電氣材料，僅運費即達 40 萬元。[11] 這些材料和設備運到重慶後均撥交兵工署及資源委員會屬下的各個工廠。[12]

八年抗戰期間，中國建設銀公司也和其他企業一樣，在極端艱苦的條件下，慘澹經營，苦撐待變。

二　修築西南鐵路，開闢國際通道

抗戰期間，中國建設銀公司所做出的最大貢獻，應數公司積極聯絡外資，修築南鎮、敘昆鐵路，以冀開闢國際通道，爭取獲得國外援助。

全面抗戰爆發後不久，隨着東南沿海大片國土的淪陷，中國漫長的海岸線幾乎全部喪失。因此，打開國際通道、開闢新的出海口岸便成為國民政府急需解決的重大任務。

10　「中國建設銀公司戰時業務概況報告書」（1943 年 12 月 30 日），揚子電氣公司檔案：四〇一 /121。

11　（漢口既濟水電公司）「處理運渝機件意見書」（1939 年），揚子電氣公司檔案：四〇一 /121。

12　台北中央研究院近代史研究所藏經濟部檔案：18-25-15，1-2。

抗戰初期中國與外界連接的國際通道主要有三條：一條是由蘇聯的中亞細亞經新疆、甘肅而達西北；一條是由香港九龍至廣州的九廣鐵路、與抗戰前一年剛剛全線通車的粵漢鐵路相連；還有一條就是經廣西和雲南延伸到越南、緬甸，再與當地鐵路接軌而至海防、仰光等出海口岸。[13] 然而西北與蘇聯之間距離遙遠，短期內無法修築鐵路，只能依靠公路和空運，運輸費用昂貴；廣九鐵路雖然於抗戰爆發後不久（8月19日）即與粵漢鐵路接軌，成為當時貫穿南北並與海外聯繫的最大交通動脈，但1938年10月廣州失守後，這條交通大動脈隨之亦被切斷。因此抗戰初期國民政府的戰略構想主要是集中人力、物力，計劃在西南地區開闢出一條經由越南出海的國際通道。

越南當時是法國的殖民地，而與越南接壤的廣西、雲南也自然成為法國覬覦已久的目標，多年來法國政府一直企圖將鐵路由越南延伸到中國境內，但除了修建一條滇越鐵路之外，其他計劃都未能實現。沒想到事隔多年，當初竭力反對法國在中國境內築路的中國政府，如今卻為了要打通一條國際通道反而主動要求法國合作，將越南境內的鐵路延伸到中國，這實在是時勢變化、形勢使然。

由於當時中國正處於戰爭狀態，政府之間借款實屬不易，若欲與法國財團洽談，則必須有一個機構從中斡旋。戰前中國建設銀公司與法國財團在談判修築成渝鐵路的過程中建立了良好的關係，因此這項任務便非建設銀公司莫屬，實際負責人則是鐵路專家、時任建設銀公司協理的劉景山，[14] 南鎮鐵路和敘昆鐵路的修築正是這一計劃的具體表現。

---

13   Arthur N. Young, *China and the Helping Hand, 1937-1945* (Cambridge: Harvard University Press, 1963), p. 49.

14   《劉景山先生訪問紀錄》（台北：中央研究院近代史研究所，1987年），頁107-110。

（一）南鎮鐵路：功虧一簣

南鎮鐵路實際上是湘桂鐵路的延續，所以它又稱為湘桂鐵路南鎮段。

1936 年 4 月，粵漢鐵路全線通車，南北交通得以貫通，因而受到各方稱頌。廣西當局亦利用這一時機向中央政府建議於粵漢線上續修湘桂鐵路，俾使廣西結束無鐵路的時代，並直接與長江中下游相連。當時鐵道部也正在設計全國鐵路的發展計劃，廣西省的這一要求正與部方規劃不謀而合，因此鐵道部立即選派粵漢路局局長淩鴻勛兼任湘桂鐵路工程處處長暨總工程師（該職務後來相繼由杜鎮遠、侯家源接任），並率領一批技術骨幹，首先進行測量工作。幾經勘測比較，最後決定由粵漢路的衡陽作為湘桂鐵路的起點，西南行經冷水灘、東安入桂，再經全州、興安、靈川而達桂林，全長 361 公里。抗戰爆發時，該路仍在勘測階段，為了適應戰時需要，接濟武漢保衛戰中軍隊及物資的運輸，最高當局下令加快修築速度，鐵道部與地方當局遂發動湘、桂兩省十餘萬民工全力以赴，因陋就簡，積極搶修，終於在 1938 年 9 月全線通車，是為抗戰爆發後建成的第一條鐵路，平均每天築路一公里，創造了中國鐵路修築史上的奇跡。

抗戰爆發後，國民政府為了開闢新的國際通道，決定重新對湘桂鐵路擬定計劃，即由桂林向西南延伸，先至柳州（桂柳段，177 公里），再至南寧（柳南段，260 公里），最後抵達鎮南關（南鎮段，232 公里），而越南境內的同登至鎮南關的 4 公里鐵路則要求法國方面同時相向修築，這樣就能與越南境內的鐵路接軌，直達出海口岸海防。因為南鎮段牽涉到跨越國境這一國際問題，必須事先與越南的宗主國法國聯絡，商請法方出資共同興建。方案既經確定，有關部門即令駐法大使顧維鈞和中國建設銀公司分別與法國政府及其銀團商洽，同時任命淩鴻勛為南鎮

段工程處處長，工程處設於南寧。[15] 並仿照浙贛、成渝鐵路之先例，設立湘桂鐵路理事會，其成員分別由鐵道部代表及湖南、廣西兩省財政、建設廳廳長擔任。

中國建設銀公司受命之後立即與原承建成渝鐵路的法國銀團（由巴黎和蘭銀行、東方匯理銀行、拉柴斯兄弟公司及中法銀行組成）洽談，進展甚為順利。1937 年 12 月間銀公司將與法國銀團洽談的結果電告鐵道部：「越桂一線經法銀團之努力，並法、越南政府之贊助，已擬具草案，派員來華協商。越政府對於自同登至中國邊境尚隔有二英里半，可擔任展築啣接，將來雙方接軌聯運及相互利用車輛等，均願合作。」[16] 1938 年 1 月 11 日，中國建設銀公司代表將法國銀團所擬訂的南鎮鐵路借款合同草案帶往漢口，同時提出因此事涉及越南，希望交通部部長張嘉璈（此時鐵道部已併入交通部，仍由張嘉璈任部長）前往河內，親自與越南及法國銀團代表會晤。因茲事重大，張嘉璈隨即動身，經湖南、廣西而入越南，於 1 月 19 日抵達河內，雙方即開始進行談判。在談判過程中法方提出一些苛刻條件，並不斷加碼。當時財政部就認為借款條件「束縛太甚，於政府對鹽稅擔保之債務如有變更時對於南鎮借款不便單獨處理，礙難同意」；但在戰爭期間，中國為了爭取外援，急需打通這條國際線路，有求於法國之處甚多，故對於法方提出的要求基本上都予以同意，最終只好「為維護邦交，可允於鹽稅擔保遇有變更時，即將此項債款到期本息按期如數由國府擔負撥足，以資兼顧，而重債信」。[17] 張嘉璈事後也在筆記中寫道：「法銀團所要求若干小節，一律讓步，免再拖延。惟告法銀團代表，一切繫於精神合作」，並希將這一意見轉達

15　凌鴻勛：《中國鐵路志》（台北：世界書局，1963 年），頁 245。

16　引自張嘉璈：《抗戰前後中國鐵路建設的奮鬥》（台北：傳記文學出版社，1974 年），頁 164。

17　「財政部致交通部公函」（1939 年 3 月 28 日），中國第二歷史檔案館藏交通部檔案：二〇(2)/1694。

給越督。[18] 幾經磋商讓步，終於簽定協議草案，但借款合約則延至 4 月 22 日方由財政部、交通部、法國銀團及中國建設銀公司四方於漢口正式簽訂。

「南鎮鐵路借款合同」主要內容為：法國銀團提供給中國政府 12,000 萬法郎之建築設備以及 3,000 萬法郎之現金，同時由銀行團和銀公司組成股本為 24,000 英鎊之中法建築公司，並以墊款方式向中國政府提供 120,000 英鎊借款；年息七釐，期限十二年；國民政府以鹽餘、鐵路財產及其收益、廣西礦產及其他國稅為擔保；建築工程由銀行團（佔 49% 股份）和銀公司（佔 51% 股份）組成之中法建築公司承擔；全線工程訂明於兩年內完竣，並盡快趕築鎮南關至明江一段鐵路。[19] 嗣後，中法雙方又於 1939 年 3 月 31 日簽定了增借 3,000 萬法郎的第一號附約。[20]

南鎮鐵路借款協議正式簽定前，由於局勢日益緊張，武漢會戰即將打響，鐵路運輸之需求更形迫切，因而南鎮段工程處在草約業已簽定的情形之下，先於 4 月 1 日仿照修築湘桂鐵路那樣，由地方當局徵用民工，在憑祥附近隘口一帶進行路基工程。未久借款合同正式成立，基建工程即按照合約規定交由中法建築公司承辦。當時中法公司的總部設在越南的諒山，總經理由中國建設銀公司協理劉景山擔任，法國人馮登（Jules Fountaine）任總工程師，章祓任副總工程師；同時交通部亦將凌鴻勛的職務由原南鎮段工程處長改為南鎮段工程監督，設監督處於南寧，另派一副總工程師及部分財務、技術人員常駐諒山，以便就近審核

18　轉自姚崧齡編著：《張公權先生年譜初稿》上冊（台北：傳記文學出版社，1982 年），頁 196。

19　「湘桂鐵路南鎮段借款合同」（1938 年 4 月 22 日）共二十五條，中國第二歷史檔案館藏財政部檔案：三 (2)/4763。

20　「財政部致交通部公函」（1939 年 4 月 4 日），交通部檔案：二〇 (2)/1694。

計劃，簽署文件。[21]

　　借款協議簽定之後，沿線各地即加緊動員民工趕築土石方，所需工程器材亦陸續由法國運來。1938 年 10 月，隨着廣州的淪陷，越南的海防便成為中國對外唯一可以進出貨物的港口，原來經香港內運的物資大量積壓在海防，其中包括數量眾多又是中國急需的蘇聯援華軍用物資，因此滇越鐵路的地位就愈發顯得重要。國民政府有鑒於此，遂一方面積極同法方交涉，要求法越當局將積壓在海防的物資通過滇越鐵路運往中國；同時又要求交通部門加緊修築南鎮鐵路，以應戰時需要。然而承建南鎮段鐵路建設的中法建築公司不僅手續繁多，效率極慢，而且還時時受到法國政府外交政策的約束，以致工程遲滯。1939 年 2 月，日軍侵佔海南島，法國政府生怕因援助中國築路而導致日本對越南採取報復行動，竟不顧中國方面的迫切需求，違反合約的規定，暗示中法建築公司拖延築路速度；[22] 加之日軍連番轟炸，故南鎮段鐵路工程進展速度甚為緩慢，與同期由中國自行修築的衡桂路之高速度恰成鮮明的對照。直至 1939 年 5 月中旬，法方才將越南的鐵路由同登鋪入中國境內，未久鐵路相繼鋪至憑祥、明江，這樣，原來由越南海防下岸的貨物轉運火車後必須以越南的諒山或同登作為駁運站，再轉裝汽車才能運到中國，如今則可以直接運至國內再轉車，減少了公路運輸的行程，貨運量亦得以提高。

　　正當南鎮路工程一切按計劃進行、全線土石方及隧道基本完成、明江大橋橋墩亦已建好並開始全線鋪軌之際，戰況發生逆轉。1939 年 11 月 15 日，日軍在廣西北海登陸，同月 24 日南寧失陷，從而掐斷了湘桂鐵路的咽喉，至是全線鐵路已無法修築，而且就是修築也沒有任何

21　凌鴻勛：《中國鐵路志》，頁 247。

22　《凌鴻勛先生訪問紀錄》（台北：中央研究院近代史研究所，1982 年），頁 144。

意義。在這種情形之下，中國當局一面電告駐法大使顧維鈞在法國進行交涉，[23] 一面命令交通部門及地方當局積極搶運物資。自 11 月 23 日至 12 月 18 日不到一個月的時間裏，有關部門組織人力突擊搶運，將路料七千餘噸及其他物資五千餘噸運至越南境內的同登；[24] 當日軍退出南寧後，又「組開專車從事搶運，所有沿線之轉轍器亦能拆除運用大部分，其不能由列車載運之料，則用民船輸送⋯⋯ 未能運回之材料為數無多，僅有洋灰、輕軌材料及電桿而已」。[25]

1940 年 1 月 31 日，張嘉璈約見中國建設銀公司代表劉景山和法國銀團代表夏弟，共同商討南鎮鐵路結束辦法，最後決定：（一）工程及材料運輸事宜於 2 月底前結束，有關賬目於 4 月底結束；（二）設立保管委員會，自 3 月起開始工作，向法銀團方面接收一切材料及款項。張嘉璈在當天的日記中感嘆地寫道：「由於南寧之淪陷，法銀團方面參加溝通中越路線之一番心血，至此付之流水。」[26] 南鎮鐵路自借款成立至 1940 年 3 月底止，共支用借款計法金 11,749 萬餘法郎，英金 13 萬鎊。[27] 借款用了大半，但僅鋪軌八十公里，且因戰事影響，抗戰期間此路一直未能通車，這個結局實在是出乎決策者之預料。

（二）敘昆鐵路：遷延日久

在計劃修築南鎮鐵路的同時，國民政府已確定將重慶作為戰時首都，因此，由長江上游修建一條到達昆明的鐵路就可以使重慶藉水路與

23　《顧維鈞回憶錄》第四冊（北京：中華書局，1986 年），頁 186-187。

24　張嘉璈：《抗戰前後中國鐵路建設的奮鬥》，頁 168。

25　「中法建築特許有限公司總經理劉景山致交通部長張嘉璈函」（1940 年 4 月 1 日），交通部檔案：二〇 (2)/1698。

26　引自姚崧齡編著：《張公權先生年譜初稿》上冊，頁 239。

27　交通部編：「湘桂鐵路南鎮段借款之起源及經過」（1945 年 7 月 24 日），交通部檔案：二〇 (2)/1538。

國際通道（已建的滇越路和計劃興建的滇緬路）相連，進而抵達出海口岸，興建敘昆鐵路的計劃就是在這樣的形勢之下提交議事日程。1937年年底，張嘉璈將這一計劃分別徵得四川省主席劉湘和雲南省主席龍雲的同意後，便仿照湘桂鐵路辦法，組建川滇鐵路公司，資本 2,000 萬元，其中川、滇兩省各出資 500 萬元，中央出資 1,000 萬元，1937 年12 月 21 日，這個計劃在行政院會議上獲得通過。[28] 新成立的川滇鐵路公司由張嘉璈任理事長，沈昌（後為薩福均）任總經理。

修築敘昆鐵路的目的在於將鐵路延伸至緬甸、越南，再與其境內的鐵路相連，直達出海口岸仰光、海防。當時緬甸、越南分別是英國和法國的殖民地，而英、法兩國早就對修築西南鐵路抱有極大興趣。考慮到這些政治因素和歷史背景，特別是中國當時急需外援這一現實問題，有關當局遂決定由中國建設銀公司出面，聯絡英、法財團合作築路。

1938 年 3 月，張嘉璈與英商馬斯門公司（Marsman and Co.）代表台伏斯（Robert de Vos）專為此事進行洽談並簽定備忘錄，雙方同意由中國方面修築自成都經敘府（即宜賓）至昆明，再由昆明經騰越至密支那或經孟定至浪弄之鐵路，與緬甸境內鐵路接軌，馬斯門公司提供造價半數之現款及材料，年息五釐，以鐵路收入擔保，三十年還清。[29]

然而英國政府和緬甸當局卻認為修築鐵路沒有甚麼商業意義，特別是戰爭期間投資存在風險，故興趣不大，因此中方不得不轉而尋求法國方面的支持。1938 年 6 月 2 日，顧維鈞奉命會晤法國外交部秘書萊熱，代表中國政府希望由法國財團投資興建敘昆鐵路；但萊熱則認為法國目前已經承攬南鎮鐵路的投資，不可能在同一時間投資另一條鐵路。[30] 經過顧維鈞多方遊說，中國建設銀公司亦從中斡旋，法國政府及財團終於改

---

28   張嘉璈：《抗戰前後中國鐵路建設的奮鬥》，頁 168。

29   姚崧齡編著：《張公權先生年譜初稿》上冊，頁 200-201。

30   《顧維鈞回憶錄》第三冊（北京：中華書局，1985 年），頁 120。

變初衷，同意投資修築敘昆鐵路。但在談判中涉及到擔保問題時，雙方又出現爭執。法方認為因戰爭原因，原以鹽稅擔保不敷支付，堅持要求加入礦稅及共同經營鐵路沿線礦產，以其盈餘充作附加擔保等借款條件。幾經遷延，一再折衝，拖至 1939 年 8 月，法國銀團方與中國建設銀公司提出借款大綱及合同草案，再延至 12 月 11 日才正式簽定借款合同。

「敘昆鐵路借款合同」主要內容為：法國財團賒借材料計法金 48,000 萬法郎，銀公司墊借國內工款法幣 3,000 萬元；年息七釐，期限十五年；以普通鹽餘及敘昆鐵路收入、產業等為擔保，並組織基金保管委員會監督施行。與此同時，在法方的堅持下，又訂立了「敘昆鐵路礦業合作合同」，由此法銀團取得敘昆鐵路沿線 100 公里範圍以內共同探礦與經營的參與權，這樣的條款在以往任何借款協議中都是極為罕見的。[31]

原來敘昆鐵路勘測的路線有所謂東、中、西三條，鐵路當局幾經比較，權衡利弊，認為西線施工困難，東線則與公路大致平行，亦不合適，最後決定將東線與中線相混合，即由昆明經曲靖、宣威、威寧、昭通、鹽津而至敘府，全長 528 英里，沿線地質情形不甚複雜，且物產、礦產豐富，較為理想。[32]

中國當時因急欲打開國際通道，使戰時的大後方得以同外界保持聯繫，所以不待合同正式簽定，1938 年 9 月測量剛剛完畢並確定路線後便開始招標，徵集民工，12 月間即先開始進行昆明至曲靖 160 公里工程的基礎建設。然而戰爭期間徵工不易，加之法方材料又遲遲未能落實，故工程進展緩慢。雖然敘昆鐵路借款合同於 1939 年 12 月已正式簽定，但根據法國的規定，合約必須得到法國政府的批准方能生效。待到 1940 年 3 月 1 日法國政府批准敘昆鐵路合約時，第二次世界大戰早已

31　上述二合同分別見中國第二歷史檔案館藏財政部檔案：三 (2)/321 和鐵路系統檔案：六九八 /4697。

32　姚崧齡編著：《張公權先生年譜初稿》上冊，頁 202-203。

爆發，整個歐洲都陷於一片戰火之中了。1940 年 6 月，法國在歐洲戰場上戰敗投降，成立了傀儡政府；在越南，法國殖民當局屈服於日本的壓力，扣壓存放在越南的中國貨物，停止中越運輸，並同意日本派人監視中越邊境貨物運輸。9 月 22 日，法國維祺政府更與日本簽訂法日協定，同意日軍假道越南向中國發動進攻。在這種形勢之下，中國政府毅然宣佈終止南鎮、敘昆二路借款合同，[33] 並授命由顧維鈞大使向法國政府提出最強烈抗議，[34] 同時還宣佈將中國境內的滇越鐵路收歸國有。[35]

為了堵截日軍來自越南的進攻，中國當局下令將滇越鐵路中國境內的河口大橋加以破壞，從而中斷了滇越交通；隨之又拆掉河口至芷村正線 150 公里的路軌，再將之鋪設到昆明至曲靖一段，並於 1941 年 3 月通車，[36] 同時還使用了原滇越路的機車車輛。同年年底，曲靖至宣威 100 公里的路基也基本完成，但因材料問題得不到解決，故無法向北進展，然昆明至曲靖間的鐵路在抗戰後期運輸盟軍援華之軍用物資的過程中發揮了積極作用。[37]

儘管南鎮、敘昆鐵路最終因戰況的變化、特別是由於法國方面的背信棄義而未能全線通車，但不能因此而判斷當初國民政府的決策是錯誤的，同樣也不能否定中國建設銀公司在抗戰初期為開闢國際通道所作出的貢獻。

33　「交通部終止南鎮、敘昆兩借款合同函稿」（1940 年 10 月 1 日），交通部檔案：二〇(2)/1605。

34　抗議書原稿及修訂稿之全文詳見《顧維鈞回憶錄》第四冊，頁 456-457。

35　「外交部致法國大使館節略」（1940 年 9 月 24 日），原文見秦孝儀主編：《中華民國重要史料初編——對日抗戰時期》第四編《戰時建設》（三）（台北：中國國民黨中央黨史會，1980 年），頁 930。

36　「交通部長張嘉璈在中國國民黨五屆八中全會所作交通部工作報告」（1941 年 3 月 25 日），載前引《戰時建設》（三），頁 985。

37　淩鴻勛：《中國鐵路志》，頁 325-326。

三　戰時大後方的投資與經營

　　戰時中國建設銀公司除了聯絡外資修築西南鐵路之外，還在大後方投資和經營工礦企業，其中最重要的就是位於湖南的中湘煤礦公司和位於四川的建川煤礦公司。

（一）中湘煤礦公司

　　中湘煤礦位於湖南湘潭，原為嘉砵公司所有，歷來沿用土法開採，因而產量一直很低；但其蘊藏量堪稱豐富，據估計，礦局所有未開採各區總藏量當在 28,000 萬噸之數。1937 年冬，該礦由黃金濤等人集資收購，遂改稱中湘煤礦公司，股本為 30 萬元，仍利用原有溢道，改善廠基，增加生產，並向德國喜望公司（Gutehoffnungshuette Oberhausen, A. G.）訂購大批機械設備，準備進行大規模開採。1938 年 3 月 25 日，中國建設銀公司加入股本 30 萬元，同時將公司進行改組，惟公司名稱未變，只是中間加了「股份有限」四字。改組後的公司董事長為孫科，宋子文、梁寒操、潘銘新等人任常務董事，總經理、副總經理則分別由黃金濤、紐因梁擔任。[38] 新公司成立後立即招募技工，添購材料，力圖擴充。但當時出海口岸已被封鎖，原先訂購的德國機械無法運進，在這種情形之下，不得已變更計劃，改向漢口與淮南煤礦購買鍋爐、水泵等排水設備；然終因動力問題無法解決，仍舊採用土法開採，但產量卻不斷提高，9、10 兩個月的產煤量增加得格外明顯，每日已達 100 噸左右。在此期間運輸及銷售也很暢通，所產之煤除分批交付漢口既濟水電公司定貨外，湘潭附近的一些膏鹽礦亦紛紛前來購買。

　　然而自從武漢失守之後，情形即發生逆轉。由於中湘煤礦原先的最

38　四聯總處：《工商調查通訊》第 248 號（1943 年 8 月 11 日），轉引自陳真編：《中國近代工業史資料》第三輯下卷（北京：三聯書店，1961 年），頁 1045-1046。

大客戶漢口既濟公司撤遷，已運出但未到漢口的煤又只好中途折返，漢口的銷路亦即告斷絕；湖南省內的各膏鹽礦則因戰火逼近，大半停工，導致銷售出現困難，截至 10 月底止，公司存煤仍有 3,000 噸。於是只好設法向湘黔鐵路局等各處兜售，但因價格問題無法談妥，幾經疏通，最後只銷售了 500 噸，以致收入斷絕，營業停頓，加之 11 月 12 日連續三天的長沙大火，時局日益緊張，公司迫不得已，於 11 月 13 日宣佈暫停生產。[39]

　　待到 1939 年局勢較為穩定，大後方急需用煤，公司遂開始重新營業，先後恢復灣槽及羅金塘兩個礦井的生產，當年秋季即已出煤。1940年湘北兩度會戰，灣槽井被水淹沒，由於坑道過深，蒸汽不易送到，因而無法抽水，只剩下羅金塘一處產煤，但產量頗高，有時可達到日產 100 噸的紀錄，主要供應湘桂鐵路及湘潭附近各膏鹽礦燃料之用。然而不幸 1942 年該礦又遭洪水之患，因設備不足，積水無法抽乾，又只好被迫放棄。是年 5 月，公司再於勝家槽開鑿一個斜井，並向財政、經濟二部請頒證明向銀行申請貸款，年底即開始出煤，日產量達 30 餘噸，之後又於別處新挖一井，但產量不高，兩處合計大約日產 40 餘噸左右。[40]1944 年 5 月，日軍發動「一號作戰」計劃，中國軍隊在長沙、衡陽一帶浴血抵抗，終因彈盡糧絕，相繼失守，中湘煤礦亦淪於日人之手。據戰後該礦的報告，中湘煤礦於淪陷期間公私財物損失慘重，幾達四億餘元。[41] 抗戰勝利後中國建設銀公司原打算接收，但不知孫科已將其名下的公司股票轉讓給資源委員會，建設銀公司在與資委會進行一番

39　「中湘煤礦公司最近情形及暫行結束辦法報告書」（1938 年 11 月 13 日），揚子電氣公司
　　檔案：四〇一 /121。

40　陳真編：《中國近代工業史資料》第三輯下卷，頁 1045；「中湘煤礦為借款擴充新井致
　　經濟部呈」（1942 年 8 月 15 日），（近史所藏）經濟部檔案：18-31，114-3。

41　「資源委員會中湘煤礦局呈經濟部文」（1946 年 10 月 6 日），台北中央研究院近代史研
　　究所藏經濟部檔案：18-31，114-3。

交易後，該礦最後為資源委員會接管，改名為「資源委員會中湘煤礦局」。[42]

（二）建川煤礦公司

　　戰前中國建設銀公司為了發展動力事業，曾組建中國礦業公司，公司成立不久戰爭即已爆發，故業務無法順利進展。戰時礦業公司為了解決大後方特別是陪都重慶的燃料供應這個嚴重問題，專門籌集資金，創辦成立了建川煤礦公司。

　　建川煤礦位於重慶市西郊四十華里的巴縣白市驛，地名叫中梁山，自南而北，礦脈遙連天府煤礦，煤質與煤層亦與之相似，整個礦區面積約為 577 公頃，經測算，煤的蘊藏量當在 4,000 萬噸以上。[43] 1940 年春，中國礦業公司和中國銀行聯合開始籌辦建礦，由測量而勘探，進而開井築路，歷時大約一年有半，礦區甫具雛型。此時資源委員會也希望投入資本，要求共同合作。1941 年 10 月 1 日，中國礦業公司、中國銀行和資源委員會三方代表召開創立會，討論合作方法，修改並通過公司章程，資源委員會副委員長孫越崎和建川煤礦總經理潘銘新先後在創立會上發言，強調三方合作的重要，該礦遂正式命名為「建川煤礦特種股份有限公司」，資本 600 萬元，其中一半為中國礦業公司（實際上就是中國建設銀公司）所有，資委會佔 200 萬，中國銀行為 100 萬；公司為官商合辦性質，董事會共有成員十五名，其中資委會指派許本純、孫越崎等五人為官股董事，中國礦業公司和中國銀行則選出徐維明、劉景山

42　揚子電氣公司檔案：四〇一 /121。

43　四聯總處：《工商調查通訊》第 81 號（1942 年 6 月 27 日），轉引自陳真編：《中國近代工業史資料》第三輯下卷，頁 1026-1027。

等十人為董事。[44] 董事長為宋子安，總經理則由原揚子電氣公司及漢口既濟水電公司的總經理潘銘新擔任。公司共有職員 118 人，工人 1,418 人，頗具規模。[45]1943 年 5 月 11 日，公司董監事聯席會議決為增加生產、擴充設備，擬增加資本 600 萬元，並於 6 月 15 日的第二次股東會議上通過，新增股款於當年 9 月收足，公司又改稱「建川煤礦特種股份有限公司」。[46]

建川煤礦的機械設備主要包括雙鼓絞車一座，鍋爐兩座（均為五十匹馬力），抽水機兩部，煤氣機爐兩部，30K.W. 交流發電機一部，直流發電機一部，電氣摩托打水機兩部等，在戰時極為艱難困苦的條件之下，這些設備算得上是相當先進的了。

公司還同時收買了礦山上面的所有的地皮，面積甚大，並聘請造林專家推廣造林，準備將來供應礦區支木之用。

整個礦區共開鑿礦井兩口，各深三百餘尺，其中一口井鋪設雙軌，為絞運煤車之用；另一口井則敷設單軌，主要用於下料、排水以及通風等用途。同時還修築了十七公里輕便鐵路，向北行之一段以山洞為終點，與成渝公路相連接；南行之一段則以長江西岸之觀文巖為終點，再與成渝鐵路相連，因而水陸運輸堪稱便利。戰時該礦每月產量約在三千至四千噸，將來計劃每月採煤七千至八千噸，銷售至少要達到原煤和焦炭各一千五百噸（煉焦每噸需煤二噸至二噸半），對於當時大後方燃料嚴重缺乏的這一現實問題貢獻良多。[47]

---

44 「建川煤礦創立會決議錄」（1941 年 10 月 1 日），台北中央研究院近代史研究所藏經濟部商業司檔案：27-23a-77/42.6；建川煤礦股東名簿詳見台北中央研究院近代史研究所藏資源委員會檔案：24-12-29，1-1。

45 《資源委員會公報》第十卷三、四期，轉引自陳真編：《中國近代工業史資料》第三輯下卷，頁 847。

46 經濟部商業司檔案：27-23a-77/42.6。

47 「中國建設銀公司戰時業務概況報告書」（1943 年 12 月 30 日），揚子電氣公司檔案：四〇一/121，並參閱陳真編：《中國近代工業史資料》第三輯下卷，頁 1026-1027。

　　中湘煤礦與建川煤礦是中國建設銀公司於戰時在大後方經營的兩個最大企業，雖然它們的資本及其設備遠不及戰前公司所擁有的那些企業（如揚子電氣、淮南礦路），但在當時極端困難的情形之下，這兩個煤礦在各方面都要比其他私營企業條件優越得多。比如在接受政府貸款的數額上，這兩個煤礦（特別是建川煤礦）就遠遠在其他私營企業之上。以 1943 年四聯總處投資與放款的情形為例，該年度中國銀行重慶分行就曾以「擴充機械設備及修築運煤鐵路」為名，向建川煤礦提供兩次總額為 1,500 萬元的貸款；交通銀行衡陽分理處亦以「擴充設備」向中湘煤礦貸款 150 萬元，兩礦所獲得之貸款約佔當年四聯總處發放給全國民營煤礦總數的 10%。[48] 由此也從一個側面反映出建設銀公司與中央政府之間存在着的那種特殊關係。

四　國際聯絡與戰後復興計劃

　　抗戰爆發後，中國建設銀公司及其屬下企業都相繼隨同政府不斷遷移，先是到武漢，後又到重慶，經營和維持大後方的企業。與此同時，公司還將目光投向國外，因此早在八一三淞滬抗戰爆發後不久，公司就在香港設立辦事處，其目的無非是想利用香港這個國際都市加強與各國之間的聯繫。戰時中國建設銀公司與國際間的聯絡不僅符合公司的宗旨，更加切合中華民族堅持抗戰、尋求外援的需要。

　　戰前以及戰爭初期建設銀公司對外聯絡的外國財團主要是法國和英國，前者包括戰前投資興建的成渝鐵路以及抗戰初期的南鎮、敘昆鐵路借款；後者則主要表現在完成滬杭甬鐵路借款及其廣梅、浦襄鐵路借款的談判過程之中。然而作為世界上最強大、資本最雄厚的美國則受到當

48　上述數額均參考「四聯總處關於 1943 年放款和投資情況的報告稿」，載重慶市檔案館　　　等編：《四聯總處史料》（中冊）（北京：檔案出版社，1993 年），頁 520、545、478。

時外交與經濟政策的限制，對於中國的建設及其市場並不特別注意，建
設銀公司也就無法與之聯絡。待到中國成功地實施幣制改革、各國相繼
對華投資之際，美國才開始關注這一問題。1937 年 4 月，美國進出口
銀行總裁皮爾遜（Warren Pierson）來華訪問，探討有關對華投資問題，[49]
然而未久即爆發全面抗戰，美國對華投資的興趣又冷淡下來；但中國卻
一直沒有放棄尋求美國援助的念頭，特別是在歐戰爆發後，英、法等國
陷於戰火之中自顧不暇，因而爭取美國援助的要求也就顯得更加迫切。
戰時中國建設銀公司在加強國際間合作、爭取美國援助方面也發揮了一
定的積極作用。

　　抗戰爆發後不久，中國建設銀公司的總經理宋子安（1936 年 7 月
兩廣事變解決之後，宋子良調任廣東省財政廳廳長，中國建設銀公司總
經理遂改由其弟宋子安繼任）就來往於香港、重慶和美國之間，太平洋
戰爭爆發後更長駐美國，此後大部分時間都在美國各地進行聯絡工作。
據宋子安自稱，美國「自珍珠港被襲後始悟太平洋之永久和平當以富
強之中國是賴，因此對於我國戰後復興之偉大計劃，莫不聞之興奮。
其金融家與企業巨子，亦重視本公司在國內所經辦事業之成功及國際
信譽之卓著，而將與我合作」；[50] 其間宋子安曾先後與美國橡膠製造公司
（United States Rubber Company, Ltd）洽談戰後合作創辦橡膠廠；與杜
邦經濟集團（Dupont Interests）接洽將來合辦化學工廠等事項，前者雙
方就此還達成了協議。

　　戰爭期間公路運輸日益頻繁，因而輪胎的需求量特別大，但中國沒
有橡膠廠，一切都要依賴進口。考慮到這一實際問題，同時為了滿足戰
後經濟發展的需要，建設銀公司遂設想利用美國的資金和設備、華南以

49　姚崧齡編著：《張公權先生年譜初稿》上冊，頁 177。

50　「中國建設銀公司戰時業務概況報告書」（1943 年 12 月 30 日），揚子電氣公司檔案：四
〇一/121。

及南洋的原料，加上中國廉價的勞動力，與美國資本合作，戰後在中國
境內創辦一個生產輪胎和其他橡膠產品的工廠。建設銀公司的這一設想
引起了美方的興趣，雙方經過多輪談判，終於達成協議，1943 年 6 月
1 日，宋子安與美國橡膠製造公司總裁史密斯（H. E. Smith）分別代表
雙方簽訂草約，規定日後成立的中美樹膠股份有限公司（China United
States Rubber Co., Ltd）中方將擁有 51% 的股份，其餘 49% 的股份則為
美方所有；公司的董事會成員共有五名，其中三名由中方指派，分別擔
任董事長兼總經理、財務總裁，副董事長兼副總經理以及副財務總裁
則由美方指派的兩名成員擔任。[51] 在宋子安致中國銀行代總經理貝祖詒
（淞蓀）的信中透露，新成立的樹膠公司資金為 180 萬美元，中美雙方
各自承擔一半。中方負擔的 90 萬美元中由建設銀公司認購三分之一，
另外三分之二即 60 萬美元則由建設銀公司的股東銀行承購。考慮到戰
時的特殊情況，短期內若由股東銀行全數承購具有一定困難，因此宋子
安要求中國銀行代為預付，儘管貝祖詒在信上簽字，代表中國銀行予以
承諾（We Hereby Confirm Above Undertaking），[52] 但中國銀行對此方案
還是提出一些意見，比如董事中雖然中方佔三名，但卻規定每項決議必
須由四名董事通過方能生效，對於事業之推進有所阻礙；副董事長兼製
造部經理係美方董事兼任，會計主任一職亦由美方推薦，這樣全公司的
工務、財務豈不均由美方主持；設廠地址不詳，照道理說，無論是從氣
候、交通條件，還是從技術工人的來源考慮，該廠都以設在華南（廣州
或九龍）為宜，然而這些地區目前仍在日偽的統治之下。[53] 也正是存在
着上述這些因素，所以戰爭期間中美合辦橡膠廠的計劃一直未能落實。

51　該草約原文係英文，共十四條，見中國第二歷史檔案館藏中國銀行檔案：三九七
　　(2)/197。

52　T. A. Soong to Tsuyee Pei (December 30, 1943), 中國銀行檔案：三九七 (2)/197。

53　中國銀行檔案：三九七 (2)/197。

　　除了宋子安外，建設銀公司的其他高級成員戰時也為加強國際聯絡作出過努力。比如公司協理劉景山抗戰初期主要負責的是同法國銀團保持聯絡，共同修建西南鐵路，但後來由於戰況逆轉，南鎮、敍昆鐵路實際上已無法繼續修築，在這種情形之下，由宋子文介紹，劉景山於 1940 年被派赴美國專門負責採購國內急需的各種交通器材，一直到抗戰勝利才返回國內。[54] 公司的另一名協理尹國墉（仲容）主要負責民營給水與電力投資開發，同時兼任淮南礦路、揚子電氣和漢口既濟三公司的董事會秘書長，抗戰爆發後隨公司先是遷往香港，後往來於湘桂之間，計劃開發煤礦及創建電氣事業。1939 年冬，尹仲容奉命赴美，就任資源委員會國際貿易事務所紐約分所主任，1941 年調中國物資供應公司任通訊器材組組長，從事購買戰時國內所需各種物品，抗戰勝利前夕方返國述職。[55] 應該承認，在抗日戰爭最艱苦的日子裏，中國建設銀公司在爭取外援方面，為堅持抗戰作出了一定貢獻。

　　1944 年 6 月，隨着歐洲戰場的開闢，盟軍已經開始進行戰略反攻，世界反法西斯戰爭距取得決定性勝利的日子已經為期不遠。在這一形勢之下，中國建設銀公司也開始擬定戰後公司的復興計劃和業務方針，希望於戰後盡快恢復公司的生產，完成因戰爭而延誤的既定計劃。

　　戰後復興計劃主要包括以下幾個方面。[56]

　　一、電氣事業。公司戰前所經營的首都、戚墅堰以及漢口既濟三電廠原有發電容量共計為 70,000 千瓦，當時正在進行擴充 60,000 千瓦發電容量的計劃因戰爭的爆發而未能實現；預料戰後工業將會迅猛發展，

54　《劉景山先生訪問紀錄》，頁 112-113。

55　沈雲龍編著：《尹仲容先生年譜初稿》（台北：傳記文學出版社，1972 年），頁 36-39。

56　該計劃引自「中國建設銀公司戰後之復興計劃與業務方針」（1944 年擬定），交通銀行檔案：三九八 (2)/253。

能源動力需求量更為迫切，故三電廠之發電容量於戰後五年內擬增至 150,000 千瓦，十年內更進一步達到 300,000 千瓦。

　　二、礦業方面。淮南煤礦戰前年產量已達 700,000 噸，戰時銀公司又在大後方經營和創辦了中湘、建川兩個煤礦，為了滿足戰後各業的需要，三個煤礦的年產量五年內要達到 2,5000,000 噸，十年內再翻一番，達到 5,000,000 噸。

　　三、交通運輸。已建成之鐵路但被敵人佔領或破壞者（如江南、淮南和南鎮鐵路）要盡快完成修復工作；戰前已經開始修建但未成之鐵路（如成渝鐵路）需加緊施工，爭取早日通車；已同外資洽談但因戰爭而拖延未建之鐵路（如廣梅、敍昆鐵路），則繼續與原來談判之外國財團進行聯絡，充分利用外資，盡快投入建設。

　　四、新興事業。這主要是指戰時建設銀公司已與美國方面洽談、準備於戰後雙方合辦的企業，包括與美國橡膠製造公司計劃合辦的中美樹膠公司、擬與杜邦集團共同創辦的化學工廠以及正在洽談中的幾家電機與機器製造廠。

　　中國建設銀公司通過多年來的經驗、特別是在戰時那種艱難困苦的條件下深深地體會到，「我國經濟尚未充分發展，欲求物資之自足，惟有向工業之途勇往邁進」，為此「本公司所企望者，為戰後業務之推進，端賴與全國國營、民營事業，以互助合作之精神，取密切之聯絡，而發揚光大之。倘能將人力、財力集中而善用之，則將來事業之發展，其致力於國家者，何啻十倍於此哉」？[57]

　　抗戰爆發前的一兩年是中國建設銀公司歷史上業務發展最為迅速的時期，然而日本軍國主義突然發動的侵略戰爭使得銀公司元氣大傷，可

57　「中國建設銀公司戰後之復興計劃與業務方針」，交通銀行檔案：三九八 (2)/253。

以說是從一個輝煌的頂點下跌到瀕臨破產的深淵；但公司在極端困苦的
條件下仍慘澹經營，聯絡外資，修建鐵路，創辦煤礦，開闢資源，為堅
持抗戰、並取得最後的勝利作出了一定的貢獻。

提交復旦大學近代中國人物與檔案中心和斯坦福大學胡佛研究所共同主辦之
「宋氏家族與第二次世界大戰」學術研討會論文
（上海：2015 年 6 月 18-19 日）

復興航業公司成立的背景及其經過

　　復興航業公司是抗戰勝利後國民政府因戰時徵調民間船舶所造成的損失，從美國購買的輪船中抽調部分船隻作為賠償，並由民間同業合作組織而成立的一家航業公司，這是因應戰後國內的歷史背景和國際間的相互關係，政府所採取的一種特殊補償方式，同時又涉及到當時中美貸款購船的計劃，因此公司的成立具有與其他民營公司全然不同的特點，值得深入進行研究。然而以往由於資料的匱乏，不要說是研究，就連公司的名字也幾乎無人提及。筆者數年前接受董氏家族的委託，編注世界船王董浩雲的日記，而他目前現存日記就是從 1948 年 3 月作為復興航業公司的代表前往美國接收船隻開始的，這就引起了我的注意。董浩雲先生生前特別注意收集和保存各種資料，其中就有一些是與復興航業公司有關的文件，筆者同時又收集了庋藏於各地的相關檔案，因而對復興航業公司的成立背景及其經過有了一個大致的了解，現概述如下，供學者方家參考。[1]

1　本文寫作得到董氏教育基金會的支持，並同意筆者查閱董浩雲資料室所藏文件，謹此致謝。

一　中國航運業的浩劫

要想弄清楚復興航業公司的成立背景，必須先要了解日本侵華戰爭對中國民營航業所造成的浩劫。

1937 年 7 月 7 日，日軍在北平附近的蘆溝橋打響了全面侵華戰爭的第一槍，隨即北平、天津便相繼淪陷。7 月 28 日，日軍在進攻天津的同時，猛烈的炮火又擊沉了行駛於華北咽喉白河上的輪船「海燕」號，這是日軍侵華戰爭中中國被擊中沉沒的第一艘船隻。其後，戰火又開始向南蔓延，八一三淞滬抗戰爆發後，日軍隨即宣佈封鎖中國沿海各地口岸，企圖截斷中國與國內外的交通。

面對這一危急的狀況，當時交通部即採取相應措施，設法保護國內船隻，並督飭各埠航商組織內河航業聯合辦事處，規定航商必須加入聯運，所有輪船亦由聯合辦事處統一調度，供應軍民運輸。[2] 政府的目的就是為了抓緊時間調動部隊，搶運物資，實施戰略轉移，與此同時，交通部門還協同軍事當局徵調部分民船，用於防禦日軍的進攻。

保護船舶的辦法可分為兩種，一為督飭撤退。七七事變起於倉促，但八一三淞滬戰爭之前有關當局已預知將要爆發大戰，為此交通部提前密電招商局及各航商，督促其將所有海輪儘速駛入長江，若不能開入長江者則駛往香港或國外其他港口躲避。因此除戰前已租給日本的14 艘海輪被敵利用外，其他海輪皆未落於敵手。其中駛入長江者數量最多，戰前漢口有船 450 艘，42,681 噸，1938 年 2 月增至 645 艘，143,790 噸。

第二個辦法就是准許國有輪船暫時移轉外籍，俟戰事平定後再轉回國籍，但嚴禁直接或間接轉售予敵國。在這期間移轉外籍的輪船計 130

2　參見王洸編著：《中華水運史》（台北：台灣商務印書館，1982 年），頁 254-257。

艘，共 145,000 噸，主要為意、德、希、葡、巴、挪等國，因此不少國輪得以保存。據 1941 年 6 月的統計，尚存之輪船為 874 艘，合 95,685 噸。然而太平洋戰爭爆發後，這些輪船還是大都被日軍所搶奪或毀損。

抗戰爆發後擺在航運業面前的一個重要任務就是搶運戰略物資，協助沿海工礦內遷。當時有大量的軍事和民生物資以及軍隊、民眾需要轉移，上海等地 500 餘家工廠響應政府號召內遷，更是需要交通工具予以協助，而此刻長江下游的江陰業已封鎖，只能由招商局聯同三北、大達、民生、大通等公司從上海日暉港經運河轉往鎮江再轉南京。南京淪陷前，中央機關人員公物皆由輪船聯運至漢口再到四川，至武漢失守前，招商局和其他民營公司共運送軍公商貨近 50 萬噸，內遷到四川的絕大部分工廠的機器和物資也多經長江水路運輸。[3]

抗戰初期由於敵我軍事力量懸殊，海軍尤為如此。為了防禦敵海軍入侵內江，惟有自行阻截，作消極之抵抗。但是水上防禦工事不可一蹴即就，無奈之下，只好徵調民船作為阻擋日軍進犯的工具。抗戰初期交通部門協助軍事機關共徵用商船 87 艘作為防禦工事，約 11 萬噸，主要用於長江中下游的江陰、黃浦江、馬當和閩江口、珠江口等處。當時徵調商船的原則是不宜行駛於內河的海輪以及船齡較大的舊船。

1937 年 8 月 12 日清晨，海軍第二艦隊司令曾以鼎下令封鎖長江，命令由海軍艦艇率領剛剛徵用的招商局輪船「嘉禾」、「新銘」、「同華」、「遇順」、「廣利」、「泰順」、「公平」等 7 艘，三北等民營公司輪船「醒獅」等 16 艘，噸位多在一二千噸左右，以及海軍艦艇與各埠躉船 28 艘由鎮江東行，至江陰下游最窄處的長山港江面停泊，所有船隻排列成一條直線。當天下午 6 時左右平潮時，各船同時放水下沉，築成第一道長江封鎖線，以阻礙敵艦溯江西上。長江下行輪止於鎮江。日清

3　中國航海學會編：《中國航海史（近代航海史）》（北京：人民交通出版社，1989 年），頁 311。

汽船會社江輪「岳陽丸」（3,298 總噸）、「大貞丸」（1,369 總噸）不及逃脫，在南京被國軍捕獲，即交招商局營運，並改名為「國漢」、「江襄」。12 月 20 日，軍事部門徵集商船 18 艘（24,900 餘總噸）及大批帆船載石沉塞馬當江面，築成第二道長江封鎖線，以阻敵艦駛向上游，長江下行輪船止於九江。1938 年 5 月，國軍為構築第三道長江封鎖線，計劃再徵用江海輪 16 艘沉於田家鎮江道。其後，交通部為保全此批船隻維持後方水運，經商准軍事委員會同意，決定改為建造 4 艘巨型鋼骨水泥船代替，並如期完成。[4]

　　據交通部 1948 年所發表的統計資料稱，戰前中國江海輪船共有 3,457 艘，57.6 萬噸，其中海輪 124 艘，367,383 噸，江輪 3,333 艘，208,617 噸。戰時直接損失，計海輪 47 艘，250,271 噸，江輪 2,790 艘，99,248 噸；間接損失，計有海輪 77 艘，117,112 噸，江輪 86 艘，28,689 噸，兩部分合計，戰爭期間中國共損失江海輪船 3,000 艘，495,320 噸，與戰前相比，中國的輪船損失了 80%-90%，而海輪則全部喪失。[5] 中國的民族航運界同業為了民族的尊嚴和自由，也和全國人民一樣同仇敵愾，付出了巨大的犧牲。

二　戰後接收與爭取美國援助

　　抗戰勝利後百廢待舉，其中交通運輸又是重中之重。原本就先天不足的中國航運事業又在戰爭中損失殆盡，而解決航運的關鍵就是要添置大量的船隻，為此政府有關部門採取了一系列措施，希望盡快解決日益嚴重的交通問題。

4　沉船經過參見《中國航海史（近代航海史）》，頁 301-302。
5　《中國航海史（近代航海史）》，頁 300。

　　日本宣佈無條件投降後，國民政府即通令在華日軍，命其將長江一帶所有船隻全部集中於沙市、宜昌，沿海一帶船隻則統統集中在上海，等待國軍接收。隨即交通部亦批准招商局擬定的《接管敵偽船隻辦法》，規定敵偽所有商船，一律由交通部配合各地負責接收的軍事機關，協商辦理。[6] 交通部接收的敵偽船隻，暫交招商局負責營運。嗣後不久，新成立的行政院敵偽產業處理局即與招商局商定，凡是與敵偽有關水運的產業和船舶，先由招商局統一接收，然後再由招商局與其協商分配辦法。至 1946 年年底，招商局接收的各類敵偽船隻為 2,358 艘，共計 244,125 噸。[7]

　　1945 年 10 月，交通部在上海設立航業整理委員會，負責接收和處理敵偽財產，與此同時，上海航運界也組織民營船舶戰時損失要求賠償委員會，積極進行戰後復業的各項準備工作。

　　1946 年 1 月 21 日，行政院長宋子文在上海中國銀行接見招商局總經理徐學禹、全國船舶調配委員會主任委員劉鴻生，對軍事復員及中國航運事業的發展有所指示。[8] 其後徐學禹就向宋子文呈報說，招商局最近可望接收 6 艘自由輪，連同「中東」、「中山」兩輪共可增添各類海輪 34 艘，而這些新增加的輪船每月耗用燃油大約 2 萬噸，因此「為購運及存儲方便計，至少需購各油船四艘，方可敷用」。[9] 除了國營招商局之外，政府此時也考慮到戰後如何恢復和發展民營輪船業的問題，2 月 9 日上午，宋子文又在上海行政院辦事處與劉鴻生等人商討航運問

6　〈接管敵偽船隻辦法〉（1945 年 8 月 25 日），中國第二歷史檔案館藏招商局檔案：四六八 /337。

7　〈國營招商局報告〉（1947 年 8 月 19 日），中國第二歷史檔案館藏交通部檔案：二十(2)/1243，轉引自《中國航海史（近代航海史）》，頁 337。

8　《申報》，1946 年 1 月 22 日。

9　〈招商局總經理徐學禹致行政院長宋子文簽呈〉（1946 年 2 月 6 日），美國斯坦福大學胡佛研究所藏宋子文檔案：第 28 箱第 3 卷。

題。[10] 可以看出，政府當局對於恢復交通、擴大航運極為重視。

國民政府當時也曾計劃接收日本尚存的大部分輪船，以此作為戰爭的賠償，然而其後受到戰後局勢變化的影響，對日索償無法實現，因此最現實的作法還是向美國尋求援助，購買船隻。

第二次世界大戰期間，為了適應戰時海上運輸的需要，美國先後建造了為數高達 6,000 萬噸的各類船隻，除了純粹用於軍事用途而無法改裝為商用的船隻外，尚有一大批海輪，其中自由輪和在其基礎上改進的勝利輪，就是當時為補充被德國擊沉的輪船而大量建造的一種標準船。自由輪是根據英國的藍圖改裝設計的，駕駛室前有兩個貨艙，駕駛室至機房有一個中艙，機房後則有兩個梶艙，每個艙都裝有一對貨物吊機，船的航行速度大約每小時 12 海里。戰後美國政府即將這批船隻作為剩餘物資向國外傾銷，除本國商人有優先購買之權外，其他如英、法、挪威、瑞典、荷蘭、比利時、丹麥、意大利、希臘、中國、印度、澳洲以及南美各國均可以按照售船法例購買。美國出售這批船隻除了傾銷戰時剩餘船隻的目的外，也希望藉此幫助同盟國盡快恢復因戰爭而遭到損害的航運事業。1946 年 8 月 22 日，美國國務院在致美國駐華特使馬歇爾將軍的一封電報中指出，該項為期二年的出售船隻計劃，其目的即在於「恢復中國沿海航運至戰前水平，這是與我們早於 4 月份所設計的方案相同」。[11] 儘管這些船隻當年由於建造時間匆促，從鋪設龍骨到下水，最快的甚至還不到 5 天，因此自由輪不單設備簡陋，而且在質量和結構方面也都存在諸多問題，譬如為加快造船速度，大量的鉚釘都改為焊接，但是它的價格卻相對低廉，而且在付款的條件上亦較為優惠，買方只需先付 25% 的現金，其餘部分即可由政府出面擔保，分 15 年還清，

10　《申報》，1946 年 2 月 10 日。

11　United States Department of State, *Foreign Relations of the United States, 1946, The Far East: China*, Volume X (Washington, D.C.: U.S. Government Printing Office,1972), pp.800-801.

年息 3.5 釐，每年分兩次攤還本息。這些條件對於急需擴充海上運輸船隻、但又缺乏資金的中國政府來說當然是十分有利的，因此此刻購置船隻、恢復海上運輸的主要目標還是集中放在美國方面。

1945 年 11 月 23 日，宋子文致電駐美物資供應委員會，命其速向美國航務委員會洽購 N-3 型輪船 10 艘，價款 4,325,000 美元，全部付現。原本蔣介石希望的是美國政府能以贈送的方式向中國讓撥數艘自由輪，當他確信這一可能已經不存在之後，便向宋子文提出兩個原則：「一則由我出款購置，一則仍由美軍管理，作為借我使用，如船有損失，則由我賠償之。」並囑宋在上海速與美國特使魏德邁將軍商討決定，以便早日實現。[12] 宋子文在與魏德邁交涉後，立即向蔣介石傳達了美方的立場：

1、依照美政府政策，過剩船舶統由航政委員會出售或出租，現國會已通過此項政策；

2、美方欲出售過剩之自由輪，按照該法案每艘平售價為美金六十萬元；

3、陸海軍部均無權將船舶贈送他國，總統雖可決定贈送，但亦必事前取得國會同意；

4、英國欲租用美船四百餘隻，亦曾要求贈送一部分，美政府未允，故對我頗難通融，免開先例。[13]

其後宋子文還核准行政院有關部門提出的建議，並向正在南京的美

12　〈蔣介石致宋子文手令〉（1946 年 2 月 6 日），台北國史館藏蔣中正檔案：革命文獻——對美外交：軍事部分，002020444050001。

13　〈宋子文致蔣介石呈〉（1946 年 3 月 6 日），台北國史館藏蔣中正檔案：革命文獻——對美外交：軍事部分，002020444050001。

國特使馬歇爾將軍提出購買美國戰時剩餘船隻的數量及價格，其中 N-3
式船（2,800 噸）55 艘，每艘報價 39 萬美元；AV1 式（5,000 噸貨輪）68
艘，每艘 64 萬美元；自由輪（1,800 噸）20 艘，每艘 63.9 萬美元；勝利
輪（1,800 噸）16 艘，每艘 97.9 萬美元，共計 159 艘，總噸位達 882,800
噸。[14] 估計船價總額高達 1 億美元，其中 75% 由美方承貸，25% 由中方
付現。然而此時中國內戰重啟，正在中國調停國共戰爭的馬歇爾將軍認
為，向中國提供購買商業船隻的信貸，必須根據 1946 年商船出售法的
原則，即「美國政府希望這些商業類型的船隻將被出售給一個統一而民
主的中國聯合政府，因此中國政府必須了解，美國政府可以根據自己的
利益，單方面終止此項轉讓船隻方案」。[15] 直到 1947 年 1 月馬歇爾回國
就任國務卿後，才命令國務院重新調整美國的對華政策。為此遠東司
司長范宣德向他提交一份備忘錄，雖然仍堅持鼓勵中國以民主方式達成
統一以及繼續停止對華軍援，但卻同意對中國實行經濟方面的援助，
其中就包括交付商用船隻。[16] 然而由於中方籌款極為困難，只好決定先
向美方購買部分舊船，由美方提供貸款 1,650 萬美元，中方付現 550 萬
美元，1947 年 7 月 15 日由駐美物資供應委員會經手，向美國航務委員
會代訂自由輪 10 艘、N-3 輪 15 艘（其中有 7 艘因不適用而被退回），
1948 年 2 月及 3 月，再由世界貿易公司經手訂購 C-M-AV1 輪 12 艘、
勝利輪 3 艘。[17]

　　這些新購的船隻絕大部分都分配給國營的輪船招商局，以致招商局

14　〈宋子文致蔣介石呈〉（1946 年 5 月 23 日），台北國史館藏蔣中正檔案：革命文獻——
　　對美外交：一般交涉（上），002020444050001；《美國外交文件》，1946 年第 10 卷，
　　頁 794，轉引吳景平：《宋子文政治生涯編年》（福州：福建人民出版社，1998 年），頁
　　501。

15　*Foreign Relations of the United States, 1946, The Far East: China*, Volume X, p.801.

16　*Foreign Relations of the United States, 1947 , The Far East: China*, Volume VII, pp.793-794.

17　〈財政部關於向美購船借款致行政院呈〉（1948 年 9 月 10 日），中國第二歷史檔案館藏
　　財政部檔案：三 (2)/2735。

的船隊在戰後很短的時間內就得到明顯的補充。然而對於新購入美國的船隻的性能，招商局船務處處長黃慕宗卻有如下評論：「就現有船舶而論，其主要者有十餘種，非逾齡舊船，亦屬戰時剩餘船舶，或年久失修，損蝕甚大；或吃水過深，燃油量大，除數種船型尚能稱用外，頗多不相當者。」如自由輪宜於遠洋航行，大湖型原只為提供美、加之間的大湖內使用，登陸艇更是為了適應登陸作戰而製造。中國深水港不多，很多港口都無法停泊吃水深的自由輪（滿載時達 8.5 米）和大湖型（7.38 米），而且這些輪船耗油量極大，一晝夜達 20 噸（大湖型）至 25 噸（自由輪），自由輪的船速亦因增加貨艙而大大降低，營運價值並不高，其實這也是美國急於出手的重要原因。[18]

由於戰後初期進出口貿易急劇增長，以致各個方面對於運輸業的需求也不斷增加，同時因為國家航權的收復，也極大地刺激了航運業的發展，因此在國營招商局迅速擴充的同時，民族資本的輪船公司也有了長足的發展。抗戰剛勝利時全國商船總噸數尚不足 8 萬噸，待到 1948 年 10 月，全國較大的輪船公司已達 116 家，全國輪船向航政官署註冊依法登記的有 3,830 艘，總噸數達 1,159,897 噸。[19] 分析這一時期船隻數量、特別是噸位迅速增加的原因，一方面是戰時一度移轉外國國籍的輪船恢復了國籍，同時又接收了部分敵偽輪船，然而更重要的則是向國外添置了數量巨大的船隻。自 1946 年 5 月到 1947 年 12 月這 20 個月的時間內，恢復營運和新成立的民營輪船公司先後從美國、巴拿馬、英國、加拿大和挪威等國家購置的各類船隻多達 144 艘，計 326,570 噸。[20] 其中董浩雲領導的中國航運公司擁有船隻 5 艘，總噸數為 20,606.38 噸，其中 1,000 噸以上的 4 艘，計 20,140.09 噸；而戰後新成立的復興航業公

18　中國航海學會編：《中國航海史（近代航海史）》，頁 341-342。

19　王洸：《中國航運史》（台北：著者發行，1971 年增訂再版），頁 74。

20　王洸：《中華水運史》，頁 280。

司則一下子就擁有 1,000 噸以上的輪船 11 艘，計 53,297.00 噸，一躍而為首位。[21]

三　關於賠償問題的交涉

抗戰之初，中國的民營航運業同仇敵愾，積極響應政府的號召，投入全民抗戰的洪流之中，為此付出了極為慘重的代價。戰時，三北、中興等多家航運公司隨同政府西遷，並在重慶千廝街 10 號航業學會內成立上海市輪船業同業公會駐渝辦事處，公推沈仲毅為主席，虞順懋、李志一為常務理事。其餘未曾西遷的如大振、利記、利源、永亨、天津、壽康等十餘家輪船公司，則推請當時正在重慶的董浩雲為其代表，參加公會的一切活動。抗戰勝利後，隨同政府內遷在重慶的各民營航運公司代表即具呈交通部及行政院，陳明民營航運業於抗戰期間所遭受的損失，要求政府予以賠償，以利戰後迅速恢復航運。同時還向交通部呈報各公司已在重慶成立了駐渝聯合辦事處，並委託董浩雲為全權代表，當經交通部部長俞飛鵬批准備案。抗戰勝利後不久，各航商便隨同政府回到上海，並組織「民營船舶戰時損失要求賠償委員會」，會址就設在廣東路 93 號。委員會成立後即開始對戰時航運業所遭受的損失廣為調查，收集資料，並呈請主管部門予以賠償。[22]

1945 年 11 月 3 日下午，委員會假上海航業俱樂部召開戰時損失船舶會員代表會議，討論要求政府賠償的具體方案，會議選出 15 名代表作為常務委員，負責與政府交涉，作為大振輪船公司和天津航業公司的

21　王洸：《中華水運史》，頁 283、286。

22　參見《復興航業公司誕生經過》，董氏航業叢書第二輯（台北：中國航運公司自印，1978 年），頁 1。

代表，董浩雲也是其中的一名委員。[23] 其後賠償損失委員會即擬訂出賠
償方案，要求政府出面與美國方面商洽援助，貸款購買美國戰時剩餘船
隻，其價款於政府償還民營公司戰爭損失中扣除；同時還敦請政府與盟
國交涉，索償被扣留的日本船舶。[24]

船舶賠償委員會經過調查，將各輪船公司遭受戰爭損失的情形分為
四類：

一、政府徵用充沉塞各地封鎖的船隻共 119,986.50 噸；

二、在軍公運輸中遭受損毀的船隻計 15,841 噸；

三、被敵人捕虜佔扣的船隻計 111,006 噸；

四、被敵炸沉、炸毀的船隻共 46,457.74 噸。

接着委員會還分別對賠償噸位的計算標準、賠償辦法（分噸位賠
償、作價賠償）提出了具體的方案。[25]

經民營輪船公司多方呼籲，並由鍾山道、董浩雲等代表與政府進行
多次談判，政府有關部門最終才同意，對於戰時政府徵用封鎖長江之船
舶先行賠償，至於其他損失的船隻則要求各公司先將資料全部匯總，待
日後向日本索賠時再統一進行辦理。

1946 年 3 月 1 日行政院為此事特予正式批覆：

1、凡作軍事徵用充作阻塞工程及應徵軍公差而為敵損毀之船舶，合
於軍事徵用法之規定者，應予賠償；

2、船隻噸數及折舊暨戰前幣值與鋼鐵木材之指數如何折算，應仍由

23　〈上海市輪船業同業公會會議記錄〉（1945 年 11 月 3 日），上海市檔案館藏上海市輪船
　　商業同業公會檔案：S149-2-186。

24　〈民營船舶戰時損失要求賠償委員會索償方案稿〉（1945 年 11 月 5 日），上海市檔案館
　　藏上海市輪船商業同業公會檔案：S149-2-186。

25　〈上海市輪船業同業公會呈報所屬會員公司戰時損失調查表〉（1945 年 11 月），上海市
　　檔案館藏上海市輪船商業同業公會檔案：S149-2-186。

該部迅擬意見呈核；

3、航商向國外訂購船隻，政府應予以便利；

4、航商貸款一節，可逕洽四聯總處辦理。[26]

　　交通部隨後亦按行政院的批示原則覆電，並稱有關賠償原則「正由本部籌議計算方法」。[27]

　　船舶戰時損失要求賠償委員會收到批文後認為，「研求折合數字、收領補償金額、恢復噸位各節，似應有聯合之組織，俾期易於推行，早觀厥成，公私均蒙其利」。後經再次調查，戰時上海輪船業同業公會會員中被政府徵用封鎖長江而自沉的船隻共涉及 34 家公司，61 艘船隻，總計 123,489.53 噸，折合美金為 3,593,047.52 元。其中損失最大的幾家公司受損船隻數量及所佔比例分別為三北（11 艘，12.735%）、中興（3 艘，8.689%）、中國合眾（3 艘，5.715%）和華勝（2 艘，5.236%）。[28] 該會即將這一統計數據匯集，分別呈報交通部及行政院，同時還要求政府在航商購買船隻及貸款方面予以協助。為了便於使用這批動用賠償金購買的船隻，經眾會員討論決定，由合於軍事徵用法應予賠償之船舶所屬各會員，以所損船舶噸位為比例，籌集資本，聯合籌組一個新的股份公司，統轄並經營這批輪船，這個新成立的公司就定名為復興航業公司（China Union Lines, Limited）。各航商公推錢新之為籌備主任，林熙生為副主任，除了依照公司法規定辦理各項登記手續之外，還將辦理情形

26　台北國史館藏行政院檔案：063-133。

27　〈交通部致上海市輪船業同業公會代電〉（1946 年 4 月 9 日），上海市檔案館藏上海市輪船商業同業公會檔案：S149-2-186。

28　〈徵用封鎖船舶賠償金分配表〉（1946 年 6 月 13 日），載《復興航業公司誕生經過》，董氏航業叢書第二輯，頁 6。

擬具報告呈送行政院備案。[29]

　　7 月 22 日，交通部向行政院呈報了有關戰時軍公徵用損失船舶的賠償方法。據該部統計，應付賠償金按照工料指數計算，大約為 20,190,007,191 元。交通部建議這筆賠償金可於兩年之內分批以現款支付，若航商向國外訂購新船，在賠償金未賠償清了前，可由政府以補償金額作為擔保，或由政府准予結購外匯；而航商取得賠償金後，應以賠償所得組織一規模較大的航業公司，並接受政府的嚴密指導與監督。呈文同時還附上一份補償金的計算方法。為此行政院特別召開會議討論這個方案。與會者認為交通部提供的賠償額是根據物價指數及工價指數計算的，但戰前中國造船工業極為落後，大部分船舶都是從國外購買的，若賠償額按國內當時的工價與物價指數計算，值此通貨膨脹劇烈之時似不相宜，因而他們開列出各種賠償的計算方法，供與會者討論。

　　一、由航商提出的方案：貨船每噸照國幣 10 萬元計算，以匯率 1,200 計，約合美金 1,000 萬元；

　　二、交通部呈報按工價物價指數計算的方案：合國幣約 200 億元，以匯率 2,020 計，約合美金 90 萬元；

　　三、照戰前船舶登記的價格 900 萬元計算，以當時匯率 3.30 計，約合美金 300 萬元；

　　四、照沉船時國外購買同年份、同噸位之船舶 12 萬噸計，合英金 90 萬鎊，合美金 360 萬元；

　　五、照目前歐美市價購買，約值美金 720 萬元；

　　六、照目前上海的購買市價計，約值美金 1,200 萬元。

　　比較上述各項辦法，其中第四項計算方案最為公允，而且英國政府也是依照這一原則賠償本國船隻損失的。

29　〈民營船舶戰時損失要求賠償委員會致行政院呈文〉（1946 年 7 月 1 日），台北國史館藏行政院檔案：063-133。

　　會議討論的結果認為，鑒於政府目前正在向美國洽商購買大批戰時剩餘船隻，可以利用這一時機責令各航商將政府所賠償之款項充作股份，合組一大航業公司，由政府出面購買一部分剩餘船隻，條件為先扣除賠款總額，如有不足，航商應付差額的 25% 現款，其餘 75% 的差額分 10 年還清，「如此則力量不至分散，政府於賠償損失之外，尚可促進航業之發展，一舉兩得，似可加以考慮」。

　　最後形成決議：「一、賠償金照第四項辦理；二、賠償金之支付及運用，由交通部與航商會商決定。」[30] 於是，復興航業公司就是在這樣的背景下成立的。

四　復興航業公司的成立

　　交通部收到民營船舶戰時損失要求賠償委員會 7 月 1 日要求政府將購買美國船隻賠償民營航商、並在此基礎上成立復興航業公司的報告後，於 10 月 2 日批示「准予備案」。10 月 12 日，賠償委員會在上海航運俱樂部召開臨時大會，由主任委員錢新之主持會議，會議除了討論復興航業公司的各項籌備工作之外，主要對於行政院關於賠償方案的原則和計算方法進行了討論，最後形成的決議是：「本會勉予接受上述十二萬噸折合美金叁百六拾萬元賠償金額之噸位差額，現時國外船價日漲，而美金可能有貶值之足慮，應請政府從速設法實行給付賠償金，以免損失增鉅，益難彌補。」會議同時還推選董浩雲、鍾山道、沈琪、程餘齋等四常委為代表，遵照行政院批准的原則，攜帶有關證件到南京，直接與交通部洽商賠償金支付及應用的各項細則，再由賠償損失委員會主任委員錢新之與輪船同業公會會長杜月笙共同向行政院長宋子文陳情，

30　〈行政院第 758 次會議　臨時討論事項（二）〉（1946 年 9 月 10 日），上海市檔案館藏上海市輪船商業同業公會檔案：S149-1-123。

「請求迅賜核定賠償金之交付及應用辦法，俾期早達目的」。[31]

　　最後行政院終於在 10 月 24 日正式批示：「查本案業據交通部航字第二九六三號呈擬，在最近向美所購船隻內撥付十二萬噸，交該會分配在案。除令飭該部儘先一次撥足外，仰即知照。」[32]

　　中國人自古以來習慣於單獨經營，但國家賠償很難將所購之船分配給各受損航商，只有合作經營方是可行的辦法。然而原本可以獲得賠償權的 34 家船商中有將近一半公司對於新公司的合作前景不予看好，願意將其賠償權益出售給其他公司或個人參加，這樣最後只剩下 19 家公司成為新公司的股東，再以各公司所獲得之賠償作為股份的比例參加，這就是復興航業公司成立的由來。

　　在此之前，美國第七十九屆國會第二次會議剛剛通過第 321 號公法，即「1946 年商船售賣法案」（Blind Act），同意將戰時美國剩餘舊船出售給盟國。宋子文亦抓住這一機會，同意有關部門的建議，準備向美國大舉購船，因此各航商便要求政府從中撥出部分船隻作為賠償。行政院核准戰時民營損失船隻計 12 萬噸，以每噸賠償 30 美元計，同意作價賠償美金 3,593,047.52 元，並由向美購船的貸款內撥出，代購船舶 11 艘，計 CI-MA-VI 型 8 艘，VC2-S-AP2 型（即勝利輪）3 艘，撥交民營的復興航業公司經營。

　　賠償委員會與政府部門幾經交涉，1947 年 3 月 25 日行政院第 780 次會議作出決議：「洽購美國之剩餘船隻撥交十二萬噸，除以賠償金抵付價款之現金外，其餘價款，准分十年攤還。」其後交通部再次作出明確批示：

31　〈民營船舶戰時損失要求賠償委員會臨時會員大會記錄〉（1946 年 10 月 12 日），上海市檔案館藏上海市輪船商業同業公會檔案：S149-1-123。

32　轉引自《復興航業公司誕生經過》，董氏航業叢書第二輯，頁 8。

　　1、 該會請求撥償剩餘船隻十二萬噸一案，前已奉院令核准，應准
　　　　照辦；

　　2、 撥交船舶准予組織復興航業公司營運，著迅即籌備組織；

　　3、 訂購剩餘船隻俟與美方洽定後，准由該公司派員與招商局會同辦理。[33]

　　綜上所述，復興航業公司是由各船商遵從政府賠償原則的基礎上成
立的，因此公司的人事安排、股份分配也是按各公司的股權大小、認股
多寡而決定的。戰後中國民營航運的實力與戰前相比發生了重大的變
化，原本實力最強的三北輪埠公司、政記輪船公司已風光不再，而新成
立的復興航業公司就正是這一形勢的體現。1947 年 6 月 23 日，復興航
業公司於上海正式成立，主要股東包括中興、大達、中航、三北、鴻
安、華新、益祥、華勝、寧紹、壽康、大振、永安、民生、天津等當時
各主要民營航業公司。經交通部批准，復興航業公司董監事會及管理層
的領導人員名單如下：[34]

　　董事長：錢新之

　　常務董事：杜月笙，楊管北

　　常駐監察：唐伯文

　　總經理：譚伯英

　　副總經理：程餘齋，董浩雲，李志一，鍾山道

　　董事會秘書長：李猷

　　董事會秘書：楊猶龍，沈琪，戈恩溥

　　稽核室主任：沈琪（兼）

33　〈交通部批〉（1947 年 5 月 27 日），轉引自《復興航業公司誕生經過》，董氏航業叢書
　　第二輯，頁 10。

34　上海市檔案館藏檔案，轉引自韓月波：《世紀航程：香港航界奇星程餘齋》（北京：華文
　　出版社，2000 年），頁 140-141。

　　財處室主任：賈德懷

　　業務處主任：李志一（兼）

　　總務處主任：鍾山道（兼）

　　顧問：胡熙元

　　總船長：徐焯

　　總輪機長：陸良柄

　　抗戰爆發前董浩雲只是天津航運公司一名年輕的高級職員，儘管他對航運事業充滿理想，年僅 24 歲就曾向交通部提出整理全國航運的主張，但他畢竟不是船東，在復興航業公司的領導成員中原本沒有接受賠償的權利。然而董浩雲目光遠大，戰時曾以低價收購了瑞安、壽康等幾家船公司的股份，所以自然成為戰爭受損的的船東。同時董浩雲與政府關係密切，抗戰勝利後最先接受政府委託飛抵上海負責與盟軍接洽航運，同時他又四處奔波，很快便在上海恢復了他所創辦的中國航運公司。而譚伯英原為交通部一要員，抗戰勝利後曾在上海市政府任職，並不諳於航運，此時只是作為政府的代表在公司中任職。這就說明此時中國民營航運業的領導重心已經落到了中興輪船公司錢新之（他還同時兼任交通銀行董事長）和大達航業公司楊管北的身上，而董浩雲所創立的中國航運公司也以後起之秀的新興力量進入了復興公司的領導層之中。

五　赴美接收船隻

　　中國政府向美國購船最初是委託駐美物資供應委員會代為洽談的，1947 年 7 月 15 日，駐美代表王守競與美國航務委員會代表 A. J. Williams 正式簽定購買戰時美國商船的合約。[35] 18 日，交通部即致電賠

35　〈第 MCO-60365 號合約〉（1947 年 7 月 15 日），中國第二歷史檔案館藏國庫署檔案：三六七 (2)/188。

償委員會，內稱「向美購船首批已於寒〔14〕日正式簽約購妥，其餘可借款額，宜速購船隻。該會請派代表人選，仰尅日決定呈部核准，務期早日赴美，以利進行」，[36] 要求各航商盡快推選代表，赴美國接收船隻。

公司籌備處經商議，決定委派總經理譚伯英、副總經理程餘齋和董浩雲（一說常務董事）三位公司高層赴美接收船隻，然而好事多磨，準備文件、辦理護照、結購外匯，樣樣都需要時間，等到這一切都辦得差不多了，董浩雲又因連日辛苦和勞累，竟然病倒住院了。直到第二年的春天，董浩雲一行三人才動身赴美，開始了他第一次遠赴美歐、歷時半年之久的環球之行。現存董浩雲三十多年的日記也是自他離開上海出訪美國那天起開始記載的，因此我們可從他的日記中了解當年他們赴美接收船舶的情形。[37]

1948 年 3 月 10 日，董浩雲告別了家人和朋友，登上美國「克利夫蘭總統號」*President Cleveland* 郵輪離開公和祥碼頭，「俄頃黃浦驪歌，對此第二故鄉不得不暫告小別矣」。當董浩雲乘搭的郵輪出海時，中國航運公司停泊在碼頭的「唐山」、「慈雲」、「天翔」等海輪亦都拉響汽笛，向他這位中國航運業的開拓者致敬，並祝願此行一路順風，平安成功。

董浩雲一行途經香港、菲律賓、夏威夷，經過三個星期的航行，終於在 3 月 31 日清晨抵達美國的西岸舊金山，其後便緊張地進行各項接收與驗船的工作。

在國民政府同意償還受損船東的原則之下，復興航業公司共購買了美國 3 艘勝利輪（7,600 噸），價值 2,637,471 美元，分別命名為「渝

36　〈交通部致民營船舶要求賠償委員會電〉（1947 年 7 月 18 日），轉引自《復興航業公司誕生經過》，董氏航業叢書第二輯，頁 12。

37　董浩雲自幼就有記日記的習慣，但目前只保存 1948-1982 年的日記，受董氏家族委託，筆者將其三十多年的日記予以編注，共分三冊，於 2004 年和 2007 年由香港的中文大學出版社及北京的三聯書店分別以繁簡體出版。

勝」、「京勝」和「滬勝」號，以及 8 艘 CI-MA-VI 型（3,800 噸）貨輪，
價值 5,550,896 美元，均以「復」字命名（「復明」、「復新」、「復航」、
「復貿」、「復運」、「復昌」、「復權」、「復生」），總重量為 80,762 載
重噸，全部船價為 8,188,367 美元。[38] 然而這批貨輪均是戰時生產的，質
量簡陋，有些尚未使用就已經損壞了，至於用過的輪船所存在問題就更
加嚴重。董浩雲到舊金山視察「渝勝」輪時，憑他豐富的經驗一眼就看
出該輪雖未經使用，但船頭即已破損；而「滬勝」輪更一度沉在水中，
電線均已損毀；「京勝」輪和其他幾艘「復」字號的貨輪情況也好不到
哪裏。然而根據美國售船法案的規定，所有修理費用均由承購方負擔，
這筆資金數目頗大，大約有 390 餘萬美元，交通部規定由招商局與復興
航業公司各自承擔一半。這樣購船及修理費合計美金 10,098,367 元，除
去政府按照軍事徵用法同意支付賠償金 3,593,047 美元之外，其餘部分
計美金 6,505,319.48 元則作為政府對該公司的借款，分 18 年償還，前 3
年只付利息，按週息 3.5 釐；第四年起本息分 15 年付清。[39]

　　1948 年 6 月，美國參議院正式通過了《中美友好航海通商條約》，
這是架構戰後中美兩國關係的重要條約，雙方談判幾近兩年。表面上
看，該條約對於雙方都是平等的，中美兩國同意彼此船隻都可以深入各
國內河口岸，但由於兩國船隻及運輸能力相差懸殊，實際上只能是美國
單方面享受最惠國待遇，因而引起國內輿論界、特別是航運業的強烈抗
議。此刻程餘齋和董浩雲等人仍在美國驗船和接收，聞訊後即聯名向上
海輪船業公會理事長錢新之發出急電，要求「以本會名義，逕電美國政
府表示反對，並推派代表向美國政府、國務院暨議會各方面，策動反對
工作，藉以打消美國以援助為名，侵佔我內河航權」。公會理事會在收

38　中國航海學會編：《中國航海史（近代航海史）》，頁 361。
39　〈復興航業公司美貸船隻之經過及已付未付美方本息之現狀〉（無時間），台北國史館藏
　　行政院檔案：063-133。

到使美代表的電文之後即召開緊急會議，並很快形成兩項決議：「一、積極支持和響應上海各校學生舉行的反美扶日的愛國活動，通過外交途徑，反對美國侵我航權的陰謀；二、電請在美的譚伯英、程餘齋、董浩雲以及駐美代表包可永，代表本會向美國策動反對工作。」[40]

　　航業界的這一舉動正好與當時國內各大中城市興起的反美浪潮相配合，以致美國以後在運輸援助物資中作了讓步，美國的船隻在長江內航行最遠只能到南京為止，從而阻止了美國在華勢力的擴張。

　　復興航業公司剛成立時情況相當困難，由於股東分散，意見不易統一，更嚴重的是資金不足，缺乏管理人員。為了能夠讓新公司早日投入運營，中國航運公司作出了重大的貢獻，特別是董浩雲對此亦早有準備。不久前中航公司就先後有「天龍」和「通平」輪遠航，橫渡大西洋和太平洋，開闢了中國航業的遠洋航線，董浩雲即預先多選派了幾名經驗豐富的高級船員隨船遠航，因此復興航業公司接收眾多貨輪時，「天龍」輪上的大副王正英和二副周伯熹就可以立即派往復興航業公司，分別出任「渝勝」號的船長和「滬勝」號的大副，同時「通平」輪上一位挪威籍的大副歐立克也借調到復興公司，因此董浩雲曾自豪地說：「中國航業公司實可謂建設中國遠洋航業的一個搖籃。」[41]

六　國共兩黨對公司的爭奪

　　如前所述，復興航業公司是戰後國家為賠償戰時民間航商的損失，特地從購買美國戰時船舶中調撥相應噸位的船隻，交由民營航商合作經營的一家新公司，這不僅在中國，就是在世界上也是極為罕見的事例。

40　《航業簡報》1948 年第 7 期，上海市檔案館藏上海市輪船商業同業公會檔案：S149-2-186。

41　董浩雲：〈七十年代話航業〉，載《航運》半月刊第 435 期（1971 年 3 月 15 日），頁 5。

　　然而復興航業公司可謂生不逢時，戰後初期民營船東向政府要求索賠時，國內經濟環境尚屬良好；但賠償問題拖延日久，待到公司正式成立之際，國共內戰早已爆發，而且戰況急轉而下。待到董浩雲等人從國外購船回國時，國軍已經連遭挫敗，潰不成軍，國民政府的統治亦已朝不保夕了。當中國的歷史面臨重大的選擇之時，復興航業公司的股東決定先將公司遷往香港，旗下所有船隻亦都相繼離開大陸。1949 年，公司曾多次在香港召開董事會，觀測國內外的局勢變化，再決定公司未來的經營路向。

　　然而對於復興航業公司危害最大的還是在於購置美國船舶的問題上。當初復興公司接受 11 艘美國船隻時，曾向政府申請向美國洽談辦理過戶手續，然而由於國內局勢變化發展，國民政府根本就無暇顧及，這些船隻的國籍證書、所有權證書雖然都應係復興公司所有，但並未正式經美國航務委員會通過。另外，美方在售出船隻時為保護其四分之三的產權，除辦理抵押外，堅持公司要向指定的美國保險公司購買保險，而且還規定，若購船國政府擬將所購船隻之一部或全部售與或轉讓給政府所屬其他公私機關，必須得到美國航務委員會的同意。[42] 這一條款的規定就直接影響到後來復興航業公司所購買美國船隻的歸屬問題。

　　新中國成立前後，戰爭尚未完全結束，百廢待興，尤其海運業更是困難重重，國民黨敗退前又將招商局及部分民營航商的船隻帶往台灣，而多數民營船東對國民黨政權已失去信任，但對新政權也同樣持懷疑的態度，因此或是將屬下船隻改掛其他國家的旗幟，或是將其停泊在境外。因此當時國內船舶流散的狀況十分嚴重，沿海近海的航運更幾乎陷於全面停頓的狀態。據上海市輪船商業同業公會的一份調查資料得知，上海剛剛解放時航行於黃浦江上的輪船計有客貨輪 2 艘，貨輪 5 艘，拖

42　交通部：〈復興航業公司現在存在著的問題〉（原件無日期，估計形成於 1950 年），董浩雲資料室藏：A1-7。

頭 15 艘，駁船 62 艘，海輪則異常缺乏，因此只能盡先恢復長江和蘇
北的航運。[43] 而根據交通部 1950 年 3 月底的調查資料統計，停舶在華南
（包括香港、台灣等地）私營船隻共有 146 艘，其中已改掛外旗的船隻
35 艘，總載重噸位 151,784 噸，未改掛外旗的船隻 101 艘，總載重噸
位 334,489 噸，剛購入仍懸外旗的船隻 10 艘，總載重噸位 75,905 噸；
上述這批船隻目前航行的有 72 艘，載重噸為 378,046 噸，停泊在香港
的有 42 艘，載重噸為 88,894 噸，停泊或被扣留在台灣、定海的船隻有
32 艘，載重噸為 95,238 噸。[44]1950 年 7 月的另一份統計資料則顯示，當
時不計停泊在台灣的船隻，僅當時滯留在香港、澳門和南洋的海輪就有
81 艘。總載重量約 45 至 50 萬噸，分屬 28 家私營公司。[45]

　　為了緩解困境，同時又為了爭取民營航業的支持，上海剛剛解放，
上海市軍事管制委員會財政經濟接管委員會航運處就接連發出通告，一
方面迅速制定《戰時船舶管理暫行辦法》，要求上海市輪船商業同業公
會所屬會員立即將所有現留本地確能航行的船舶予以登記，目的是恢復
上海與解放區各地之間的通航、便利商民人等來往，同時還向被接收屬
於國家資本性質的招商局、中國油輪公司、中華駁運公司、浦東造船
廠、航政局以及台灣航業公司上海分公司的職員預借工資，以維持其家
庭的生活開支。[46] 6 月 3 日，航運處又召集留滬各民營航業公司召開第
一次談話會，主持人首先說明，「目前上海與其他解放區之物資交流及
旅客往來亟待恢復，惟航運方面，因大部輪舶均在外埠，故欲恢復航

43　〈上海市輪船商業同業公會第八次常務委員會議議事錄〉（1949 年 5 月 31 日），董浩雲
　　資料室藏：A1-7。

44　交通部編：〈船隻動態統計表〉（1950 年 3 月 30 日），董浩雲資料室藏：A1-7。

45　中國航海學會編：《中國航海史（現代航海史）》（北京：人民交通出版社，1989 年），
　　頁 27。

46　〈上海市軍事管制委員會財政經濟接管委員會航運處通告〉（1949 年 5 月 31 日、6 月 1
　　日），董浩雲資料室藏：A1-7。

運，須先設法使此項輪舶妥善回返」。辦法主要有兩條，「（甲）派員赴港聯絡留港航界人士；（乙）廣播上海解放後當局之航業政策，使解放區以外之航業界不生誤會」。[47]1949 年 10 月 1 日，中華人民共和國宣告成立，為了解決當前貨物運輸中的困難，同時更是為了配合解放台灣的軍事部署，中央人民政府提出「鞏固北船，爭取南船北歸」的方針，同時聲明所有私營航業與國營航業享受同等待遇，同樣受到國家的保護與支持，並表示凡北歸航商政府都將協助償還債款，提供燃料費用，在貨源分配方面也盡量予以照顧。

就在國民黨失去大陸政權之際，1950 年 1 月，在香港的招商局宣佈起義，公司旗下的 13 艘海輪轉而投向北京的新政府，其中有 6 艘船和復興公司一樣，也是由國民政府擔保向美國購買的。美國政府害怕復興公司採取同樣的方式，即以復興公司未能按時還款、拖欠債務為由，斷然宣佈扣留公司所購買的美國輪船。除了部分船隻航行在途中或因該地與美國沒有外交關係而未能被扣外，美方先後在日本的摩洛侖、菲律賓的馬尼拉、澳洲的悉尼和布里斯班、紅海口的亞丁港、南非的都本以及錫蘭的哥倫坡等地，扣留了復興航業公司旗下的 7 艘海輪，對於公司的業務經營造成了嚴重的影響。

復興航業公司為了保護公司的利益，分別在扣船所在地聘請律師，以所扣船隻均係中國政府撥充、用以賠償民營公司戰時損失為據，而且所有船隻均執有所有權證書，控訴美國政府的扣船行徑。美國對於復興公司的舉動十分惱火，立即通告台灣當局，要其命令復興公司不得再行控告美國政府，同時必須先行償付業已到期的 83 萬美金債款。台灣當局不想因此而得罪美國，於 2 月 7 日湊足 83 萬美元（復興公司應負擔其中的 20 餘萬美元）匯給美方，同月 22 日，美國發出解除扣船令，在菲律

47　〈航運處第一次談話會〉（1949 年 6 月 3 日），董浩雲資料室藏：A1-7。

賓和澳洲所扣留的 3 艘輪船得以歸還。復興航業公司亦同時撤回控告。

此時，剛剛成立的中央人民政府為了鞏固政權、恢復生產並進而解放台灣，正積極爭取停泊在海外的民營船隻「北歸」，復興航業公司作為民營航運公司的代表，自然成為爭取的重要目標。與此同時，新政權對於公司成立的歷史以航運界重要人物的心態相當清楚，對於目前的困境更是瞭然於胸。

剛剛成立的交通部在一份文件中指出，目前美國對於戰後出售給中國船隻所採取的態度「政治意義重於經濟意義」，而台灣當局對於復興航業公司「仍行使債權人的地位」，因此動員這批輪船「北歸」困難很大。但是公司的負責人卻都還是可以努力進行爭取的，如董事長錢新之已辭去交通銀行董事長的職務，並拖延不去台灣，因而已「引起台方的極端不滿」；而「公司的常務董事盧作孚、楊管北、程餘齋、董浩雲、黃振東等大都是穩健的事業主義者，他們各個人本身都受着民生、益祥、中興、中國航運等公司的業務與生存的牽制」，由於「這些公司是我們解放台灣後初步恢復沿海長江航運的主要力量，而這些公司目前亦負債累累」，因此又成為新政權爭取的一個契機。

交通部根據復興公司的現狀以及當時國際國內的局勢，最後擬定了爭取保全公司全部或大部分船隻的三種對策：其一，拖延。即由新政權在財政上支持復興公司支付到期本息，若保持全部 11 艘船隻，每年需負擔本息 40 餘萬美元，若保全 8 艘，則每年需負擔本息 20 餘萬美元；其二，談判。等到國際形勢轉而有利之時，利用中美商約中有利於經濟的條款，與美國政府通過談判解決爭端；其三，出售。即出售公司三艘勝利輪，付還一部分債務，同時辦理過戶手續，這樣便可以保存公司其他 8 艘輪船脫離台灣的控制。[48]

48　交通部：〈復興航業公司現在存在著的問題〉（原件無日期，估計形成於 1950 年），董浩雲資料室藏：A1-7。

　　然而就在這時，國際形勢發生重大變化。1950 年 6 月 25 日，朝鮮戰爭爆發，美國立即改變其遠東政策，並派遣第七艦隊進駐台灣海峽；國民黨當局也採取強硬措施，迫使民營航東就範。8 月 14 日，董浩雲突然被叫往台灣，事前毫無思想準備。在台灣的三個多月時間中，除了「日為復興航業公司事奔走折衝」，還同意將中國航運公司遷往台灣，以此作為其安全離開台灣的條件。[49]

　　台灣當局為了得到美國政府的支持，堅持將復興公司的「滬勝」和「京勝」兩艘勝利型貨輪賤價出售予以還款，僅估計營業損失即超過 200 萬美元。董浩雲雖然離開台灣，但他對復興航業公司的前途以及公司旗下的船隻仍然十分關心，當他聽到這一消息後，不禁「內心沉重」，「至以為憾」。[50] 儘管如此，他還在日本等地盡力予以挽救，直到確定勝利輪已經賣出交船，董浩雲這才徹底失望，他在日記中寫道：「眼見江山已經送丟，我亦只得裝痴作聾，充耳不聞。復興公司，中國僅有之勝利輪三去其二，嗚呼！誰係始作俑者？誰係為虎作倀者？」[51] 直至二十多年後，他還為此感到難過。[52]

　　1951 年 7 月，在台灣當局的壓力下，復興航業公司正式決定由香港遷往台灣。此時董浩雲正在英國，當他聽到有關復興公司總經理譚伯英已去台灣時，即意識到公司的前景將會發生變化。他在日記中寫道：「『復興』有改組消息，行將大起風浪矣！奈何！」[53] 果然公司遷到台北後，交通部即以公司尚有不少股東留在大陸，董事長錢新之亦未曾前往

49　董浩雲在 1950 年 12 月 24、25 兩日的日記中隱約地透露了這一情形，雖然他沒有明確指出會被台灣當局扣留，但從他其後長達十四年不敢踏足台灣的事實即可看出其中端倪。參閱鄭會欣編注：《董浩雲日記》上冊（香港：中文大學出版社，2004 年），頁 55-56。

50　《董浩雲日記》（1951 年 1 月 30 日、2 月 1 日），上冊，頁 57。

51　《董浩雲日記》（1951 年 5 月 10 日），上冊，頁 62。

52　董浩雲：〈七十年代話航業〉，載《航運》半月刊第 435 期（1971 年 3 月 15 日），頁 5。

53　《董浩雲日記》（1951 年 7 月 10 日），上冊，頁 77。

台灣為由，決定將公司改組，並於交通部下設立監理委員會，代行董事長職權，由交通部長賀衷寒任主任委員，總經理劉鎮謨，副總經理賈德懷，儘管楊管北、董浩雲、沈琪、周兆棠等人任監理會委員，那也只不過是個擺設，此刻復興航業公司已由民營合作的一個公司改為官方運營的機構了。

　　復興航業公司是第二次世界大戰後得到國家賠償與扶持、並由民間航商合作經營的一家航運公司，具有與其他民營公司全然不同的特點。復興航業公司從成立到改組，雖然時間十分短暫，卻從一個側面深刻反映出戰後國內局勢與國際關係的轉變；同時也可以看出，在國共內戰爆發及政權易手前後這一重大的歷史巨變中，中國的民族工商業所處的環境及其被迫作出的無奈選擇。

　　原載《中國文化研究所學報》第 53 期（香港：中文大學中國文化研究所，2011 年）

經濟 侵略

日本對華北經濟侵略的鐵證

一　珍貴史料的發現

　　多年前，我所供職的香港中文大學中國文化研究所全面裝修，所有辦公室都要騰空修繕。在搬遷過程中，於研究所參考圖書室的角落中發現了兩箱文件。經回憶，這可能是原所長鄭德坤教授退休時留下來的東西。鄭德坤教授（1907-2001）是中國第一代考古學家，早年畢業於燕京大學，後獲美國哈佛大學博士，曾任華西協和大學博物館館長，多次主持對四川地區的考古發掘。1974 年自英國劍橋大學榮休後，受中文大學創校校長李卓敏教授的禮聘來港，出任中文大學藝術系講座教授，並相繼擔任文學院院長、大學副校長，後任中國文化研究所所長，其間曾創辦考古藝術研究中心，1986 年因病離任。由於年代久遠，鄭教授離任時未曾交待這箱資料的來源，他的辦公室後來改為參考資料室，誰也不知道這兩個箱子是甚麼時候存放的、甚麼人交存的，當然更不清楚箱子裏這些資料的內容了。於是我受前任所長陳方正博士的委託，對這兩箱資料進行了初步的整理。

　　這兩箱文件都是用紙箱包裝的，其中第一箱資料大多為印刷品，包括《主計法規彙編》、錢穆勘正之《無錫縣志》、譚熙鴻主編的《十年

來之中國經濟》中有關各項工業之抽印本，包括顧毓琇撰寫之〈十年來之工業試驗〉、〈長期抗戰中的幾個工業問題〉等，另外還有一套已拆散且被蟲蛀的書籍（應為年鑑，但沒有書名）。此外還有少量應該是中央工業試驗所的檔案，如「本所服務五年以上人員名單」、「顧所長就任本所十年紀念特刊」、「戰時實業計劃」、「戰後接收東北的有關電力調查及報告」等等。

第二箱資料比較零亂，包括有剪報、呈文、書信、抄件、圖紙等各種形式的文件，中英文資料皆有，時間涵蓋於戰前、戰時及戰後三個階段。從內容上來看，則涉及對英國工業的調查、戰時水路運輸、全國水利建設、中國工業化問題、利用外資問題、手工業改良等各個方面，其中有一些似乎是《十年來之中國經濟》一書的手稿。

但是在第二箱資料當中卻有一部篇幅甚大的資料匯編，經認真閱讀，發現它的價值十分珍貴，這就是抗戰勝利後由河北平津敵偽產業處理局經濟資料室在接收敵偽機關各種調查資料的基礎上，整理和編撰而成的一部資料匯編，題目就叫《戰前及淪陷期間華北經濟調查》。

二　戰前與戰時日本情報部門對華北經濟的調查

要想弄清這份資料的來源，首先還需要從日本戰前和戰時對華北的資源調查說起。

九一八事變後，日本帝國主義侵佔了整個東北，其後又將侵略的目標轉向華北。在向華北進行軍事、經濟、文化等方面入侵的同時，日本政府、軍部及滿鐵等情報部門和朝野各個機構亦開始對華北的經濟資源進行大規模的搜集和調查。1933 年關東軍入侵華北之後，滿鐵即加強在關內的經濟侵略，其中一項重要內容就是加緊進行對華北的經濟調查，在天津、青島常設「駐在員」，並將其視為滿鐵「華北工作的觸覺」。當年 11-12 月間，滿鐵經濟調查會即完成了《設立對華經濟調查

機關計劃案》，計劃在天津、青島和上海設立三個滿鐵經濟調查分會，並在其下再於北平、山海關或灤州、張家口、太原、濟南、芝罘、南京、漢口、香港、廣東等地設立若干個辦事處。其中涉及華北的經濟調查對象，包括對開灤煤礦、井陘煤礦、山西礦業、山東煤礦、中立地區（冀東）的各種工業，華北的各種經濟資源（如棉花、麻、羊毛、麵粉、煙草、木材、麻藥等）的供求關係，滿洲對華北的貿易（主要是關稅問題）、交通以及各國的權益，渤海灣的走私貿易等各方面內容。1934 年 5 月間，滿鐵又向天津、青島分會派遣 5 名駐在員，並配備若干人員輔助調查，從而完成了對渤海灣化學工業貸款以及各種礦業、交通、貿易的調查，共提交 37 種立案調查報告。[1]1935 年 7 月，滿鐵又在關東軍的支持下成立「北支經濟調查班」，這個新成立的機構直接接受天津駐屯軍的指揮，其目的就是收集華北各省（包括河北、河南、山東、山西、察哈爾、綏遠六省）經濟開發及日中經濟提攜相關的基礎資料。其下再細分為甲、乙、丙三個小組（日本人稱之為「囑託班」），分別對華北的金融、財政以及貿易、政治、產業、交通各方面進行調查，其中乙組的編制最為龐大，由滿鐵調查會派遣 115 名調查人員，分為礦業、工業、鐵道、港灣、經濟等五個方面進行資料和情報的收集。其中礦山班自 1935 年 12 月至 1936 年 12 月分別對河北、山東、察哈爾、山西、綏遠等各省的 159 個礦產地進行了大規模的調查，後來在此基礎上完成並出版了《北支礦業調查報告》（五冊）。[2]為了實施規模如此龐大的調查，該機構 1935 年度的預算為 256,501 日元，1936 年升至 664,810 日元，僅以礦業為例，調查人員即對華北地區 26 種礦類、159 座礦山進行了

1　參見臧運祜：《七七事變前的日本對華政策》（北京：社會文獻出版社，2000 年），頁201。

2　富澤芳亞：〈支那駐屯軍司令部乙囑託班の華北礦山調查〉，載本莊比佐子編：《戰前期華北實態調查の目錄と解題》（東京：財團法人東京文庫，2009 年 3 月），頁 79。

調查。總計完成的調查報告多達 85 冊。[3]

　　七七蘆溝橋事變爆發後不久，華北即告全面淪陷。在八年淪陷期間，日本當局正式成立「華北開發株式會社」，不斷加強對華北經濟的全面掠奪。該會社除了制定一系列統制經濟的方針政策、加緊掠奪華北經濟資源外，另一個任務就是組織各種機構，對於華北地區的經濟情報資料繼續進行調查和統計，其目的當然是「凡對擴充我國生產力有用的重要資源，都應促進其開發及其取得」。如果說戰前日本情報機構對華北經濟和資源的調查是在半隱蔽狀態下進行的，那麼此刻的調查就完全是公開的了。大量的事實說明，日本侵略者對華北經濟進行大規模調查的目的，就是要將整個華北地區劃入其蓄謀已久的所謂「日滿華經濟圈」內，成為日本帝國的殖民地，並將其建成永久的以戰爭需要為主的國防資源的「兵站」和基地。[4]

　　到了抗戰後期，隨着日本帝國主義在太平洋和中國戰場上的敗退，其經濟實力日益衰落，因此對於華北經濟資源的調查和統計亦相對放緩，沒有前期那樣仔細和周密了。

三　有關戰時華北經濟的研究現狀

　　關於戰前與戰時日本對華北的經濟侵略一直是國內外學者關注的重點，特別是最近二十多年以來，眾多學者經過不懈的努力，認真收集資料，深入進行研究，取得豐碩的成果。

　　上世紀九十年代，中國抗日戰爭史學會和中國人民抗日戰爭紀念館

3　中村隆英：《戰時日本の華北經濟支配》（東京：山川出版社，1983 年），頁 28-31。

4　轉引自居之芬、張利民主編：《日本在華北經濟統制掠奪史》（天津：天津古籍出版社，1997 年），頁 72-73。中村隆英《戰時日本の華北經濟支配》一書編制的 55 份圖表即根據當時日本在華北收集的經濟情報所成。

曾聯合編輯了一部大型史料《日本對華北經濟的掠奪和統制》，[5] 書中引用的文件除了日文有關資料外，中文部分主要依據的是原國民政府行政院河北平津區敵偽產業處理局所收藏的大量檔案。該書以豐富的資料全面地揭示了 1935-1945 年間日本帝國主義對華北地區實施經濟侵略的重要政策、領導機構，日本的國策會社與大財閥如何制定調查華北資源的計劃，以及他們又是如何對華北地區的財富進行瘋狂掠奪和開採的內幕。

上世紀八十年代中，中央檔案館、中國第二歷史檔案和吉林省社會科學院通力合作，分別整理和編輯各單位所收藏的珍貴檔案，其後十多年中陸續出版了一套多達 20 卷的「日本帝國主義侵華檔案資料匯編」（筆者當時在中國第二歷史檔案館任職，曾參加過有關編輯會議），其中第 15 卷《華北經濟掠奪》就是專門介紹日本帝國主義在侵華戰爭期間對華北地區所進行的經濟侵略，內容包括日本決策機關制定的經濟掠奪計劃，具體的措施和手段，日本對華北資源的掠奪狀況以及由此而為中國人民所帶來的巨大災難。[6] 該書引用的資料主要來自中國第二歷史檔案館典藏的國民政府檔案和吉林省社會科學院所收藏的滿鐵歷史檔案，其中日文資料佔據相當大的比重。另外，中央檔案館、中國第二歷史檔案館與河北省檔案館也曾合作編輯了一套 10 卷本的檔案資料《日本侵略華北罪行》，[7] 但其中並無經濟侵略的專卷。

除了上述資料匯編外，近年來中國大陸的學者亦曾撰寫出一批研究日本戰時對華北地區經濟侵略的專著，[8] 有的學者本身就是上述大型資料

5　居之芬主編：《日本對華北經濟的掠奪和統制》（北京：北京出版社，1995 年），1095 頁。

6　解學詩常務主編、曹必宏：《華北經濟掠奪》（北京：中華書局，2004 年），1154 頁。

7　《日本侵略華北罪行》（石家莊：河北人民出版社，2005 年）。

8　譬如王士花博士就先後出版了兩部專著，《「開發」與掠奪——抗日戰爭時期日本在華北華中淪陷區的經濟統制》（北京：中國社會科學出版社）；《日偽統治時期的華北農村》（北京：社會科學文獻出版社，2008 年）。

書的編輯者，他們的研究正是在佔有大量資料的基礎上完成的，因此更加具有學術價值。譬如參與編撰《日本對華北經濟的掠奪和統制》的兩位主要學者居之芬（主編）和張利民（編委）即在佔有眾多資料的基礎上主編了一部專著《日本在華北經濟掠奪史》，除了引用前述資料外，他們還查閱了原天津市政府、津海關及偽天津特別市政府的檔案，對日本在華北淪陷區的經濟統制和經濟掠奪予以系統的研究。[9]「日本帝國主義侵華檔案資料選編」的常務主編、著名的中日關係史專家解學詩教授撰寫的《滿鐵與華北經濟》，[10] 則充分運用日偽檔案資料，特別是滿鐵資料進行研究，該書以南滿鐵路株式會社為切入點，全面揭示日本以掠奪煤、鐵、鹽、棉四大資源為重點的經濟侵略政策，以及這一政策對於華北經濟和社會所造成的巨大破壞。

　　相對而言，日本學者對這一問題的研究開展得比較早，多年來亦有一系列著作問世，[11] 有學者關注興亞院在戰爭時期對中國所作的經濟調查，為此曾專門召開學術研討會，並將其論文編輯出版，[12] 近年來也有中國大陸學者前往日本留學畢業後任教，並以日文出版專著。[13] 總之，有關日本戰前及戰時對華北經濟的侵略早已成為眾多學者關注的重點，目前的研究仍然在深入進行之中。

9　居之芬、張利民主編：《日本在華北經濟統制掠奪史》，頁 449。

10　解學詩：《滿鐵與華北經濟》（北京：社會科學文獻出版社，2007 年）。

11　如淺田喬二編：《日本帝國主義下の中國》（東京：樂游書房，1981 年），此書中譯本為《中國淪陷區的經濟掠奪》（上海：復旦大學出版社，1997 年）；中村隆英：《戰時日本の華北經濟支配》。

12　本莊比佐子、內山雅生、久保亨編：《興亞院と戰時中國調查》（東京：岩波書店，2002 年）；本莊比佐子編：《戰前期華北實態調查の目錄と解題》。

13　范力：《中日「戰爭交流」研究——戰時期の華北經濟を中心に》（東京：汲古書院，2002 年）。

四　《華北經濟調查》的編撰經過及其特點

抗戰勝利後，國民政府立即委派眾多軍事長官前往各地受降，並由陸軍總司令部下成立辦理受降的黨政接收計劃委員會，再於各省市之下設立相應的接收委員會，中央各部會亦分區特派專員組織辦公處，主持接收。因為當時沒有一個統一的領導機構，各機關自行接收，情況極為混亂，譬如僅上海一地，參與接收的單位就有 60 多個。待到 1945 年 10 月行政院正式成立收復區全國性事業接收委員會之後，方將所有接收大權歸於行政院負責，並將全國分為京滬、平津、武漢、廣東等四個大區，每區設立敵偽產業處理局，代行政院接管敵偽產業，統籌處理接收物資。國民政府還規定處理局為全國性事業接收委員會的中心機關，直屬行政院，所有已接收的敵偽產業，必須報經處理局作出決定後方得處理，而各處理局所作出的決定，該區各機關均須遵照辦理。[14]

行政院河北平津區敵偽產業處理局於 1945 年 12 月 1 日正式成立，局本部最初設於北平東交民巷，其上級機關為行政院收復區全國性事業接收委員會，同時亦接受國民政府軍事委員會委員長北平行營的監督指導。後因北平方面事務逐漸減少，而天津方面事務增多，該局即遷往天津，與原天津辦公處合併，北平則另行成立辦公處，處理當地事宜。此外，該局還在唐山、太原、石門（今石家莊）、張家口等地設立有辦事處。

河北平津區敵偽產業處理局局長最初由資源委員會副主任委員孫越崎兼任，副局長為顧毓琇、張之奇，後張之奇、張楚相繼出任局長。該局設有二處、四組、八委及一所、一室，其工作範圍，除了對敵偽產業進行清算、審核及估價之外，主要是接收敵偽金融機關的金銀、外匯、

14　參見林桶法：《戰後中國的變局——以國民黨為中心的探討》（台北：台灣商務印書館，2003 年），頁 18-21。

證券以及工礦企業的設備、房產以及漢奸的房屋與財產等。[15] 另外該局還有一項重要的工作，那就是注意接收敵偽各機關戰前及戰時對華北地區各項經濟資源所進行的調查和統計。

1946 年 5 月 1 日，河北平津區敵偽產業處理局設立經濟資料室，專門負責「蒐集、整理及編纂華北之一切經濟資料，協助各有關部門處理事宜」，設主任、副主任各 1 人，其下設立工業、礦冶、農田水利、經濟及總務五股，並設專員 5 至 10 人，科員、辦事員 10 至 15 人，「承主任之命，辦理各股事宜」。[16] 由於勝利之初中央與地方接收機關眾多，譬如天津市有 26 個，北平市有 29 個，其中北平僅中央機關就包括教育部、經濟部、社會部、農林部、交通部、衛生署、蒙藏委員會等特派員辦公處，最高法院北平辦事處、財政金融特派員辦公處、糧政特派員辦公處，以及中央調查統計局、中央銀行、中央信託局等 13 個單位。[17] 其間原敵偽各部門所搜集和編輯的統計資料，多被上述機關各自接收，但均無暇加以整理，因此該局資料室成立的最初四個月，主要是向各機關徵集和借閱這些敵偽調查統計資料。其後三個多月，資料室的工作開始對上述資料進行整理歸納，再加以分類，並在其基礎上編輯成一份詳細的資料統計，題目即定為《戰前及淪陷期間華北經濟調查》。

上述華北地區主要包括河北、山東、山西、察哈爾、綏遠五省以及北平、天津、青島等特別市在內（有的統計資料還包括河南、江蘇兩省北部以及鄭州、開封和徐州等城市），時間主要涵蓋淪陷時期（大多資料缺乏抗戰後期的統計），也有些資料包含戰前部分調查內容。

本調查實際上是大量的資料之匯集，即抗戰勝利初期國民政府接收

15　參見天津市檔案館：《天津市檔案館指南》（北京：中國檔案出版社，1996 年），頁 164-173。

16　〈河北平津區敵偽產業處理局經濟資料室組織規程〉，天津市檔案館藏行政院河北平津區敵偽產業處理局檔案：J19-1-2298。

17　林桶法：《戰後中國的變局──以國民黨為中心的探討》，頁 28。

敵偽各種情報機關戰前與戰時對華北地區人文地理及財政經濟各方面調查資料後整理的資料匯編。初步閱讀之下，這個調查資料至少具有以下幾個特點。

其一，該調查所收集的各項統計數據相當詳盡具體，雖然編者自稱「此次工作因時間倉卒，人員缺乏，尤其所有資料均係臨時借閱，且不易尋得，故照原計劃之內容，未克充分實現」，但從其收集並編輯與繪製的近千幅圖表來看，內容還是相當全面的。雖然以往曾出版過一些有關日本對華北淪陷區掠奪的資料，但像這樣數量龐大、項目全面的統計圖表則未曾發現，因而對於我們了解和研究戰前與戰時華北地區的經濟與社會狀況是非常重要的資料。

其二，編者工作認真負責，在短短的幾個月時間中從各接收單位收集大量資料，再經過排比分類，重新編製，抄寫的文字清晰娟秀，繪製的圖表更是明朗整潔。我曾邀請部分學者及出版界的專家翻閱這部資料，包括北京大學歷史地理學者唐曉峰教授、香港中文大學歷史系主任梁元生教授、日本信州大學人文學部久保亨教授、台灣輔仁大學歷史系林桶法教授以及香港商務印書館總編輯張倩儀小姐、中文大學出版社編輯部主任謝偉強先生等，凡是看過的人，均認同該資料的全面與細致，更加佩服的是當年編者的敬業精神及其工作態度。以往我們一提到接收大員，腦海中馬上出現的就是「五子登科」、貪污腐敗的情形，可是又有誰知道，在他們當中還有這樣一些如此敬業認真的工作人員呢？

其三，最重要的是，這個資料實屬海內外孤本。據編製該調查報告的河北平津區敵偽產業處理局經濟資料室（於 1946 年 5 月 1 日成立，1947 年 1 月 31 日撤銷）說明，該調查完成後原本計劃印刷出版，沒想到此時內戰已經爆發，經費極為緊張，不要說沒有錢印刷，就連油印都無法辦到。然而參與編製資料的同事「因感資料之難得，各同仁每有收穫，極為珍視」，為了不讓自己的心血付之東流，同時更為了給後人建設華北提供一份翔實可靠的資料，在其機構結束前的不長時間裏，依靠

手寫，終將其調查報告整理完成，但因資源有限，最後僅能繕寫二份。
而這份調查報告如今竟出現在我所看到的這箱資料中，其中有一份是完
整的，還有一份缺第一至第四章，完整的那部分相對來說保存尚好，殘
缺的那部分已經出現蟲蛀的痕跡。這也就是說，存世的兩份《華北經濟
調查》有一份半在這個箱中，因此其價值之重要可想而知。

五　《華北經濟調查》簡介

該調查係根據接收整理敵偽檔案及調查資料所編制出的統計資料，
除了「緒論」是用很短的文字說明其編輯經過外，主要調查內容分為八
章。整份調查報告全文共 619 頁（未計部分附圖頁數），除了在各章、
節之前有少部分文字說明外，其餘絕大部分都是地圖和統計表冊，大
約有近千幅（有的一頁多表）。調查報告的表現形式分為章、節、項、
目等四個層次，有的目之下再細分表，分類相當細致。文字與圖表均
用 A3 紙（42×28cm）繕寫而成，調查報告文字清秀整齊，圖表繪製清
晰。有的圖表之後注有引用資料來源，但絕大部分沒有注明，除了少量
地圖可能直接採用日本機關的資料，絕大多數圖表均為對接收資料重新
加以整理分類而成。因為篇幅關係，這裏只能對各章目錄所反映的內容
簡單加以介紹。

第一章　華北土地（頁 1-6）

這一章比較簡單，分為三節，分別為「地勢」、「土壤」（包括華北
地質圖、華北土壤地質圖和華北黃土層分佈圖）、「山川」（華北山脈河
流圖）等圖表。

第二章　華北氣象（頁 7-11）

分三節，其中「氣溫」包括華北各地平均氣溫、最高與最低氣溫之

比較；「雨量」包括華北各地全年雨量、四季平均降雨量、單日最大降雨量、降雨日數、曇天日數、平均雲量、陰晴日數及平均濕度的比較；「風季」部分則含各地平均風速、最多風向等資料。

第三章　華北人口（頁 12-22）

除了概說一節外，主要是華北各省以及各大城市的人口調查統計資料，包括面積與人口密度、各省人口與男女比例、主要都市人口（包括日僑及其他國籍人數）、人口累年增減趨勢以及年齡統計、職業分類、教育分類、總人口與從事農業人口、華北總面積對耕地面積及每農戶每農業人口耕地面積、各行業勞動者人口之比較，還有華北人口出生及自然增長率以及五大都市人口出生與死亡統計等等。

第四章　華北礦產（頁 23-246）

本章附有大量圖表，約佔全書的三分之一，係該調查的重點。全章共有六節，節之下再細分項、目、表等。第一節為華北礦業概況，第二節介紹華北煤田，第一項「天然條件」包括煤層構造特徵、煤田分佈狀態（附華北煤田地質層序與煤田分佈圖）、煤田分類（附煤田地質構造模式圖）、煤質（附各主要煤礦產煤灰分分析表）、煤田藏量；第二項「華北煤礦概覽」第一目「煤礦圖」，附各主要煤礦礦區地形圖、各粘結性煤田煤柱圖及 1943 年出煤概覽圖，第二目「各煤礦概覽」，包括各主要煤礦的資本額、勞工數、地理沿革、自然條件、工作狀況（含設備、通風、抽水、選洗、勞務、產量及出售等各種數據）。第三節金屬礦概況，主要介紹鐵、鋁、錫、錳、金、鉛等礦藏，並附有較為詳細的華北金屬礦概覽表，包括各礦的沿革、資本額、勞工數、產量、銷售狀況以及自然條件和工作狀況。第四節非金屬礦，主要介紹礬土頁岩、螢石、雲母、石膏，並附有華北非金屬礦概覽表。第五節統計的主要是華北鹽產，包括海鹽（長蘆鹽與青島鹽）、井鹽和土鹽。第六節為華北鹽田概覽表。

第五章　華北農田水利（頁 247-364）

　　從該章節、項的標題即可看出其內容的豐富。第一節「農產資源」，包括華北土地利用狀況、農產物總產量、棉產情況、水稻產量、甘薯及馬鈴薯耕種面積與產量。第二節「華北農田水利」，分為戰前既設淤灌設施及灌溉面積、戰前及淪陷期間淤灌工程計劃、敵偽及華人經營農場的灌溉情況、華北各地灌溉井設施等。第三節「畜產資源」，除了對華北家畜家禽的總量有一統計外，還對華北五省單一農戶飼養的家畜家禽數有所調查。第四節「水產資源」，包括河北省水產業一覽表和山東省漁業統計表。第五節「林產資源」，內分華北林產狀況、華北木材需給狀況和察綏及晉北三十年造林計劃。除此之外，本章還附有一些統計地圖，包括棉花、煙草、麻等重要經濟作物的分佈及面積圖、水利建設施工計劃以及天津附近產稻地帶分佈圖等。

第六章　華北工業（頁 365-434）

　　第一節「動力」中第一項火力發電中分別對戰前及淪陷期間華北火力發電的情形有所統計，同時還介紹了日本對華北及蒙疆五年發電變壓及輸電計劃；第二項主要介紹日本制訂的華北十年水力火力發電計劃，包括具體的方案及其相關的計劃資料。第二節「主要工業」，分為鋼鐵冶煉、機械、化學和紡織工業等四大類，其下再對相關工業予以細分。第三節「工廠統計表」，包括華北各地區、各行業工廠數量、資本、勞工人數、產額等統計，日資及日華合資企業的各項統計資料，以及華北主要工業（機械工業類）一覽表（包括廠名、地點、資本額、產品、主要設備、員工人數等統計資料）。

第七章　華北交通（頁 435-481）

　　包括鐵路、公路、內河航運及港灣、電信電話和郵政等五節，各節下又都附有相關項與目，對於戰前與戰時華北地區交通運輸的重要內容

進行了詳細的調查統計。譬如鐵路部分就包括鐵路幹線及里程、客貨車運輸能力、鐵路及車站的各項設施、機車與客車數量等資料，公路部分則主要介紹華北地區省道與國道的運輸情形、戰前與戰時各省長途汽車概況及客貨運輸數量等，水路方面偏重於對華北地區各主要河流、港口及運輸狀況的調查。

第八章　經濟（頁 482-619）

這部分也是本調查的重點之一，共分七節，內容涉及戰前與戰時華北地區的財政、金融、物價、內外貿易、物資統制以及勞工生活等各個方面。第一節「財政」，下分財務機關變遷、日偽奪取海關與修訂關稅、徵收與擴大統稅、田賦徵實等項目。第二節「貨幣與金融」，其中貨幣主要介紹戰前與戰時華北各地的貨幣現狀，而金融部分則對於金融機構、金融統制、吸收游資、證券交易所、存放款利率的調整、銀行號放款以及華北票據交易所、證券市場和匯兌統制分別列表，逐一加以介紹。第三節「物價」除了附有各地物價指數表外，主要還分析物價騰漲的原因，並對日偽統治時期的物價對策予以介紹。第四節「投資」附有多幅華北開發會社及其屬下部門的投資情形，以及華北工廠（分為華資與日華合資兩大類）投資數額及其分佈情形。第五節「貿易」主要介紹日本對華北的貿易與物資的統制政策，此外還分別對華北與海外各國、日本、偽滿洲國、偽蒙疆政府、關東洲以及國內其他地區的貿易情形與統制狀況，並加以列表說明。第六節「產業開發計劃」介紹的是日偽第二次產業開發目標以及為達到此目標所需要的資金、鋼材、電力及勞工人數等統計資料。第七節「勞工」分為三項：淪陷期間華北勞工生活、華北勞工的移動狀況和華北的勞動統制。

六　本資料的出版經過

正如前文所述，日本為了對華北經濟進行侵略和掠奪，特別成立相應機構，對華北的經濟與社會進行全面的調查。關於這部分資料除了當年日本興亞院所作的調查以及吉林省社會科學院收藏的滿鐵資料外，很重要的部分是抗戰勝利後由河北平津區敵偽產業處理局接收的日本各情報機關（亦應包括興亞院和滿鐵在內）所作的調查。雖然目前已經出版了數種相關的論著和資料匯編，但像《華北經濟調查》這樣全面、系統、大量的統計圖表則從未發見；雖然日本情報機關當年對華北地區進行經濟調查的目的是為了進一步掠奪中國的資源，但這些資料的編制卻為我們了解上世紀三、四十年代華北地區的社會經濟、礦產資源提供了一個非常重要的參考，因而極有必要將其公開出版。

據我了解，原河北平津區敵偽產業處理局的檔案目前大部分由北京市檔案館和天津市檔案館收藏，據北京市檔案館全宗指南介紹，該館藏有河北平津區敵偽產業處理局（全宗號 J213）檔案 10,458 卷，與此機構相關連的還有河北平津區敵偽產業處理局北平辦事處（全宗號 J214）有檔案 745 卷，河北平津區敵偽產業（全宗號 J217）有檔案 692 卷，以及河北平津區敵偽產業處理局事業單位監理委員會北平辦事處（J206）的檔案。相較而言，天津市檔案館保管該局（全宗號 J19）的檔案數量更大，共有 53,028 卷，據該館利用部負責人透露，最近又從天津市公安局接收了一萬多卷檔案，然而這兩個檔案館均未見這份《戰前及淪陷期間華北經濟調查》；我曾向張利民教授（《日本對華北經濟的掠奪和統制》編委、天津市社會科學院歷史研究所所長）了解過相關情形，據他反映，他在收集和編輯該書的過程中沒有見過這份資料；我亦向典藏民國時期檔案的中國第二歷史檔案館和天津市檔案館查詢，情況亦都一樣，由此更可說明這批資料的重要。

至於這部調查到底是通過甚麼人、甚麼途徑流失到本所的，由於時

代久遠，主要當事人已經去世，目前尚難以作出決斷。不過和該資料放在一起的有不少是顧毓琇任中央工業實驗所時期的文件以及他個人的一些資料來看，似有可能是經其手轉出大陸的，因為顧曾出任過河北平津敵偽產業處理局的副局長，而且因局長孫越崎經常在東北公幹，該局事務常由顧主持。當然這只是一個推斷，並無其他事實予以證明，但不管怎麼說，這批資料都是國家的檔案，並非個人的著作，而且時間已經超過六十年，公佈和出版不但不會涉及任何知識產權，相反卻對後人研究上世紀三、四十年代的華北地區社會經濟極為有益。

鑒於以上情形，我即向香港中文大學中國文化研究所領導建議，計劃將這部調查統計資料影印出版；而這些原始資料又都屬於流散在外的民國時期歷史檔案，因而應當歸還給國家檔案館永久保存。在得到本所領導的認同後，我即將這一設想告知國家檔案局局長楊冬權以及北京、天津等地檔案館的負責人，並得到了他們的大力支持。2009 年 8 月，我趁前往內地開會之際，先後訪問了北京和天津市檔案館，一方面查閱相關檔案，同時洽談有關出版的細節，在他們的積極配合下，查閱到有關平津敵偽產業處理局、特別是該局資料室的一些資料。其後我應邀又相繼參加了天津社會科學院主辦的「明清以來區域發展與現代化進程」國際學術研討會和南開大學中國社會史研究中心主辦的「斷裂與連續：金元以來的華北社會文化」國際學術研討會，並在會上對這部資料的發現經過及其內容作了簡單的介紹，得到與會學者的極大興趣，並一再希望這部資料能夠盡快出版。《人民日報》的記者會後曾發了一條簡訊，與會的天津古籍出版社一位編輯亦立即與我聯繫，介紹我會後與該社劉文君社長見面，他們表示對該資料的出版極具興趣，並保證一定會高速度、高質量地完成出版。經過雙方的協商，中國文化研究所同意將這一珍貴的資料列於「香港中文大學中國文化研究所史料叢刊」之一，交由天津古籍出版社按原件的規格、次序影印出版；香港中文大學還同意，待本資料正式出版後，即將其轉贈天津市檔案館永久保存。

還有一點需要說明的是，由於年代久遠，這部資料的紙質已經相當脆薄，有些部分甚至出現蟲蛀和霉爛的現象，雖然天津市檔案館技術部門已經對其進行認真的保護和和相關的技術處理，但仍有個別數字模糊或脫落的情形，這也請讀者閱讀時予以注意。

以上就是本資料書出版的大致經過，作為該資料的發現者，我以為本書的出版既可以補充前述《日本對華北經濟的掠奪和統制》等資料書之不足，有助於全面了解當年日本帝國主義對華北地區經濟上的掠奪和侵略，同時還可以為我們提供華北地區上世紀三、四十年代人文地理和財政經濟方面的重要資料，其實這些資料即便是對於今天的國家建設，仍然可以提供非常重要的參考依據。

最後需要特別指出的是，在天津市檔案館珍藏的檔案中，我們查到了該局經濟資料室人員的名單，他們是：主任杜春晏，副主任徐楷，專員馬增禮、薛代強、王守廉、王士敏、李岡、安重、張常祺、孔柯嘉，科員劉文琳、金曾武、張德元、鄭汝鉅，辦事員邵慶祥、王普厚、陳健鈞、許文業、劉安湄、姚秉貞。[18] 儘管我們目前尚無辦法確定他們所承擔的具體工作，但本書的出版卻足以告慰曾從事這一資料收集、整理和編輯的所有工作人員，他們當年的工作沒有白費，後人亦將會永遠感念他們為此所付出的辛勤勞動。

原為《戰前及淪陷期間華北經濟調查》（天津古籍出版社，2010 年 4 月）前言

18　天津市檔案館藏行政院河北平津區敵偽產業處理局檔案：J19-1-209。

華北淪陷時期的貨幣與金融

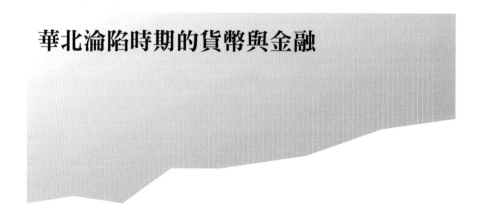

一　前言

　　九一八事變後，日本侵佔了整個東北，其後又將侵略的目標轉向華北。在向華北進行軍事、經濟、文化等方面入侵的同時，日本政府、軍部及滿鐵等情報部門和朝野機構亦對華北的經濟資源進行大規模的搜集和調查。七七蘆溝橋事變爆發後不久，華北即告全面淪陷，在淪陷的八年期間，日本當局一方面不斷加強對華北經濟的全面掠奪，同時正式成立「華北開發株式會社」，制定一系列統制經濟的方針政策，並組織各種機構，對於華北地區的經濟情報資料繼續進行統計，聲稱「凡對擴充我國生產力有用的重要資源，都應促進其開發及其取得」。日本侵略者的目的就是要將整個華北劃入其蓄謀已久的所謂「日滿華經濟圈」內，成為其殖民地，建成永久的以戰爭需要為主的國防資源的基地。

　　抗戰勝利後，國民政府立即委派軍事長官受降，並在陸軍總司令部下成立黨政接收計劃委員會，再於各省市之下設立相應的接收委員會，待到行政院正式成立全國性事業接收委員會之後，即將所有接收大權歸於行政院負責，並將全國分為京滬、平津、武漢、廣東等四區，每區設立敵偽產業處理局，代行政院接管敵偽產業，統籌處理接收物資。其中河北平津區敵偽產業處理局設於北平，工作範圍除了接收敵偽金融機關

的金銀、外匯、證券以及工礦企業的設備、房產等財產之外，還有一項重要的工作，就是注意接收敵偽各機關以往所進行的各項經濟資源調查。由於敵偽各部門所搜集和編輯的各項統計資料，多被各個機關接收，但均未加整理，因此資料室成立的最初四個月，主要是向各機關徵集和借閱。其後三個多月，資料室的工作就是對上述資料進行整理歸納，加以分類，並在其基礎上編輯成一份詳細的資料統計，題為《戰前及淪陷期間華北經濟調查》。這份調查收集的資料極為詳細，但始終不為人知，在它消失六十多年後偶然間被我發現，經過各方努力，終於由天津古籍出版社將其影印出版。

　　本調查實際上是大量的資料匯集，為戰後國民政府接收敵偽機關戰前與戰時對華北地區人文地理及財政經濟各方面調查資料後整理資料匯編，所收集的各項統計數據極為詳盡具體，亦十分全面，對於了解和研究戰前與戰時華北地區的經濟狀況是非常重要的資料。本文只是對第八章「經濟」部分中的貨幣與金融進行簡單的介紹，由此即可見日本帝國主義在這一時期對華北地區所進行的經濟侵略。本文所引用之資料如無說明，均源於《戰前及淪陷期間華北經濟調查》。

二　華北淪陷時期的貨幣

（一）華北淪陷前夕貨幣發行狀況

　　1935 年 11 月，國民政府實施幣制改革，宣佈白銀收歸國有，並以中央、中國、交通（後又加上中國農民銀行）發行的鈔票為法幣。此舉先後得到英國和美國的支持，在國內各地實施情形亦稱順利，只是在華北地區遭到日本方面的嚴重破壞，[1]因此當時華地區貨幣紊亂的局面尚未

1　詳見鄭會欣〈日本帝國主義對中國 1935 年幣制改革的破壞〉，《近代史研究》1986 年第 1 期，頁 272-284。

得到根本解決。七七事變爆發時，華北大部分地區雖然已基本上開始使用中央、中國和交通三行發行的法幣，但中國銀行與交通銀行流通於華北的法幣上仍印有天津、青島及山東等字樣。另外各地方銀行發行的鈔票中還有相當部分未及收回，如河北省銀行、冀東銀行、山西省銀行以及商業銀行中的中南、中國實業、北洋保商、中國墾業、浙江興業、大中邊業、中國農工、晉北鹽業銀號所發行的鈔票，山東民生銀行所發行的庫券，此外輔幣的發行尤為紊亂。以下幾份統計即為七七事變前夕各銀行在華北地區發行紙幣的情形。

表 1　國家銀行發行之法幣

銀行名	數額（元）
1 中央銀行	65,083,000
中國農工銀行	1,500,000
中南銀行	1,500,000
共計	68,083,000
2 中國銀行	164,957,700
北洋保商銀行	3,000,000
共計	167,957,700
3 交通銀行	83,045,000
中國農業銀行	1,750,000
中國墾業銀行	90,000
浙江興業銀行	20,000
大中銀行	560,000
邊業銀行	50,000
共計	85,515,000
4 中國農民銀行	10,397,000
四行共計	**331,952,700**

這裏要說明的是，上表統計中中國與交通銀行的數額係根據偽華北交通資業局的調查，其他數字則依據偽臨時政府 1938 年 2 月 7 日公佈《普通貨幣整理辦法》內所附之《華北區內各銀行紙幣流通額表》；但中國農民銀行紙幣在華北地區流通數額無法統計，其數額是根據 1937 年 6 月該行發行總額的 5% 進行估算的。因為當時中央銀行流通於華北地

區的紙幣佔其總發行量的 17%，而中國農民銀行在華北北流通的紙幣
較少，以不足中央銀行發行數額的三分之一計算。

表 2　地方銀行或地方金融機關發行之紙幣

銀行名	數額（元）
1　河北省	
河北省銀行	50,000,000
冀東銀行	8,000,000
河北錢業局	1,000,000
合計	59,000,000
2　山東省	
山東省民生銀行	4,540,000
山東省平市官錢局	1,136,560
青島農工銀行	12,901
合計	5,689,461
3　山西省	
山西省銀行	18,269,139
晉北鹽業銀號	525,000
綏西墾業銀號	554,760
晉綏鐵路銀號	30,316,237
合計	49,665,036
4　河南省	
河南農工銀行	321,865
四省共計	**95,327,564**

　　以上數字因係地方金融機關發行之紙幣，缺乏真實的統計，均為估
計數。

表 3　外國銀行發行之紙幣

銀行名	數額（元）
橫濱正金銀行	400,000
麥加行銀行	142,000
匯豐銀行	36,000
花旗銀行	197,000
華北銀行	11,000
合計	**786,000**

除此之外，還有私人金融機構發行的紙幣，為數頗多，但不易統計，估計總數達 1,100 餘萬元（其中山西省縣銀號村信用合作社券 1,600,000 元，山西省土地合作及山西省錢莊典當發行帖券各 500,000 元，其他雜券 8,470,000 元）。另外所謂「圓系通貨」，即日本銀行券如日本銀行（10,000,000 元）、朝鮮銀行（80,000,000 元）、滿洲中央銀行（20,000,000 元）及察南銀行（200,000 元），在華北市面上流通數額不多，其中察南銀行券亦只是在平津及河北省北部少數地區流通。

除了紙幣之外，幣制改革以前在華境內尚有山西省內不流通銀元，在市面流通之銅元及鎳質輔幣等，其後慢慢絕跡，因此無法統計，而新增流通的硬幣則包括日本銀行、偽滿中央銀行及冀東銀行發行之硬輔幣三種。據郵政儲金匯業局統計，法幣政策實施之後，華北各地民眾存藏之銀幣數額共計 58,301,000 元。

七七事變後至偽中國聯合準備銀行未收回各種貨幣之前，上述六種貨幣流通總額為 619,517,264 元。

（二）淪陷時期的華北地區貨幣

華北淪陷後，在日本侵略軍的唆使下，1938 年 3 月 10 日傀儡政權在北平成立偽中國聯合準備銀行，並公佈貨幣發行章程及整理舊幣辦法。同時宣佈，所有印有天津、山東、青島、濟南、煙台、龍口、威海衛、臨清等處字樣的中國、交通銀行鈔券，以及河北省銀行、冀東等銀行發行的紙幣以一年為限，准予流通；而中央銀行及其他中國、交通銀行發行之法幣與其他流通之紙幣，限期三個月，其後禁止流通，並規定新舊貨幣等價兌換。1938 年 8 月 8 日，偽中華民國臨時政府財政部公佈舊通貨貶值令，中國、交通銀行所發行之紙幣按九折兌換；到了同年 12 月 30 日又公佈，自 1939 年 2 月 20 日起，再貶為六折，其後即完全禁止使用。

為了取締其他外幣在華北市場上的流通，1940 年 5 月，偽聯合準

備銀行曾公佈《日、滿、鮮幣收回辦法》、《圓系通貨收付限制令》、《滿洲中央銀行及蒙疆銀行鈔票流通取締辦法》以及《中外通貨管理法》等一系列法令，因而華北境內在國內各銀行紙幣整理之後，所有外幣亦逐漸絕跡。

　　對於華北地區流通的舊輔幣，偽政權曾於 1938 年 5 月 31 日公佈《小額紙幣及輔助硬貨幣整理辦法》共五條，規定各銀行所發行之未滿一圓之小額紙幣及硬幣可於三年內與偽中聯銀行之小額通貨等價流通。嗣後小額通貨亦隨本位幣兩次貶值，自 1941 年 11 月 1 日起，所有冀東、滿洲、蒙疆銀行發行的五角以下之紙幣，河北省銀行之銅元票一律收回，並於當年年底止完全禁止使用。此時只有天津租界中尚有少量法幣存在及使用，直至太平洋戰爭爆發後租界被收回，法幣完全停止流通，偽中央聯合準備銀行發行的貨幣（簡稱「聯銀券」）方佔領整個華北市場。

表 4　偽中央聯合準備銀行貨幣發行統計

發行年度	發行額（元）
1938 年底	161,925,777.40
1939 年	458,042,109.58
1940 年	715,154,445.52
1941 年	966,457,251.20
1942 年	1,592,508,991.06
1943 年	3,828,272,976.00
1944 年	16,225,175,321.49
1945 年 8 月 16 日止	103,268,541,915.43

　　在偽中國聯合準備銀行成立之前，偽蒙疆政府即於 1937 年 11 月 13 日在張家口設立了偽蒙疆銀行，資本 1,200 萬元，由內蒙、冀南和晉北三個偽政府各自出資 400 萬元（先繳 100 萬元），同時接收偽察南銀行及綏遠平市官錢局、豐業銀行等全部資產負債，發行紙幣「蒙疆券」，與日元等價聯繫，流通於綏遠、察哈爾及山西北部。

表 5　偽蒙疆銀行歷年貨幣發行統計

發行年度	發行額（元）
1937 年底	14,172,000
1938 年	38,105,000
1939 年	65,092,000
1940 年	99,740,000
1941 年	121,516,000
1942 年	150,875,000
1943 年	359,000,000
1944 年	1,059,300,000
1945 年 6 月底	2,198,142,000
1945 年 8 月 20 日	3,529,218,000

三　淪陷前後的華北金融

（一）金融組織

　　北京政府時期華北金融業相當發達，隨着南京國民政府的成立，政治中心南下，華北的金融業也向南遷移，然而華北地區近代的和傳統的金融機構仍一應俱全，並且主要分佈在城市，其中天津的銀行業更是排在全國的第四位。七七事變前，華北各省市的金融機構大致如下：

　　（1）河北省共有銀行業 49 處，為河北省銀行、中國、交通、金城等銀行及其各自分支行，另外還有錢業 30 家，典當業 24 家。

　　（2）山西省除了交通、中國及陝北地方實業銀行 3 家之外，主要是山西省銀行總分行共 28 處，參加太原錢業公會的錢莊銀號共有 39 家，其他各地亦多有錢莊、典當業，各城市均有三五家不等，但缺乏準確統計。

　　（3）山東省華商銀行共有 35 處，其中仍以中國、交通二行分支行最多，另有外商銀行 2 家，錢莊 74 處，典當業則無詳細的統計。

　　（4）河南省銀行業共有 50 處，錢業 21 家，缺乏典當業的統計資料。

　　（5）北平市銀行業最初為外商銀行獨佔，清季國人初創大清（原名戶部分銀行，民國成立後易名中國銀行）及交通銀行，其後商業銀行如

金城、大陸、中南等銀行亦陸續成立，南京國民政府成立後，大部分銀行亦隨政權南遷，北平原有近 60 家銀行遂逐漸減至 20 家左右，但分支行仍有 50 餘處。另外北平市還有外商銀行 9 家：日商天洋銀行及橫濱正金銀行分行 2 家，法商中法工商銀行及東方匯理銀行分行 2 家，美商花旗銀行及運通銀行分行 2 家，英商麥加利銀行及匯豐銀行分行 2 家，以及德商德華銀行。至於錢莊業，根據 1936 年底的統計，北平的錢莊銀號共有 30 餘家，典當業 200 餘家。

（6）天津是華北地區的金融中心，成立於光緒二十八年（1902）的直隸官錢號是華北第一家具有現代化銀行功能的華商金融機構，繼而戶部、交通、北洋保商、殖業等銀行紛紛成立，到民國初年，鹽業、金城、中孚、大陸、大生、浙江興業等銀行相繼在天津開設總行或分行，截至 1936 年，設於天津的銀行總行有 8 家，分支行 58 家，另有外商銀行 16 家。天津設有外商國外匯兌銀行公會，會員包括匯豐、麥加利、花旗、正金、東方匯理、華北、華義、德華、運通、中法工商、朝鮮、大通等 12 家，公推匯豐銀行經理為理事長。至於天津之錢業可分為山西、本地、南宮和其他各幫（北）等四派，1936 年共有 7、80 家之多，典當業則有 57 家。

（7）青島市的華商銀行曾於 1931 年成立同業公會，1936 年時共有銀行 15 家，外商銀行 7 家，錢業按其經營業務分類，以存放款匯兌為主的約 6、7 家，以兌換為主的 17、8 家，分莊性質者 3、4 家。

平津淪陷後不久，華北地區的中央金融機關即隨政府南下西遷，日本侵略者便逐漸佔領華北地區的金融貨幣市場。1937 年 9 月，日本政府制定《華北金融對策綱要》，企圖以日本扶植下的偽河北省銀行、偽冀東銀行為基礎，聯合其他幾個原本在華北的華資銀行共同出資，建立聯合準備金庫。當時日本佔領華北之後為了供應日軍的軍費，曾先後使用法幣和朝鮮銀行券採購軍需，由於發行量大增而引起通貨膨脹，價值下跌，這樣便對等值的日元帶來不利，因此當務之急就是要統一貨

幣，壟斷金融機構，即「設立新的發行銀行，以期用其發行的銀行券，統一華北幣制」。[2] 為了推動所謂「日滿華經濟一體化」，籌措戰爭所需的巨額軍費，日本軍政當局遂通過《華北聯合銀行設立綱要》，由偽中華民國臨時政府成立委員會，籌備成立銀行，並於 1938 年 2 月 5 日公佈《中國聯合準備銀行條例》。3 月 10 日，偽中國聯合準備銀行正式在北平開業，資本總額 5,000 萬元（實收一半），分為 50 萬股，每股 100 元，由偽臨時政府認購 25 萬股，其餘半數則強行攤派給中國、交通、河北省銀行、金城、鹽業、中南、冀東等八家銀行。[3] 而實際上當條約公佈時，日本的正金、朝鮮和日本興業等三家銀行就向偽臨時政府提供了總額 1,250 萬元的貸款，以供其收購現銀充作政府官股。

根據《中國聯合準備銀行條例》[4] 規定，該行的主要任務就是以「安定通貨、穩定金融為目的」，其業務包括代理國庫，發行國幣，生金銀、外國通貨之買進，代收各種票據之款項，政府及商業各項證券票據之貼現，金銀及貴重物品保管，各項存放款及往來存款透支等等。據 1944 年 6 月底的統計資料顯示，偽中聯銀在華北地區共有總分行及辦事處 25 處，其中總行設於北京，分行 18 個（天津、青島、濟南、石門、唐山、太原、煙台、山海關、新鄉、臨汾、運城、開封、徐州、潞安、保定、塘沽、商邱、鄭州），辦事處 6 個（威海衛、龍口、秦皇島、天津北馬路、兗州、日本東京），存款總額 2,107,131,000 元，放款總額 2,708,299,000 元。

華北金融機關除了偽中國聯合準備銀行之外，還包括「聯銀」轄下

2　偽中國聯合準備銀行顧問室：《關於中國聯合準備銀行的機構與政策》，轉引自解學詩：《滿鐵與華北經濟》（北京：社會科學文獻出版社，2007 年），頁 589。

3　居之芬、張利民主編：《日本在華北經濟統制掠奪史》（天津：天津古籍出版社，1997 年），頁 97-98。

4　《中國聯合準備銀行條例》全文共四十一條，收於中央檔案館、中國第二歷史檔案館、吉林省社會科學院合編：《華北經濟掠奪》（北京：中華書局，2004 年），頁 855-859。

的地方銀行、一般商業銀行以及銀錢號等，詳情如下：

表6 偽「聯銀」轄下之地方銀行

名稱	總行所在地	總分支行數目
中國銀行	北平	6
交通銀行	北平	7
河北銀行	天津	25
冀東銀行	天津	17
大阜銀行	青島	6
魯興銀行	濟南	11
河南實業銀行	開封	6
山西實業銀行	太原	10
山東農業銀行	濟南	5
華北儲蓄銀行	北平	6
華北工業銀行	北平	2
合計		**101**

以上各銀行除華北工業銀行成立於 1944 年 10 月 16 日，存放款數額尚無統計外，其他 10 家銀行至 1944 年 6 月底存款總額為 587,408,000 元，放款總額為 299,527,000 元。

表7 一般商業銀行

名　稱	總行所在地	總分支行數目
上海商業儲蓄銀行	上海	7
大中銀行	上海	6
大生銀行	天津	2
大陸銀行	上海	15
元安商業銀行	天津	3
中央儲蓄會	上海	--
中孚銀行	上海	6
中南銀行	上海	3
中原商業儲蓄銀行	天津	2
中國農工銀行	上海	4
中國實業銀行	上海	5
中國墾業銀行	上海	1
天津市市民銀行	天津	1
四行儲蓄會	上海	2
金城銀行	上海	11

（續上表）

名　稱	總行所在地	總分支行數目
東萊銀行	上海	3
信誠銀行	北平	2
浙江興業銀行	上海	3
唐山農商銀行	唐山	2
國華銀行	上海	3
復豐銀行	海參崴	3
殖業銀行	天津	1
華北商工銀行	北平	3
裕津銀行	天津	2
鉅豐銀行	煙台	1
新生銀行	天津	1
新華信託儲蓄銀行	上海	7
福順德銀行	煙台	8
聚興誠銀行	重慶	1
積生銀行	北平	1
鹽業銀行	上海	3
合計		**112**

　　以上 31 家商業銀行截至 1944 年 6 月底為止，存款總額為
579,290,000 元，放款總額為 278,027,000 元。此外，1944 年 7 月和 9 月
由聚義銀號及同德銀號改組的二家銀行，存放款數額沒有統計。

　　華北地區銀號總數約 200 家，各地分號計 310 家，1944 年 6 月底
存款數額為 514,661,000 元，放款總額為 382,765,000 元。

　　綜上所述，截至 1944 年 6 月底止，華北地區各類金融機構包括總
分支行數目，合計有 545 家，存款總額：3,788,490,000 元（偽聯銀佔
55.6%），放款總額：3,668,618,000 元（偽聯銀佔 73.8%）。

（二）金融統制

　　偽中國聯合準備銀行標榜為「銀行的銀行」，是日偽當局將其作為
中央銀行而設立的，雖然其後在華北各地分別設立分支行及屬下銀行，
但成立之初並未能發揮其央行的機能，統制華北金融的目的並未達到。

1941 年 12 月太平洋戰爭爆發後，日軍隨即接收天津租界，查封了存放於租界的中國、交通銀行的白銀，並封閉英、美等敵對國銀行，北平、天津、青島、煙台、威海等地共 17 家外國和中國銀行被日軍佔領，銀行中的法幣等均被沒收。與此同時，偽華北當局為了配合日本軍隊侵略戰爭的擴大，更全面地吸收民間資金，立即將各種金融機構置於其嚴格的統制之下，實行各種榨取百姓、剝奪財富的國防金融政策。首先偽政府於 12 月 11 日公佈《金融機關管理規定》，加強偽聯銀的「統制力」，從而將華北的金融機關全部置於經濟總署管理之下，最終實現了以偽聯合準備銀行為中心的金融統制。

根據這一規則，所有金融機構必須擁有實繳資本 50 萬元、同時須是股份公司者方能獲准營業，由是華北各地之銀號及兌換業不合要求者，均以增資或合併等形式而紛紛改組，華北銀號在未整理前尚有 484 家，到 1942 年 12 月 10 日經「經濟總署」許可者只有 199 家，連同分號為 240 家，即一半以上銀號遭淘汰，這也正是日偽當局的本意。金融機關之組織經過調整，其經營的業務亦加以限制，並受到嚴格的監督。嗣後偽中聯銀又公佈實行《金融機關管理規則之運用》，對於金融機關的資金運用，特別是放款一項予以嚴格規定。

偽華北政務委員會經濟總署於 1944 年又以安定戰時華北物資金融為名，對平津之銀行、錢莊、銀號再次加以調查和清理，歸併及提高存放款的協定利率，以致將已衰弱不堪的金融機構再次加以淘汰，並規定自 1944 年 12 月 1 日起的六個月內，銀行最低實收資本數為 500 萬元，銀號為 300 萬元。

為了吸收游資，偽華北當局於 1942 年 5 月起創辦有獎定期存款，以後又連續多次舉辦，並成立偽華北儲蓄銀行（總行設於北平，另於天津設立分行），目的就是進一步搜括華北民眾的財產。

1944 年 1 月，偽聯銀聯絡華北交易統制總會、華北合作事業總會、華北食糧公社、華北纖維統制公會等幾個機構，以日本大使館金融

課為中心，網羅其他金融機構，成立「通貨吸收對策委員會」，對華北地區的棉製品和其他生活必需品實施嚴格的管制。

為了進一步加強對華北淪陷區金融的統制，1942 年開始，日偽當局又相繼在青島（4 月 28 日）、北平（4 月 30 日）、天津（6 月 1 日）、濟南（6 月 15 日）設立了票據交換所，票據清算的轉賬機關是偽中國聯合準備銀行，參加票據交換所的會員銀行必須將保證金存入偽「聯銀」，這樣日偽當局既可以通過「聯銀」經營票據交換的業務而掌握並控制各地銀行的業務活動，同時又可以乘機得到一大筆數額可觀的保證金。

表 8　華北票據交換所簡況

票據交換所	會員銀行	中國方面銀行		日本方面銀行	
		家數	名稱	家數	名稱
北平	23	18	中聯 中國 交通 金城 大陸 鹽業 中南 河北 冀東 浙江 興業 新華信託儲蓄 中孚 上海商業儲蓄 國華 中國農工 大中 中國實業 大生	5	橫濱正金 朝鮮 滿洲中央 蒙疆 天津
青島	11	8	中聯 大阜 金城 大陸 上海商業儲蓄 中國實業 國華 東萊	3	橫濱正金 朝鮮 濟南
天津	29	23	中聯 中國 交通 金城 鹽業 大陸 中南 河北 冀東 浙江興業 新華信託儲蓄 中孚 上海商業儲蓄 國華 市民 中國實業 中國農工 大中 大生 東萊 裕津 新生 銀錢業同業合組公庫	6	橫濱正金 朝鮮 滿洲中央 蒙疆 天津 益發
濟南	11	8	中聯 中國 交通 大陸 魯興 農業 上海商業儲蓄 東萊	3	橫濱正金 朝鮮 濟南

據 1943 年 8 月份統計，北平票據交換所參加交換之會員銀行、銀號及各分行共有 105 家，交換號數共 36 號，其中有代為交換者；天洋票據交換所會員銀行至 1944 年 2 月，參加者有 88 家，交換號數 30 號；天津票據交換所分所會員銀號至 1944 年 3 月，參加交換者 124 家，交換號數 36 號；青島票據交換所至 1943 年 12 月參加交換者 20 家，交

換號數 20 號；濟南票據交換所至 1943 年 11 月參加交換之銀行號共 47 家，交換號數 18 號。

偽華北當局認為游資過剩是刺激物價上漲的主要原因，為了穩定華北地區的物價，後期決定在華北主要城市成立有價證券交易所。遂於 1944 年 12 月 20 日發出訓令，要求北平、天津、青島、濟南四大都市之銀行公會、錢業公會及市商會，或相當於此類經濟團體，各自推出發起人，創設華北地區證券交易所，資本金額共計為 2,000 萬元，一次繳足，由上述各團體分別承擔。計北平 500 萬元，天津 1,000 萬元，青島和濟南各 250 萬元，原來預定於 1945 年 1 月底之前募足資本。由於天津是當時華北地區最重要的金融都市，每日均有相當數量的股票交易，因此交易所決定設於天津。

抗戰後期，由於日偽當局對商品實施嚴格的統制，因此投機者多集中於黃金、土地、證券方面的交易，加上偽「聯銀」抑制金融機關的放款，以致利用過剩資金者顯著增加，每日成交額亦頗為可觀。僅天津一地，當時經營證券交易者即達 30 餘家，其中主要者包括宏孚公司、萬有行、隆泰公司、大眾公司、裕洋銀號、久安銀號、義記證券所、上汴銀行、浙江興業銀行、新華銀行、瑞隆公司、廣安公司、合眾行、四行信託部、聯新公司等。這些公司證券交易最多的是啟新洋灰、江南水泥和開灤煤礦等三種股票，其交易額往往佔當天總交易額的 80% 左右；其次為天洋自來水、東亞毛呢、北京自來水、金城銀行、大陸銀行、中南銀行、耀華玻璃、中興煤礦等股票。

關於這一時期華北地區的貨幣和金融《調查》上還包括存放款利率、銀行號辦理共同放款以及華北匯兌統制諸方面的內容，由於篇幅所限，這裏就不再介紹了，但即便如此，也可以讓我們清楚地看到日本帝國主義是如何對華北地區進行瘋狂經濟侵略的。

原載《城市史研究》第 26 輯，天津社會科學院，2010 年

戰時經濟

陳光甫與戰時中美借款
——兼論上海銀行家群體的特點

一　上海銀行家群體的出現

　　鴉片戰爭後上海開埠，社會經濟益加繁榮，隨着大批外資銀行的進入，上海很快便成為中國乃至於遠東的金融中心。1897 年，中國第一家銀行中國通商銀行在上海成立，數年後戶部銀行和交通銀行也在上海開設分行，緊接着浙江實業銀行、四明銀行、浙江興業銀行、上海商業銀行、新華儲蓄銀行等華資銀行也相繼在上海註冊，第一次世界大戰期間及其之後的幾年，成為上海金融業發展的黃金時期。與此同時，一批新興的銀行家群體也在上海出現，並逐漸取代以往傳統錢莊、銀號經理人的地位，以下幾位銀行家即可作為這一時期上海金融界的代表人物。[1]

　　張嘉璈（1889-1979），字公權，江蘇寶山人，幼習舊學，中過秀才，1906 年赴日本慶應大學攻讀經濟，1909 年回國，於郵傳部任職，民國成立後曾任參議院秘書長，1914 年後歷任中國銀行上海分行副經理、總行副總裁、總經理。

1　參見徐矛等主編：《中國十銀行家》（上海：上海人民出版社，1997 年）。本文介紹的銀行家簡歷基本參照此書以及其他工具書。

　　李銘（1887-1966），字馥蓀，浙江紹興人，早年就讀杭州的美國教會學校，後入日本山口高等商業學校改讀銀行學，畢業回國後曾奉命改組浙江銀行，後任浙江實業銀行總經理，曾任上海銀行公會主席及中國銀行董事長。

　　宋漢章（1872-1968），原名魯，祖籍浙江餘姚，生於福建建寧。幼習私塾，上海中西書院畢業，曾於上海電報局和海關任職，先後入中國通商銀行和戶部銀行，並任大清銀行上海分行經理。民國成立後，大清銀行改組為中國銀行，即任上海中國銀行協理、經理，1935 年任中國銀行董事長。

　　周作民（1884-1955），江蘇淮安人，早年先入廣東公學，後考取官費留學日本京都，回國後任南京法政學堂翻譯。民國成立後，任南京臨時政府財政部庫藏司科長、司長，1915 年入交通銀行任總行稽核課主任，後創辦金城銀行，任總經理、董事長。

　　吳鼎昌（1884-1950），字達銓，祖籍浙江吳興，生於四川華陽，清末秀才，後赴日本留學。回國後應清廷廷試，授翰林院檢討，後入大清銀行，民國成立後曾任造幣廠總裁，後相繼任中國銀行總裁、鹽業銀行總經理。

　　錢永銘（1885-1958），字新之，祖籍浙江吳興，生於江蘇上海。先後入上海育才學堂、天津北洋大學習經濟，後考取官費，赴日本神戶高等商業學校留學。民國成立後被北京政府委任，負責接收舊工商部事務，1917 年任交通銀行上海分行副經理、協理，後任交通銀行董事長。

　　徐新六（1890-1938），字振飛，祖籍浙江餘杭，生於杭州。1902年入南洋公學，後赴英國留學，先後獲英國伯明翰大學理學士、維多利亞大學商學士。1914 年回國參加高等文官考試，獲第一名，派任財政部公債司僉事、財政部秘書，後加入浙江興業銀行，1925 年升任常務董事兼總經理。

　　唐壽民（1892-1974），江蘇鎮江人，錢莊學徒出身，辛亥革命時期參

與創辦江蘇銀行，後轉入中國銀行，1915 年與陳光甫共同創辦上海商業儲蓄銀行，任總行副經理兼漢口分行經理，後任交通銀行上海分行經理。

上海銀行家群體的出現標誌着一個新時代的到來，這批銀行家不單單只是一個從事投資信貸的金融家，與傳統金融業領袖相比，他們與政治間的關係愈加密切，而且對社會各界的發展也作出較大的貢獻。本文主要以上海商業儲蓄銀行的創辦人陳光甫為例，探討其抗戰前後在中美外交活動中所發揮的特殊作用，並討論上海銀行家群體的特點。

二　陳光甫與南京國民政府的關係

陳光甫（1881-1976），名輝德，以字行，江蘇丹徒人。家中世代經商，少年時即隨父親至漢口入祥源報關行，由學徒做起，其間刻苦學習英文，逐漸積累經驗，後考入漢口海關郵政局。1904 年以湖北省參展團辦事員的名義赴美，參加於聖路易斯市舉辦的世界博覽會，博覽會結束後他便要求留美求學，得到張之洞之子、湖北省駐美留學生監督張權的支持，先入商業學校學習，後轉賓夕法尼亞大學沃頓商學院，獲商學士學位。1909 年，陳光甫學成回國，先任南洋勸業會外事科主任，後入江蘇巡撫衙門負責清理財政，辛亥革命後獲江蘇都督程德全的委任，出任江蘇省銀行監督，開始了他步向銀行家的路程。

1915 年，在上海中國銀行副總經理張公權、浙江實業銀行總經理李馥蓀等人的支持下，陳光甫聯合多位友好，集資創辦上海商業儲蓄銀行，並出任總經理。他在開幕典禮的致辭中說：「我國實業今在幼稚時代，欲培植之，啟發之，必當先有完善之金融機關。本行宗旨，注重儲蓄，並欲扶翼中、交兩行而為其輔佐機關。」[2] 道出了他創辦銀行

2　上海商業儲蓄銀行編：《陳光甫先生傳略》（台北：上海商業儲蓄銀行，1977 年），頁 26。

的目的。

　　上海商業銀行初創時資本薄弱，法定資本 10 萬元，但實收資本只有 8 萬餘元，其實力不要說無法與官辦的中國、交通銀行相比，也遠不是其他私立銀行如浙江興業銀行（75 萬元）、鹽業銀行（150 萬元）、中國通商銀行（250 萬兩白銀）的對手，因而被人稱為「小小銀行」。但陳光甫秉承服務社會、便利儲戶的宗旨，採取各種辦法，不惜從小做起，致力於吸收存款、擴大儲蓄、開展國際匯兌，業務穩步發展。據統計，該行創辦當年存款即達 57 萬元，1926 年更高達 3,244 萬元，12 年間增加了 56 倍；12 年間，上海銀行的淨盈利共計 355 萬元，資本與盈利的比例即平均年盈利率達到 20% 以上；資本額由創辦時 10 萬元，1919 年為 100 萬元，1921 年為 250 萬元，而它的資產總額到了 1926 年更上升到 4,700 餘萬元。[3] 上海商業銀行的擴展已不是一般意義上的成功，而是超速發展的重要代表，此時這一「小小銀行」在國內商業銀行中不論是存款或是資本均名列前茅，已被公認為國內第一流的商業銀行。

　　雖然陳光甫在經營業務中一直秉持「敬遠官僚，親交商人」的原則，但他也深知，要想在事業上取得成功，還是要與政界保持密切的聯繫，這種關係特別反映在他與南京國民政府之間的交往上。

　　1927 年 3 月下旬，蔣介石率北伐軍抵達上海附近，陳光甫晚年曾回憶說，當時他在高昌廟與蔣時常見面，並為援助北伐軍商討對策。蔣介石也在 3 月 26 日的日記中記載，他到上海的首要任務即是與海軍司令陳紹寬、白崇禧等接洽軍事，與吳稚暉、李石曾、蔡元培、黃郛等談黨務，還有一項重要任務就是「與虞和德、陳光甫、錢永銘、陳其采等

3　吳經硯：〈上海商業儲蓄銀行歷史概述〉，載《陳光甫與上海銀行》（北京：中國文史出版社，1991 年），頁 4-10。

談財政委員會之組織」。[4] 此時陳光甫亦致電上海銀行漢口分行經理唐壽民，稱蔣介石要上海的資本家組織財委會，為其籌款 1,000 萬。陳光甫當時還有些猶豫，一方面考慮到銀行與北方的業務關係，同時他也不知道蔣介石與武漢方面的關係究竟如何，因此要唐迅速探聽消息。[5] 然而 4 月 18 日南京國民政府成立後不久，陳光甫還是同意出任江蘇兼上海財政委員會主任委員，並於 4 月 20 日親赴南京主持財政委員會第一次會議，積極為新政權籌措經費。[6] 會後他在給蔣介石的函中表示：「此次奉召到寧，獲瞻新都氣象，甚幸甚幸。辱荷厚遇，勖勵有加，衷心感激，匪可言喻。蒙委蘇省財會一席，勉為承乏，實以北伐之功未竟，聊盡國民一分責任」；然而對於蔣介石要他出任財政部次長一事卻感到「彷徨莫可所措」，他推脫自己「忝居商界，未諳計政，倘貿然拜命，無補時艱，誠非所以報知遇之道也」。[7] 雖然陳光甫婉言拒絕了蔣的邀請，但財政部仍聘請他擔任該部高等顧問，在這之後他還相繼出任江蘇省政府委員、建設委員會委員等虛職。1933 年國民政府成立全國經濟委員會，陳光甫即被任命為委員，並出任該會屬下棉業統制委員會的主任委員，雖然這些職務都不是政府正式的官職，但畢竟說明陳光甫與政府之間已保持着一種相當密切的關係。

　　1937 年 8 月，全面抗戰爆發後，國民政府為了堅持抗戰，決定實施統制經濟，9 月，財政部擬定《增進生產及調整貿易辦法大綱》，呈奉軍事委員會委員長核准並經國防最高會議通過，決定於軍事委員會之

4　王正華等編：《蔣中正總統檔案・事略稿本》（台北：國史館，2003 年），第一冊，頁 146。

5　上海市檔案館編：《上海銀行家書信集（1918-1949）》（上海：上海辭書出版社，2009 年），頁 45。

6　《江蘇兼上海財政委員會歷次會議記錄》，載中國第二歷史檔案館編：《中華民國史檔案資料匯編》第五輯第一編「財政經濟」（一）（南京：江蘇古籍出版社，1994 年），頁 2-37。

7　〈陳光甫致蔣介石電〉（1928 年 4 月 23 日），載《上海銀行家書信集（1918-1949）》，頁 45。

下設立農產、工礦及貿易三個調整委員會，其中貿易調整委員會主任委員就由陳光甫擔任，為了工作的需要，他還被授與中將軍銜。1938 年貿易調整委員會易名為貿易委員會，改隸於財政部，陳光甫仍任主任委員。其後，陳光甫還曾擔任中美英平準基金委員會主任委員，抗戰勝利後，雖然他已年近七旬，但還是被委任為國民政府委員。所有這一切都說明陳光甫與國民政府之間的友好關係，然而若是要論他對國家所做出的重要貢獻，還應當是戰前率團赴美談判並簽定中美白銀協定，鞏固了剛剛推行的幣制改革，以及抗戰爆發後臨危受命，再次赴美，爭取美國借款的活動。

三　中美白銀協定

近代中國的貨幣制度極端紊亂，民國成立後這種狀況並未得到根本改變。當時中國流通的貨幣主要有銀兩、銀元、銀角和銅元，此外還有中外銀行及錢莊、票號發行的各種紙幣和錢票。這種混亂無章的貨幣制度嚴重地束縛了國內工商業和對外貿易的發展，同時，雖然中國以銀為本位貨幣，但中國並非產銀國，多數白銀來自於國外。[8]1929 年世界經濟危機爆發，隨之而來的黃金白銀市場波動對中國的經濟造成重大的影響。

對於中國紊亂的貨幣制度、特別是兩元並用的情形國內有識之士早就建議予以改革，南京政府成立後更是屢次加以討論。1933 年 3 月，國民黨中央政治會議第 346 次會議通過財政部的提案，決定分步驟實施廢兩改元，3 月 10 日先於上海實施，得到各界的支持，推行頗為順利，隨後便於 4 月 6 日全國推廣全國，一舉取得成功。

8　據統計，明末期間國外流入中國的白銀為中國自產白銀的十倍，詳見李隆生：〈明末白銀存量的估計〉，載《中國錢幣》，2005 年第 1 期。

就在中國實施廢兩改元的同時，羅斯福就任美國總統，上台伊始，為了迅速復興美國經濟，他開始實行所謂「羅斯福新政」，其中一項重要內容，就是提高銀價，擴大白銀在國庫儲備中的比例。儘管美國政府實施的白銀政策主要目的是為了解決國內政治和經濟問題，但卻給中國的社會經濟帶來重大影響，大量的白銀以合法或非法的途徑流出中國，以致於中國物價暴跌，銀行、工廠倒閉，爆發金融危機。

此時陳光甫正擔任上海銀行業同業公會主席，以他為首，聯合公會其他幾位領導人唐壽民、貝淞蓀、徐寄廎等致電美國總統羅斯福，要求美國政府「保障銀價安定，不使其飛奔上騰」，因為「敝國購買力，依出口貿易為之維持」，所以「深希貴大總統將此項政策予以改變，庶幾敝國數萬萬人民不致受此厄災也」。[9]

然而美國政府並沒有放棄購銀政策，中國的白銀繼續流出，在這一緊張的局勢下，中國政府被迫採取行動，1935 年 11 月 3 日，財政部宣佈實施幣制改革，並取得國內各階層的廣泛支持，其中上海金融業亦基本上持支持的態度，這對於幣制改革的順利實施極為有利。[10]

幣制改革的一個重要內容就是白銀收歸國有，並成為法幣發行的重要準備，那麼收歸國有的白銀出路便成為重要的問題。然而美國這個國際市場白銀的最大買主，此時卻突然停止向倫敦市場購買白銀，並降低在國際市場上收購白銀的價格，導致白銀價格迅速跌落。

美國降低銀價，對於剛剛實施幣制改革的中國來說無疑是一重大的威脅，因此國民政府不得不向美國尋求援助。1936 年 1 月 21 日，財政部長孔祥熙電告駐美大使施肇基：「現在銀價跌落，又導致了新的不安，

9　〈陳光甫等致美國總統羅斯福電稿〉（1934 年 2 月 20 日），載《上海銀行家書信集（1918-1949）》，頁 126。

10　參見吳景平主編：《上海金融業與國民政府關係研究（1927-1937）》（上海：上海財經大學出版社，2002 年），頁 322-333。

大大貶低了中國通貨白銀的準備，損害了人民的信心」，為此他要求施立即向美國財政部長說明中國財政目前所遭到的困難，並希望得到美國的援助。五天之後，孔祥熙在另一份電報中更加明確地指出：「當銀價在幾個星期內下跌三分之一時，這就使公眾的信心受到損害，我們極願在白銀問題上與美國政府進行合作。」[11] 然而，在派遣人選問題上，中美雙方產生了分歧，幾經交涉，最終陳光甫成為雙方都能接受的人物。

3月5日，孔祥熙在南京與陳光甫見面，告知派其赴美談判的背後原因，這當然與他的背景以及成功經歷有關。陳光甫在致友人的信中稱：「此次派人至美，原出於美國主動，原先本欲孔去或宋子文去，孔因事忙不能去，宋因蔣不許去，故改由王儒堂兄去。美方不以為然，因儒堂政治色彩太重，商之最後改派銀行家去，兄名提出後，美方贊同，此所以兄之去也。」[12] 按陳光甫自己所說，他此次外訪的工作主要有三：「一、與美財部商售白銀，俾增加法幣外幣之儲備；二、商棉麥借款延期還本；三、商水災借款。」其中最重要的是第一項。[13]

1936年3月，陳光甫以國民政府特使的名義，率領中國銀行考察團訪問美國，隨團成員包括顧翔群（中孚銀行副總經理）和郭秉文（實業部國際貿易局局長），隨團還有一位重要人物，那就是身兼財政部顧問的美國財政專家楊格（Arthur N. Young）。陳光甫一行於4月7日抵達美國首府華盛頓，隨即便與美國財政部長摩根索（Henry Jr. Morgenthau）等官員進行了為期四十餘天的談判。談判之初，雙方分歧較大，據郭秉文在回國後撰寫的考察報告中透露，美方最初的態度十分強硬，聲稱「倘若中國願與美國合作維持銀價，則美國亦願幫助中國

11　中央銀行英文檔案，轉引自《法幣、金圓券與黃金風潮》（北京：文史資料出版社，1985年），頁28。

12　〈陳光甫致楊介眉函〉（1936年3月19日），載上海市檔案館編：《陳光甫日記》（上海：上海書店出版社，2002年），頁172。

13　〈陳光甫日記〉（1936年3月20日）；《陳光甫日記》，頁173。

維持新貨幣制度；若中國無誠意與美合作，而僅欲盡速脫售其存銀於美，則美國亦將停止維持銀價之努力」。[14] 最後陳光甫同意以擴大白銀用途、維持貨幣制度的獨立作為條件，來換取美國政府購買白銀的許諾，1936 年 5 月中旬，《中美白銀協定》在美國正式簽定。

《中美白銀協定》的主要內容包括：中國保持幣制獨立，不與世界任何貨幣集團聯鎖；中國除外匯、黃金外，保持 25% 的白銀作為發行準備；美國承購 7,500 萬盎斯中國白銀，另接受 5,000 萬盎斯白銀，作為 2,000 萬美元貸款之擔保；白銀分批購買，其價格按國際市場決定，若銀價上漲時中國得向市場公開出售。[15]

中美白銀協定終於在陳光甫、摩根索等人的努力下得以簽定，由於白銀協定的簽署，對於當時及日後中國的政治及經濟產生了重大的影響。

首先，由於美國同意收購中國白銀，使得收歸國有後的白銀有了出路，[16] 並增加了法幣發行的準備金，國內通貨得以穩定，幣制改革亦得以順利實施；其次，根據白銀協定的條款，美國分多次向中國購買白銀。根據中國的資料統計，自 1934 年 11 月至抗戰爆發前，中國分四批共向美國出售白銀 190,858,183 盎斯，價值美金 95,751,570 元；其後至太平洋戰爭爆發前，美國又向中國收購了 362,101,578 盎斯白銀，價值 157,164,000 美元，[17] 所有這一切都有助於維持抗戰初期中國的財政金融；第三，通過

14　中國第二歷史檔案館藏經濟部檔案；四 (2)/273；又見高陽：《陳光甫外傳》（台北：南京出版公司，1981 年），頁 298-299。

15　鄭會欣：《改革與困擾：三十年代國民政府的嘗試》（香港：香港教育圖書公司，1998 年），頁 259。

16　據統計，自 1935 年 11 月實施法幣政策至 1938 年成立兌金銀處的這段時間裡，國民政府從國內民眾中收購的白銀高達 4 億餘元。參見財政部財政年鑑編纂處編：《財政年鑑續編》（重慶：1945 年），第 11 篇「金融」，頁 18。

17　阿瑟·恩·楊格著，陳澤憲、陳霞飛譯：《1927-1937 年中國財政經濟情況》（北京：中國社會科學出版社，1981 年），頁 534。

談判，陳光甫與美方政界及金融界加深了了解，特別是他與財長摩根索之間建立了互信關係，這就為後來他再次訪美尋求借款奠定了基礎。

四　中美桐油借款

1937 年 8 月，全面抗戰爆發，國民政府一方面動員全國軍民堅持抗戰，同時也派遣重要官員，前往歐美各國積極尋求援助，除了派遣楊杰前往蘇聯談判、希望得到借款外，還相繼委派郭泰祺、顧維鈞、蔣百里等分別在英、法、德等國進行遊說，爭取支持，而美國則是國民政府爭取援助的重要對象。

美國政府雖然也對日本發動侵華戰爭予以譴責，但此時美國朝野上下正籠罩在濃厚的孤立主義政策之中。就在這一年的 4 月，美國國會重新修訂和補充了中立法案，並將其作為美國恆久的中立政策。新例規定，當總統認為戰爭存在時，有權決定禁運軍火、軍械及戰爭器械至交戰國；至於軍火、軍械以外經總統指定的特種貨品，若售與交戰國，則必須採用「現購自運」的辦法。[18] 顯然，這一法案的制定對於正在抵抗日軍侵略、迫切需要國際援助的中國政府是極為不利的。

然而儘管阻力很大，但國民政府仍然堅持尋求美援的計劃，並採取相應的措施予以配合。

美國財政部長摩根索雖然受制於國會與民意，不可能主動向中國提供援助，但他對中國人民抵抗日軍的侵略抱持同情的態度，特別是對兩年前與他談判的對手陳光甫記憶猶深。1938 年夏天摩根索在法國休假時曾向中國駐法大使顧維鈞暗示，陳光甫是一位正直且絕對信得過的事業家，如果中國政府派他來美國訪問的話，雖然眼下他不可能給予明確

18　參見耿淡如譯：〈一九三七年之美國中立法案〉，載《東方雜誌》第 34 卷第 18、19 號（1937 年 10 月 1 日）。

的允諾，但他保證會以財政部長之能力盡量予以促成。摩根索還說，他將於 8 月底回國，如果陳光甫 9 月初能抵達美國的話，他將很高興與其在華盛頓洽談具體援助之事。[19] 顧維鈞是一位老資格的外交官，當他聽到這一暗示後立即將此信息報告重慶，而且他認為「美財長態度懇摯，似有援助誠意」。[20]

此時武漢會戰正打得難解難分，中國政府迫切需要得到國際上的援助，最高當局聽到這一訊息後立刻予以響應，決定委派陳光甫作為政府代表，再次赴美談判。蔣介石對於向美借款之事也十分關心，並追問孔祥熙：「借款問題應對美積極進行，前請陳光甫赴美事究竟如何？應促其早日成行，如須由弟敦促，則可由弟電催也。」[21]

但是陳光甫患有嚴重的胃病，此時正在香港休養，因此他推薦浙江興業銀行總經理徐新六代替他赴美洽商借款。然而就在徐新六由香港飛往重慶接受任務的途中，所乘飛機被日軍擊落，徐新六、胡筆江等人為國捐軀，壯烈犧牲。在這嚴峻的局勢之下，陳光甫臨危受命，再次赴美。1938 年 9 月 9 日，陳光甫與席德懋（中央銀行業務局局長）、任嗣達（華昌貿易公司負責人）一行在美國方面嚴密保護下，秘密由香港乘飛機前往美國。

9 月 19 日，陳光甫一行抵達華盛頓，隨即便與摩根索等人進行談判。雖然摩根索對於援助中國之事較為熱心，而且這件事也是他先主動提出來的，但是受到種種條件的掣肘，最初的談判進展得並不順利。對於美國來說，當時向中國提供借款存在着三大困難，即借款的抵押、運

19　中國社會科學院近代史研究所譯：《顧維鈞回憶錄》第三冊（北京：中華書局，1985 年），頁 151-153。

20　〈顧維鈞致孔祥熙密電〉（1938 年 7 月 27 日），載秦孝儀主編：《中華民國重要史料初編──對日抗戰時期》第三編《戰時外交》（一）（以下簡稱《戰時外交》）（台北：中國國民黨中央委員會黨史委員會，1981 年），頁 234-236。

21　〈蔣介石致孔祥熙電〉（1938 年 8 月 22 日），載《戰時外交》（一），頁 236。

輸的途徑以及借款的形式。好在對於這些問題陳光甫在赴美之前就有所考慮，因此在與摩根索談判時就可以靈活予以運用。

關於抵押品，陳光甫在談判之初就向美方提出可以用中國的農礦產品作為借款的擔保，其中最重要的是桐油以及鎢、錫等特種金屬產品。因為桐油是當時中國最主要的出口商品，根據主計部的統計，1931年中國對外出口商品中排名第一的是大豆，佔總出口額的 15.18%，桐油排列第九，佔出口總額的 2.26%；然而 1936 年桐油則躍居第一，佔出口總額的 10.34%；[22] 抗戰爆發後桐油即被列入國家統購物資，「桐油合川、黔、湘、桂及其他各地年產八萬噸以上，值美金二千四百萬美金以上」。[23] 而且桐油是造船等軍事工業的必要原料，長期以來，美國一直是中國最大的桐油輸入國，因此以桐油作為借款抵押，既具可靠的擔保，又為美國工業所必須，這樣也可以堵住美國國內孤立主義者之口。

抵押品的問題解決了，運輸便成為美方考慮的主要問題。為了解決「現貨自運」的問題，陳光甫屢次與孔祥熙通電，報告「桐油借款，如我方對於按期交貨能於保證，似有成功希望；但長期保證交貨，非有健全運輸組織及貨運完全自由，極難辦到」。[24] 為此陳光甫特地前赴紐約與美國運油專家及有關廠商研究公路運輸組織、運油專家及汽油、桐油合作運輸，以及節省費用的辦法。陳光甫認為西南、西北交通運輸極為重要，正好可以利用此次機會加以改善。

相對而言，借款形式對於美國來說才是最大的問題，國務院害怕向中國借款會遭到日本的指責，因此提出所有借款方案不能違背《中美商約》和《九國公約》的有關規定（即反對所謂貿易壟斷）、不得直接向

22　參見中國第二歷史檔案館編：《中華民國史檔案資料匯編》第五輯第二編「財政經濟」（九）（南京：江蘇古籍出版社，1997 年），頁 644-648。

23　〈孔祥熙致陳光甫密電〉（1938 年 9 月 28 日），載《戰時外交》（一），頁 238。

24　〈陳光甫致孔祥熙密電〉（1938 年 10 月 9 日），載《戰時外交》（一），頁 239。

中國政府借款、不得用借款購置軍火與裝備等三個先決條件。[25] 陳光甫和摩根索為了繞過這些障礙，經過反復磋商，終於想出一個兩全其美的方法，這就是在中國組織一個獨立的公司，專門負責收購桐油，然後將其售與在美國設立的另一個公司，再由這個公司與美國進出口銀行訂立貸款契約，並購置中國政府所急需的各種戰略物資，而由中國銀行紐約經理處作為該貸款的擔保人。繞來繞去的形式，其實就是避人耳目，因為表面上看，這完全就是一個商業公司與銀行間的商業行為。摩根索對於陳光甫的智慧極為讚賞，因為這一方式既解決了向中國借款的難題，而他也可以理直氣壯地對外宣佈「這是商業，不是外交」。[26]

根據這樣的安排，陳光甫首先決定在國內組建復興商業公司，表面上看這是一個完全獨立的商業機構，但其資本全數由財政部撥款，並直接隸屬於貿易委員會；同時在美國則成立另一家中美合資的世界貿易公司，其中美方董事只是掛名而已，而這兩家公司的董事長則均由陳光甫擔任。這樣兩家公司之間簽訂購銷桐油的合同，再由世界貿易公司以此合同向美國進出口銀行押款，購買中國所需要之各種物資。1938 年 12 月 5 日，羅斯福總統正式批准這項借款，由美國進出口銀行提供世界貿易公司 2,500 萬美元的貸款，購買美國農工產品輸華，另由復興商業公司在中國國內收購桐油，運美銷售。[27] 由於這筆貸款是以桐油為抵押品的，所以就被稱為「桐油借款」。

桐油借款是抗戰爆發後美國向中國提供的第一筆貸款，雖然數額不是很大，但是它的政治涵意遠遠超過它的經濟涵意。借款簽定之際，正是廣州和武漢相繼淪陷、中國抗戰進入最艱苦的階段，而借款的成立可

25　吳相湘：《民國百人傳》第 4 冊（台北：傳記文學出版社，1971 年），頁 24-35。

26　John Morton, *From the Morgenthau Diaries: Years of Crisis: 1928-1938* (Boston: Houghton Mifflin, 1959), p.511.

27　〈陳光甫致孔祥熙密電〉（1938 年 12 月 15 日），載《戰時外交》（一），頁 245。

以視為西方援助中國抗戰的一個象徵，對於長期以來孤立無援、浴血奮
戰、堅決抗擊日軍侵略的中國軍民來說，桐油借款更具有強大的鼓勵作
用。更重要的是，桐油借款開出了一個先例，在此之後，美國和英國等
國家即援引這一方式，開始向中國提供各種援助，對於中國軍民堅持抗
戰具有積極的意義。

五　上海銀行家的特點

除了前文介紹的那些金融巨擘外，還有其他諸如葉景葵、貝祖詒、
胡筆江、談荔孫、王志莘等許多著名銀行家，不論從年齡、籍貫，或是
學歷和經歷上來看，他們都具有很多共同的特點，因此很有必要將陳光
甫以及與他同一時代的上海銀行家群體加以對比和分析。

首先，他們大都生於十九世紀八十年代，這與整個中國大時代的環
境以及社會經濟的發展有關，二十世紀初正是中國近代銀行業草創之
時，這些未來的銀行家正當青壯年，也可謂是生逢其時；而且他們的籍
貫亦大都是江蘇或浙江，所創辦的銀行亦大都以上海為基地，這自然與
江浙一帶人才薈萃、得風氣之先，而上海又是中國的金融中心有關，同
時這也成為日本人稱他們為「江浙財閥」的重要原因。

其次，這些上海銀行家少年時接受的多是傳統教育，有的還是清朝
廢除科舉前的秀才，但隨後又接受新學，青年時期他們之中很多人還出
國留學，除了陳光甫、徐新六、王志莘等留學美、英之外，其餘大多是
東渡日本，學習的是經濟或財政銀行專業，他們對於國際事務亦有相當
的了解，都有志於改變中國貧窮落後的局面，有的人甚至還曾加入過同
盟會。

第三，他們大都於辛亥革命前後回國，曾在晚清政府與北京政府中
任職，並得到主政者的賞識；他們服務的機構大都是政府的財政或金融
機關，而且身居要職，在積累了一定的基礎並建立了廣泛的人際關係

後，他們又相繼脫離體制，獨自或合夥創辦商業銀行。

這批上海的銀行家不僅致力於金融業的發展，他們還關注國家和社會，利用其特殊的身份，發揮其他人所不具備的作用。譬如浙江興業銀行總經理徐新六就曾擔任中華教育文化基金會董事、實業部國際貿易局名譽顧問、國民經濟建設計劃委員會專門委員等，他們還都是中國經濟學社的重要成員，錢永銘、張嘉璈、吳鼎昌、周作民以及徐寄廎、王志莘等著名銀行家，都曾被學社推選，出任學社的理事。

就以陳光甫為例，他不僅創辦和經營上海商業儲蓄銀行，其後還創辦了中國旅行社，被視為中國旅遊業的先驅；此外他與人合辦寶豐保險公司，自辦大華保險公司，並創辦中國第一信用保險公司，專門辦理商業信貸及其他信用擔保；而當國家和民族處於危機之際，他亦毅然將個人的命運與國家的前途結合在一起，努力承擔社會責任。胡適當時剛剛就任駐美大使，他十分佩服陳光甫這種為了尋求外援而委屈求全的精神，曾在日記中寫道：「光甫辦銀行三十年，平日只有人求他，他不消看別人的臉孔。此次為國家的事，擺脫一切，出來到這裡，天天仰面求人，事事總想不得罪美國財政部，這是他最大的忠誠，最苦的犧牲，我很佩服他這種忠心。光甫做此事，真是沒有一點私利心，全是為國家。」[28] 胡適的這番評價，說出了國人對陳光甫他們這些銀行家為了國家利益付出犧牲這一精神的稱讚。

最後要討論的是上海銀行家群體與政府、特別是與南京國民政府之間的關係。

我們可以用「若即若離」這句成語來形容上海銀行家與政府之間的關係，就像陳光甫所說的那樣：「敬遠官僚」。當然他們也十分清楚，要想讓其銀行業務得以發展，又必須與政治保持密切關係，特別是國民

28　曹伯言整理：《胡適日記全集》（台北：聯經出版事業公司，2004 年），第 7 卷，頁 668。

政府成立後，官僚與財閥間的結合就更加明顯。一方面說是無奈，南京國民政府成立後，陳光甫雖然應允出任江蘇兼上海財政委員會主任，負責為新政權籌款，但陳光甫對前景並不看好，據他觀察，此刻「財部弄財部的把戲，銀行家弄銀行家的把戲，仍是互相利用的舊把戲，試問前途尚有好結果乎」？[29]另外，他對於南京政府堅持成立中央銀行以及對中國、交通銀行增資改組之事亦有看法，因為中國銀行資本三千萬元中即有國家資本五百萬元，政府即可派董事三人、監事一人，董事長由常務董事選舉，政府委任。對此局面上海的銀行家只能無奈予以接受，即如陳光甫所說：「中行自開辦以來即不能與政府脫離關係，政體變更，今仍不能脫離關係，天命之難違可見一斑矣。」[30]對於這種狀況他不由發出感嘆：「我輩商人託身於此政府之下，前途可懼，我行為今之計，惟有注重保守二字。」[31]

另外一方面，則表現在統治者與商人相互之間的利益交結，古往今來，莫不如此。南京政府成立後，國民黨為了鞏固新政權的統治，對於上海資本家採取利用與壓制的雙重手段，對這個問題美國歷史學家科布爾曾做過深入的研究。相對而言，上海的金融資本家要比其他的實業家與政府間的關係更加密切，這是因為南京政府必須要得到銀行界的協助，方能發行公債，籌募軍費政費；而銀行家也可利用這些機會，發展業務，謀取利益。同時上海的銀行家也與政界人物保持密切的關係，1934年剛剛退任財政部長的宋子文欲創辦中國建設銀公司，上海的大銀行家都成為新公司的發起人，囊括了國內所有的金融巨擘，而且張嘉璈、陳光甫、周作民、徐新六、唐壽民、李銘、胡筆江等均為中國建設

29　〈陳光甫日記〉（1928年8月3日），載《陳光甫日記》，頁51。

30　〈陳光甫致楊介眉函〉（1928年10月20日），載《上海銀行家書信集（1918-1949）》，頁65。

31　〈陳光甫日記〉（1928年10月2日），《陳光甫日記》，頁59-60。

銀公司的常務董事；而作為上海銀行家的重要代表，陳光甫、吳鼎昌、唐壽民則出任中央銀行常務董事，錢永銘、張嘉璈、李銘則為理事或監事，這就說明官僚與財閥此時已有機地加以結合。

南京國民政府成立後，隨着對經濟事務的干預不斷加強，官商之間的聯繫也日益密切，亦官亦商、亦商亦官的現象司空見慣，不少銀行家曾出閣入仕，步入政壇。譬如錢永銘，早在南京政府成立之初，就被任命為財政部次長；1935 年 11 月，國民黨五全大會之後，一批知識分子和專業人士亦進入政府，張嘉璈即相繼出任鐵道部和交通部部長，抗戰勝利後任東北行營經濟委員會主任委員、中央銀行總裁；吳鼎昌則擔任實業部長、貴州省主席、國民政府文官長、總統府秘書長；抗戰爆發後國民政府於軍事委員會之下設三個調整委員會，其中周作民和陳光甫就出任農產和貿易調整委員會主任委員。然而總體來說，他們中的大多數仍然屬於銀行家這個範疇。

我們仍以陳光甫為例，經過十多年的慘澹經營，上海商業儲蓄銀行的業務迅速發展，陳光甫的社會地位也大為提高。1928 年他曾寫信給江漢關稅務司，請他對漢口的銀行事務予以關照，對此陳光甫亦不勝感慨，因為此舉乃是他「有生以來第一次作介紹書與稅務司會晤於中國官場」。回想以往，「稅司之地位等同天使，可望而不可即。彼時一商人、一錢莊經理雖用種種緣意方法求見當不易，為期不過二十五年，商人地位進步如此之速，誠可驚異」。由此他又聯想到，「中國商人之地位惟有日見增高，不難有商人組織政府之一日；而可慮者，為商人之腦筋應須多加修養耳，否則亦不過一般軍人政客之傀儡」。[32]

正如前文所述，南京國民政府成立後，陳光甫的政治地位更加重

32　〈陳光甫致楊介眉函〉（1928 年 10 月 28 日），載《上海銀行家書信集（1918-1949）》，頁 67。

要，亦曾擔任過不少政府的職務，甚至國民政府委員，然而他卻一直婉言拒絕出任諸如財政部次長、江蘇省財政廳廳長、貿易部部長等實職，從未放棄過銀行家的本職。1947 年 4 月，陳光甫出任國民政府委員，然其內心「本來不要做，但是蔣先生堅持，幾位老朋友勸說，我便不便回卻，故作清高也非我的本意，於是就答應了」。他在日記中承認：「我過去這多少年，一向和政府是若即若離，如今做了國府委員，只可以說我在『內』的部分比從前加多些，而大部分的身體還在『外』」。[33] 當然，陳光甫此時同意出任國民政府委員還有一個重要原因，那就像他在日記中所說，「不論怎樣，也不論力量的大小，今天所成立的聯合政府將減少國民黨獨裁的程度」，[34] 這說明他對國民政府還抱有一線希望。

然而內戰爆發後不久，他就對國民政府失去了信心，最明顯的事例就是戰後拒絕代表政府向美國求援。

國共內戰爆發不到一年，局勢就發生了根本的轉變，此時國民政府為了扭轉戰局，迫切需要得到美國方面的援助。陳光甫曾於戰前和抗戰初期兩次赴美，不僅圓滿地完成了求援任務，還與美國政界建立了良好的關係，因此國民政府又將求援的希望寄託在他的身上。然而此刻的陳光甫卻不為所動，對國府及蔣介石的要求婉言相拒。1947 年 5 月 3 日，他在致中央銀行總裁張嘉璈的信中稱：「赴美談判事項不只局限於工商業經濟方面，實包括整個國策，若非對於政治全局有深切認識之大員主持，難以勝任。」10 天之後他再次致函張嘉璈，說「感覺彼如赴美，即使小數目商業性質之求援，如以前之桐油、鎢、錫借款，亦不易獲得，故不敢冒昧擔任此項任務」，竭力予以推脫。[35] 從陳光甫前後態度

33　〈陳光甫日記〉（1947 年 4 月 23 日），載《陳光甫日記》，頁 185。

34　同上註。

35　姚崧齡編著：《張公權先生年譜初稿》下冊（台北：傳記文學出版，1982 年），頁 829、834。

的轉變中，我們可以看到上海銀行家群體對於國民政府的態度和立場已悄然出現變化。

　　最終讓上海資本家對國民政府徹底絕望的是 1948 年 8 月實施的那場幣制改革，此時國民黨在軍事戰場上節節敗退，為了鞏固後方，經營反攻基地，他們不惜與合作多年的上海金融家反目，通過發行金圓券的方式，欲將全國民眾、其中也包括上海資本家手中的黃金、白銀和外匯盡數搜括，以致於天怒人怨，加速了國民黨在大陸的失敗。1949 年，在這決定中國前途和命運的關鍵時刻，上海的資本家有的留在國內，多數選擇前往香港或海外，相對來說，隨同國民黨一起去台灣的人並不多（陳光甫和錢永銘是後來去台灣的）。長期活躍於中國政界和金融界的上海銀行家群體自此消失，成為一段耐人尋味的歷史記錄。

原載復旦大學中國金融史研究中心編：《銀行家與上海金融變遷和轉型》

（上海：復旦大學出版社，2015 年 8 月）

統制經濟與戰時國營貿易

一　引言

　　淞滬戰爭爆發後，中國開始進入全面抗戰，其後國民政府便不斷地制定或修改各項政策，以適應戰時局勢的變化。以財政經濟政策而論，這一時期國民政府實行的是統制經濟政策，其中一項重要的內容就是管制外匯，統制金融，對於重要的出口農礦產品實施統購統銷，爭取國外的各項援助。在具體實施過程中，特礦產品的易貨貿易由資源委員會負責，而大宗農產品物資的出口則由新設立的貿易調整委員會（後改名為貿易委員會）承擔。貿易委員會為了保證茶葉、桐油、豬鬃、生絲等農產品的出口，又先後改組或成立多個國營貿易公司，從而全面壟斷了戰時國家的進出口貿易。

　　貿易統制和統購統銷是戰時財政經濟政策中的一個重要內容，然而長期以來我們對這方面的研究卻不夠深入，而且對於戰時統制經濟政策也予以否定。近年來，對於抗戰期間承擔特礦產品出口易貨的資源委

員會研究成績較為明顯，出版了多部專著[1]以及親歷者的回憶和傳記，[2]亦編輯有原始檔案專書，[3]還有學者關注資源委員會如何承擔政府統購統銷的任務，對於特礦產品實施易貨貿易的背景與作用進行了較深入的探討。[4]然而相對於資源委員會，對於戰時同樣執行貿易統制的另一重要機構貿易委員會的研究情形就薄弱得多了。

　　貿易委員會存在的時間雖然不是太長，但卻經歷了抗日戰爭的全過程，更重要的是，貿易委員會作為國家對外貿易的職能部門，在戰時執行統購統銷、易貨貿易的任務中具有極為重要的地位，對於堅持抗戰、爭取外援也發揮了相應的作用。然而長期以來，除了上世紀八十年代中期發表過數篇論文討論戰時貿易政策之外，[5]尚未有以貿易委員會活動為中心的專著問世，對於貿易委員會屬下的中國茶葉、復興商業和富華貿

1　鄭友揆、程麟蓀、張傳洪：《舊中國的資源委員會——史實與評價》（上海：上海社會科學院出版社，1991 年）；林蘭芳：《資源委員會的特種礦產統制》（台北）政治大學歷史系博士論文，1998 年；薛毅：《國民政府資源委員會研究》（北京：社會科學文獻出版社，2005 年）。

2　《回憶國民黨政府資源委員會》（北京：中國文史出版社，1988 年）；《錢昌照回憶錄》（北京：中國文史出版社，1998 年）；李文通：《書生從政——翁文灝》（甘肅：蘭州大學出版社，1996 年）。

3　程玉鳳、程玉凰編：《資源委員會檔案史料初編》上下冊（台北：國史館，1984 年）；陳謙平編：《翁文灝與抗戰檔案史料匯編》上下冊（北京：社會科學文獻出版社，2017年）。

4　對於這個問題研究最為深入的早期以吳太昌和程麟蓀為代表，吳太昌的論文包括〈國民黨政府的易貨償債政策和資源委員會的礦產管制〉，載《近代史研究》1983 年第 3 期；〈國民黨政府資源委員會壟斷活動述評〉，載《中國經濟史研究》1986 年第 3 期；〈抗戰時期國民黨政府的貿易、物資管制及國家資本的商業壟斷活動〉，載《平準學刊》第五輯下冊（北京：光明日報出版社，1989 年）。程麟蓀的論文則包括〈論抗日戰爭前資源委員會的重工業建設計劃〉，載《近代史研究》1986 年第 2 期；〈論資源委員會的特礦統制活動〉，張憲文、陳興唐、鄭會欣主編：《民國檔案與民國史學術討論會論文集》（北京：檔案出版社，1988 年）；〈中國計劃經濟的起源與資源委員會〉，載《二十一世紀》總第 82 期（香港中文大學中國文化研究所），2004 年 4 月。還可參見肖自力：〈國民政府鎢砂統制的嘗試與確立〉，載《歷史研究》2008 年第 1 期。

5　有代表性的論文包括朱秀琴：〈淺談抗戰期間國民黨政府的經濟統制〉，載《南開學報》1985 年第 5 期；沈祖煒：〈論抗日戰爭時期的貿易委員會〉，載《中國近代經濟史研究資料》第九輯（上海：上海社會科學院出版社，1987 年）；馮治：〈抗戰時期國民政府對外貿易管制述評〉，載《近代史研究》1988 年第 6 期。

易三大國營公司，更沒有一篇學術論文進行研究，這不能不視為缺憾。[6]

　　從事歷史研究最基本的條件是要充分佔有史料，特別是第一手的原始資料。以往對於貿易委員會缺乏深入的研究，很重要的一個原因，就是未能充分收集和整理大量的史料。筆者主要依據中國第二歷史檔案館館藏貿易委員會以及屬下三大國營貿易公司的原始檔案，以財政部貿易委員會為中心，針對戰時統制經濟與國營貿易的問題，先後發表了十多篇論文，並結集為專書《國民政府戰時統制經濟與貿易研究，1937-1945》（上海社會科學院出版社，2009 年）。本文則在其基礎上抽出若干重點，對於戰時統制經濟政策的制定和演變、貿易委員會成立的背景和經過、國營貿易公司在執行統制經濟政策的經營活動予以全面的介紹，進而分析戰時實施的統制經濟政策對於堅持抗戰所發揮的作用及其存在的弊病。

二　統制經濟學說的興起

（一）關於「統制經濟」的討論

　　「統制經濟」（controlled economy）是上世紀三十年代初在中國廣為流行的一種學說，它首先由學術界提出，主張國家應對生產及市場實行有限度的干預，而這一學說的出現則與當時的國際大環境密切相關。三十年代初期資本主義世界相繼捲入空前未有的經濟危機，中國亦不能倖免；但同一時間德國和意大利的納粹和法西斯政權卻大肆推行國家主義，加強政府對經濟領域的干預，整軍經武，使國家大大減緩了經濟恐慌的衝擊，而蘇聯更因為推行社會主義計劃經濟，不但避免了經濟危機

6　最近已有學者關注這一問題，張忠民、朱婷在介紹抗戰時期大後方國有企業的發展時，曾對貿易委員會屬下的幾個國營貿易公司專門加以介紹，這在以往的研究中尚不多見。見張忠民、朱婷：《南京國民政府時期的國有企業（1927-1949）》（上海：上海財經大學出版社，2007 年），頁 176-184。

的發生，國民生產總值還有了大幅度提高，這些成功的經驗自然引起中國學術界的關注。

「統制經濟」這一學說在西方不但早已流行，而且有些國家業已付諸實施，但在中國卻反響不大。直到三十年代初期世界經濟危機波及到中國，特別是「九一八」事變後日本侵佔東北三省之後又加速全面侵華的步伐，導致中國的經濟日益困窘之際，中國的知識分子方開始覺醒，認為統制經濟實為加強國防經濟建設、抵禦外來入侵的救國方策。學術界和工商界先是討論「統制經濟」學說的內容，介紹歐美各國推行的情形，並進而力加提倡，乃至於一時間「統制經濟」的口號甚囂塵上，國內各主要刊物如《東方雜誌》、《申報月刊》、《時事月報》、《新中華》，以及金融業與對外貿易界的重要雜誌《銀行週報》、《國際貿易導報》，中國經濟學社主辦的《經濟學季刊》，都連篇累牘地刊載了各派學者的言論，甚至以標榜自由主義為宗旨的《獨立評論》，以及具有國民黨黨內各派系背景的《行健月刊》、《前途》（復興社）、《復興月刊》（政學系）、《民族月刊》（改組派）等雜誌，亦都參加了這場討論。[7]1933 年 5 月，當時在中國影響最大的報紙《申報》屬下的《申報月刊》為慶祝創刊一週年，計劃組織一次有關中國現代化問題的討論，並向國內學術界發出徵文邀請，得到國內學界的熱烈響應。儘管大家的意見並不相同，但有不少學者卻不約而同地提出「統制經濟」這一主張。[8]《申報月刊》的討論使得學術界對「統制經濟」這一學說充滿了興趣，正如著名學者丁文江所說：「現在最流行的口號，要算是『統制經濟』了。左傾的也好，右傾的也好，大家都承認放任經濟的末日到了，統制經濟是人類走

7　李菊時編著的《統制經濟之理論與實際》（新中國建設學會，1934 年）曾介紹了當時國內多位學者對於統制經濟的看法，因其多未注明引文出處，故難以查閱原文，但仍可作為參考。見該書頁 16-20。

8　這些文章均刊於《申報月刊》1933 年 7 月號的「中國現代化問題特輯」的專欄中。

向極樂世界的大路。」[9] 1934 年 8 月，集聚了當時國內最優秀經濟學者的中國經濟學社於湖南省會長沙市召開第十一屆年會，即以「中國施行統制經濟政策之商榷」作為本屆年會的討論主題，[10] 可見統制經濟這一學說在當時所受到的重視程度。

　　儘管大多數學者都認為當時的中國應該推行統制經濟，但對其內涵彼此間尚有較大的分歧，其爭論的焦點主要集中在「統制經濟」究竟包含哪些內容？中國又是應該如何推行「統制經濟」？

　　除了學界外，當時實業界許多領袖也都不同程度地支持統制經濟這種思潮。著名實業家穆藕初以為，當時的中國已瀕於全面破產的邊緣，工業奄奄一息，農業凋敝不堪，民生塗炭，國本動搖，而列強正虎視眈眈，無不欲以其龐大之經濟力量控制中國，「若此時我國而尚不準備實施統制經濟，以有計劃之行動，打破當前經濟之紊亂狀態，則長此以往，國脈民生，斷難延續，其結果終必淪於列強經濟共管之慘局」。[11] 航業鉅子盧作孚一貫主張建設需要有計劃，他建議，「根據世界的最高紀錄作為目標，根據國內的目前狀況作為出發點，適應整個國家的需要，定出整個國家的生產計劃、交通計劃、文化設施的計劃；國防佈置的計劃，定出最後的要求，而又依進行的便利定出若干步驟」。[12] 他還進一步強調：「中華民國需要進步，尤其是需要在整個計劃下進步，整個計劃必須決定於政府，尤其必須決定於中央政府。」[13] 銀行家章乃器更直言：「統制經濟必然要對於整個的國民經濟有通盤的籌劃，這是統制

9　丁文江：〈實行統制經濟制度的條件〉，載《大公報》（天津），1934 年 7 月 1 日。

10　中國經濟學社主辦的《經濟學季刊》第 5 卷第 4 期（1935 年 3 月）刊載了提交本屆年會李權時、諸青來、陳長蘅、賈士毅等學者討論統制經濟的 14 篇論文。

11　穆藕初：〈統制經濟與中國〉，載《銀行週報》第 17 卷第 37 號（1933 年 9 月 26 日），頁 8。

12　盧作孚：〈從四個運動做到中國統一〉，載《大公報》，1934 年 1 月 29 日，第 1 張第 3 版。

13　參見凌耀倫、熊甫編：《盧作孚集》（湖北：華中師範大學出版社，1991 年），頁 363。

經濟所必備的『統一性』。」在他看來，既然中國需要實施「守勢」的統制經濟，那麼就應該作到：在貿易統制方面，要調整輸出入數量，消滅每年大量的入超；在產業統制方面，要支持國貨工廠同帝國主義在華工廠的競爭；在金融統制方面，要能在破碎的金融權底下，樹立起一個金融壁壘，從消極方面來講，是防止資本外流，而積極方面則是使華商銀行有能力抵擋住外商銀行的壓迫。因此他認為「在維持現狀的條件之下，中國不可能實行經濟統制」。[14] 章乃器還表明，他並不是反對統制經濟，只不過在目前重重不平等條約之下的中國根本無法有效地實施統制經濟。[15]

當時學術界對於經濟統制的理論大致分為兩類，一類傾向於社會主義，主張建立以社會為中心的經濟機構，由國家制定統一的計劃，統制國民的生產、消費及一切經濟生活；另一類仍然堅持資本主義，主張依靠國家權力實施總體的經濟統制，以達到國民生產與消費的結合。經過熱烈討論，學術界贊成中國實施統制經濟的居多，其主要分歧則在於中國應實施甚麼形式的統制經濟，以及中國應如何實施統制經濟。此刻輿論界一般認為，中國不應該實施自由主義經濟，但也不能實行完全的統制經濟，而應實行有計劃的部分統制經濟。

（二）政府首腦的立場與態度

學界和實業界普遍認為，實施統制經濟的前提，是要建立起一個統一的中央集權政府，這個見解不啻與國民政府的目的不謀而合，實際上政府有關部門的首腦對於統制經濟早已情有獨鍾，因而正當統制經濟這

14   章乃器：〈經濟統制與銀行〉，載《銀行週報》第 18 卷第 44 號（1934 年 11 月 13 日），頁 17-19。

15   章乃器：〈改造中國經濟的正路與歧路〉，原載《新中華》第 3 卷第 13 期（1935 年 7 月 10 日），後收入章乃器等著：《中國經濟恐慌與經濟改造》（上海：中華書局，1935 年），頁 110-128。

一學說在學術界深入討論的同時，國民黨以及政府上層、特別是掌管財政經濟的各部門首長亦立即予以熱烈的回應，其中財政部長宋子文與實業部長陳公博就是重要的代表人物。

　　1933 年 4 月宋子文以參加世界經濟會議之名遍訪歐美眾多國家，收穫甚大，特別是當他親眼目睹美國實施新政後所發生的變化，更加堅定了他採納國家干預社會經濟政策的決心。他回國後極力推崇羅斯福的新政，認為實施新政成功之處在於「彼實行一事，有一定之辦法，有一定之步驟，一切事業、私人咸不得任意干涉，而政府則實行干涉主義」；同時他也認同其他國家實施干預經濟的體制，他在上海的歡迎會上舉例說，「即如俄、意、德之新興國家，無論其政治上為法西斯蒂、共產主義，然其目的，皆以謀社會國家之共同福利，惟其如此，皆能犧牲自己權利」，因此他的結論是，當前欲「以國民經濟為中心，政府實力維護，加以有計劃的統制而謀開展」。[16] 他還認為：「厲行統制經濟，近世經濟趨勢均有此傾向。我國現時經濟疲敝，都市雖似繁榮，農村則日有破產之虞，欲圖復興，務使各國生產部門均能作有計劃之生產，非統制不足收合作之效。」[17]

　　陳公博接任實業部部長後不久，即組織成立了一個《經濟年鑑》編纂委員會，首次開始對全國的各項經濟內容進行規模龐大的調查統計，並在此基礎上編輯成一部 600 餘萬字的《中國經濟年鑑（1934）》。與此同時，在他的親自指導下，實業部開始組織力量制定《實業四年計劃》（1933-1936），計劃將全國主要工礦業、交通運輸和通信事業集中於國家的統制之下。該計劃的主要內容包括，確定在政府通盤籌劃下，將糧食、棉花、煤炭等重要產品和物資加以統制，達到生產與消費、供

16　〈昨日兩大盛會歡宴海外歸來宋財長〉，載《申報》，1933 年 8 月 31 日，第 3 張第 12 版。
17　轉引自李菊時編著：《統制經濟之理論與實際》，頁 596。

給與需求之間的平衡，而後由國內市場注意到國際市場，以謀對外競爭，通過統制經濟達到「以民族經濟代替封建經濟，實現現代式的國家」之目的；計劃籌集資金十六億元，重點投放於農林和工礦建設兩個方面；同時確定將揚子江作為國家經濟建設的中心區，然後逐步向全國推廣，以期達到「經濟中心和政治中心連成一氣，而使中央政治權力因之而臻強固」之目的，而實施這一切所採用的政策即為統制經濟，並且「先將保險業、糧食、棉花、煤炭等重要產業，用政府力量通盤籌劃，使之統制起來」。[18]

作為黨國最高領袖，蔣介石可能是最早就有統制工商並進而壟斷全國經濟意圖的領導人了。有學者從蔣介石日記中統計，在「九一八」事變後第二年蔣介石閱讀的眾多書籍中，重點閱讀的著作就包括《蘇俄設計經濟》、《德國復興史》和《土耳其史》等書。與此同時，他在日記中還留下了多位學者為他講學的紀錄：馬寅初講國際經濟大勢（1932年 5 月 17、19 日）；翁文灝講中國煤鐵礦業的分佈與蘊藏（6 月 17、18 日）；楊端六講貨幣制度（8 月 9 日）；劉秉麟講蘇俄設計經濟，蔣介石聽後「甚有所感也」（10 月 12 日），而且他在閱讀過《蘇俄設計經濟綱要》之後，立即批准付印（10 月 21 日）。[19]1933 年 8 月 27 日他在日記中寫下為復興社所擬的宗旨，即包括「革新教育，開發實業，調劑勞資，統制工商，平均地權，扶助耕農，喚起民眾，注意道德，崇尚禮義，創造武力，矢志勞動，誓服兵役，恢復領土，還我主權」。[20]

1937 年 2 月 19 日國民黨五屆中執會第三次會議通過由蔣介石等四名委員提出的《中國經濟建設方案》，則更明確提出今後中國的經濟建

18　《實業四年計劃》（1933-1936），中國第二歷史檔案館藏國民政府實業部檔案：四二二(1)/2008。本書所引用之檔案無如特別説明，均藏自中國第二歷史檔案館。

19　參見王奇生：〈蔣介石的閱讀史〉，《中國圖書評論》，2011 年第 4 期，頁 21-31。

20　轉引自鄧元忠：〈新生活運動之政治意義闡釋〉，載《抗戰前十年國家建設史研討會論文集（1928-1937）》上冊（台北：中央研究院近代史研究所，1984 年），頁 32。

設必須實行計劃經濟的政策。該方案於「政策」項內強調：「中國經濟建設之政策應為計劃經濟，即政府根據國情與需要，將整個國家經濟如生產、交易、分配、消耗諸方面，制成彼此互相聯繫之精密計劃，以為一切經濟建設進行之方針。在此政策之下，全國人力物力財力，得不分界域，為全盤適當之配置，以發揮最大之效率；生產之結果，得共同利用，為公平適當之分配，以提高大眾之福利。此外在消極方面，政府應排除一切經濟建設之政治的與社會的障礙，以期推行之順利。」在「內容」項下聲稱，「經濟建設，中央及地方政府與人民應打通一氣，在整個系統下及整個計劃中進行」，並具體指出應包括的範圍有：確立金融制度，釐定預算政策，準備土地改革，發展交通事業，修治全國水利，促進實業建設等各方面內容。在「組織」項下，《方案》更加強調，「為統籌建設經費及集中設計與考成起見，中央應有一最高之經濟建設機關，舉凡有關全國經濟建設之政策與計劃，統歸其釐定而發佈之；中央各種建設進展之程度，辦理之成績，亦統歸其監督與考核；地方經濟建設技術上得受中央之指導，至其工作成績，則應由地方政府依時呈報中央。」[21] 這可以視為蔣介石欲在全國實施統制經濟或計劃經濟的真實反映，其宗旨就是要擴大國家資本、壟斷全國財政和經濟命脈，進而達到鞏固中央集權的目的。

（三）戰前統制經濟的實踐

實際上國民政府成立之初即有統制全國經濟建設的計劃，並先後成立相關機構予以負責，儘管當時並沒有明確提出「統制經濟」這一口號，但在其後相繼成立的全國建設委員會、全國經濟委員會和資源委員

21　蔣介石等：《中國經濟建設方案》（1937 年 2 月 19 日通過），載周開慶主編：《經濟問題資料彙編》（台北：華文書局，1951 年），頁 51-59；又載羅家倫主編：《革命文獻》第 30 輯（台北：中國國民黨中央委員會黨史史料編纂委員會，1953-1967 年），頁 915-923。

會都是政府意欲統制全國經濟的明顯舉措。

1928 年 2 月北伐尚未成功，國民政府即設立建設委員會，以後該會雖經多次改組，隸屬關係亦有所更動，但其職掌卻大致未變，即負責擬制全國建設事業之具體方案，為國民建設有需要者提供設計，辦理經國民政府核准試辦之各種事業（主要包括電氣、煤礦等企業）。1931 年 6 月，國民政府為促進經濟建設而計劃成立全國經濟委員會，該會組織條例規定，凡國家一切經濟建設或發展計劃，其經費由國庫負擔或補助者，均應經該會審定呈請國民政府施行之，並任命蔣介石、宋子文為正副委員長。但因內憂外患，直至 1933 年 9 月，全國經濟委員會方正式改組成立，並明確規定其職掌為有關國家經濟建設或發展計劃之設計及審定、應需經費之核定、監督與指導以及直接實施諸事項。[22] 全國經濟委員會成立之後下設的第一個組織就是棉業統制委員會，這也是中國第一個以「統制」冠名的機構。

「九一八」事變後，面對日本侵略中國的嚴重威脅，舉國上下都瀰漫一股反日浪潮。在這種情形之下，蔣介石採納了錢昌照等人的意見，於參謀本部之下秘密設立國防設計委員會，蔣介石親任委員長，翁文灝、錢昌照則分別擔任正副秘書長，並聘請國內各方面著名的學者和企業家出任委員，從事抵抗日本侵略的各項準備工作。根據國防設計委員會的組織條例，該會職掌為：擬訂全國國防之具體方案；計劃以國防為中心之建設事業；籌擬關於國防之臨時處置。1935 年 4 月國防設計委員會易名為資源委員會，改隸於軍事委員會，其職責則主要為調查研究並擬制各種建設及動員計劃，統制鎢、銻、錫等特礦的生產和貿易，經辦特種礦產品的出口易貨償債事宜，着手創辦重工業廠礦。抗戰爆發

22　《全國經濟委員會成立紀要》（1934 年 2 月 21 日），載中國第二歷史檔案館編：《中華民國史檔案資料匯編》第五輯第一編「財政經濟」（一）（南京：江蘇古籍出版社，1994年），頁 88-90。

前，資源委員會已對全國的農業、工業、礦業、交通、運輸、人才等六
項經濟資源先後進行了較為詳細的調查統計，並在此基礎上陸續擬定了
戰時各種資源的動員計劃，包括食品及重要農產資料、礦產品、工業、
貿易、交通、財政金融、人員等七大類數十項臨時統制動員計劃。1936
年 3 月，資源委員會在前期調查的基礎上制訂了《重工業建設計劃》，
計劃於各地籌建中央機器廠、中央電機廠、中央鋼鐵廠等一批重型廠
礦，並對各類工業投資額、投資來源、設廠地點、年產量都分別作了具
體規定。同時資源委員會還秘密與德國簽訂易貨協定，由德國向中國提
供一億馬克信用貸款用於購買德國的軍火及其他兵工設備，中國則以
鎢、銻和桐油、豬鬃、生絲等農礦產品償付，為此資源委員會首先對於
鎢、銻等特礦產品實施統制。[23] 大量的事實說明，資源委員會的成立及
其對重工業的建設計劃正體現了國民政府欲加強國家資本的力量，並
進而對全國經濟實施全面統制的意圖。

　　除了成立相關機構外，戰前國民政府還在各個方面加強對經濟實施
統制的計劃。

　　國民政府早就有控制全國金融的意圖，1928 年 11 月成立中央銀行
的目的就是統制全國金融。1931 年財政部部長宋子文在發表第二次財
政年度報告中曾表明，統制全國金融是政府統制全國生產的第一步，[24]
雖然當時中央銀行的資本薄弱，並不足以實施壟斷，但國民政府卻從未
放棄統制全國金融的企圖。待到 1935 年 3 月，政府即以解救金融危機
為名發行公債，一方面大量擴張中央銀行的資本，同時又對中國、交通

23　有關資源委員會的成立及其對全國重工業的計劃與統制請參閱鄭友揆等著：《舊中國的
　　資源委員會——史實與評價》，頁 21-22、33-41、245-255；薛毅：《國民政府資源委員
　　會研究》，頁 139-149、171-183；以及《回憶國民黨政府資源委員會》一書中當事人的
　　相關回憶。

24　*Finance and Commerce*, 18 Mar 1931，引自杜恂誠：《民族資本主義與舊中國政府（1840-
　　1937）》（上海：上海社會科學院出版社，1991 年），頁 266。

二行強行增資改組。在政府看來，中國、交通二行的增資改組是其完成
對全國金融實施壟斷的一個標誌，蔣介石即稱：「三行之增加官股，即
統制經濟之開始。」[25] 孔祥熙亦承認：「政府舉措之最重要者，莫如改組
中、交兩行，增加政府資本，俾於救濟改革幣制之設施上得與中央銀行
通力合作，借收事半功倍之效。」[26]

　　戰前國民政府雖然沒有專設對外貿易的管理機構，但關於統制貿易
的設想卻時在考慮之中。實業部曾聯合地方政府及相關行業共同投資，
先後成立了若干官商合辦的專業公司，如中國植物油料廠、中國茶葉公
司、中國棉業公司、中國木業公司、中國礦業公司等等，其目的就是有
計劃地對全國重要出口商品加以統制。而新成立的對外貿易設計委員會
即曾專門為籌議國際貿易平衡辦法而召集會議，與會成員一致認為欲達
到貿易平衡的目的，必須限制進口，包括增進國內糧食、棉花及其製品
的生產，以求自給；裁減內地捐稅，便利交通運輸，以調整國內產銷；
運用關稅政策，抑制奢侈品及消耗品的輸入。而增加輸入的措施則包括
改良出口商品的品質，勵行出口檢驗；指導出口廠商，直接經營輸出貿
易，對於部分重要商品可考慮由政府統制輸出；了解國際商情，修訂對
外商約，以謀輸出之便利。會議還通過將限制進口、增加輸出的各項措
施作為平衡對外貿易的根本方策，並決議「籌設國際貿易公司，並指導
組織出口業協會，為直接經營對外貿易之主要機構」。[27]

　　1937 年 1 月，國民經濟建設運動委員會密呈，建議籌設中國國際
貿易公司。呈文指出，中國的國際貿易之所以長期入超，其病端即在於

25　轉引自千家駒編：《舊中國公債史資料》（北京：財政經濟出版社，1955 年），頁 29。

26　孔祥熙：《民國二十三年會計年度及該期以後財政情況報告》（下），載《銀行週報》第
　　20 卷第 45 號（1936 年 11 月 17 日），頁 18。

27　《對外貿易設計委員會第四次會議關於籌議國際貿易平衡具體辦法的會議記錄》（1936
　　年 3 月 25 日），載《中華民國史檔案資料匯編》第五輯第一編「財政經濟」（八），頁
　　1008-1010。

「太阿倒持，大權旁落，無論何種貨物欲其出口，必先由洋行經手，然後輸出海外」。因此「為免除外商操縱計、為節省經費計、為增加效率計」，該會提議應立即籌設一個國際貿易公司，資本暫定為 500 萬元，中央政府和各有關省市各投資 40%，其餘則招認商股。公司業務主要分進口與出口兩部，「出口部分暫分絲、茶、桐油、礦產、農產物、手工藝品及皮毛等若干類，進口部分則以機器、五金為主」。[28] 然而這一計劃還沒來得及實施，盧溝橋的上空即已響起了日本侵略軍的槍聲。

三　貿易委員會的成立

（一）戰前中國對外貿易之回顧

　　中國與世界各國之間貿易往來的歷史雖然可以追溯到二千多年以前，但真正發展還是在鴉片戰爭爆發之後。然而此時中國被納入世界體系是在列強的武力威逼之下被迫進行的，並非出於當政者的本意。由於貿易雙方所處的地位不同，各自經濟實力之間又存在着極大的差距，所以中國近代的對外貿易從一開始就具有極為明顯的不平等性，直至抗日戰爭爆發前，這種不平等的現象並未得到根本的改變。

　　外商之所以能夠長期壟斷中國進出口貿易的原因很多。首先，外商憑藉各種不平等條約，享有協定關稅、領事裁判權、內河航運等種種特權，中國商人根本無法與之抗衡；其次，經營國際貿易不僅數額巨大，而且風險也很高，華商很少有外商那樣雄厚的資本，缺乏有效率的組織，政府亦一直沒有明確的貿易政策，更未能給華商以適當的督導與扶助；第三，經營國際貿易除了應具備豐富的國際金融、貿易等現代管理

28　《創設中國國際貿易股份有限公司芻議》（1937 年 1 月），中國第二歷史檔案館藏貿易委員會檔案：三〇九 /475。本文所引用之檔案如無特別説明，均引自中國第二歷史檔案館，下略。

知識，而且還需有現代化的服務機構（如金融、保險、運輸）支持，在這些配套系統上中國自難與外商競爭。

對於中國的對外貿易長期以來所存在的問題中國政府深有體會，南京國民政府成立之後，針對國際貿易中所存在的種種問題也曾設法加以改進。如國民政府成立之初即與各國進行關稅談判，並先後四次修訂關稅，增加了進口商品的稅率，減少或免除了部分商品稅，以提高國產商品的競爭能力。[29]1929 年國民政府特於工商部（後改為實業部）之下設立上海商品檢驗局，聘請著名農學家鄒秉文為首任局長，開始對部分進出口商品（主要是出口商品，如茶葉、棉花、生絲、桐油等）進行統一商驗，隨後在漢口、青島、天津、廣州及其他各出口商埠也設立相應的商檢機構。[30]1931 年又在實業部之下設置國際貿易局，負責調查中外商情，輔助出口事業，發展國際貿易和國民經濟。與此同時，政府還鼓勵外銷工業，組織直接對外貿易，刺激國產商品出口。

戰前中國對外貿易還有一個重要的變化就是對於部分特礦產品加以出口管制，以實施易貨貿易。其中最著名的事例就是中德兩國政府在極端機密的情況下，簽訂了一項《中德以貨易貨貿易協定》，規定德國供給中國一億馬克的信用貸款，中國可以在此限額內在德國購買軍火、兵工廠及其他重工業設備，中國則以鎢、銻及桐油、豬鬃、生絲等農礦產品作為抵補。這筆貸款屬於周轉信貸（Rolling　Credit），沒有規定清還的期限，隨時可以延長，也隨時可以結束。因為貿易雙方結算都不用

29　關於關稅自主的研究與評價可參閱以下多篇論文：慈鴻飛：〈關於國民黨政府的關稅政策〉，載《未定稿》1985 年第 5 期；李良玉：〈論民國時期的關稅自主〉，載《南京大學學報》1986 年第 3 期；高德福：〈試論國民黨政府的關稅自主政策〉，載《史學月刊》1987 年第 1 期。

30　參見鄒秉文：〈上海商品檢驗局的籌設經過與初期工作概述〉、吳覺農：〈我在上海商檢局搞茶葉工作的回憶〉、馮和法：〈漫憶上海商品檢驗局〉，均載《文史資料選輯》第 88 輯（北京：文史資料出版社，1985 年）。

現款，其性質為以貨易貨。[31] 國民政府為了便於進行易貨償債，決定對鎢、銻等特種礦產實施貿易統制，並規定農產品的收購與運輸交由中央信託局辦理，而特礦產品的收購與運銷則由資源委員會負責。這可以說是抗戰爆發後國家實施統制貿易的先聲。

　　戰前國民政府雖然沒有專設對外貿易的管理機構，但關於統制貿易的設想卻時在考慮之中。1935 年 11 月國民黨四屆六中全會通過的《努力生產建設以圖自救案》有關〈妥籌國際貿易平衡辦法〉中即稱：「歷年以來，我國入超甚巨，漏卮不塞，無以圖存。為今之計，宜從速設法力求國際貿易趨於平衡。凡進口貿易，可由政府直接加以管理，其施行步驟，應斟酌各國通商情形，分別妥商物物交換，或進口定額辦法，並將國際貿易局改歸財政、實業兩部管轄，以完成上列任務；對於出口貨物，並應斟酌商情，規定標準，以求劃一，而利推銷，交財政、實業兩部妥擬方案，從速進行。」[32] 然而所有這一切計劃還沒來得及實施，日本軍隊已發動了全面侵華戰爭。

（二）抗戰爆發，急需物資

　　1937 年 7 月 7 日，日本帝國主義發動了全面侵華戰爭；8 月 13 日，淞滬抗戰爆發，全國進入戰時狀態，所有政策也轉而適應戰時需求。9 月 2 日，軍政部部長何應欽在一份呈文中首次提出，有關國防物資「當仿照美國戰時貿易部之辦法，組織統制機關，主持辦理」。[33] 嗣後軍政部便奉行政院指令，召集相關部會洽商，並擬訂戰時貿易統制計劃，主要內容包括：「戰時為充實資源、保持軍事民生之需要起見，凡進出

31　程天放：《使德回憶錄》（台北：正中書局，1967 年），頁 195。有關戰前中德雙方易貨貿易的文件還可參閱中國第二歷史檔案館編：《中德外交密檔，1927-1947》（廣西：廣西師範大學出版社，1994 年）。

32　轉引自賈士毅：《民國財政史三編》（台灣：商務印書館，1962 年），頁 864。

33　《軍政部部長何應欽呈行政院文》（1937 年 9 月 2 日），經濟部檔案：四 /26083。

口貿易由大本營統制辦理，責成大本營之第四部執行之」；「大本營第四部設貿易統制委員會，由外交部、實業部、財政部、內政部、軍政部、海軍部、航空委員會、全國經濟委員會、軍事委員會之資源委員會及軍法執行總監部聯合組織之」。[34]

　　與此同時，財政部擬定了《增進生產及調整貿易辦法大綱》（共十條），於 9 月 13 日呈奉軍事委員會委員長核准並經國防最高會議通過。[35] 這份大綱更加明確地提出在軍事委員會之下設立農產、工礦、貿易三個調整委員會，分別負責戰時民食農產、工礦業產品和出口產品的運輸、儲藏、轉賣等事項。其中貿易方面規定：「關於出口物產，就原有國營及中外商營經理出口機關，辦理收買、輸出等事項，由政府組織貿易調整委員會以督促管理之，並予以資金運輸之充分協助及補助其虧損」（第三條）；「關於進口物品，除軍用品外，其必需物品應許其照常進口，或酌量減低其關稅，其半需要物品關稅照舊，至奢侈消耗品則增高其關稅，由財政部主辦，外交部協助，並隨時採納貿易調整委員會之意見」（第九條）。為了加強該會的領導，特委派著名銀行家、上海商業儲蓄銀行總經理陳光甫出任貿易調整委員會主任委員，並授以中將軍銜。

　　9 月 15 日，陳光甫聯同該會貝淞蓀、李馥蓀、沈叔玉、張嘉璈等委員召集上海進出口界、國貨公司、運輸業等代表舉行調整貿易的第一次談話會，與會代表經過激烈的討論，最後形成一致意見，認為貿易調整委員會的任務首先應解決的是運輸和資金問題，而在貿易方面的原則是「宜設法調整，不作統制；官商應盡量合作，不作專賣；總以利用原有交易軌道為原則。商人力求盡買賣及金融之責，若遇戰爭危險或不能

34　貿易委員會檔案：三〇九 /471。

35　該大綱全文收錄於中國第二歷史檔案館編：《中華民國史檔案資料匯編》第五輯第二編「財政經濟」（九）（南京：江蘇古籍出版社，1997 年），頁 433-434。

按時交貨之損失，政府應予以資助，同時政府方面應負責協調運輸」。[36]

10 月 29 日，軍事委員會以秘機字第 100 號訓令正式公佈於該會內設立農產、工礦、貿易三調整委員會，在論及成立貿易調整委員會的要旨時，訓令特別強調，「我國出口主要物品，如絲、茶、棉花、皮毛、凍蛋、礦業品、植物油各類，向在國際貿易市場均佔優越地位，每年輸出抵補入超，關係國家整個民生經濟，至為重大。今即由貿易調整委員會綜其責成，綢繆設計，萃合商營、國營之一切機構，加以管理，予以援助，資以便利，俾以保障，務令我國產品繼續暢銷於國際市場，保持無墜。一方消化過剩之生產，一方抵補輸入之損失」。與此同時，軍事委員會還公佈了農產、工礦、貿易調整委員會組織綱要（共九條）、實施辦法以及《中央與地方關於生產調整貿易事宜劃清界限明定權限責辦法》，[37] 很明顯，此時該會的工作重點乃是定位在調整運輸、協助各界促進出口，以保證對外貿易正常進行。

為了完成這一任務，貿易調整委員會成立之後不久即制訂了《調整貿易計劃大綱》，再次強調設立該會的方針是為了維護農民和商人的利益，集中主要物品和人才，其目的「一在維護生產，使主要出口貨品因運銷之便利，而得宣泄外運；一在維持國際貿易市場，使吾國固有出口貨物，不致因戰事關係而陷於停頓」。因此調整貿易的工作大體上可以分為兩個方面，「一方面在求出口物資生產之增進，與價格之提高，以嘉惠於農商；一方面在求出口物資之轉運外銷，以增加輸出，改善國際收支」。[38]

抗戰初期，政府對外貿易的指導思想主要是希望能以國家的力量在

36　《貿易調整委員會討論調整貿易第一次談話會》（1937 年 9 月 15 日），貿易委員會檔案：三〇九 (2) /228。

37　上述訓令及各項章程見貿易委員會檔案：三〇九 (2) / 3；又載《中華民國史檔案資料匯編》第五輯第二編「財政經濟」（五），頁 54-64。

38　《調整貿易計劃大綱》（1937 年 11 月），貿易委員會檔案：三〇九 (2) / 108。

運輸和貸款等方面盡量給予出口商一切方便，必要時，政府亦可以自行採購物資，直接出口。為了促進出口、換回外匯、抵補貿易入超、增加幣制準備，當時最迫切解決的問題主要有以下四端，一曰交通，需將阻滯在國內的貨物運銷國外；二曰金融，須由政府予以輔助與調劑，以資周轉；三曰兵險，應設法承保，以為保障；四曰貨物的集散與銷售，促進外銷。其中除兵險問題由政府交中央信託局承辦外，其餘三項則由貿易調整委員會全權負責，為此該會除總務處外還設立業務、運輸、財務三處，分別辦理具體事務。[39] 貿易調整委員會成立後，即由國庫劃撥營運基金 2,000 萬元，主要對出口商人予以貸款、墊款、代辦運銷等項協助，當時調整工作大體以疏銷沿海沿江各大埠積存貨物為主，而且主要限於桐油、茶葉、生絲、皮張等項大宗農產品的出口，其主要工作大致可歸納為：調整貿易，增加進口；協助運輸，促進貨運；調劑金融，鼓勵輸出。

　　貿易調整委員會從成立到改組只有大約四個多月，時間雖然不長，但它在協助國家和民營出口創匯的工作上卻發揮了重要的作用。抗戰爆發後，特別是「八一三」之後，戰事擴大到東南沿海，由於受到戰爭的影響，進出口貿易大幅下跌。若以 1937 年前七個月和後五個月的數額比較，前七個月的平均月進口額為 104 百萬元，後五個月平均額僅為 44.6 百萬元，下跌 57.1%；出口數額雖也大幅下跌，由前七個月的平均月 81.6 百萬元下降到後五個月的 53.3 百萬元，但跌幅只有 34.7%。[40] 上海淪陷後，由上海出口的貨物急劇跌落，但其他口岸的出口量卻顯著上升。1937 年 1-7 月經長江及華南沿岸的漢口、宜昌、沙市、重

39　《軍事委員會貿易調整委員會組織章程》（1937 年 9 月 22 日），貿易委員會檔案：三〇九 (2)/1。

40　根據吳大明、黃宇乾、池廷熹編：《中國貿易年鑑（民國三十七年）》（收入沈雲龍主編：《近代中國史料叢刊》第 72 輯，文海出版社，1971 年），頁 29-30 資料統計。

慶、萬縣、廣州、九龍、拱北、汕頭、蒙自、寧波等關出口的貨物總
額為 104,506,000 元，而 1938 年同期通過上述海關出口的貨物總值則達
167,573,000 元，增長高達 60% 以上。[41] 很明顯，這些成績的取得都離不
開貿易調整委員會的調整與協助。然而更重要的則是，貿易調整委員會
的成立為戰時中國創立了一個統一協調的機構，為日後政府實施統制經
濟、管理貿易奠定了基礎。

（三）從調整到統制

　　1938 年 1 月，隨着上海、南京的淪陷，日本帝國主義的侵略氣焰
更為囂張，公然提出「不以國民政府為對手」。為了因應戰局的發展，
中國政府的各項政策也隨之改變，其中在對外貿易政策方面轉變最重大
的標誌就是由以往的調整與協助改為統制和干預。

　　這一階段實施貿易統制的內容和特點主要體現在以下幾個方面。

1. 機構改組

　　貿易政策演變的最明顯標誌就是貿易管理機構組織與職能的改變。

　　1938 年 1 月 2 日，國民黨中央執行委員會常務委員會第 62 次會議
通過《中央機構調整案》，決定對國家黨政機關進行重大改組，以適應
戰時體制。1 月 26 日，軍事委員會委員長蔣介石致電財政部部長孔祥
熙，內稱：「茲依照中央調整機構案決定，本會所屬之貿易調整委員會
及對外易貨委員會一律改隸財政部，又農產調整委員會職掌中關於農
產輸出國外之貿易事宜，一併劃歸貿易調整委員會辦理。」[42] 遵照這一指
示，原隸屬軍事委員會的貿易調整委員會改隸於財政部，易名為財政部
貿易委員會，原屬實業部之國際貿易局亦同時歸併於貿易委員會。貿易

41　《財政部貿易委員會工作概況》（1938 年 9 月），貿易委員會檔案：三〇九 (2) / 68。

42　《國民政府軍事委員會快郵代電　秘機字第 226 號》（1938 年 1 月 26 日），貿易委員會檔案：三〇九 (2)/228。

委員會的職掌為指導、協助國營和民營對外貿易公司或行號自行營運，設立公司經營對外貿易，調整國貨運銷，下設秘書、業務、財務和調查四處。[43] 貿易機構改組的意義相當重大，它不僅表示將原隸屬於軍事機關的經濟部門改歸行政機關領導，由一個戰時的臨時機構而改變為一個管理貿易的常設機關，更重要的則是它標誌着國民政府戰時對外貿易的政策已開始由調整而轉變為統制了。嗣後不久在武漢召開的中國國民黨臨時全國代表大會所通過的《抗戰建國綱領》以及《非常時期經濟方案》中更明確規定，政府須管制外匯，管理貿易，調整工商活動，整頓運輸。[44] 由是統制貿易亦正式開始實施。

2. 管制外匯

1935 年 11 月國民政府實施幣制改革，為了維持匯率的穩定，規定由中央、中國、交通三行無限制買賣外匯，抗戰爆發後這一政策並未改變。1938 年 3 月，北平傀儡政權在日本帝國主義的授意下成立偽聯合準備銀行，發行無擔保不兌現紙幣，企圖以此掉換法幣，再進而套購外匯，以達到破壞中國整個金融體系的目的。直到這時財政部才公佈〈購買外匯請核辦法〉，規定自 3 月 14 日起，所有購買外匯均統一由中央銀行總行或該行設於香港的通訊處辦理，從而打擊了日偽套取外匯、破壞法幣的陰謀。隨後財政部又公佈〈商人運貨出口及售結外匯辦法〉，依照土產出口狀況，規定應結外匯貨物種類，凡商人報運應結外匯貨物，均須照章向中國或交通銀行辦理結匯手續，銀行再憑承購外匯證明書按法定匯率折合法幣交付商人，於是外匯又不能藉購貨外銷而逃

43　《財政部貿易委員會組織章程》（1938 年 4 月 26 日），貿易委員會檔案：三〇九 (2)/1。

44　《非常時期經濟方案》（1938 年 3 月 30 日），載《中華民國史檔案資料匯編》第五輯第二編「財政經濟」（五），頁 1-10；又載秦孝儀主編：《中華民國重要史料初編——對日抗戰時期》第四編《戰時建設》（三）（台北：中國國民黨中央委員會黨史委員會，1988 年），頁 121-129。

避。[45]1939 年 4 月，財政部又設立外匯審核委員會，專門處理各機關申請購買外匯事宜。[46] 這實際上就是宣告法幣無限制買賣外匯的歷史已經結束，管制外匯的時代從此開始，統制貿易亦同時實施。

3. 統購統銷

戰前中國出口貨物主要都是農礦產品，這是國家換取外匯的重要來源。抗戰爆發後，為了維持國際收支，爭取外援，1938 年 4 月，財政部首先規定二十四種統制物品，其中桐油、茶葉、豬鬃、礦產等四類同時還是統銷物品，並授權貿易委員會兼辦出口結匯事宜。為此貿易委員會特別增設出口外匯管理處，掌理出口貨物外匯的管理與審核，依照土產出口狀況，規定應結外匯貨物種類，訂定商人運貨出口及售結外匯的辦法。上述四種統銷物品中除了礦產一直都是由資源委員會負責之外，其他農產品的統制則由貿易委員會出面管理。

茶葉是中國傳統的出口物資，抗戰爆發後國民政府為了爭取外援，首先與蘇聯簽定了借款協定，因此茶葉便成為中國對蘇聯易貨的重要產品。1938 年 6 月，政府為集中收購茶葉以應付對外易貨的需要，首先公佈《管理全國茶葉出口貿易辦法大綱》，管理全國茶葉的出口貿易，統籌收購運銷事宜，這實際上就是對大宗農產品實施統購統銷政策的開端。1939 年 2 月，中美桐油借款正式簽定之後，財政部即公佈《調整全國桐油貿易暫行細則》，並與桐油最大產地的四川省政府洽商，制定《四川桐油貿易暫行辦法大綱》，以利桐油統購統銷之進行。1939 年 9 月 1 日，財政部擬訂《全國豬鬃統購統銷辦法》及施行細則，並於次年 2 月修正公佈，規定所有豬鬃商號、行棧、合作社、洗房等須向貿易委

45　《購買外匯請核辦法》（1938 年 3 月 12 日）、《商人運貨出口及售結外匯辦法》（1938 年 4 月），均藏財政部檔案：三 (1)/2203。

46　《財政部外匯審核委員會章程》（1939 年 4 月 22 日財政部公佈），載《財政評論》第二卷第一期（1939 年 7 月）。

員會或委託機關登記，對鬃商存儲豬鬃之數量與時間亦都有所限制。[47]

4. 易貨貿易

　　早在三十年代中期中國就已經和德國進行秘密的易貨貿易，根據協議，中國提供特礦產品來換取購買德國的工業用品，特別是軍事裝備。抗戰爆發後，中國更是急切尋求外國的援助，因此國民政府曾先後派遣多名高官及駐外大使前往歐美各國洽談，希望能得到各國的援助。然而西方各國對援華反應極為冷淡，美國國務院在致駐東京和南京大使的信件中還讓他們告訴中國的官員：「不要指望美國會有重大的經濟、政治或軍事援助。」[48]此時只有蘇聯率先伸出援助之手，1938 年 3 月 1 日，中蘇兩國代表正式於莫斯科簽定蘇聯第一筆援華貸款協定。根據協定，蘇聯答應向中國提供貸款，以供中國向蘇聯購買軍火及其他軍事物資，中國政府則以茶葉、皮革、獸毛、銻、錫、鋅、鎢、生絲、桐油等中國的農礦產品分年度予以償還。[49]5 月，貿易委員會受命正式辦理對蘇易貨事宜。與此同時，國民政府仍繼續向歐美諸國爭取援助，並派遣貿易委員會主任委員陳光甫前往美國洽談借款之事。雙方經過多次洽商，12 月 15 日羅斯福總統正式批准由美國進出口銀行提供世界貿易公司 2,500 萬美元貸款，購買美國農工業產品輸往中國，另由復興商業公司在中國國內收購桐油運美銷售，以償還美國貸款。[50]此後，保證農產品出口、

47　參閱財政部貿易委員會編：《六年來之貿易》（1943 年 11 月），載《中華民國史檔案資料匯編》第五輯第二編「財政經濟」（九），頁 521-527。

48　邁克爾‧沙勒著、郭濟祖譯：《美國十字軍在中國》（北京：商務印書館，1982 年），頁 14。

49　參見羅志剛：《中蘇外交關係研究（1931-1945）》（湖北：武漢大學出版社，1999 年），頁 131。

50　〈陳光甫致孔祥熙電〉（1938 年 12 月 15 日），載秦孝儀主編：《中華民國重要史料初編──對日抗戰時期》第三編《戰時外交》（三）（台北：中國國民黨中央委員會黨史委員會，1981 年），頁 245。有關桐油借款的詳細情形可參閱任東來：〈中美「桐油借款」外交始末〉，載《復旦學報》1993 年第 1 期；劉筱齡：〈抗戰時期中美桐油借款研究〉，載《國史館館刊》復刊第 14 期，1993 年。

對美、英、蘇等國家實行易貨償債的事務便成為貿易委員會在整個抗戰期間最重要的工作。

（四）行政與業務的劃分

貿易委員會成立之初因屬下並無貿易公司，所有行政與業務亦無具體分工，均由該會自行經營。由於當時只是負責調整和協助對外貿易的收購與運輸，行政與業務之間的衝突還不是太大。然而隨着國家對主要農產品實行統購統銷，並責成貿易委員會統一管理之後，貿易委員會的工作量便不斷增大，彼此間的職掌很難區分，矛盾也就顯得格外突出。同時貿易的行政與業務的性質不同，其所負的責任、所處的立場、所採取的手段以及所需要的人才也都有所不同，因此貿易行政與業務的劃分便成為當下之急務。

另一方面，由於管理貿易實施不久，機構不臻健全，章則亦諸多不備，同時地方政府又多以本地利益為前提，各自為政，政出紛歧，與中央貿易機關之權責多有重複，不利於整個國家的對外貿易統制。所有這一切亦都急需予以調整，而此時復興、富華和中茶三大國營貿易公司的成立，表明對外貿易行政與業務已經具備了分離的基礎，同時它也為中央統籌全局、推行國家的貿易政策創造了條件。

1940 年 5 月，財政部公佈《修正貿易委員會組織規程》，[51] 標誌着貿易委員會正式將對外貿易的行政與業務加以劃分。根據這一規程，貿易委員會再次進行改組，財政部物資處歸併該會，改組後的貿易委員會具體職掌為：關於進出口貿易之管制；關於國營對外貿易之促進考核事項；關於商營對外貿易之調整協助事項；關於出口外匯之管理事項；關於對外借款購料易貨償債之籌劃、查核與清算事項，其他物資供求之調節事

---

51 《修正貿易委員會組織規程》共二十二條，貿易委員會檔案：三〇九 (2)/13；又載《中華民國史檔案資料匯編》第五輯第二編「財政經濟」（九），頁 435-437。

項。貿易委員會之委員和常務委員均「由財政部聘任或派充，呈報行政院備案」，其下設總務、財務、進口貿易、出口貿易、技術、外匯和儲運等七個處。同時，貿易委員會為調查各地有關貿易事項及管理地方貿易行政，還分別設立浙江、安徽、陝豫、西北、湘桂與廣東六個辦事處以及貴州、江西、福建三個專員辦事處，辦理指定區域內之貿易行政，並於雲南設有分會，辦理當地貿易。[52] 而為了具體辦理進出口業務，特設置富華、復興和中國茶葉三大國營公司，直屬該會管轄，分別承擔農產品統購統銷的業務。至此對外貿易的行政與業務得以明確劃分，中央與地方之權責亦予以區分，貿易委員會專司執行國家的對外貿易政策，管理外匯，指揮並監督所屬公司的經營方針，地方無權管理，而所有列入統購統銷範圍的農產品之收購、運輸、儲存、銷售則均由屬下公司具體經營，分工明確，各司其責。

為了尋求外援，抗戰初期國民政府相繼與英、美、蘇等國家簽訂易貨協定，規定以中國的主要農礦產品作為交換，償還借款，而且預計戰後相當長的一段時間內，中國仍需依靠出口農礦產品來換取國內建設所需的各種物資，因此不僅要提高外銷農產品的產量，更重要的是要認真改良品種，改善質量，這樣也才能更有利參預國際市場上的競爭。為此貿易委員會於 1940 年 3 月呈准財政部成立外銷物資增產推銷計劃委員會，主要工作項目是從事蠶絲、茶葉、棉花、桐油、畜產、花生、蛋品、麻類、芝麻、手工藝品等農副產品之增加生產以改良品質。同年 8 月，又易名為貿易委員會外銷物資增產推銷委員會，由委員 13 人、主任委員 1 人、副主任委員 2 人組成，作為常設機關，於研究計劃之外，兼負督導考核之責。根據外銷物資增產推銷委員會組織章程規定，該會職責為：外銷物資增產計劃之研究與審核；外銷物資推銷計劃之研究、

審核及推銷工作實施狀況之考核；增產事業補助經費之分配；增產工作計劃報告預算、決算之審查；增產工作實施之視察與考核；增產工作技術之指導與協助。

　　1940 年 9 月，貿易委員會又奉財政部訓令，為從事改進桐油、蠶絲、羊毛、茶葉之試驗工作，分別設立研究所，加強對桐油、生絲及茶葉的研究，改良品種，增加產量。桐油研究所設於重慶，其下設有生物、化學、機械、推廣、總務五組，主要從事桐油之品種、栽培、榨製及病蟲害的研究與實驗，並於產油省份擇定相當地點，設立試驗區或工作站，或委託原農業機關進行研究；生絲研究所設於四川南充，下分設計、生絲、原料、經濟、總務五組，主要工作為養蠶及生絲方面技術的及經濟的研究，此外並於各省選擇相當地點，設立試驗區、實驗工廠或工作站，或與各大學及公私有關蠶絲學術機關，共同從事研究；茶葉研究所設於福建崇安，其主要工作為茶葉之產製改進的研究，此外該所還於各省選擇相當地點，設立試驗區或工作站，並與各大學及公私有關機關合作研究。[53] 這三個研究所直屬貿易委員會下設之外銷物資增產推廣委員會，集中了一批專家學者，並與大後方的高等學校和研究機構保持密切聯繫，研究和生產出一批國內急需的進口替代品，如桐油研究所除裂煉製造出代用汽油外，還以桐柏製成電木，生絲研究所研究以絲筋與棉花合紡極細之絨布，茶葉研究所從變質茶葉中提製出顏料等等。[54] 此外貿易委員會還協助農林部設立西北羊毛改進處，以改良羊隻的品種，研究剪毛防除病害為主，並由新西蘭購運純種羊 150 頭，經印度抵達西藏後再運至蘭州。[55] 所有這一切，對於提高外銷物資品種以及增加

53　同上注。

54　《貿易委員會致生絲研究所代電附件》（1944 年 3 月 22 日），貿易委員會生絲研究所檔案：四四五 /33。

55　鄒秉文：《三十一年之中國農業建設》（1943 年 5 月 1 日），載《中華民國史檔案資料匯編》第五輯第二編「財政經濟」（八），頁 300。

產量都作出了很大貢獻。

　　全面抗戰開始至太平洋戰爭爆發的四年多時間內，中國對外貿易實施管制，若以價額來論，不但數額逐年均有所增加，而且入超亦大大減少。統計戰前的 1936 年全年進出口總額約為 16 餘億元，到了 1941 年則增加到 47 餘億元，其中尤以 1939-1940 年度增長的速度為快；同時入超亦逐年減少，1940 年入超僅為 5,700 萬元，1941 年反而變為出超 4 億元。[56] 當然，如果考慮到戰爭爆發後通貨膨脹而影響到外匯匯率的變化以及交通運輸的困難，若以貨物數量而計，則與戰前相比呈大幅下跌的狀況，然而儘管如此，我們也還是應該肯定貿易委員會在如此困難的條件下所作出的貢獻。

四　創辦國營貿易公司

（一）統制對外貿易

　　戰前中國尚未有全部由國家資本投資的貿易公司，即使抗戰爆發後成立了貿易調整委員會（後易名為貿易委員會），但其名下並無任何直屬企業或公司，只能是以貿易行政機構的名義兼辦業務。雖然國家規定由該會負責對桐油、茶葉、豬鬃等農副產品實施統購統銷，但實際上該會只能起到某些協調作用，具體的收購、運銷業務主要還是委託中央信託局、中國茶葉公司、中國植物油料廠、四川畜產公司以及各省有關部門負責。由於政出多門，收購中常發生衝突，貿易委員會有鑒於此，為了全面承擔統購統銷的責任，決意建立和完善國營運銷的系統，其中最重要的舉措就是創辦國營貿易公司，實施對外貿易的全面統制。

　　值得注意的是，當時學術界在主張實施國營貿易的問題上已達成共

56　《財政部關於抗戰初期貿易政策及其實施簡況的報告》（1943 年），載《中華民國史檔案資料匯編》第五輯第二編「財政經濟」（九），頁 414。

識，他們認為，國家既要統制外匯、堅持抗戰，為了杜絕外匯黑市市場，在私人利益與民族利益無法調和的情形之下，除非放棄法幣政策，否則惟有由國家經營輸出入貿易。[57] 因而可以說此時貿易委員會創辦國營貿易公司、對進出口貿易事業實施全面統制是有一定民意基礎的。

　　戰時直接隸屬於貿易委員會管轄的先後有復興商業、富華貿易和中國茶葉等三家國營貿易公司，它們的資本均由財政部一次撥出（最初各1,000 萬元，以後又陸續增撥），各公司的董事會成員和股東亦均由政府指派，大多為政府主管財政經濟的官員，也包括部分銀行家、企業家和學者。三個公司成立後具體承擔對桐油、豬鬃、茶葉和其他統購物資的收購、運輸、儲存與銷售業務，儘管這些公司成立的背景互不相同，但它們的創立則標誌國營商業運銷系統及其體制的正式確立，更成為政府戰時實施統制貿易的重要工具。

（二）因借款而成立的復興商業公司

　　復興商業公司是因應簽訂中美桐油借款而成立的一家國營貿易公司。抗戰爆發後，國民政府為了爭取獲得美國的援助，特地委派貿易委員會主任、同時也是著名的銀行家陳光甫前往美國洽談借款。然而美國方面卻受到國內孤立主義的影響，不願因向中國提供借款而將美國捲入遠東危機之中，因而遲遲拒不伸出援助之手。經過陳光甫及新任駐美大使胡適的多方斡旋，美方同意向中國提供借款，但表面上卻絕不能被視為政府之間的來往。其具體作法是：在中國組織一個獨立的商業公司，專門負責收購桐油，然後出售給在美國註冊的另一家公司（即世界貿易公司，表面上為中美合資經營，但實際上仍是屬於中國政府的國營公

57　當時贊成立國營公司、實施統制貿易的學者很多，如朱通九、李立俠、陳長蘅、關吉玉、朱祖晦、戴經塵、馬寅初、承武、張天澤等，《大公報》、《新蜀報》、《掃蕩報》亦為此專門發表社評。有關這方面言論可參閱童蒙正：〈由統制貿易說到經濟制度〉，載中國經濟學社編：《戰時經濟問題》（北京：商務印書館，1940 年），頁 223-237。

司），再由這家公司與美國進出口銀行訂立貸款契約，由中國銀行紐約經理處作為貸款的擔保人，這樣從形式上來看就完全是一個商業機構與銀行間的一種商業行為。1938 年 12 月 17 日，財政部部長孔祥熙以渝字第 5034 號密電命令貿易委員會：「據陳主任委員光甫電稱，桐油借款業經成立，應即組織一復興商業公司，與美方公司訂立售油合同等語。業經電覆照辦，仰迅即組織擬具章程呈核為要。」[58]12 月 20 日，復興商業公司第一次董事監察人聯席會議即於香港告羅士打酒店舉行，會議討論通過了公司的章程，公司的股份「資本總額定為國幣一千萬元，分為五萬股，每股兩百元，一次交足」；並規定公司的營業範圍：「一、經營中國進出口貿易；二、接受中外各公司、商行委託，代辦進出口貨物」。[59]公司董事長由陳光甫擔任，董事會成員則以政府內主管財政金融的官員為主，也包括部分銀行家和學者，並聘任中央銀行業務局局長席德懋為公司總經理，貿易委員會駐港辦事處主任董承道為公司副經理。[60]

　　復興商業公司完全是一個隸屬於貿易委員會的國營公司，是抗戰期間中國政府尋求西方援助的一個具體產物；更重要的是，復興商業公司的創立為國民政府推行和實施戰時統制貿易政策提供了借鑒的模式。

（三）富華貿易公司由假變真

　　貿易調整委員會成立之後即在上海和香港設立辦事處，上海淪陷前夕，貿易調整委員會遷往漢口，為避免敵人耳目，該會與香港辦事處的來往文件均假託「富華貿易公司」進行，所有出口貨物集中在香港，亦都以富華公司的名義向外推銷，因而在國際市場中漸著聲譽。在這之

58　貿易委員會檔案：三〇九 (2)/10。

59　《復興商業股份有限公司章程》共九章三十一條，見貿易委員會檔案：三〇九 (2)/229。

60　《復興商業公司第二次董事監察人聯席會決議錄》（1938 年 12 月 27 日），貿易委員會檔案：三〇九 (2)/907。實際上席德懋因負責在美談判，總經理一職一直由董承道代理，並於 1939 年 12 月正式出任。

後，隨着業務的進展，又在港增設整理工廠和堆棧、倉庫等機構，「惟查過去富華貿易公司僅具名義，並無確定之組織，與會中界限既未劃分，且無專門負責人員，致辦事效能未臻健全。近以對外貿易業務日見擴展，非亟加改進不足以應付艱巨」。為此貿易委員會決定自 1938 年 10 月 1 日起，富華貿易公司與駐港辦事處分離，成為專營貿易業務之機關，先行試辦，以六個月為期。香港富華公司負責經營出口貿易，「其在陷敵區域內之辦事處，亦得以富華貿易公司名義行施職權，以免組織複雜，而期事權統一」。並規定富華貿易公司為一純粹營業機關，設經理及副經理主持業務，內部組織則暫設營業、會計、報運、倉庫、茶葉五課，貿易委員會之「業務處專辦調整工作，一切收買銷售事宜，均歸富華主持」。[61] 至此富華公司經濟上雖尚未完全獨立，但組織上則已粗具規模。

　　1940 年 2 月財政部修正全國豬鬃統銷辦法後，原由中央信託局負責的豬鬃購銷改歸貿易委員會統籌經營，財政部有意將富華公司名實相符，並於 5 月 13 日以渝字第 15338 號訓令，任命錢新之（交通銀行董事長）為富華貿易公司董事長，俞鴻鈞（中央信託局業務經理）為副董事長，董承道（復興商業公司總經理兼貿易委員會駐港辦事處主任）為總經理。[62] 同年 6 月，貿易委員會又奉令將行政與業務劃分辦理，因而規定將原先經管的豬鬃、羊毛、蠶絲的收購外銷事項完全交由富華公司負責，並決定撥款 1,000 萬元，6 月 17 日正式宣佈公司增資改組。改組後的公司總部設於重慶，下設總務、業務、財務、儲運四部，並設立香港、西北（蘭州）、陝豫（西安）、蘇皖（屯溪）、浙江（永康）、江西（泰和）、湖南（湘潭）、雲南（昆明）八個分公司，川康（成都）、萬

61　《財政部貿易委員會緊要通告》（1938 年 9 月），貿易委員會檔案：三○九 (2)/44。

62　6 月 7 日又奉財政部部長諭：改派席德柄任富華貿易公司總經理、繆鍾秀為協理。見貿易委員會檔案：三○九 (2)/9。

縣、松潘（阿垻）三個辦事處以及設在重慶的豬鬃漂染廠和手工藝實驗工廠。[63] 而公司的業務範圍則規定為「茶葉、桐油以外一切輸出物資之收購運銷；美國以外各國輸入物品之採購運銷」。[64]

（四）改組中國茶葉公司

茶葉向為中國主要出口貨品，長期以來在世界茶葉市場上首屈一指，但自從印度、錫蘭的紅茶和日本的綠茶相繼發展以來，加上中國茶農技術落後，不思進取，導致茶葉出口每況愈下，瀕於崩潰。為了扭轉這一局勢，戰前實業部呈奉行政院核准，由該部聯合各產茶省區以及出口茶商共同投資，組建專業公司，以提高茶葉品質，確定標準，扶助改進一切產製運銷，藉以推廣貿易，復興茶葉。1937 年 3 月 25 日，由實業部部長吳鼎昌出面牽頭，召集福建、安徽、湖南、湖北、浙江、江西六省政府及實業部暨國際貿易局代表出席會議，經詳加討論，確定公司名稱為中國茶葉股份有限公司，資本總額為國幣 200 萬元（先收半數），其中實業部認股 60 萬元，安徽省政府認股 40 萬元，浙、贛、湘、鄂、閩五省各認 20 萬元，就中均得各以半數招募商股，即為一官商合辦的公司。5 月 1 日，公司於南京召開創立會，並推舉官股和商股董事，由實業部常務次長周貽春任董事長，安徽省建設廳廳長劉貽燕為副董事長，聘任壽景偉為總經理。

抗戰爆發後，政府格外注意開發後方資源換取外匯，茶葉為戰時出口商品之大宗，更是對蘇易貨的重要物資，因此有關茶葉的收購、儲存、運輸、銷售極需有一機構加以統籌，同時原有資金亦不敷應用。1939 年 5 月政府召集各官商股東開會，討論有關增資問題。當奉行政

63　《富華貿易公司組織系統表》（1940 年 12 月），貿易委員會檔案：三〇九 (5)/323。

64　《貿易委員會抄送本會及所屬富華、復興、中茶三公司概況》（1940 年 11 月），貿易委員會檔案：三〇九 (2)/68。

院令，由財政部加股 200 萬元，中央信託局加股 100 萬元，原有股份不足認購部分亦由財政部一次撥足，合共資本總額為 500 萬元。7 月 7 日公司於重慶召開股東大會，推定官商董事及監察人，並於 14 日舉行第一次董監會議，公推經濟部部長翁文灝為董事長，總經理仍為壽景偉。

　　1940 年 1 月，中國茶葉公司奉財政部令：「茶葉為我國主要出口產品，且為易貨關係，自宜集中人才設備，責成一機關專責辦理，並應釐正系統，以清權限，充實力量，以事發展」，並同時提出治本辦法（三條）和治標辦法（五條）。其中治本辦法即是規定茶葉之生產、製造、收購、運銷及對外易貨均責成中國茶葉公司辦理，並將公司改為國營茶葉專業公司，隸屬於財政部貿易委員會，並增加資本為 1,000 萬元，同時退回所有商股，全部由國庫撥款。5 月 17 日於重慶經濟部召開改組後的第一次董監會，修正公司章程，任命經濟部次長潘宜之為董事長，總經理不變，仍由壽景偉擔任。7 月 1 日，貿易委員會飭將該會所屬各省辦事處經辦茶葉業務及富華貿易公司茶葉課全部交由中茶公司接收辦理，以期集中業務、技術各項專門人才，發展國茶貿易。於是中國茶葉公司便由原來的官商合辦之股份有限公司改組擴充為辦理全國茶葉業務的惟一一家國營機構。[65]

（五）國營公司的合併

　　復興、富華、中茶公司的相繼創辦，標誌着國營商業運銷系統及其體制的正式建立，同時它也成為政府戰時實施統制貿易的重要工具。然而在執行過程中也出現了許多問題，其中最明顯的就是人事臃腫、機構重疊、資源分散。因此三大公司正式成立後不久，作為其主管部門的貿

65　有關中國茶葉公司的演變主要參閱壽景偉：〈中國茶葉公司概況〉（1941 年），貿易委員會檔案：三〇九(2)/1112；伯權：〈中國茶葉公司簡史〉，載《商業雜誌》第一卷第五期（1941 年 1 月）。

易委員會就已開始考慮如何將其合併經營，以便發揮更高效率的設想。
1941 年 3 月 3 日，貿易委員會向財政部呈報富華、復興兩公司合併辦
法，部長孔祥熙隨即在呈文中親筆批示：「兩公司應予合併，以節糜費，
而資調整；組織章程交部速核正」。[66]5 月 27 日，貿易委員會以代電形
式發佈訓令：「為統一業務集中力量以利推進起見，擬將復興、富華兩
公司合併。」孔祥熙更在訓令上親筆批示：「擴大復興，消併富華」，[67]
最終確定了兩公司合併的原則。然而裁併之事涉及到機構的整合，特別
是人事上的變動，阻力甚大，以致於合併之事遲遲未能執行。

　　太平洋戰爭爆發之後，資金日益短絀，外銷業務更趨困難，因此合
併之事迫在眉睫。為此貿易委員會在以往擬定的計劃上重新制定調整方
案，並配合業務計劃，實行分層負責，限制一人一事，促進內外聯繫。
具體的調整辦法為：復興公司與富華公司實行合併，其業務仍照原定計
劃進行，人事與機構的調整原則為原總公司人員重複者適當予以遣散，
各地分公司凡重複者則均予裁撤，同時中國茶葉公司的機構與人事亦略
作調整。[68]1942 年 2 月 16 日，復興、富華兩公司正式合併。改組後的復
興商業公司將富華公司業務全數接管，其資本總額提高到一萬萬元，業
務範圍大大擴大，如政府統銷之桐油、豬鬃及大宗外銷之羊毛、生絲等
項物品均歸其掌管，總公司下設總務、業務、儲運、財務四部，並在雲
南、貴州、廣西、湖南、浙江、江西、蘇皖、陝豫、蘭州等地設立分公
司。[69]

66　《孔祥熙在貿易委員會關於擬具富華復興兩公司合併辦簽呈上的批示》（1941 年 3 月 24
　　日），貿易委員會檔案：三〇九 (2)/15。

67　《貿易委員會代電 總字第 42773 號》（1941 年 5 月 27 日），富華貿易公司檔案：二七二
　　/858。

68　《貿易委員會所屬復興富華中茶三公司機構調整方案》（1942 年 1 月），財政部檔案：三
　　(2)/2074。

69　財政部貿易委員會編：《六年來之貿易》（1943 年 11 月），載《中華民國史檔案資料匯編》
　　第五輯第二編「財政經濟」（九），頁 411。

　　1945 年 3 月 28 日，財政部又發出訓令，命中國茶葉公司於 4 月 1 日起裁撤，其業務及人員、資金均合併於復興商業公司，並規定合併交接辦法六項：凡在同一地區同時設有兩公司者，中茶公司即行結束，所有業務、器材、物資、賬目等均由復興公司接管；未設復興公司地點之中茶公司機構即易名為復興公司。[70] 合併之後的復興公司立即全面接管了中茶公司的所有業務，包括收購、運輸、銷售茶葉及對蘇易貨等，裁撤或遣散了相當數量的員工，經營費用亦有所下降。

　　經過一系列的改組和合併，原先貿易委員會屬下的三大國營外貿公司變成了獨此一家的復興商業公司。從表面上看，似乎機構縮減，人員減少，效率得以提高；但實際上則是政府更加加強了對經濟的壟斷與統制，國家資本已在對外貿易中佔據了絕對的統治地位。

五　國營貿易公司的運營與管理

（一）資本來源與公司運營

　　如前所述，貿易委員會屬下的三大國營公司除了中國茶葉公司是戰前由實業部與各產茶省之建設廳及茶商聯合投資成立的官商合辦公司外，富華和復興兩公司則都是由財政部獨自撥款而成立的國營貿易公司；而中茶公司不久之後亦根據上峰的指令，將所有地方及私人股份全數收回，改由國家全部投資，之後資本亦不斷擴充，其性質也由官商合辦改為國營公司了。

　　眾所周知，股份制公司是以股份形式將分散的資本集中起來設立的企業，是商品經濟和信用程度發展到一定階段的產物，也是社會化大生產出現的標誌。在中國近代化的進程中，股份制公司若按其資本來源大

70　《財政部訓令 渝字第 3627 號》（1945 年 3 月 28 日），貿易委員會檔案：三〇九 (2)/16。

致可分成私人資本、官商合辦和國家資本三大類型，有學者還將國家資本企業再細分為國家強行參股而產生的股份公司、國家直接投資而成立的股份公司和通過減持出售國有企業股份而形成的國家資本股份公司。[71] 按照這種劃分，抗戰期間貿易委員會屬下的三大國營公司都應屬於第二種類型，即資本全部由國庫撥出，股份制其實只不過是一種形式而已。雖然三大公司都是以股份公司的面貌出現，但因其資本均由國家投入，公司的董監事會成員亦均由政府任命，在形式上完全成為國有資本的股份有限公司，因此它們無論是在組織機構，或是在人員來源，又或是職員的薪金待遇以及等級福利方面，實質上並沒有甚麼變化，可以說它仍然是一個官僚機構。

　　富華貿易公司是貿易委員會成立後附設的第一家國營貿易公司，最初公司的業務主要是疏運長江物資改道粵漢路轉至香港，再輸往國外，負責辦理對外推銷，此後不久又全權經辦對蘇易貨外銷事宜。按照貿易委員會的工作報告所說，設立公司的目的則是為了積累「若干時期之經驗，演進成為國家一強有力之對外貿易機構」。[72] 因此富華公司並非普通意義上的商業機構，而是代表國家行使職能的政府部門，自然要求享受與一般商業公司不同的待遇。貿易委員會即為此向有關部門提出要求：「本會以促進對外貿易，在港設立富華貿易公司，其主要業務即在推銷國產、易取外匯，就中如易貨契約之履行、對美借款之撥付，均屬代理政府履行條約上之義務，則在港所處地位自與普通商業組織不同。按國際公法，一國政府以其主權之身份，在他國領域內可以享有特權，非經得其同意，不受當地法律之管轄」；而「現在該公司所負任務，其性質之重要，當可居於代理本國政府為主權行為之例，在一定範圍內，

71　朱蔭貴：《試論南京國民政府時期國家資本股份制企業形成的途徑》，載《近代史研究》2005 年第 5 期。

72　《財政部貿易委員會工作報告》（1938 年 9 月），貿易委員會檔案：三〇九 (2)/68。

該公司在港應可享有特權,不受當地法律之管轄」。因此要求有關部門通知香港政府,證明富華公司確為中國政府的一個機構,在香港應享有特權。[73]

自從國家宣佈對主要農礦產品實施統購統銷的政策以及先後與蘇聯、美國簽訂易貨借款的協議之後,所有特礦產品的收購與銷售全部由資源委員會負責,茶葉的收購與運輸主要由戰前成立的官商合辦的中國茶葉公司經辦,桐油則交由因應美國桐油借款而成立的復興商業公司承擔,而茶葉、桐油以外的出口農產品,如豬鬃、羊毛、蠶絲,以及美國以外的易貨償債事宜就交由富華公司承辦。除了完成運往美國易貨的豬鬃之外,更重要的工作還是完成對蘇的易貨任務,包括羊毛、羔皮和生絲等各項統購物資。

中國茶葉公司負責全國茶葉的統購統銷之後,其經營易貨與外銷箱茶的過程大致是這樣的:首先公司於每年年度開始之前即參照對外易貨及商銷的需要而擬定當年收購茶葉總額,並向各產茶省份具體分配生產數額,報經貿易委員會核准公佈後,再由各省茶廠、號社按照核定分配數額,向中茶公司各省所設之機構登記承製。銷售任務則主要分外銷、內銷和邊銷三種,其中外銷又可再分為易貨和商銷兩種,主要承擔對蘇易貨與對美外銷的任務。太平洋戰爭爆發後,交通中斷,海路阻滯,所以公司後期業務的另一個重點就是促進茶葉的內銷及邊銷。

根據 1945 年度業務計劃,中國茶葉公司要完成的任務包括對蘇易貨:磚茶 40 萬片(800 噸),茯茶 20 萬片(600 噸),紅茶磚 2 萬箱(600 噸);英美外銷:紅茶 2 萬箱;西藏邊銷:總數 4 萬駄,計 2,000 噸;西北邊銷:磚茶 2,500 噸;川北邊銷:樂山茯茶 3 萬片,收購馬茶 5,000 石;內銷業務:紅茶 7,200 箱,綠茶 5,000 箱,雲南沱茶 3,000

---

73 《貿易委員會致財政部代電 易字第 9994 號》(1939 年 7 月 14 日),貿易委員會檔案:三〇九/2107

馱，茶素 3,000 磅；此外還要將滯存在東南各地的 40 餘萬箱茶葉就地
疏銷。[74] 然而，這一計劃尚未得及實施，公司就面臨着合併的結局。

復興商業公司是三大公司成立時間最晚、但存在時間卻是最長，而
且最終成為貿易委員會屬下唯一的國營貿易公司，其經營活動的內容亦
隨着機構的改組而多次發生變化。復興商業公司是因應中美桐油借款的
簽訂而成立，因此公司成立之後的主要工作也全部圍繞桐油的運銷、完
成借款的償付以及在美購買中國所需要的戰略物資而進行。

中美桐油借款債額為 2,500 萬美元，利息四釐半，規定中方自 1939
年 1 月 1 日起至 1943 年 12 月 31 日的五年之內由中方運交美國桐油 22
萬美噸。統計自 1938 年 9 月開始至 1941 年 10 月止，復興公司共運交
桐油 89 批，計 59,005.94 美噸，價值美金 27,835,016.15 元，太平洋戰爭
爆發之後，香港、仰光相繼淪陷，交通險阻，以致無法繼續出口。雖然
中方運美的桐油數量遠未達到美方之要求，但因桐油價格急劇上升，由
原來的每磅 0.14 美金漲到 0.34 美金，因此從債額上講借款已於 1942 年
3 月提前全部償清，頗得美國方面讚賞與好評。[75]

除了收購與運銷桐油之外，復興公司的另一重要任務就是分管在美
國採購器材的分配與交接。美方以海防及仰光為交貨地點，因此復興公
司除了在重慶成立總公司與各購貨單位接洽外，還於香港設立分公司，
與美國的世界貿易公司及海防、仰光方面具體洽辦，根據合約接收美
貨，再轉交各訂貨單位組織內運。

太平洋戰爭爆發之後，貿易委員會相繼下令將富華貿易公司和中國
茶葉公司裁撤並與之合併，於是復興商業公司便成為執行戰時國家對外

74　徐世長：《民國三十四年度中國茶葉公司業務計劃芻見》（1945 年 1 月 23 日），貿易委
　　員會檔案：三〇九 (2)/1113。

75　貿易委員會編：《關於對美桐油借款償債報告》（1945 年 12 月），財政部檔案：三
　　(2)/2713；又載財政科學研究所、中國第二歷史檔案館合編：《民國外債檔案史料》第
　　11 卷（北京：檔案出版社，1992 年），頁 137-139。

貿易統制政策的唯一一家國營公司，同時公司經營的業務也更加廣泛。
不但接管了豬鬃、茶葉這些原富華貿易公司和中國茶葉公司所壟斷經營
的業務，而且還得以享受特權，自 1944 年起開始兼營進口業務，即以
外銷所得之外匯在國外購置電器、顏料、藥品等國內緊缺物資再以黑
市牌價售與國內廠商，因此經營的範圍日益擴大，公司的利潤也直線
上升。

　　抗戰爆發之初，由於交通斷絕，戰火蔓延，經營農產品出口不但無
利可圖，而且隨時都會遭到損失，故原經營出口業務的洋商均望之卻
步，導致農產品大量囤積，無法外運。因此當時最高當局設立貿易調整
委員會的宗旨就是「一方面在求出口物資生產之增進與價格之提高，以
嘉惠於農商；一方面在求出口物資之轉運外銷，以增加輸出，改善國
際收支」。[76] 因此抗戰爆發後相當一段時間，國家所用於收購出口農產
品的金額都超過銷售額，一直到 1941 年之後，這種情形才發生變化。
統計 1938-1943 年收購總額為 1,646,174,529 元，銷售額（包括易貨和國
內外商銷）為 2,251,348,468 元，從賬面上看是有盈餘，但若考慮到銷
售額中還包括管理和運輸等多項費用，那麼不虧損就算是好事了。然而
1942-1945 年期間僅內銷額就差不多與收購額持平，而同期的易貨和外
銷額則接近 9,000 萬美元，因此這一時期貿易委員會屬下的國營商業公
司從事的經營活動應該是有盈餘的。[77]

　　實際上復興商業公司的盈餘主要來自進口。該公司除了原以桐油、
豬鬃、生絲、羊毛（1945 年中國茶葉公司合併於復興公司後又增加了

76　《調整貿易計劃大綱》（1937 年 11 月），貿易委員會檔案：三〇九 (2)/108。

77　譬如 1945 年度復興商業公司全年收購各貨總值國幣 9 049 578 318 元，銷售（包括內
　　銷、外銷及易貨）共為國幣 3,884,040,207 元，從賬面上看似乎是嚴重虧損，但銷售額中
　　外銷和易貨額是以美金結算，實際數額超過 1,000 萬美元，而上述銷售總額是按法定匯
　　率美金 1 元等於法幣 20 元計算的，若按當時實際匯率 1 美元等於 1,000 元法幣計，則
　　銷售總額應改為 130 餘億元。參見《復興商業公司卅四年度辦理業務情形節略》（1945
　　年 12 月 12 日），財政部檔案：三 (2)/280。

茶葉）的購銷業務外，很重要的是該公司還具特權兼營進口業務，且發
展速度極為迅猛。復興公司將外銷物資所得外匯用以採購進口物資（如
設備、藥品、顏料等），再轉售國內廠商，從而獲得豐厚的利潤。自
1944 年開始經營進口業務至 1945 年 4 月為止，復興商業公司共計購入
價值美金 610 餘萬元的進口貨物，轉賣給國內廠商後售得國幣為 96,000
餘萬元。在商言商，不論是國營企業還是私人資本，追逐利潤乃是天經
地義的事。復興商業公司既是國家資本，所賺取的利潤應上繳國庫，我
們不能因復興公司在經營過程中獲利就指責它「以謀取壟斷利潤為目
的」，關鍵是要看這些利潤的用途所在。從目前所見的檔案資料中尚未
發現復興商業公司在經營活動中有甚麼嚴重的貪污事件，按公司自己解
釋，所獲利潤「不但外銷物資因價格不敷成本之虧損得以彌補，同時更
可得大量資金用以收購物資之周轉」。[78]

（二）爭取物資的努力

太平洋戰爭爆發後，中國的抗日戰爭進入一個新的階段，局勢發生
了重大變化，其中既出現了許多有利的條件，然而同時亦蘊藏着某些不
利的因素。

在政治上，中國政府擺脫了以往幾乎孤立無援的局面，贏得國際間
的同情與支持。由於中國與英、美等國同時向德、意、日法西斯軸心
國宣戰，正如《中央日報》1941 年 12 月 12 日的社論標題「由聯合陣
線到統一作戰」所說，中國已成為同盟國中的一支重要力量。1942 年
1 月 1 日，美、英、蘇、中等 26 個國家在華盛頓簽訂了《聯合國家宣
言》，規定凡簽字國政府保證運用其軍事與經濟之全部資源，對抗法西
斯同盟國及其僕從國家，並在反法西斯鬥爭中相互援助，緊密合作，不

---

78 《復興商業公司卅四年度辦理業務情形節略》（1945 年 12 月 12 日），財政部檔案：三
(2)/280。

與敵人單獨締結停戰協定或和約。[79] 至此中國躋身於四強之一，國際地位空前提高。

在軍事上，太平洋戰爭爆發後不久，蔣介石就向美國方面表示，願以華盛頓為同盟國「政治及軍事之中心點」，並商議各國聯合作戰計劃。隨後美國總統羅斯福徵得英國等國同意，向蔣介石提出成立中國戰區的建議，並由蔣親任中國戰區盟軍最高統帥。1942 年 5 月底，中美雙方簽訂了《抵抗侵略互助協定》（又名《租借器材案草約》），根據這個協定，「美國政府繼續以美國大總統准予轉移或供給之防衛用品、防衛兵力及防衛情報，供給中國政府」，而「中國政府將繼續協助美國之國防及其加強，並以其所能供給之用品、兵力或情報供給之」。[80] 此後中國便依據此協定，從美國方面獲得了包括飛機、火砲、槍械、彈藥、汽車等物資在內的大量軍事援助。

在財政上，太平洋戰爭爆發後，美國一改以往孤立主義政策，對中國的要求很快便作出反應，羅斯福總統親自向國會寫信，認為應該增加對中國的援助，1942 年 2 月初，國會一致通過向中國提供 5 億美元貸款，2 月 12 日，羅斯福總統正式簽署了這份對華貸款法案。與此同時，英國政府也同意向中國提供 5,000 萬英鎊的貸款。這筆巨額貸款對於赤字日益增加、通貨加速膨脹的中國財政來說無疑是一個最有力的支持。

與上述有利條件出現的同時，太平洋戰爭的爆發也同樣給中國人民堅持抗戰帶來許多不利的因素。東南沿海陷落後，大後方的海路運輸基本斷絕，對外聯絡主要依靠陸路進行。由於日軍相繼佔領了香港及其上

79　宣言全文參見《中國近代對外關係史資料選輯（1840-1949）》下卷第二分冊（上海：上海人民出版社，1979 年），頁 161-162。

80　秦孝儀主編：《中華民國重要史料初編——對日抗戰時期》第三編《戰時外交》（一）（台北：中國國民黨中央委員會黨史委員會，1981 年），頁 502。

海的租界，並繼續向南洋進攻，連接中國與南洋出海口的唯一通道滇緬路連遭轟炸，使得對外交通陷於中斷，由此而造成的最大影響就是外銷物資無法運出，而國內迫切需要的軍事物資則無法內運。

為了堅持抗戰，爭取物資，重慶政府千方百計與國際間保持聯絡，爭取國際援助。概括而言，太平洋戰爭爆發後重慶政府的對外貿易政策是：輸出與輸入並重，內銷與外銷結合，在以國營為基礎的統制經濟之下有計劃地推動民營貿易。

1941 年 12 月 15-23 日，國民黨五屆九中全會在重慶召開，這是在太平洋戰爭爆發後國際局勢發生根本變化的形勢下所召開的一次重要會議。全會根據形勢的變化通過了多項議案及人事變動，其中有關經濟方面的《確定當前戰時經濟基本方針案》聲稱：「自太平洋戰爭爆發，我國經濟形勢為之一變。貿易政策與金融政策均須從新檢討，轉移重心，確立自足自給之方略，並奠定戰後經濟復興之基礎」，並提出綱領八項。[81] 故外貿政策亦「因國際運輸之困難，對外貿易之業務應調整，其不能輸出之物品，應推廣內銷，以實國用；貿易委員會之業務，亟應另定方針，重加規劃，以期適應戰時國計民生之需要，所屬公司，並應酌量合併，務求組織簡單，節省開支」。[82]

太平洋戰爭爆發後，隨着戰局不斷發生變化，貿易委員會的內部機構、人員以及政策內容亦相應有所調整，但其主要方針及貿易統制原則基本上沒有甚麼大的改變，而且在新的形勢下也取得了一些成績。據統計，歷年來貿易委員會及其屬下公司在國內各地收購桐油約 170 萬公擔，茶葉 200 萬市擔，豬鬃約 45,000 餘公擔，生絲約 25,000 公擔，羊

81　轉引自秦孝儀主編：《中華民國經濟發展史》第二冊（台北：近代中國出版社，1983 年），頁 617。

82　《財政部貿易委員會關於管理及改進對外貿易報告》（1945 年），載《中華民國史檔案資料匯編》第五輯第二編「財政經濟」（九），頁 425。

毛約 23 萬公擔，駝毛約 12,000 公擔，皮張約 583 萬餘張，又 14,000 餘公擔，還有食用藥材、腸衣、苧麻、桮子等雜貨，一面對外易貨，一面辦理商銷，其中用於各國易貨償債者價值高達美金 6,000 萬元以上。[83]

（三）官商經營與腐敗滋生

　　國營企業最大的特點就是資本全數由國家投入，作為國營公司，主要管理層人員的職務當然都是由國家任免，它的基本任務就是貫徹和執行國家下達的一切指示與命令，具體表現在經濟活動上要首先完成國家下達的計劃。由於國營企業資本雄厚，具有強烈的官方背景，在中國這個官本位思想和勢力極為強大的國家裏，它的地位和作用也就顯得格外重要。特別是在戰爭期間，國家處於統制經濟的體制之下，也正是因為國有企業所具有的這些特點，使它在國民經濟中具有壟斷的地位，能夠發揮私人企業所無法替代的作用，不論是資金來源的落實，或是貨物運輸的調配，乃至於購銷價格的制定，都可以得到國家的支持，因而能夠較為全面地完成易貨償債、尋求外援的任務。

　　貿易委員會屬下的三大國營貿易公司既以有限公司的形式出現，不但表面上具有公司的形式，同時也具有公司的經營結構，公司的董事和監事由政府官員和企業家共同組成。然而因為公司的資本全部是由國家投入，導致了公司所有權與經營權的分離；公司名義上雖然享有經營自主權，然而實際上卻是一個官僚機構，不論是資金來源還是人事變動，都受到政府的嚴格控制，公司本身的生產目的與經營方向也基本上與公司管理層沒有直接的關係；同時國家資本實施壟斷經營，缺乏有效的監管，儘管公司曾經進行過多次機構和人事上的精簡，但公司仍不可避免

---

[83] 《財政部關於戰時貿易政策及設施概況的報告》（1945 年），載《中華民國史檔案資料匯編》第五輯第二編「財政經濟」（九），頁 421；又參見財政部編：《財政年鑑·續編》，第十二章「物資」，頁 53。

地存在著一般國營公司所常見的通病，諸如機構臃腫、疊床架屋的官僚作風，官商不分、以權謀私的腐朽惡習。譬如復興商業公司成立之初，公司的領導層就已經意識到這些問題，並曾企圖予以改變。按公司負責人的理解，當初創設復興公司的原意是「應美國貸款者之要求，避免政治關係」而「力趨商業化」，但當公司總經理董承道剛到重慶履新之後即發現「最大影響本公司實太官僚化」。譬如公司屬下各處、部每當遇到有請核事件時，不論事件本身之大小，都要繕具簽呈手續，層層上報，這樣既浪費時間，更影響效益。因此他提出建議，以後所有外來文件必須在三日內答覆，如須向各方詢問者亦當先行覆示；他更要求以後經理室每天要及時將收發文摘要上報，而運輸部、營業部、會計處則各自編製表格呈核，這樣「則可費十分鐘時間即可閱畢，而公司業務進行亦大致明瞭」。[84]

　　至於國有企業中極易滋生官商勾結、權錢交易的弊端有關當局亦並非沒有發覺，抗戰初期國民黨內有識之士即關注到當時中國官僚資本得以迅速發展的情形。他們以為原始資本主義的構成主要依靠的是大量的資本、土地以及經營之技術和勞工的能力，而中國的「官僚資本則無須乎此，其所憑藉者，一為政治的地位，二為政治的權力，三為政治的運用，因利乘便，巧取豪奪，方法之妙，嘆觀止矣」。鑒於官僚資本「直接影響民生，間接危害抗戰」，為此國民黨五屆七中全會通過嚴防官僚資本主義及官僚經商的議案，重申「嚴禁官吏經營商業，最低限度亦不許經營與職務有關商業」，同時要「明定統制範圍及職權，並嚴防其弊病」，其目的就是「嚴懲官僚資本主義者」。[85]

84　《復興商業公司第一次常務會議記錄》（1939 年 11 月 29 日），貿易委員會檔案：三〇九 (2)/917。

85　《國民黨五屆七中全會通過嚴防官僚資本主義之發展以免影響民生主義之推行案》（1940 年 7 月 6 日），載《中華民國史檔案資料匯編》第五輯第二編「財政經濟」（五），頁 41-43。

　　尤其是到了抗戰的中後期，隨着戰局相對陷於膠著狀態，大後方的政治氛圍發生了深刻的變化，政治上專政、經濟上腐敗的現象日益加劇，官僚經商、官商勾結、以權謀私已蔚然成風，而且這種風氣還迅速蔓延。由於這種體制上弊端的日益系統化，導致腐敗現象已成為制度上的癌變細胞並不斷加以擴散，國營公司各級職員亦上行下效，特別是貿易委員會和復興商業公司的領導層由職業官僚取代了金融資本家之後，官場上的腐敗現象更加明顯地表露出來，國營企業中的種種陋習也愈來愈嚴重。知識分子和一般民眾對這種「前方吃緊、後方緊吃」的現象極為不滿，國民參政會和大後方的報紙經常口誅筆伐，聲討這種官商勾結、貪污腐敗的行徑，而復興商業公司作為主管對外貿易、執行統購統銷政策最大的一家國營公司，自然成為輿論攻擊的一致目標。

（四）戰後初期對外貿易政策的改變

　　1945 年 8 月，日本宣佈無條件投降，抗戰勝利雖是遲早之事，但它的突然到來還是出乎大部分人的意料之外。大後方政府各個部門的官員都忙着準備戰後復員和還都的計劃，海關總稅務司署亦立即恢復對全國貿易的管理。8 月 11 日，財政部召開會議，認為戰時原擬計劃已不能全部適用，故要求下屬各單位應根據現實情勢，速擬復員辦法，並就機構、人事、經費、器材和法令各點分別籌劃。貿易委員會主任委員鄒琳當天即向下屬各部門下達手令：「日本投降，復員在即，有關本會復員事項，亟應就現在情況重新切實檢討。除由童〔季齡〕副主任委員、趙〔恩鉅〕處長召商整個計劃外，各單位應即分別研究，並將緊急事項辦稿實施。」[86]

　　由於上海是全國乃至當時遠東最重要的金融與經濟中心，國際貿易

86　貿易委員會檔案：三〇九 /451。

進出口總額通常佔全國的極大比例，復興商業公司作為貿易委員會屬下唯一的國營貿易公司，即決定勝利後總公司遷往上海，其下屬各分支機構則以分區經營業務為原則，除總公司兼營蘇、浙、皖三省業務外，還分別設立漢口、廣州、蘭州、瀋陽、天津、台灣分公司，負責全國其他各省的有關業務，各分公司得在物資生產之集中及轉運地點斟酌需要情形，設立辦事處、收貨處及製煉廠場，並於國外紐約、倫敦、新加坡、加拿大、澳洲、日本等處設立分支機構，銷售出口貨品及辦理進口業務。[87]

對於戰時主管全國對外貿易行政與業務大權的貿易委員會來說，戰後繼續實施統制貿易不僅是必然的，而且更是其本身能否繼續存在以至發展的關鍵所在。因此這些官員們堅持認為：「抗戰以來，政府對於國際貿易採行統購統銷政策實施迄今，雖係局部之統制，然亦著有相當成功」，尤其是「我國工商業尚未發達，為顧全國家及商人利益計，戰後我國必須採行保護關稅、管制貿易政策」，也就是「戰後政府對於國際貿易必須採行嚴密監督、全面統制政策」。[88]

9月13日，蔣介石對戰後經濟與貿易的原則發出訓示：「我國戰後經濟與貿易二種事業，必須確定制度，使能切實執行，合理發展，不可再踏過去聽其自然、漫無規則之覆轍，應依據民生主義之準則及中央已定方針，分別設計具體方案，於一個月內呈報為要。」[89]財政部接奉行政院訓令，即按上述指示擬具〈戰後貿易設施方案〉，該方案由總綱、政策、實施辦法和組織四部分組成，其宗旨就是戰後貿易一是要「採取『有計劃的自由貿易』，導助公私企業，使得相互協調，合理發展」；二

87 《復興商業公司戰後復員準備工作節略》（1945 年 8 月），貿易委員會檔案：三〇九/451。

88 《貿易委員會統計組會議記錄》（1945 年 8 月 25 日），貿易委員會檔案：三〇九/309。

89 《委員長侍秘字第二九五二一號申元手啟代電》（1945 年 9 月 13 日），載《民國檔案》2003 年第 3 期，頁 39。

是要「順應世界潮流，並參照歷次中外協定之精神及國際會議之決議，以加強國際合作，而促進世界繁榮」。而為了實施上項計劃，「政府應在中央設立一個獨立的貿易行政機構，加強調整或恢復各地貿易行政機構」，同時「應建立國營貿易業務之體系，在國內及國外各地，依事實需要各設分支機構，以求推進業務」。[90]

　　然而此時國內外局勢發生的變化，卻使得有關部門不得不對貿易政策做出重大修正。由於勝利初期大後方的商人不斷拋售囤積物資，物價一度狂跌，各方需求亦大幅減少，導致復興商業公司經營發生困難。因為統購物資的收購價高於市場價，按理說，此時應暫停收購統銷物資才是，但因復興商業公司負有執行統購統銷的責任，明知虧蝕亦無法停止。直至 10 月 9 日行政院召開第 716 次院會，財政部提議將原各項外銷物資統購統銷辦法，包括桐油、豬鬃、生絲、羊毛和茶葉等農產品，一律取消，「嗣後易貨續償所需物資，由復興公司訂約收購；其餘得由商民運銷出口」，財政部以為如此方可「發動民間廣大資力，增加生產，擴大外銷，繁榮進出口貿易，加深國際間合作」。[91] 既然統購統銷的政策不再實施，那麼專為執行該政策而成立的貿易委員會和復興商業公司也就都沒有繼續存在的必要了。因此 10 月 30 日行政院第 718 次會議做出決議，決定撤銷貿易委員會，並責成復興商業公司「先行緊縮，至本年年底結束，結束後未了業務交經濟部接辦」。[92] 大局已定，原先堅持戰後繼續實施統制貿易的貿易委員會也不得不改變立場，聲稱：「今抗戰已告勝利結束，國際交通路線即將通暢，而國際市場復待爭取，所有原由政府統籌之各項主要外銷物質〔資〕，似可准許民營，

90　《戰後貿易設施方案》（1945 年 10 月），經濟部檔案：四 /30408。

91　《中央日報》（重慶），1945 年 10 月 10 日，第 3 版。

92　《復興商業公司卅四年度辦理業務情形節略》（1945 年 12 月），財政部檔案：三 (2)/280；又見《中央日報》（上海），1945 年 10 月 31 日，第 1 版。

將各項統購統銷辦法予以廢止，以資擴大出口貿易業務。」[93]

　　根據這一形勢的變化，行政院又重新確立了戰後經濟事業和貿易制度，其中「貿易制度」明確規定，戰後國內外貿易的經營方式可分為政府單獨經營、民營、政府與人民合營、中外合營（政府或人民與外資合營）及外資單獨經營等五種，除了軍火以及鎢、銻等物品政府應組織進出口專業公司負責經營外，其他國內外貿易均以民營為原則；至於「管理制度」則規定：「政府對於進口貿易、進口外匯及關稅，在戰後初期應予適度管理，以期進口物品能配合經濟建設計劃之需要，並使有限之外匯資源不致浪費，而國際收支亦能逐漸接近平衡」，「政府對於出口貿易以不統制為原則，並廢除出口稅，俾使擴大出口量值」。國民政府主席蔣介石審閱該項計劃後批示，除了「關於出口關稅之廢除與結匯辦法之規定兩點應針對戰後各時期實際環境之需要，詳作具體之研究，以期國際貿易與國內工業之發展」外，其餘「准照會擬意見辦理，由行政院分別草擬法案施行」。[94] 與此同時，國民政府為完成經濟復員、促進全國經濟建設及發展，於 11 月 26 日成立最高經濟委員會。該會直隸於國民政府，由行政院正副院長分任正副委員長，各主要經濟部門首長為委員，對各機關經濟工作有統轄之權。行政院長宋子文在就任最高經濟委員會委員長時，特別提出戰後發展經濟的政策綱領：一是扶助民間事業，協調國營民營關係，使它們的配置輕重合理；二是平衡政府收支，協調各部門利益；三是與友邦進行經濟合作，坦白互惠，毫無偏倚。[95] 這是宋子文正式開始主導並着手進行戰後財政經濟政策變革的重要標

---

93 《貿易委員會進出口貿易組會議紀錄》（1945 年 10 月 31 日），貿易委員會檔案：三〇九/309。

94 《確立戰後我國貿易制度》（1945 年 11 月 1 日），財政部檔案：三 (2)/2988；又見《蔣介石關於確立戰後經濟事業制度與貿易制度代電》（1945 年 11 月 26 日），載中國第二歷史檔案館編：《中華民國史檔案資料匯編》第五輯第三編「財政經濟」（一），頁 6-10。

95 《大公報》（重慶），1945 年 11 月 27 日，第 3 版。

誌。而且還有證據顯示，成立最高經濟委員會事先曾得到美國方面的認可與支持。[96]

　　對外貿易關係到國家的金融體制和國際收支，因此對外貿易制度的變革是國民政府戰後財政經濟政策上的一個重大轉變，它顯示政府此時已決定放棄戰時長期執行的貿易統制和國家資本壟斷經營的政策，開始向所謂「自由經濟」的體制過渡，而戰時為執行統制經濟而成立的貿易委員會，戰後不但未能如願升格為貿易部，反而因政策的改變而遭撤銷，其下復興商業公司這個最大的國營貿易公司，也因無法繼續壟斷經營農產品的出口業務，亦同時宣告停辦，所有倉存及運輸中貨物，連同分佈於各地的房產、設備及所有投資事業，均全數交由經濟部接管。[97]這也意味着實施多年的統制貿易至此宣告結束，隨之而來的則是「開放外匯與黃金市場」和「鼓勵輸入」的自由經濟政策了。

六　結語

　　抗戰爆發後，國民政府為了爭取外援，維持債信，開始實施戰時統制經濟政策，對貿易實施管制，並根據戰局的變化不斷頒佈或更改法令，其中最重要的措施就是由國家出資，設立國營貿易公司，對所有重要農礦產品實施統購統銷，由國營公司壟斷經營。當一個國家進入戰爭狀態時，為了爭取物資、保護資源，由國家對某些重要物資實施統制，並由國家統制經營，這些都是必須採取的措施，中外各國莫不如此，因此抗戰期間國民政府實施的統制貿易政策不僅十分必要，而且總的來講

96　1945 年 10 月 8 日，美國總統杜魯門（Harry S. Truman）的私人代表、著名銀行家洛克（Edwin Lock）自美來華考察中國戰後經濟狀況，歷時一個半月，臨行前曾發表談話，贊成中國設立最高經濟委員會。見《中央日報》（重慶），1945 年 11 月 17 日，第 2 版。

97　《復興商業公司呈報公司結束及移交辦法代電》（1945 年 12 月 15 日），貿易委員會檔案：三〇九 (5) /248。

也是利大於弊的。譬如戰爭期間運輸工具極為困難，而由國家統一管理則便於調配；所有出口農礦產品都用於易貨償債，國營公司負責實施統購統銷，既可維持信用，同時也可有效地控制收購價格及提高外銷價格；與此同時，國家亦可藉此機會改變長期以來國際貿易為外商所壟斷的局面，對出口商品的品種及價格亦可因時因地加以調控。

實施統制貿易，由國家壟斷經營對外貿易，對部分關係到國計民生的農礦產品實施統購統銷和專賣政策，在理論上確是違背自由競爭的原則，是一種退步的行為。但是應該肯定的是，戰爭期間由國家壟斷經營對外貿易、管理外匯是唯一正確的決策，而且在抗戰初期這一政策曾發揮了積極作用。具體表現為：一、奠定了國家對外貿易的基礎，使中國由被動貿易變為主動貿易；二、保證並促進了外銷商品的生產和銷售，增加中國的外匯儲備；三、執行對外貿易合約，保證易貨貿易的正常進行；四、對外匯實施管理，有利於國內金融局勢的穩定。

太平洋戰爭爆發後，由於國際和國內局勢發生重大變化，對外交通幾乎完全斷絕。在此情形之下，貿易委員會又因應局勢的演變，對於統購統銷的農產品種予以調整與修正，部分農產品改為以內銷為主（如桐油、茶葉），同時又將羊毛、生絲列為統購統銷物資，對進口物品的管制也有所放鬆。目的其實很簡單，就是為了爭取物資，維持債信與保證易貨貿易的正常進行。對於這些政策的主要內容及其演變也都是無可厚非的，從實際效果上來看，它們也確實發揮了相當作用。至於這一政策的內容是否完善，執行得成功與否，則是另外一個問題。統購統銷政策以及國家經營對外貿易過程中出現的失誤原因很複雜，其中既存在着制度上的問題，也有人為的因素，同時還與中國文化的大傳統具有密切的關係。

戰時國民政府對於出口農產品實施統購統銷，也就是由國家指定有關部門根據各地生產成本及運繳費用，並參照國際市場的情形，統一擬定價格，並報財政部備案。雖然有關部門亦曾不斷提高農產品的收購價

格，但其上升的幅度卻遠遠跟不上通貨膨脹的速度，國家收購機關制定民間物資收購價格應有合理的標準，這個標準就是生產的成本加上合理的利潤，但「收購機關對於生產者之生產成本並未臨時作嚴密認真之估計，所加百分之二十之合法利潤，實則合法而不合理，蓋法幣貶值之損失早已超過利潤之所得」。[98] 實際情況確實也是如此，貿易委員會規定的外銷農產品收購價往往低於生產成本。按照貿易委員會的解釋是害怕因提高農產品的收購價格而引起物價的上漲，從而進一步加重通貨膨脹的壓力，但事實上卻是嚴重打擊了產農的生產熱情，以致於抗戰後期各地頻頻出現一些毀壞桐林、砍伐茶樹、放棄採礦的現象，其後果就是造成出口農礦產品的產量下降，同時也導致走私之風日益加劇。

　　由於國家資本實施壟斷經營，缺乏有效的監管，因而又產生了許多弊端，導致國營企業內官商習氣日益嚴重。對於這個問題，抗戰期間曾親身參與並執行統購統銷政策的重要人物、長期擔任中國茶葉公司總經理的壽景偉和中國植物油料公司的總經理張嘉鑄在戰後也不得不承認：「我國出口貿易之盛衰，直接關係農村經濟，間接影響政治秩序，故確立國策，至為重要。在抗戰期中，當局曾實施統購統銷與專賣統制，惟因條件未備，致生產本身萎縮，人民怨聲載道，其結果則『有害民生，無裨國計』，往事追憶，良可痛心。」[99]

　　儘管貿易委員會屬下的復興商業公司、中國茶葉公司和富華貿易貿易公司都是以有限公司的形式出現的，但因為資本均為國家投入，因而具有其他國有企業所存在的共同通病，即偏離利潤最大化的目標，而為政治選擇所左右。公司經營的成效與個人的表現及其利益沒有直接的關

98　《國民參政員劉明揚等建議改進貿易統制辦法提案》（1943 年 12 月），載《中華民國史檔案資料匯編》第五輯第二編「財政經濟」（九），頁 530。

99　壽景偉、張嘉鑄：《出口貿易與收購政策之商榷》（1947 年），載《中華民國史檔案資料匯編》第五輯第三編「財政經濟」（六）（南京：江蘇古籍出版社，2000 年），頁 556-557。

係，因此濫用職權者有之，玩忽職守者有之，浪費公帑者更有之。除此之外，由於深受中國官本位文化的影響，國營企業的作風與衙門毫無二致，官辦機構中那種人浮於事、尸位素餐的陋習亦隨處可見。至於國營公司的官商作風和欺行霸市的行徑更是司空見慣，各地收購處對貨物百般挑剔，任意壓價，還動不動就藉口倉儲已滿而停止收購，以致使長途運送貨物的農民和商販蒙受巨大損失。國營公司既壟斷農礦產品市場及其價格，同時又限制商品出路，自然引起民眾的強烈不滿。尤其是到了抗戰的中後期，隨着大後方政治上專政、經濟上腐敗的日益加劇，大後方官場上貪污腐敗的現象也隨之發生，官僚經商、官商勾結、以權謀私的風氣迅速蔓延。同時，在物資供應極度短缺的情形之下，國家利用對這些物資獨佔經營的條件，已將私營企業完全置於國家資本的控制之下，國營企業所掌握的物資可以操縱國民經濟，更重要的是，國家實施統制經濟給予那些主管財政經濟事務的官員和國營公司中的上層人物巨大的權力，加速了官商勾結的進程。由於缺乏監管，他們便可以通過各種途徑，或是在經營中利用職權牟取私利，或是乾脆將國有資產化為己有，從而使得民眾與國家、私營企業與國營企業之間的矛盾日益尖銳。而且愈到後來，統制貿易的弊病就愈為嚴重，完全背離了抗戰初期國家協助和支持對外貿易的宗旨，因此統購統銷政策最終遭到國內民眾的唾棄也就在情理之中了。

原載呂芳上主編：《戰爭的歷史與記憶》第 2 冊《戰時政治與外交》
（台北：國史館，2015 年 12 月），編入本書時加以補充修訂

戰時國民政府管制物價的措施及其成效

一　引言

　　全面抗戰爆發後不久，國民政府即決定遷都，轉移到西南西北大後方繼續堅持抵抗。八年抗戰中，中國軍民不但在戰場上英勇抗擊凶殘的日本侵略者，經濟領域也同樣是一個重要的戰場。由於戰爭造成的嚴重傷害和巨大消耗，以及交通受阻、外援中斷等原因，導致大後方物資短缺，物價暴漲。國民政府在募債、增稅都無法解決赤字上升的情況下，只能通過大量發行貨幣予以舒緩，但這就更加刺激物價的上漲，通貨膨脹日益加劇。對於國民政府來說，在物資短缺、物價高漲的艱窘環境之下，既要保障前方軍隊的戰備物資和糧食供應，同時也要維持後方軍公教人員及普通市民最基本的生活需求，那就是必須對物價實施管制，這樣才有可能將抗戰堅持到底。

　　關於戰時物價管制這一問題在當時就引起學術界的關心，並出版了

眾多論著予以討論，[1] 但後來很長時間對此卻缺乏深入的研究，即使提及
戰時國統區的財政經濟政策，也是持完全批判、徹底否定的態度，直至
上世紀八十年代末，才開始有學者對這個問題予以關注。最早的研究成
果多出自西南地區的學者，他們的研究建立在充分掌握資料、特別是第
一手檔案資料的基礎上進行的，所以具有突破性的發展；[2] 近年來，隨
着更多的史料開放及出版，有學者開始從不同的方面對戰時的財政經
濟進行研究，譬如以蔣介石為中心，探討其如何應對抗戰時期的時局變
化，將中國經濟從平時到戰時轉變過程中的路徑、過程和績效；[3] 也有學
者以多位高級公務員和大學教授的日記為中心，探討他們戰時在大後方

1　如杜俊東編撰的《戰時物價講話》（福建：改進出版社，1940 年），雖然篇幅不大，但
卻深入淺出，較易理解；中央銀行經濟研究處編輯的《戰時物價特輯》（重慶：商務印
書館，1942 年）不僅收錄了大量的統計圖表，還編有戰時有關物價上漲的大事記及相
關論著目錄。然而上述二書出版時間較早，未能反映整個戰爭時期物價變化的全貌。其
後壽進文編著的《戰時中國物價問題》（重慶：生生出版社，1944 年）較為全面，而方
顯廷編輯的《中國戰時物價與生產》（重慶：商務印書館，1945 年）則收集了多位南開
大學經濟研究所學者的論文，他們分別從生產、消費、利率等各個方面討論戰時物價與
生產的關係。最近，中國社會科學院近代史研究所與中國抗日戰爭史學會所編輯的《抗
日戰爭史料叢編：第四輯》（北京：國家圖書館出版社，2018 年），第 18-20 冊中。
收錄了多部研究戰時統制物價的專著，如劉大鈞等：《戰時物價統制》（重慶：獨立出版社，
1939 年）、何名忠：《戰時物價平定問題》（重慶：建國出版社，1940 年）、國民出版社
編輯《戰時物價統制問題》（浙江：國民出版社，1940 年）、劉長寧：《物價統制論》（財
政評論社，1943 年）、吳文建：《中國戰時物價問題之探討》（1945 年版）等，均為研
究戰時物價統制政策的重要參考著作。

2　如西南財經大學多位學者聯合撰寫的《抗日戰爭時期國民政府財政經濟戰略措施研究》
（成都：西南財經大學出版社，1988 年）應該是依據原始檔案、全面探討國民政府戰時
財經措施的第一部著作，其中有一章專門討論的就是「戰時物價管制」；其後崔國華主
編《抗日戰爭時期國民政府財政金融政策》（成都：西南財經大學出版社，1995 年）是
在前書基礎上撰寫的另一部專門討論戰財政經濟政策的專著；而周春與蔣和勝等編著與
主編的《中國抗日戰爭時期物價史》、《中國抗日戰爭時期物價史料匯編》（成都：四川
大學出版社，1998 年）則是作者與中國第二歷史檔案館通力合作，利用該館所藏的歷
史檔案編輯出版的研究成果，具有重要的史料價值；此外還有為數眾多的學術論文討論
這個問題，此處不贅。

3　參閱林美莉：〈蔣中正與抗戰後期的物價決策──以侍從室的治動為中心〉，黃自進主
編：《蔣中正與近代中日關係》（台北：縣稻香出版社，2006 年）；方勇：《蔣介石與戰
時經濟研究》（杭州：浙江大學出版社，2013 年）。

的生活狀況，自然會涉及戰時物價的管制政策。[4] 本文即在前人研究的基礎上，主要注意收集中國大陸與台灣地區珍藏的史料，並參閱近年來出版的各界人物的日記、回憶等資料，考察戰時物價上漲的原因，分析國民政府如何因應局勢的變化，對於管制物價採取過哪些不同的措施，特別注意的是戰時各個時期制定的政策內容以及分管統制物價機構的演變，試圖對其發生的作用與存在的問題予以全面的評價。

二　戰時物價上升的原因與階段

抗戰爆發後，隨着華北、華東和華南大片富庶的地區相繼淪陷，長期以來中國財政賴以維生的關、鹽、統三大稅收大幅減少，而戰爭所帶來的巨大消耗以及損失卻日益增加，造成的後果就是物資供應急劇下降，而物價則以幾何級數飛速上漲，成為大後方財政經濟以及民眾生存極為嚴重的現實問題。

所謂物價即商品的價格，是以貨幣來表現一般商品的價值。物價關係到國計民生，在戰時物價問題就顯得更為重要，它涉及到商品的交易與分配，生產與消費，不僅牽涉到大後方公教人員和民眾的日常生活，更影響軍隊的給養與供應，關係到抗戰能否堅持到底。造成物價上升的因素非常多，彼此之間的關係極為錯綜複雜，其中既有市場供求關係，也與貨幣發行與流通數量有關。戰時支出急劇增加，尤其是軍費開支可以說是填不滿的無底洞，同時戰爭的破壞極為嚴重，國土淪喪，國家財政收入大幅下降，財政赤字與日俱增；物資供應日益短缺，而大後方人口劇增，這與市場供需之間的矛盾（商品供應跟不上人口的增加）亦急

4　參閱鄭會欣：〈戰時後方高級公務員的生活狀況：以王子壯、陳克文等人的日記為中心〉，載《近代史研究》2018 年第 2 期；〈戰時後方高級知識分子的生活狀況：以多位教授的日記為中心〉，載《抗日戰爭史研究》2018 年第 1 期。

劇擴大，商品的價值與價格之間發生嚴重背離；由於增稅、募債不能解決日益龐大的財政赤字，政府只能利用擴大貨幣發行的方式填補空虛的國庫，而貨幣流通數量的大幅度上升，更導致通貨膨脹日益嚴重，市場游資活躍，商品價格自然高漲；同時因貨物短缺，供不應求，乃至驅動商人的投機經營與囤積居奇；而因國家加強對經濟的干預，又給了那些主管財政經濟的官員制造了更多以權謀私的機會，以致腐敗橫生，造成惡性循環，貨物供應更為緊張；再有就是大後方各地商品價格之間存在的差異，中國是一個農業大國，農村人口佔據絕大多數，西南西北內地落後地區尤為如此，農產品的產量非常重要，關係到市場的供求關係，中國的交通運輸原本就不發達，由於戰爭影響，交通運輸更遭到嚴重破壞，阻礙商品的交流；除此之外，還應注意的是戰時社會民眾的心理變化，他們目睹物價飛漲，貨幣貶值，為了減少損失，紛紛儲貨待用。所有這一切，都極大地增加了市場上供求需要的矛盾。

　　簡而言之，商品脫離價值規律及其作用，價值與價格的背離成為戰時普遍現象，同時也成為物價上漲的重要原因，因此抗戰爆發後物價上漲是必然的趨勢。但應注意的是，在整個抗戰期間，物價的上漲還是經歷了由緩慢溫和到飛速增長的幾個不同階段；同時，物價的上漲在各個地區、各種商品之間是有區別的，而且在各個時間段上也有所不同。總體來講，前期物價溫和上漲的時間較短，中期以後物價上漲迅猛，而且日趨激烈；到了抗戰後期，物價更是瘋狂上漲，通貨膨脹極為嚴重。相對而言，內地的農村和邊遠地區物價上漲較為平緩，城市、特別是大都市物價上升的幅度特別高昂。

　　抗戰初期，物價雖開始不斷上漲，但上漲的幅度還不是很大，應該還屬於基本穩定的階段。雖然上海、南京、武漢、廣州等華東、華南重要城市相繼淪陷後，江運、陸運受阻，但沿海口岸尚未全面封鎖，外來物資還能內運，同時大後方的農業豐收，糧食尚能供應軍民所用，加上這一時期幣值較為穩定，政府亦竭力維持外匯市場的安定，因此物價雖然開始不斷

攀升，但幅度還不是很大，雖然物價總的趨勢是上漲，但有些物資的價格偶爾也會出現下降的情形。譬如抗戰初期北大、清華和南開三家大學奉命先撤退到長沙，後再到昆明，由於當地的生活水平較低，大學教授的工資在戰前屬於高薪階層，北大歷史系教授鄭天挺初到長沙，發現此地物價甚廉，因此只用了區區幾元錢就買到郭嵩燾的真跡；[5] 清華大學教授吳宓初到昆明時，感覺價格極為廉宜，「諸人合食，每人每餐只須三四角耳」，且舊滇幣僅值國幣十分之一，新滇幣亦僅值國幣二分之一。「而滇夙通用舊滇幣，故初來覺物價廉而食饌美也」。[6] 當時有商人來談聯大教職員包飯，「早：粥、雞蛋一，午、晚：米飯，二硬葷（此間土語謂全盤皆魚肉也），一岔葷（謂魚肉與蔬菜合之也），二素（謂蔬菜、豆腐之屬），二湯，月價國幣十二元」。[7] 雖說這比長沙時的價格要貴些，但與教授們每月數百元工資相比，還是便宜許多。

　　然而好景不長，沒過多久大後方物價便急劇上升，尤以昆明和重慶為最。1939 年下半年，外匯市場發生變動，運輸又困難，物資供應開始出現緊張的現象。加上中央黨政機關、高等院校以及大批難民隨政府內遷前往西南地區，後方人口急劇增加，而四川等後方省份的農作物適逢減產歉收，以致物資供不應求，特別是糧食供應不足，物價上漲的速度愈發明顯。如果當時政府能夠保證內運物資暢通，商品源源應市，市場價格尚能維持。但此時交通受阻，後方各大城市豪商依仗其雄厚之資本，傾其全力爭購外來貨物，壓迫國家支付外匯的負擔，同時又隱匿物資，囤積居奇，黑市盛行，市場上物資緊缺，民眾心理恐慌，亦跟着一起搶購物資，所謂「工不如商、商不如囤」就是當時一個很形象的比

5　俞國林點校：《鄭天挺西南聯大日記》（1938 年 1 月 18 日）（北京：中華書局，2018 年），上冊，頁 7。以下簡稱《鄭天挺日記》。

6　吳學昭整理編注：《吳宓日記》（1938 年 3 月 2 日）（北京：三聯書店，1999 年），第 6 冊，頁 318。

7　《鄭天挺日記》（1938 年 3 月 22 日），上冊，頁 42。

喻：生產商存料減產，坐等漲價，普通市民亦挪借資金，爭購物資，導致社會游資愈多，囤積居奇則愈甚，生產供應的能力亦愈弱，物價與工資之間的差別也就愈大，不可避免地出現了通貨膨脹的惡性循環。以重慶為例，1940 年 7 月與同年年底相比，物價竟上漲幾達十倍，以大米為例，2、3 月間，每斗米還只有 4、5 元，5、6 月間上升到 6、7 元左右，但是到了年底，每斗米竟然賣到 50 元，較年初相比上漲了十多倍，若與戰前相比，更上升二十多倍。[8] 說明這一階段物價開始出現普遍上漲的態勢，而且速度日益加劇。

1941 年國民政府為加強物資統制，特設置經濟會議統籌策劃，要求物資專管機關分別負責各類物資的管制工作，譬如棉花、紗布由農本局管制，日用必需品由平價購銷處管制，煤焦由燃料管理處管制，食鹽則由鹽務總局管制，並增設糧食管理機關，先成立全國糧食管理局，嗣後再在其基礎上改組為糧食部，目的就是希望以掌握物資、保障供應的方式平抑物價，同時嚴格取締囤積操縱。

1942 年，由於太平洋戰爭的爆發，滬、港兩地重要外國物資供應口岸被敵佔領，緬甸補給線亦告封鎖，加之日偽以貨幣政策封鎖，以致淪陷區物資無法內運，物資來源枯竭，致使衣料、五金等部分物價狂漲，從而帶動其他物價上漲，在這之後的物價已呈全面跳躍式暴漲的局面。

1943 年，經濟會議改組為國家總動員會議，並頒佈總動員法，實施限價政策，規定花、紗、布、煤、紙、糧食、食油、鹽等八項物資為限價物品。然而卻因產地價格無法阻止銷區價格隨之上漲，而且限價以外的各種物資種類繁多，地方政府亦無法加以管制，雖令議價，但缺乏實效。

8　《梅公任等十二名中央委員在五屆八中全會上之提案》（1941 年 4 月），中國第二歷史檔案館藏經濟部檔案：4-24588。

　　1944 年上半年物價上漲趨勢猛烈，加之日軍發動貨幣戰，法幣迅速貶值，軍令部長徐永昌在 3 月 21 日的日記中記載，此時重慶物價較 1939 年高約 100 倍。[9] 但入秋之後糧食豐收，加之國家銀行收縮信用，物價趨於穩定。其後戰局變化，豫湘桂潰敗，市況蕭條，囤積者大量拋售物資，政府實施貼補政策，全年物價雖尚稱穩定，但其物價指數亦較前一年上漲二倍。根據經濟部的統計，抗戰八年以來物價指數增長幅度如下：若以 1937 年 1-6 月的指數為 100 的話，那麼每一年 12 月的零售物價指數為：1937：107；1938：141；1939：266；1940：1,001；1941：2,483；1942：5,829；1943：17,340；1944：48,035；1945：93,328。[10] 由此即可看出戰時物價上漲的嚴重情形了。

三　協議評價與平價購銷

　　戰時各個國家實施的統制經濟政策，大都包括管制外匯、統購統銷、實施專賣等等，而統制物價更是其中一項重要內容，特別是第一次世界大戰以來，環顧世界各國，莫不如此。抗戰爆發後，為了抑止物價上漲，政府有關部門曾設置相關機構，並相繼公佈法令，企圖對物價予以管制。軍事委員會侍從室少將組長唐縱曾在 1944 年 4 月 19 日的日記中記述了戰時管制物價的經過：「二十六年十二月公佈非常時期農礦工商管理條例，二十八年公佈非常時期平定物價及取締投機操縱辦法、日用必需品平價購銷辦法，三十年成立全國糧食管理局、全國經濟會議、非常時期取締日用重要物品囤積居奇辦法，三十一年成立國家總動員會

9　《徐永昌日記》（台北：中央研究院近代史研究所，1991 年），第 7 冊，頁 262。

10　中國第二歷史檔案館編：《中華民國史檔案資料匯編》第五輯第二編「財政經濟」（九）（南京：江蘇古籍出版社，1997 年），頁 285。以下簡稱《匯編》5：2：9。

議」。[11] 這段話大致記錄出戰時管制物價的經過，機構雖然不時變換，但卻始終沒有辦法解決物資供應和物價上漲的問題。

抗戰初期，由於當時物價上漲的情形還不是很明顯，政府對此未能引起足夠的重視，雖然也頒佈過相關法令，但大多為臨時性的措施，治標不治本，作用並不大。淞滬戰爭爆發後不久，1937 年 9 月，國民政府即在軍事委員會下設立工礦、農產和貿易三個調整委員會，對於重要生產資料和生活資料的生產、運輸、儲備、銷售及價格等方面進行統籌管理，同時成立由中央、中國、交通和農民銀行組成的四行聯合辦事處，成為戰時國家金融統制的最高權力機關，算是對經濟進行統制的開始。然而此時政府決策部門管制物價的原則基本上還是運用物資的供需關係來平抑物價，盡量避免過多的行政干預。

1938 年 1 月，剛剛成立的經濟部授權對所有工業原料和製成品加以管制，其目標是對所有商品實行合理售價，對重要物品的生產採取鼓勵措施，對於投機牟利的行為則予以查禁。同時貿易調整委員會易名貿易委員會，改隸財政部領導，主要負責管理出口物資的收購、運儲和對外銷售。

1938 年 3 月底在武漢舉行的國民黨全國臨時代表大會通過的《抗戰救國綱領》和《非常時期經濟方案》，其中就有多項內容涉及戰時物資管理，譬如《綱領》第 24 條明文規定，「嚴禁奸商壟斷居奇，投機操縱，實施物品平價制度」，這可能是抗戰爆發後國民政府第一次提出要對民眾日常所需的商品實施平價政策。

1938 年 10 月 6 日，國民政府在原來《戰時農礦工商管理條例》的基礎上修正頒佈了《非常時期農礦工商管理條例》，這應該是抗戰以來頒佈的第一條最完整的經濟方案，對於戰時統制經濟的組織、機關、物

---

11 《唐縱失落在大陸的日記》（台北：傳記文學出版社，1998 年），頁 385。以下簡稱《唐縱日記》。

資以及統制方法、懲治手段均有具體的規定。[12]

　　10 月下旬，隨着廣州、武漢的相繼淪陷，中國開始進入抗戰的戰略相持階段，由於物價不斷上漲，國民政府不得不開始對物價進行管制。1938 年 12 月，行政院宣佈向某些大城市供應少數日用必需品，並在經濟部之下設立日用必需品平價購銷處，規定日用必需品須制定合理價格，並禁止囤積及投機活動。與此同時，還在重慶成立了由政府、商會、各業公會代表共同組成的物價管制委員會，亦責令各地仿效成立，對本地區的商品訂價予以監督。但實際上只有重慶和成都成立了物價管制委員會，而且其訂價總是低於市場價格，商家並不認真執行，因而徒有虛名，沒有甚麼作用。

　　1939 年 2 月 7 日，行政院頒佈《非常時期評定物價及取締投機操縱辦法》，要求各地主管官署會同當地有關商會、同業公會設立評價委員會，「應以生產者與消費者雙方兼顧為原則」，評定日用必需品之價格。其標準為：一、凡物品的生產運銷成本，未受戰爭影響或影響甚微者，以戰前三年或一年之平均價格為標準；二、凡物品之生產及運銷成本受戰爭影響，以其在戰爭開始後的成本，再加相當利潤為標準；三、凡物品的成本不易計算者，以其經營所需的總資本額，再以相當利潤為標準。若有工廠商號或私人囤積大量日用必需品，得依評定價格強制出售。[13] 其後，大後方各地在行政院和經濟部的督促下，相繼成立評價委員會，主持平價工作，並指定糧食、肉類、蔬菜、火柴、肥皂、布匹、煤炭、火柴為評價商品。

　　平抑物價的方式主要有兩種，一是從增加生產、節制消費及合理分

12　中國第二歷史檔案館藏國民政府國家總動員會議檔案：181-420；又見四川聯合大學經濟研究所、中國第二歷史檔案館合編：《中國抗日戰爭時期物價史料匯編》，頁 3-7。以下簡稱《物價史料匯編》。

13　中國第二歷史檔案館藏國民政府國家總動員會議檔案：181-420；又見《物價史料匯編》，頁 7-10。

配入手，以求徹底解決；二是從統制交易市場入手，企圖逐步安定物價。然而在交易市場缺乏有效統制之前，所謂增加生產、節制消費並不能取得成效。因為有關機構只命令各地評價，卻沒有對市場的供求需要加以調劑和管理，以致物價愈評愈高，商品愈評愈少，無法煞住漲價之風。因此儘管有了評價這一機制，但貨品的價格還是由市場的供求關係決定的，所謂評議物價對於控制物價的效果極為有限。關於這一點，主持評價的官員、經濟部商業司司長壽景偉也承認，「各地評價委員會雖竭力推行，而工作成績迄未能表現」，「且調節物價不能徒憑理想，更不能過恃政府之權力，而強求其成功。蓋物價之平抑，端賴供求之相濟，若無切實有效之措施，則愈言平抑物價，而物價愈形高漲」。[14]

政府最初只是希望通過對物價進行評議來達到平抑物價的作用，並提出若干具體管理措施，但影響甚微，其結果「除農本局購紗、及經濟部統制煤價略見成效外，其餘多屬無效」。[15] 因此有關方面這才開始從政治手段和經濟政策上同時下手，對壓抑物價採取一系列措施，包括取締囤積居奇、管理市場、掌握物資、改進平價購銷業務，其中對糧食和日用品的管制更是重中之重。

1939 年 12 月 5 日，行政院宣佈在經濟部下設立平價購銷處，由經濟部商業司司長章元善兼任處長，與國貨聯營公司（章亦為該公司董事長）簽訂承辦合同，並由四聯總處撥借 2,000 萬元，作為日用品平價購銷基金。與此同時，經濟部亦一併頒佈《取締囤積日用品必需品辦法》和《日用必需品平價購銷辦法》，規定由經濟部委託後方各重要城市的主管機關和商會對日用必需品的存貨數量、運銷成本以及市場供應等情

14　壽景偉：〈戰時物價調整問題與政府最近措施〉，轉引自杜俊東：《戰時物價講話》，頁 40。

15　《行政院致經濟部通知》（1939 年 12 月 9 日），中國第二歷史檔案館藏經濟部檔案：4-28129。

形進行調查，規定商品價格，勸喻商人照價出售。經濟部為此還解釋，實行「平價設施，貴能充裕供給來源，取締居奇囤積，遇有必要，由政府以公賣方式，一方面採購物品批發與商人銷售，一方面於批發時即規定其批發零售價格，藉期調濟供需，而使物價回復正軌」。為了達到這一目的，最重要的任務就是要在各地設立平價購銷處，這樣就可以「集中採購之手段，達到平穩市價之目的」，並「以物價不再繼續高漲為先決目標」，如此便可以「逐漸提高購進最低價格，及降低零售最高價格，庶可減少居間商人之戰時暴利，增加生產者之正當利得，及減輕消費者之消費負擔，而收安定人民生活之實施」。[16]

　　推行平價政策的效果如何呢？我們可以行政院參事陳克文與軍委會侍從室組長唐縱的感受予以說明。南京淪陷後，陳克文先是撤到武漢，後來又到重慶，由於撤退時倉促，隨身攜帶的衣物都破舊了，不得不添補幾件。然而他一打聽，「很平常的布襯衫也取價十元左右，在戰前最多二三元的」。此時政府正在高調宣傳平價，經濟部更是在市內到處張貼標語，但是在他看來，政府「宣傳平價的道理，勸商人勿高抬物價，勿壟斷商品。平價是不是靠宣傳所能收效的？並且事實上許多東西愈平價，價格愈漲」。[17]唐縱也說：「入夏以來，各地米價，駸駸上漲，搶米之案層見疊出。有人多疑為共黨鼓動，企圖暴動，而不知軍閥、官僚、資本家故意囤積，致激民變。」蔣介石曾下令川省政府組織物價平準處，穩定價格，「孰知評價之人，即係操縱之人，如何能制止風潮，消弭隱患」？[18]這實在是對平價政策最到位的評價。

　　儘管平價政策不可能徹底解決問題，但聊勝於無，至少可以減緩一

16　《經濟部發表之平價法令說明》（1939 年 12 月 6 日），中國第二歷史檔案館藏經濟部檔案：4-30332。又見《物價史料匯編》，頁 15-16；《匯編》5：2：9，頁 160-162。

17　陳方正編輯校定：《陳克文日記》（1940 年 4 月 16 日）（北京：社會科學文獻出版社，2014 年），上冊，頁 551。

18　《唐縱日記》（1940 年 7 月 24 日），頁 125。

下物價上漲的速度。蔣介石認為，「近來物價高漲，尤以糧食、燃料及日用必需品為甚，情勢所演，實為後方社會最嚴重之問題。吾人必須以最大之決心，及不惜資金之犧牲，以求迅速確實之徹底調整。」因此他要求四聯總處對於平價運用之資金必須盡數照撥，並強調「實施平價，事屬草創，旨在福及人民，不惟決不藉此牟利，如果切實有效，政府即稍有耗損，亦屬應盡之責」。[19]

這一階段可視為政府對物價實施管制的第一階段，主要的方式還是企圖通過設立平價機構評議價格，從而達到平抑物價的目的，其所限定之物價僅以生產或其他成本決定物價之因素，在其未變更之前，如生產成本變更或其他因素變更，價格亦可隨時加以調整。簡言之，就是政府欲以法令之權威來協調物價之漲幅，但市場商品的價格卻未能依政府的指令而升降，結果並不理想。

四　平定糧價為管制物價之首

民以食為天，戰時保證糧食的供應實乃管制物價政策的重中之重，特別是自 1940 年起，後方糧食價格出現劇烈的波動。若以重慶的糧價而論，「二十七年以豐稔故，較上年降低百分之三，二十八年回漲百分之九，二十九年較上年陡躍四倍」。[20] 而地方實力派勾結當地豪紳奸商囤積居奇，操縱市場，或是任意抬高物價，或是囤而不賣，形成有市無米，制造人為的米荒。1940 年春，成都平原出現旱象，一些小春作物受到影響，雖然旱情不算太嚴重，但是當地的大地主、大糧商和部分

19　《蔣介石致四聯總處秘書長徐堪代電》（1940 年 7 月 3 日），重慶市檔案館等編：《四聯總處史料》（北京：檔案出版社，1993 年），下冊，頁 240-241；又見《匯編》5：2：9，頁 168。

20　《行政院經濟會議第 33 次會議記錄》（1941 年 9 月 16 日），《民國檔案》2004 年第 4 期，頁 20。

官員相互勾結，不僅囤糧不售，還四處搶購糧食，川省糧價頓時大幅上漲，市民怨聲載道，民怨鼎沸，最終 3 月中在成都爆發了震驚大後方的搶米事件。[21]

成都搶米並不是一個孤立的事件，1940-1941 年，大後方爆發了嚴重的糧食危機，糧食缺乏，糧價高漲，對軍隊和民眾生活及堅持抗戰都帶來重大影響。在此情形之下，國民政府不得不開始施行統購統銷的政策，即加強戰時糧食管理，實行田賦徵實、徵借和徵購為核心的統購政策，實行軍糧、公糧統一供應的統供政策，以及實行糧食平價公賣、調劑有無的統銷政策，同時嚴厲打擊囤積居奇、抬高物價等不法行為。

由於豪商巨賈囤積居奇，操縱物價，導致後方糧食價格日益上升，供應困難。為此行政院 1940 年 7 月 30 日決議設置全國糧食管理局，並以田賦徵實的辦法，解決糧食供應的問題。8 月 1 日全國糧食管理局成立，任命四川著名實業家盧作孚為局長，全面管理糧食產銷、儲運、調劑供求關係等事宜。蔣介石亦立即下達命令：「糧食管理局業經決定成立，發表有案，前次籌議規定期限，須於八月開始購糧，務期適應時機，早獲綢繆之效。聞去歲購儲軍糧，自中十月間頒發手令後，而各承辦機關撥款遲滯，收購迂緩，及至今年四月已屆青黃不接之時，方始着手收購，使巨室奸商得已搶先囤積，操縱居奇，以致軍民食貴，政府耗資，成為眾怨之府。本屆自當鑒戒前車，力謀迅速進行，以期貫徹統制糧食之主旨。凡中央及湘、贛、浙各省收購新穀，其已經指定之款項，務請飭令各金融機關，應按規定購糧之期，隨時照發，以免延誤為盼。」[22]

唐縱是委員長侍從室六組少將組長，他曾專門向蔣介石呈交解決統

21　關於成都搶米和米荒事件的最新研究，可參閱陳默：〈米荒、米潮二重奏：1940 年成都的糧食危機〉，載《抗日戰爭研究》2019 年第 2 期。

22　《蔣介石代電》（1940 年 8 月 3 日），《四聯總處史料》下冊，頁 245。

278　延續與變革：民國經濟史析論

制糧食及價格的六項辦法：「一、令飭兩調查統計局限期調查各地囤戶；
二、令當地軍憲對於各地囤戶倉庫一律查封，不許遷移或出售；三、飭
糧食管理總局用公價收買囤米，再統籌分配各地，仍以公價出售，其運
輸手續等費概由政府負擔；四、嚴令各省政府於十月底調查各縣今年產
米數量，及各地需要米糧確數，詳實具報；五、所有農戶、地主餘米，
一律由當地政府公定價格收買，繳解糧食管理局，統籌分配，其公定價
格由中央公佈；六、令社會部及調統局從速計劃計口售糧實施辦法，期
於明年一月起實行。」據唐縱自己說，他的這份簽呈後來得到蔣介石的
同意，並抄交給重慶衛戍總司令劉峙、重慶市長吳國楨和糧食管理局總
局長盧作孚等人研究。[23]

　　1940 年 10 月 25 日，報載國防最高委員會通過《平定物價辦法》
及《發動民眾協助政府推行統制物價工作方案》。11 月 15 日，行政
院召開糧食會議，然而「此時糧價（米每斗四十餘元）較上年同時升
十五六倍，鹽、煤、棉紗則皆在十倍以下，但大市場皆缺乏供給現象，
實極可悲」。在這種情形之下，「糧食管理局長盧作孚迄少辦法，軍
人只知索軍糧，而不知大局為更可慮」。[24] 就在這時，國民政府決定自
11 月起先對重慶市區的中央各機關及學校員役提供平價米，每月撥米
18,000 市石（超過此數改發代金），其直係親屬亦可購領平價米，但每
戶以 5 口為限。購領標準為成人每人每月 2 市斗，5 歲以下減半，每市
石收基本價 60 元。12 月 1 日，行政院規定自即日起向各地所駐中央機
關供應平價米，公賣處及聯營米店停業。大後方各省也因應各地情形予
以仿效，相繼對省、縣各級公教人員供應平價米，而且後來隨着物價上
漲，原先的購領改為免費配給，這一政策對於穩定物價、減輕公教人員

23　《唐縱日記》（1940 年 9 月 5 日），頁 134。
24　李學通等整理：《翁文灝日記》（北京：中華書局，2010 年），頁 562。

的生活負擔起到一定作用。[25]

　　1940 年 11 月 30 日，蔣介石致電行政院副院長孔祥熙，認為「目前各種物價，均呈泛濫潰決之勢，為維護民生、安定社會起見，確有統籌管制整個物價、工價之必要」，要求他負責率領各主管機關，切實核議具體實施辦法。[26]12 月 7 日，行政院召集內政、財政、經濟、農林等有關部會討論「管制民生必需糧、物價格之根本辦法」，一致認為「目前要圖，在督促全國糧食管理局迅速解決糧食問題」。[27]

　　蔣介石此時要嚴格控制糧價，他曾給新聞檢查處親筆下達手諭，說「以後關於糧食和物價問題的文章，非經他親手核准的不許發表，可見這問題的嚴重到了甚麼程度」。同時他還下令各部門停止送閱公文一個星期，「因為他要在這禮拜之內集中精力對付物價問題」。[28] 12 月 21 日，蔣介石召見翁文灝、何廉、李景潞、吳鼎天及章元善等人，要求「物價須盡先妥善辦理」。在這前一天，他還向孔祥熙及經濟、社會、交通各部部長下達手令，命其「妥為辦理物價事宜，並設統一指揮機關」。[29] 與此同時，蔣介石先是以囤積糧食罪槍斃了前成都市長楊全宇，隨後又爆發了所謂「平價購銷處事件」，這些都是蔣介石為了平抑物價而採用的極端手法。12 月 24 日，行政院在召開 496 次會議之前，先行討論蔣介石手示的所謂平價（包括糧價、物價、工價）方針，後作出十項決議。孔祥熙還在會上報怨說「侍從室不宜濫上條陳」，因為蔣介石提出的方案就是他們擬議的。[30] 12 月 30 日，蔣介石又手令各關係

25　參閱郝銀俠、賈晨：《抗戰時期國民政府公糧供應研究》，《民國檔案》，2020 年第 1 期。

26　侯坤宏編：《糧政史料》（台北：國史館，1989 年），第 4 冊，頁 40。

27　秦孝儀總編纂：《總統蔣公大事長編初稿》（台北：中國國民黨中央委員會黨史委員會，1980 年），第四卷下冊，頁 610。

28　《陳克文日記》（1940 年 12 月 17、18 日），上冊，頁 650。

29　《翁文灝日記》（1940 年 12 月 21 日），頁 579。

30　《翁文灝日記》（1940 年 12 月 24 日），頁 581。

機關採用嚴厲措施取締囤積、徹底平價、遵守登記出售等辦法。1月8日，報載最高當局為切實管制糧食及日用必需品平價事宜，舉辦登記存貨辦法。[31]

進入 1941 年，由於物價持續狂漲，僅以經濟部一個部門難以協調，不足以管控物價。唐縱在日記中記述了各相關部門相互推諉的情形：「分期平抑物價辦法，孔副院長、翁部長、張部長等均不同意，惟在表面上呈覆委座時，避重就輕，敷衍塞責，將來定無結果。平價購銷處的舞弊，逮捕的人均一一釋放，此案亦將無結果。現在還在資本家官僚者把持得勢之時，凡是違背他們利益時，任何主張意見，均無法實施。故雖委座苦口婆心，痛哭流涕，終無效力。」[32]

有鑒於此，蔣介石決定設立經濟會議，統籌各部門管制物價。1941年 2 月 8 日，國民政府決議在行政院之下設立「經濟會議」，作為管制物價的最高權力機關。「經濟會議」以行政院院長為主席，成員包括行政院副院長以及財政、經濟、軍政、交通、農林、社會等相關部長，再加上行政院秘書長、政務處長，軍事委員會正副參謀總長、軍令部長、後方勤務部長，委員長侍從室第一、第二、第三處主任，中央設計局秘書長、全國糧食管理局局長、中央銀行總裁、副總裁及四行聯合辦事處秘書長、軍需署長、兵工署長等，協調各個部門，研究、制定並實施戰時經濟統制與物價穩定的方針政策。蔣介石強調，「糧食問題不僅是一個經濟問題，同時也是政治社會的問題，因此我們辦理糧政，對於政治情形和社會環境，不得不特別注意」。[33]

蔣介石亦在日記中檢討：「去年最足遺憾之一事，即經濟設施與經

31　中央銀行經濟研究處編：《戰時物價特輯》，頁 203。

32　《唐縱日記》（1941 年 1 月 7 日），頁 166。

33　《蔣介石訓詞》（1941 年 2 月 24 日），中國第二歷史檔案館藏糧食部檔案：83-2654，轉引自方勇：《蔣介石與戰時經濟研究》，頁 251。

濟政策之無切實準備與計劃，乃至糧價與物價飛漲，而動搖社會與人心。延至今日，雖價格略穩，然猶未能抑平也。如於二十八年秒，當川省豐收而憂穀賤傷農之時，以及同年秋川農憂穀價太賤而不願收割之時，政府若能未雨綢繆，大量購儲，或妥籌管制，實行公賣，則去年法幣雖有跌落，而國內糧食與物價亦不致有上漲如是之甚也。此乃余對戰時經濟識見不足，與政府毫無經濟政策之所致。故一再記述，以期將來不再蹈此覆轍。蓋戰時之經濟，實重於軍事，後之來者，尤應知對經濟須事先作切實充分之準備，而軍事乃能有勝利之把握也。」[34]

3 月 21 日，蔣介石在國民黨五屆八中全會期間召集部分經濟專家和行政官員舉行經濟工作座談會，專門討論田賦徵實、經濟統制和平抑物價的問題，陳伯莊、顧翊群二人作了中心發言。蔣介石最後的結論是：「目前第一步可試行陳〔伯莊〕君之辦法，利用現有之組織，逐步實行公營，以樹立戰時經濟體制之基礎；然後第二步實行顧〔翊群〕君之計劃，以舉經濟統制與經濟動員之實效」；而「對食（鹽、米）衣（紗、布）之統制方法，即依庸之先生之擬議。」[35]

1941 年 5 月下旬，成都米價狂漲不已，5 月 27 日那天顧頡剛買了一石米，竟要 600 元，而他的工資基數也不過只有 300 餘元，只能買半石多米，他不禁在日記中嘆曰：「真是『為五斗米折腰』」呀！」[36]而政府不論採用甚麼手段都無成效。成立全國糧食管理局是為了統籌調節和平抑糧價，安定民生，但其措施主要側重於政治性之管制，如取締囤積居奇，管理市場交易，劃定供銷區域，派售大戶餘糧等，因其本身缺

34　《蔣介石日記》（1941 年 3 月 11 日）。蔣介石日記原暫存美國斯坦福大學胡佛研究所，目前已移交台北國史館。本文引用蔣介石日記源自抗戰歷史文獻研究會抄錄之電子版，下僅注明日期。

35　中國第二歷史檔案館藏行政院經濟會議秘書處檔案：172-99，轉引自《抗日戰爭時期國民政府財政經濟戰略措施研究》，頁 343。以下簡稱《研究》。

36　《顧頡剛日記》（台北：聯經出版有限公司，2007 年），第四冊，頁 538。

乏經濟力量，不可能徹底抑制囤積、控制市場、調劑供求，以達到糧價穩定的目的，即使是派售餘糧，亦因條件不具備而無法順利進行。故而又在其基礎上成立糧食部，掌管全國糧食工作，一方面掌握物資，平抑糧價，保證供應，另一方面嚴格取締囤積投機，糧價上漲有所抑制。新任糧食部部長徐堪上任伊始，便向鄧錫侯、潘文華與劉文輝三個四川當地軍閥求助，請他們代購 10 萬石糧食，並預交現款 300 至 500 萬元，有所奏效。蔣介石由是而知「囤糧居奇者尚非奸商地主，而乃為當地之軍閥也」。他還在《明儒學案》中讀到胡敬齋「井田之法，當以田為母，區劃有定數，以人為子，增減以受之」的言論，這與其「最近主張使民與田相連之關係。當再參考我國數千年來民不離田之歷史與特質，以為解決土地問題之主旨也」。5 月 24 日，蔣介石主持召開糧食會議，決定徵收實物綱領，對糧食問題極為關切。[37]

1941 年 6 月財政部在重慶召開第三次全國財政會議，決定自該年下半年起各省田賦改徵實物。6 月 16 日，蔣介石出席第三次全國財政會議的開幕式，並發表演講，強調「吾人有田、有地、有糧，本年秋收後即須徹底實施糧食管制，決不能等待明年，此乃政府之決心」。[38] 由是奠定了全國田賦收歸中央接管及改進財政收支系統的重大政策，蔣介石認為「此乃奠定國家財政基礎之大事」。[39]

1941 年 11 月 8 日，為平抑物價，經濟部長翁文灝建議在行政院下設立物價管理局，並擬具八項設置辦法。但陳布雷以為，年來管理物價無效的癥結並不是管理機關，而是因為：其一，中央各部門不能切實聯繫，配合一致，導致各項物價參差不齊、循環互漲；其二，中央措施無

37　葉惠芬編輯：《蔣中正總統檔案・事略稿本》（台北：國史館，2010 年），第 46 冊，頁 285-286。以下簡稱《事略稿本》。

38　秦孝儀主編：《先總統蔣公思想言論總集》（台北：中國國民黨中央委員會黨史委員會，1984 年），第 18 卷，「演講」，頁 206-207。

39　《蔣介石日記》（1941 年 6 月 30 日「本月反省錄」）。

法貫徹於地方，譬如重慶要平抑物價，但所有生活必需品均仰賴外地供給，如地方無法控制所在地產品的價格，那麼重慶控制物價的工作皆屬徒勞。故翁文灝所擬具之辦法用意雖佳，但若無其他切實改善辦法，則難收實效。蔣介石同意陳布雷的建議，他在 12 日覆翁文灝的代電中稱：「查年來管理物價成效未著，揆其原因，非由管理機關之缺乏，實由於各主管機關不能切實聯繫，配合一致，而中央一切措施更不能貫徹於地方，以致中央與地方脫節所致。」因此翁的建議用意雖好，但新添置之管理局如仍隸屬行政院，與之前的經濟會議無異；若隸屬經濟部，則與平價購銷處更加相似，並不能解決原呈文內所稱之各種困難。最終蔣介石沒有接受翁文灝的提議。[40]

1941 年 11 月，「經濟會議」第 40 次會議制定了《當前平價工作實施綱要》[41]，對於物價統制機關的權責劃分、物價調查、管理實施及業務調整等作了具體規定，其目的即在於強調物價管理機構的綜合與統一，希望能夠增強物價統制力量，改善平價方法，提高平價工作效率，但效果實在是差強人意。銓敘部次長、中央監察委員王子壯原以為糧食部成立後能夠統制糧食，穩定價格，然而「不意數月以來，糧價日高，近日米價一老斗高至一百五、六十元。百物昂貴，日日抬高，物價總指數以二十六年一月至六月之平均數為準，現在已高達十數倍」。他是簡任一級的高級政務官，但「即余昔日千元之收入，今日則等於數十元，以余家人口之眾多，如何能以堪此」？[42]

1941 年 12 月 3 日，蔣介石出席行政院經濟會議時，再次要求管制

40　陳謙平編：《翁文灝與抗戰檔案史料匯編》（北京：社會科學文獻出版社，2017 年），下冊，頁 639-643。

41　《當前平價工作實施綱要》（1941 年 11 月經濟會議第 40 次會議通過），中國第二歷史檔案館藏行政院經濟會議秘書處檔案：172-94，轉引自《物價史料匯編》，頁 39-41。

42　《王子壯日記》（1941 年 11 月 15 日）（台北：中央研究院近代史研究所，2001 年），第七冊，頁 319。

經濟與平抑物價，主要內容包括：一、管制經濟，平抑物價，必須任勞任怨，負責盡職；二、辦事宜分輕重緩急，凡需急辦之事，應首先辦好，不可稍有延誤；三、辦事要注重實際，不可空談理論；四、希望大家切實負責督率部屬，共同完成對戰時管制經濟與平抑物價的任務。[43]然而幾天之後，太平洋戰爭突然爆發，國際國內局勢發生了重大變化。

　　1942 年 1 月 13 日，蔣介石主持行政院第 546 次會議，決定設立物資局。同年 3 月，隸屬於經濟部的物資局正式成立，由何浩若任局長，穆藕初、張果為任副局長，下設農本局、燃料管理處、食用油管理處和平價購銷處。「政府為統籌物資管制設立物資局，而將農本局歸物資局管轄，配合行政的管制，仍專營花紗布的運銷調整，並為執行以物控價政策，繼續推進紗布的增產。自本年二月以來，秉承物資局所頒佈的『統籌棉紗平價供銷辦法』和『統籌棉花運銷管制辦法』的規定作為購銷業務的準繩，登記並徵購紗廠和囤積戶的紗支，以之平價供應直接用戶，再收購其成品，普遍平價供給軍需民用」。[44]

　　然而這一系列措施並不能遏止物價上升的勢頭，西南聯大教授鄭天挺在日記中亦抱怨：「連日米價飛漲，省政府雖定米石四百七十元之官價，聞黑市米價且逾七百元矣，今後不知更當如何。」[45]可見當時糧價暴漲的情形了。

　　太平洋戰爭爆發後，國民黨五屆九中全會通過了《加強國家總動員實施綱領案》，為了加強物價管制工作，1942 年 5 月，國民政府頒佈國家總動員法，制定了十條實施綱領，其中關於物價問題規定「全國各地國民生活必需品之物價，以能適合國民經濟與維持健康水準為原則，應

43　周美華編輯：《事略稿本》，第 47 冊，頁 583。

44　張汝礪：《農本局的沿革及目前業務動向》，《農本月刊》第 60 期，1942 年 5 月，轉引自穆家修等編著：《穆藕初年譜長編》（上海：交通大學出版社，2015 年），下卷，頁 1269。

45　《鄭天挺日記》（1942 年 3 月 8 日），上冊，頁 527。

由政府負責管制，絕對不許有違法抬價之行為，無論何人，均應嚴切奉行，並有檢舉違法之義務」。[46] 同時還將「經濟會議」改組為「國家總動員會議」，並規定其為管理全國最高物價的最高決策機關，由是管制物價進入一個新的階段。

五　蔣介石走上前台

抗戰初期蔣介石最關心的是戰爭的進展以及如何爭取國際支援，尚未對管制物價一事的重要性引起注意，有學者從這一時期蔣介石發出的電報、手令和撰寫日記的內容去查尋，發現他只是偶爾指示地方政府要管理物價，限制房價上漲的幅度，對於私自漲價、違抗管制的店主予以嚴懲等，並沒有過多地干預經濟部門的諸多決策。[47]

1940 年 3 月 14 日，成都發生民眾闖入重慶銀行，搶劫米庫，並大肆搗毀房屋的惡性事件，這開始引起蔣介石的注意。他聞訊後即於 16 日下達手令：「連日以來，渝、蓉各地米價飛漲，在一旬期間，由舊制衡量每石四十元激漲至每石六十餘元，似此情形，顯係大戶奸商，囤積居奇，藉端抬價。渝、蓉兩地如此，其他各縣地方自必相同。政府日日宣言平抑物價，今乃此民生日食最需要之米穀，亦復愈平愈高，將何以對人民？」並隨即頒定三項緊急處置辦法，要求中央有關部門及各地政府立即遵辦。其後他又命令：「凡囤積糧食、操縱居奇者，應切實取締，並嚴密查禁各銀行經營或放款。至其他各種日用必需品之價格，亦應切實注意，設法平抑，嚴禁屯積居奇。」[48] 蔣介石也在日記中寫道「外匯

46　秦孝儀主編：《中華民國經濟發展史》（台北：近代中國出版社，1983 年），第二冊，頁 615。

47　林美莉：〈蔣中正與抗戰後期的物價決策──以侍從室的治動為中心〉，黃自進主編：《蔣中正與近代中日關係》，頁 289-291。

48　《四聯總處史料》下冊，頁 231；《匯編》5：2：9，頁 162-165。

法幣，縮至四便士以內，各地物價高漲，成都且發生搶米風潮，非統制物價不可」，[49] 他甚至認為此事就是由中共暗中策劃的。[50]

四聯總處遵照蔣介石的指令即於 17 日召開各行代表會議，次日又參加了經濟部召集的會議，確定相關辦法十二項。同時亦對物價上升的原因予以分析，包括：一、洋貨漲價而引起本國物價上漲；二、原料工資的上升導致產品價格的上漲；三、運輸困難，運費增加，以致貨源短缺，成本增加；四、城市人民心理因素，戰時均以儲存貨物為計，或大量囤積，或零星購儲，造成供不應求；五、戰時生產秩序失調，產量下降，而戰時消耗又超過平時，價格自然趨漲；六、戰時工商事業所受到的意外損失，多以提高價格的方法轉嫁給消費者。[51]

太平洋戰爭爆發後，國際通道受阻，物資供應更形緊張。1942 年 5 月，日軍攻佔緬甸，切斷了中國對外最重要的聯絡通道，對中國大後方的經濟產生嚴重影響，民眾對法幣失去信心，物價更是飛速上漲。若以 1941 年 12 月的價格為基數，到了 1942 年 6 月，重慶當地的物價已上漲 1.8 倍，其他地區更上漲 2.8 倍。[52] 為了因應局勢的變化，國民政府必須出台相應的管制物價政策，特別是要對糧食的價格予以嚴格控制。而這一時期還有一個重大的特點，那就是蔣介石親自走上前台，親自負責有關物價的管制，從這一時期他撰寫的日記和下達的手令內容就可以得到證實。

1942 年 7 月 10 日，國家總動員會議第九次常委會議原則通過《全

49　《蔣介石日記》（1940 年 3 月 16 日）。

50　如蔣介石在這幾天的日記中寫道：「成都搶米暴動，須防為共黨擾亂，應急速處置之」；「共黨此次在成都暴動之陰謀，實甚險惡，幸處置得當，一網打盡，實天予吾人以轉怨為安之機也」。參見《蔣介石日記》（1940 年 3 月 17、20 日）。

51　《四聯總處呈》（1940 年 3 月 19 日），《四聯總處史料》下冊，頁 233；《匯編》5：2：9，頁 162-165。

52　張公權著、楊志信譯：《中國通貨膨脹史，1937-1949》（北京：文史資料出版社，1986 年），頁 17-38。

面限價實施方案草案》，此時抗戰已堅持五年，由於不得已不斷擴大鈔票的發行，導致「凡百物品價格飛漲，忠勇將士衣食不周，公務人員飢寒難免，民心士氣動搖堪虞」，因此必須實施全面限價政策。包括確定戰時物價、重要商品以實物分配、限制國民收入、取締囤積居奇、消滅黑市等，而糧食政策尤為物價政策的基礎。[53]

　　蔣介石為此亦深感憂慮，他在日記中反復寫道：「物價與經濟問題為今日惟一之嚴重問題，應親自主持指導，以求根本解決也。」「物價高漲，法幣由淪陷區向後方倒流以後，經濟問題之嚴重危險，甚於軍事、外交，若非親自主持，不能挽救此危局也。」[54] 隨後他又下達手令：「對於米、鹽、油、布、棉及燃料六種日常生活必需品之交易，以後擬以物易物，即以米為此種交易之標準，譬如米一斗可易布幾尺、鹽幾斤、油幾斤等等，使貨幣不為此種物品交易之媒介，用以穩定此種日用品必需品之價格。希即研究利弊得失，以及擬具體實施辦法，擇定一二區域，先行試辦，俾得考驗其成績與研究其得失，以供推行全國之參酌。但此為極端秘密，勿為聲張。」經濟部物資局局長何浩若奉令後呈報，他承認「目前物價暴漲無已，其由於貨幣方面之原因，誠極重要，惟其癥結，似在因戰時財政之需要，而貨幣數量增加過多，致與生產增加之數量失其平衡，不在於貨幣制度之本身」。接着他又對實行物物交易制度的利弊得失予以分析，最終得出的結論是：若按取消貨幣、實施以物易物的制度困難很多，而「為謀公教人員、軍警等生活之安定，似可單獨實行實物分配，以減輕其所受物價上漲之壓迫。至關於市場生活必需品價格乃至一般物價之穩定，治本之圖，似在於疏導供應及謀法幣與物資數量之平衡，而不在遽行停止貨幣媒介之功能」。蔣介石

53　中國第二歷史檔案館藏國民政府國庫署檔案：367-285，《物價史料匯編》，頁 80-82。

54　《蔣介石日記》（1942 年 9 月 16、17 日）。

閱後批復：「此所擬缺點是膠柱鼓瑟之道，哪有貨幣完全停用之理？我所說的是以物物交換為標準的一種試辦，而非〔停用〕法幣之意也。」[55]

9 月 21 日，蔣介石向國家總動員會議下達手令：「凡與經濟有關之各部會，應令其研究：一、安定物價方案，二、穩定戰時方案，三、研究敵人對我經濟封鎖以及破壞經濟與破壞法幣之對策，應先使研究，並預示其召集會議研討之日期，使之能從容研究、供獻意見也。」[56]國家總動員會亦立即將蔣之手令轉發給財政部等相關部門，要求他們盡快討論研究，並提供具體方案。第二天，蔣介石又手諭經濟會議秘書長賀耀祖：「希召開平定物價研究會，凡中央對於物價有關各機關之主管，及平時對物價有研究之專家等，皆可約其參加，中亦將親自到會主持。速照此意擬定召集方法呈核為要。」[57]9 月 28 日上午，蔣介石研究經濟與物價問題，並改正預算方針，增加平價與購置物資經費。下午他又與各部會主官及專家會商物價問題，討論管制物價方案，他認為：「物價問題除特別注重管制機構與人事以外，應調整儲蓄、節約、運輸、增產等業務。」[58]

就連侍從室的唐縱也發現蔣介石最近這段時間對於經濟形勢特別關心，他在日記中記道：「委座近對經濟情形頗為重視，對於經濟情報尤為注意，另加手諭孔副院長：今後財政經濟政策與實施辦法：（一）平定物價；（二）公務員發給實物，如米、鹽、油、布、燃料，定量分配；（三）大都市實行憑證購物；（四）鼓勵商人搶購物資；（五）充實縣、鄉合作社，依據戶口人數分配糧物，以為集中與分配之中心機關，希照

55　《何浩若呈文及蔣介石批復》（1942 年 9 月 19 日），《翁文灝與抗戰檔案史料匯編》，下冊，頁 655-658。

56　《蔣介石手令·機秘字第 6885 號》（1942 年 9 月 21 日），國家總動員會議檔案：181（2）-308-1。轉引自方勇：《蔣介石與戰時經濟研究》，頁 232。

57　台北國史館藏蔣中正總統檔案：002-070200-00015-091。

58　《蔣介石日記》（1942 年 9 月 28 日）。

此擬訂具體方案呈核。委座看到問題的嚴重性，誠為可喜，余當將平日所研究之案，具體提供參考，或可稍助毫末。」[59]

雖然蔣介石下達的許多指令均出自侍從室幕僚之建議（如陳布雷、唐縱、陳方等），但他亦多次強調要親自主持物價管制，並下達指示：「查最近數月各地物價益趨嚴重，不惟國家財政金融受其牽累，實使整個民生經濟瀕於危殆。在此抗戰建國之緊要關頭，不容此種情形自由滋蔓。茲特就年來實施管理之經驗從新檢討，認為必須加強管制，對於管制物價之各級組織機構及管制辦法，均應更求嚴密，更求敏活，強化其權責，堅定其方針，督課其成績。所望各主管長官共體時艱，同心協力，集中意志，齊一步伐，以赴共同之目標，而圖計日程功之實效。中尤將注其全力，親自主持，以督勵其進行。」[60]

他在 10 月份的日記中也反復寫下，「本週對於總動員會議組織之研究與預算方針之改正，對平定物價方略已有明確之指示與決定，此實一要務也」；「經濟與物價問題親自主持，誠未能一刻忘懷也」；「對參政會提出平定物價報告書，亦頗費心神，然此則此次參政會必有不良之影響，而星期四對參政會外交、財政之政策報告，尤為必要也」。[61]

1942 年 10 月 29 日，蔣介石在國民參政會第三屆第一次會議作關於《加強管制物價方案》的報告，同日大會予以通過。蔣介石對於戰時後方物價上漲的現象進行分析，他認為囤積居奇導致物價上漲，物價上漲又導致通貨被迫增加，從而形成惡性循環。他還以為物價異動與各個經濟部門相互牽連有關，因此提出「欲謀戰時經濟之鞏固，必須首對物價為切實嚴密之管制，尤必須就構成物價因素、各部門之經濟事業，有

59　《唐縱日記》（1942 年 9 月 28 日），頁 279。

60　《蔣介石關於加強管制物價方案之指示》（1942 年 9 月），中國第二歷史檔案館藏財政部檔案：3（1）-3359。轉引方勇：《蔣介石與戰時經濟研究》，頁 233。

61　《蔣介石日記》（1942 年 10 月 3 日「上星期反省錄」、10 月 24 日「上星期反省錄」、10 月 31 日「本月反省錄」）。

整個配合之計劃，始克表裏調協，仍復互為因果，相輔相成，而致物價穩定，生產激增，物資充溢之實效」。蔣介石以為，管制物價既要治標，更要治本，因為「不治其本，則限制物價之工作不易歷久不墜；不治其標，則一必治本事業之恢復，即動感棘手而難圖」。[62] 除了確定國家總動員會議為管制國家物價的最高決策機關並加以充實之外，蔣介石還對實施管制確立包括實施限價、掌握物資、增進生產等十條方針，對於若干重要的軍用及民生物品實施嚴格限價，嚴禁黑市，若有違反情事，主管機關「得禁止其買賣，或封存其貨物，並視其情節按軍法懲處，仍將其違法物品沒收充公」。[63]

其後蔣介石又將何浩若所擬之意見轉致國家總動員會議吳鐵城、陳儀、賀耀祖三常委，令其密為核議。吳鐵城等三常委商議後擬具意見，認為雖目前普遍推行物物交易存在很多困難，但若「着重於物物比值之確定，以協助平價工作之實施，則亦可視某時、某地、某物之交易情形，實行物物交換辦法」。同時他們還提出實行時應特別注意：一、規定物品比值，以控制物價，以糧食為標準，以上述六項物資為基礎，確定工資及其他物資之比值，力求價格之平穩；二、推廣以料易貨，以控制生產，如此生產者則不會斤斤計較於價格，物價亦易於穩定；三、加強掌握物資，以備實行易貨，故必須加強並擴大徵實、徵購範圍，因為政府手中掌握的物資愈多，易貨的範圍也就會愈廣。蔣介石閱後批「如擬」。[64]

在蔣介石的親自關注與主持下，對物價的管理決策亦發生改變，我們可將其稱為統制物價的第二階段，即限價時期。

62　《總統蔣公大事長編初稿》，第五卷上冊，頁 224-227。

63　中國第二歷史檔案館藏國家總動員會議檔案：181-763；又見《四聯總處史料》下冊，頁 309-314；《物價史料匯編》，頁 82-92。

64　《吳鐵城等致蔣介石呈》（1942 年 11 月 3 日），《翁文灝與抗戰檔案史料匯編》，下冊，頁 659-660。

六　全面限價的推行

抗戰爆發後，政府先後實施評議物價、平抑物價、掌握物資、以量控價等手段，盡力控制物價，但物價並沒有因此而受到控制，反而呈現不斷上升，而且漲幅愈來愈大的勢頭。11 月 17 日，在國民黨五屆十中全會第三次大會，先由國家總動員會秘書長賀耀祖報告管制物價問題。報告結束之後，「質詢及陳述意見者頗多，概括言之，管制實屬切要之舉，所擬各項辦法亦極為完備，惟對於執行之人，則難期其潔身奉公，以此一切辦法，皆成為彼輩舞弊之利器，壓迫商民，欺騙長官，自飽其私囊。每管制一次，物價即高漲一次，但就食米而論，去歲秋季每斗米不過四、五十元，今則貴至一百七、八十元，糧食部努力一年之功效如此，其他不必問矣」。[65] 既然議價與平價都不能有效解決物價問題，政府只好再進一步，全面實施限價政策。

所謂限價，指的是在一個較長的時期（例如半年或一年），將物價強行規定為一定價格的高度（或低度）而不得變更，在這一時期內，若生產成本出現較大程度的增加，政府則應以公款賠償生產者的損失，但不能允許物價發生重大的波動。

11 月 27 日，國民黨五屆十中全會作出決議，應「遵照總裁加強管制物價方案內所指示，由國家總動員會議常務委員會為管制全國物價最高決策機關，負督導各主管機關執行之責，並應充實國家總動員會議之督導能力，負責推行加強管制物價方案」。[66] 同時還通過蔣介石手擬的《關於以糧鹽為標準實施限價之決議案》，而管制物價的中心思想就是實施限價。該提議規定「實施限價，應以糧、鹽價格為平定一切物價

65　《何成濬將軍戰時日記》（台北：傳記文學出版社，1986 年），頁 185。

66　榮孟源、孫彩霞編：《中國國民黨歷次代表大會及中央全會資料》（北京：光明日報出版社，1988 年），下冊，頁 809。

之標準，由政府本此原則，分別就當地當時擬定糧、鹽與其他物品之比例標準，其超過糧、鹽比例標準之物品，應令停止買賣，並得由政府如數徵購；凡屬於奢侈品，則徹底禁止銷售」。[67]

軍事委員會參事室主任王世杰在日記中寫道：「近日物價猛漲，至為可怖。日用品之價格，不單每月每週高漲若干成，甚至每日高漲若干成。政府今日任命沈鴻烈（農林部部長）兼總動員會議秘書長，將負推動管制物價之責。惟物價之高漲最應感覺不安而且最應負責設法防阻者當為財政、經濟兩部，但實則兩部長官似亦只是等待他人來負責！此予日來所最感不安者。」[68]

12 月 11 日，國家總動員會議第二十五次常務委員會通過實施限價要點，緊接着經濟部就頒佈了《加強管制物價實施辦法》，包括原則、機構、限價（種類、地點、範圍、標準等）以及對實施要則等項均予以具體規定。[69]

12 月 17 日，蔣介石以他個人的名義通電各有關部會及各省主席與主要城市的市長，命令各地自 1943 年元月 15 日起實施管制物價，各省市市場的物價、運價及工資均以 1942 年 11 月 30 日的價格為標準。蔣介石並強調：「物非不足，惟慮調劑之不均；價非難平，端在意志之統一。此次實施限價之進程，在從穩定入手，促使逐步平抑，亦必須遏止今日之暴漲，始能免於異日之慘落。無論有何艱難障礙，均必本決心毅力，徹底克服，所望群策群力，一致奉行，則成功之券，決可計日而

67　周美華編輯：《事略稿本》，第 51 冊，頁 632-633；又見中國第二歷史檔案館藏經濟部檔案：4-30861。

68　林美莉編輯校訂：《王世杰日記》（1942 年 12 月 2 日）（台北：中央研究院近代史研究所，2012 年），上冊，頁 471。

69　《匯編》5：2：9，頁 234-240。

致。」[70]

《加強管制物價方案》頒佈之後，首先從中央到地方都加強了物價
管理機關的職責，並制定具體實施方案，大力推行限價政策。經國家
總動員會議再三討論，最終制定七條實施限價的辦法，並於 1942 年 12
月 17 日通電全國，規定自 1943 年 1 月 15 日起，各省市重要城市的
物價、運價及工資均以 1942 年 11 月 30 日的價格為標準，一律實行限
價；並宣佈以棉花、棉紗、布匹、糧食、煤炭、食油、食鹽、紙張等八
大類關係民生的物資為主要限價商品，其他物品為議價商品，嚴厲推行
限價政策，同時對於限價的時間、標準及種類作了嚴格的規定。各部門
及各省市即根據這一命令，自此之後，大後方各地開始實行全面限價。
王世杰以為，「此一命令之功效如何，將視各地方執行者之能力與決意
而定」。[71]

12 月 23 日，新成立的國民參政會經濟動員策進會舉行成立大會，
蔣介石被推任會長，並假軍事委員會名義召開第一次常務委員會議。當
天中午蔣介石宴請諸常委，席間致詞對策進委員會工作方針予以指示：
一、此次實施管制物價，本會既負責督導策進之責，則必須精誠團結，
意志統一，以轉移社會之心理，達成吾人之任務；二、本會同人分赴各
地，策進經濟動員，務須開誠督導，盡力推動，使各地政府業務之執
行，加倍發揮其功效；三、注重宣傳與勸勉，包括：使社會民眾都能了
解管制物價之政策與法令及其目的之所在，對於地方豪紳富商與社會團
體領袖，激發其愛國匡時之熱忱，祛除其營私牟利與發國難財之心理，
對於一般公務人員，亦應剴切勸導，嚴密監督，以其人人能盡職責，達

70　《大公報》，1942 年 12 月 18 日；又見《行政院訓令》（1942 年 12 月 19 日），《匯編》5：
　　2：9，頁 241-242。

71　《王世杰日記》（1942 年 12 月 19 日），頁 475。

成任務。[72]

限價令宣佈後，由於「各省市自實施限價以來，或以所限種類過多，管理不易嚴密，黑市從而發生；或以所限地區集中故市，生產來源或周圍之地域未受管制，形成外高內低之像，使都市轉因限價而貨源於趨竭獗」。[73] 因而蔣介石又要求行政院頒佈《限價議價物品種類補充辦法》，規定限價物品主要以關係到民眾生活的八種主要商品，其他多數商品以議價為多，目的在於縮小物品限價的範圍，加強各地物價間的聯繫，在調整產區與銷區商品的價格時，顧及產銷成本及合法利潤。然而，自限價辦法改為限價與議價並行的制度後，各地物價又發生了劇烈的變化，商人或是將貨物藏匿起來待價而沽，或是將商品運往其他限價不嚴的地區高價出售，以致於議價後的商品價格較之前均有大幅上升。

限價政策既已宣佈並如期實施，但執行的效果如何，我們還是先看看時人的日記是怎麼記載的。

王子壯為簡任一級官員，月薪 680 元，還有為數相若的辦公費，戰前他的生活水平可以說極為優渥。可是抗戰爆發後撤退到大後方，由於他家子女較多，又要負擔其他親屬，面對日益嚴重的通貨膨脹，他的那點工資就愈來愈跟不上物價上漲了。他在 1942 年 12 月 31 日「一年來之回顧與檢討」中寫道：「生存於此巨烈變化之時代，身為公務員有不能已於言者，生活之痛苦是也。物價高昂，與日俱增，平均物價較戰前在百倍以上。余之收入不過三千餘元，較戰前一倍半而已。」而「物價問題之嚴重為今日抗戰時期之核心問題，故十中全會及參政會均提出普遍限價問題。此問題之難在物質缺少，如限價太厲，又必發生黑市，良

72　《先總統蔣公思想言論總集》第 19 卷，「演講」，頁 406-408；又見秦孝儀主編：《中華民國重要史料初編——對日抗戰時期》第四編《戰時建設》（台北：中國國民黨中央委員會黨史委員會，1988 年），第 3 冊，頁 111。

73　《蔣介石代電》（1943 年 3 月 25 日），轉引自壽進文：《戰時中國物價問題》，頁 61。

以吾國現在敵人包圍之中，生產太少，今日貨物雖昂，尚可購得者，即因若干人之囤積，雖為自己牟利，亦可解決社會貧乏之一部也。如果限價太厲，若干商人是否冒生命危險，以運貨入內地，亦為問題，因獲利不豐，即不欲冒險犯難也」。[74] 他說自己雖然「在政府為高級官，月入三千餘元已不為少，但每月仍虧千餘元。其餘低級人員營養不良，面有菜色，亦固其所，國家之前途，至堪憂慮也」，因此對於限價政策始終持懷疑態度，故「且看其實施有何成效也」。[75]

　　1943 年 1 月 15 日，大後方各地同時實施限價政策，但「狡點之商人以限價低，牟利不多，相率將貨物隱匿，故近日時有無物可買之苦。又有所定限價較原價為高者，足見主其事者之毫無準備，顧頇從事也。近日報載對於違背限價者，將予軍法從事。現彼等商人根本不賣，或不再運貨（以利少，即不願犧牲以搶救物資），政府又將如何？蓋限價原為治標，根本須由政府把握物資，增加生產，不此之圖，難得解決」。因此「限制物價無從作到，或竟刺激物價，亦未可知。現屬陰年，各物又飛漲，肉、蛋之類且不易購得，吾人之生活益陷苦境」。[76] 限價政策實施一個多月，情況並不見好，「一月以來，物資日見缺少，十餘日來，不能買肉，油類近亦難購得，炭更難買，日用品之定量分配，自十二月以後即不供應，如此限價而並未實際掌握物質，商人利少即隱匿貨物，勢屬必然，專持定量分配之油、鹽、炭、米以維生之公務員，至此更趨於絕境」。[77]

　　軍令部部長徐永昌在 1943 年 2 月 20 日的日記中寫道：「限價以來，物價驟增，限價前豬肉十六元一斤，限價為十四元，結果未出三五日，

74　《王子壯日記》（1942 年 12 月 31 日「一年來之回顧與檢討」），第七冊，頁 563-564。

75　《王子壯日記》（1943 年 1 月 3、4 日），第八冊，頁 8、10。

76　《王子壯日記》（1943 年 1 月 3 日「本月反省錄」），第八冊，頁 45。

77　《王子壯日記》（1943 年 2 月 18 日），第八冊，頁 70。

即漲至二十餘元，有時二十五元也賣不到，其他似之，而〔三字不清〕很難買到。現在除米、麵較戰前八十倍左右（如戰前麵三、四元一袋，今則二百五、六十元，尚係黑麵），其餘百倍至幾百倍（現在雞蛋三元左右一枚）。限價事為蔣先生最注意之事，聞前曾親指示管事者辦理，而成績如斯，令人悚懼。」[78]

　　浙江大學校長竺可楨記載了限價之時各主要商品的價格，「計物價656種，工資212種，運價38種，重要者米每市擔520元，麵粉每袋190元，豬肉每斤14元，豬油24元，牛肉8.5元，菜油8.3元，醬油720元，油條4角，陰丹士林布每匹2,450元，柴每斤0.60元……」，但許多商品卻有價無市。[79]而在昆明的鄭天挺也在日記中記下了限價時的情形，「今日市商各標擁護蔣委員長限價主張，遵從龍主席勸告招帖，市政府亦公表限價貨單，惟聞多數商人復有收藏不售者矣」。[80]然而一個多月後，他與幾位教授同去飯店吃餐便飯，「食麵四碗八十元，包子二十個六十元，蔥魚一盤四十，粥一碗一元，茶四杯八元，共價一百八十九元，此昆明限價後之物價也」。[81]顧頡剛也在日記中留下實施限價後購物的記載：「今日買麵粉一袋，價一千七百元，蓋官價一千四百元，無貨，由黑市買加三百元也。抗戰前僅二元耳，今乃加至八百五十倍，無怪一個燒餅或饅頭要賣六元矣」；而「近日米價已至二萬一石，平均每日每斗漲百元，豬肉已至百餘元一斤，豬油則百八十元一斤。真非人世也」。[82]這就說明大後方民眾對於限價政策自實施之初持懷疑態度是有根據的。

78　《徐永昌日記》，第7冊，頁27。

79　《竺可楨日記》（1943年1月15日）（北京：人民出版社，1984年），頁645。

80　《鄭天挺日記》（1943年1月15日），下冊，頁650。

81　《鄭天挺日記》（1943年2月20日），下冊，頁655。

82　《顧頡剛日記》（1944年4月1日、5月10日），第五冊，頁261，281。

七　對限價政策的補救措施

　　限價政策實施之後，效果卻是差強人意，王世杰在限價政策一個月之後總結其未能發揮預期作用的原因時認為：「限價之令在渝實施已一月，一般輿論對限價令之信譽頗不佳。一因公用事業，如公共汽車、電話之類，均在其間內經政府核准增價，而政府所能控制之糧價、糖價，亦任其增價，尤為大誤；二因商人多將貨物素質降低出售，故價格縱照政府法令所定，而貨物已變質；三因政府中人仍不免任意反對限價。今晨國防最高委員會會議，政府中要人即對限價之原則任意反對。」以致於「物價高至戰前百倍以上，近日政府對於限價物品，實際上只是放任，日用品價格之高漲尤猛。政府准許公務員照戰前薪水增加一倍，只是杯水車薪」。[83] 限價政策為甚麼會失敗呢？行政院參事端木愷稱，他曾親自聽蔣介石說限價政策之所以失敗，是因為制定政策時他正專心撰寫《中國之命運》，沒有時間好好研究。陳克文則認為，「限價到了現在不只沒有好成績，而且引起了許多惡果。各地方米價暴漲，糧食缺乏，大部分的原因，都是受限價的影響」。[84]

　　由於限價規定太死，導致貨源枯竭，黑市叢生，有價無市，物資供應更加緊張。為此行政院不得不於 1943 年 3 月又頒佈《限價、議價物品補充辦法》，[85] 通令全國執行。《辦法》規定限價物品以中央規定的八種民生日用必需品為主，其他主管部門及各省市認為必須指定的日用必須限價的物品，概屬於議價物品，其價格應由當地政府、民意機關、人民團體及各同業公會組成評議會，共同評定價格，經核定實行。

83　《王世杰日記》（1943 年 2 月 15 日，6 月 20 日），上冊，頁 488，515。

84　《陳克文日記》（1943 年 5 月 16 日），下冊，頁 711。

85　《限價、議價物品補充辦法》全文見中國第二歷史檔案館藏經濟部檔案：4-17180，轉引自《研究》，頁 348。

　　限價政策頒佈之後，各地實施情形不一，監察委員韓駿傑視察西安限價前後的狀況，認為當地政府「無準備工作，草率執行，頗滋物議」，以致實施以來兩月有餘，「景象不佳，人心浮動」，存在諸多問題。譬如原西安市商會會員有 17,000 多戶，評價後「為避免捐稅攤派統制諸問題」而倒閉者有 3,700 多戶，請求歇業未被批准者有 6,000 戶，減少學徒、前門關閉、後門營業者更多，卻無法統計。最重要的是，限價前後的節節上升（韓在文中列舉了限價前後各種物品上漲的價格），故「綜查各種物價，在兩月期間均飛漲四倍至八倍之譜，波動之烈，駭人聽聞，物資流尤足焦慮」。對於限價所發生的問題韓駿傑亦予以總結，並歸納了十多條原因，亦提出了多項解決方案。[86]

　　國家總動員會議秘書長沈鴻烈 1943 年 10 月在國民參政會三屆二次會議的報告中曾以重慶為例，說明抗戰以來重慶的物價指數以及限價政策實施後的成效。重慶是戰時首都，原則上採取全面限價的辦法，經市政府核定的物價有 656 項，運價 38 項，工資 212 項，三者合計為 906 項之多。若以 1937 年上半年之物價為基數 100，則 1938 年為 150，1939 年為 290，1940 年為 930，1941 年為 2140，每年增長的幅度尚為和緩。但 1942 年之後，物價上升即呈突飛猛進之勢，與前一年相比，物價竟上漲了 78 倍，完全脫離物價自然變遷的軌跡。自從 1943 年 1 月實施限價後，4 月份之前的物價漲幅尚稱穩定，平均每月漲率為 1% 左右；4、5 月稍有波動，其漲率為 6-7%；到了 6、7 兩月距限價開始已有半年，各種物品價格不能不酌量調整，以致物價水準隨之增高，6 月份漲率為 20%，7 月份為 14%。至 7 月底為止，重慶躉售物價指數較戰前為 130 倍，零售物價指數較戰前為 115 倍。如以 1943 年與 1942 年相比較，則 1942 年 1-7 月的漲幅為 61%，1943 年同期為 57%，可知實際

86　《韓駿傑就西安平價限價情形存在問題及應取對策呈》（1943 年 9 月 2 日），《四聯總處史料》下冊，頁 323-336。

上已稍和緩。其他重要城市之物價，大部分都是 4 月以前均稱穩定，其後因種種關係，物價開始逐步上升。[87]

　　儘管政府竭力限制物價，蔣介石亦下發手令，「對於日用必需品管制工作去年實施成績如何，今年應再設法加強管制」，[88] 但因運費上漲，又帶動了其他物價隨之增高，據經濟部呈稱，因「運價自上年八月調整，而酒精價格係逐月評議迭有增加，致運費成本隨之提高，煤、焦、白土報紙於上年七月調整，菜油於上年十月調整，亦均以嗣後產區成本逐月增漲，運繳各費亦均提高」，導致「政府商民均有虧累，若再不調整救濟，恐影響來源，匱乏堪虞」。[89] 為了彌補執行政策中的缺失，有關當局亦不得不因應實際情形，不斷調整物價，其目的還是為了盡快穩定物價，同時也曾想方設法制定相應措施進行補救，特別是蔣介石在這一階段更是頻頻發出指示，要求相關部門不惜一切代價穩定物價，保障供給。

　　1944 年 2 月 28 日，蔣介石手諭國家總動員會議正副秘書長張厲生、端木愷，指示調整物價案之原則：「所有限價及議價物品之價格、運費、水電價新經調整者，以後必須相互穩定，不准任意參差，調整頻率提高，彼此牽動，演成循環上漲之惡像。該會議討論物價案時，應照此原則辦理為要。」[90] 3 月 14 日，蔣介石手諭行政院副院長孔祥熙及四川省政府主席張群：「關於目前加強動員工作，前令注重掌握物資、管制物價與整頓運輸等三項，對於掌握物資一項，尤須注重掌握糧食與布

87　中國第二歷史檔案館藏經濟部檔案：4-17180，《匯編》5：2：9，頁 262。

88　《蔣介石手諭》（1944 年 1 月 7 日），台北國史館藏國民政府檔案：001-110010-0021-64。

89　《國家總動員會議代理秘書長端本愷請准調整若干物品價格呈》（1944 年 2 月 3 日），台北國史館藏國民政府檔案：001-110010-0021-6。

90　周美華編輯：《事略稿本》，第 56 冊，頁 378-379。蔣介石的這個手諭是陳布雷代擬的，參見陳布雷擬《審核意見》（1944 年 2 月 24 日），台北國史館藏國民政府檔案：001-110010-0021-10。

疋，而掌握糧食，必須先查明糧食之存戶與其存款之數量，並嚴格規定此項存糧非經政府許可，不准出售。至於掌握布疋，對後方則積極獎勵其生產，對淪陷區則多方設法搶運，對美國則交涉增多運輸機，以購買外國之布疋。如此布疋來源既多，則供應或可無缺；糧食既經控制，則盈虛不難相濟。如糧價、布價能趨穩定，則整個市面亦穩定。希照此擬訂具體辦法實施為要。」[91]3 月 17 日，蔣介石再次下達手諭給孔祥熙、張群，要求「自即日起，務將我從前在參政會所提加強管制物價方案報告書及其內容，應召集經濟、物價各有關機關之主管長官與負責執行人員，切實作一檢討，其已行與未行者，以及為何未行之原因，皆須詳加報告。此件必須於半月內作為行政院首要之工作，並須於檢討與處置完畢後，方可再辦其他事務，望徹底執行實施此案為要」。[92]

　　蔣介石一味要求穩定物價，但他對於物價到底已經高到甚麼程度，其實也不是很清楚；而對於管制物價沒有發生預期效果，他也無法分析其中的根本原因，只是認為他所制定的方針未能深入貫徹。蔣介石以為：「關於管制物價問題，過去兩年以來，沒有按照預定計劃，切實做到，實在是非常遺憾的一件事。」[93]所以當他聽聞侍衛長俞濟時報告說目前每個月的臨時費需要 150 餘萬元時，不禁大發雷霆，將負責行政事務的侍一組組長陳希曾叫來嚴加訓斥，甚至將椅子都打翻在地。被責罵後的陳希曾自是滿腹委屈，事後他與唐縱在一起一邊喝酒，一邊落淚，而唐縱只是「主張將實情報告，給委座知道實際情況」。[94]後來蔣介石也知道其中癥結，那是因為當時家中每月消費約需 50 萬，而「管家者僅

91　《事略稿本》，第 56 冊，頁 463-465。

92　台北國史館藏蔣中正檔案：002-010300-00051-011；又見《事略稿本》，第 56 冊，頁 488。

93　《先總統蔣公思想言論總集》第 20 卷，頁 413-414。

94　《唐縱日記》（1944 年 4 月 28 日），頁 387。

以五萬對」，結果被他發覺，因此心情甚為「焦躁易怒」。蔣介石「深感自己家中事尚為人矇蔽至此，無怪政府負責人員事事以矇蔽彼個人為心」。以致「近日參政員開會，軍政腐敗情形更為暴露，平日矇蔽之深，自然明白」。[95]

由於限價並不能限制物價上漲，而議價則是愈議價格愈是上漲，根本不能穩定物價。1944 年 5 月 22 日，蔣介石在國民黨五屆十二中全會上報告中指出，「處理目前物價與經濟的根本要着，即在於如何減少通貨發行，防止惡性膨脹」，而要做到這點，則必須大量徵收實物，控制物資，並不惜血本，用貼本方法穩定物價；對於各地殷實大戶，強制其募債儲蓄；改善公教人員生活，計口授糧，安定其工作；增加生產，補助工業經營；各級政府、民意機關及各同業公會，徹底執行總動員法令與平定物價方案。[96] 全會通過《加強管制物價方案緊要措施》。

1944 年 6 月 24 日，經濟部長翁文灝向蔣介石呈送穩定物價的五項辦法，原報告很長，最後強調「政府對於物價固宜盡量平抑，以期市場之安定，亦必須兼顧產運之成本，以免物資之缺乏。故規定價格，必須按切時機，妥速辦理，不可執持過久，致官價不合實際條件，黑市反得隨之發生。因此，官價之能否確實有效，實視規定方法之能否合理實行」。7 月 3 日該報告再經侍從室侍四組組長陳方摘要批轉。[97]

7 月 5 日，蔣介石主持國家總動員會議，指示今後應切實遵照《加強管制物價方案》及五屆十二次會議決議通過之《加強管制物價方案緊急措施案》嚴格執行，凡限價物品、國營事業及公用事業之價格，必力求穩定。至於有關軍需民用之生產事業，政府當盡力予以扶助，以收長

95　《陳克文日記》（1944 年 9 月 14 日），下冊，頁 852-853。

96　《先總統蔣公思想言論總集》第 20 卷，頁 408-410。

97　《翁文灝與抗戰檔案史料匯編》，下冊，頁 662-669。

期穩定物價之效。[98]

　　儘管蔣介石下達各項手令，企圖盡量穩定物價，但抗戰後期大後方的物價仍似脫韁野馬，一路狂漲。抗戰勝利前夕，唐縱聽陳方說，「物價現時約為戰前 2,500 倍，以通貨計算，戰前中央連同地方約為 20 億，現時約 5,000 億，為 250 倍」；而物價之所以狂漲，他總結有四個主要原因：「一為通貨膨脹；二為物資不足；三為供求失調（運輸問題）；四為管制不力」。[99] 這說明政府戰時屢次實施的統制物價政策並未能發生顯著效果。

八　如何評價戰時管制物價

　　物價管制是戰時經濟中的一個重要問題，牽涉的範圍極廣，直接關係到國家與民族的抗戰能否堅持到底，而要維持物價、保證供應，又必須具備幾個原則：其一，保護生產者的利益。戰時由於物資短缺、物價上漲，這既有刺激生產發展的一面，但若因生產原料上漲的幅度超過生產者的合理利潤，就會降低其擴大再生產的意欲，產品亦會進一步萎縮；其二，維護社會購買力。由於物價不斷上漲，而工資收入的增長則相對緩慢，導致社會購買力隨之下降，不同品種的產品（特別是工農業產品）價格亦會發生差異，因此必須維持社會購買力的平衡；其三，保護消費者的利益。戰時物資供應不足，加之商人囤積居奇，更加引起物資短缺，而市場又缺乏自然調節的途徑，為了安定人心，維護社會秩序，必須保障消費者的利益。

　　為了解決戰時物資緊缺與物價上漲的問題，國民政府不可謂不重

98　葉惠芬編輯：《事略稿本》，第 57 冊，頁 489。

99　《唐縱日記》（1945 年 8 月 8 日），頁 387。

視，有關部門先後制定各種政策，成立相應機構，再配合其他經濟措施，譬如實施田賦徵實，供應平價物資，對於有關國計民生的物資予以專賣。與此同時，還利用向美國舉借的五億美金借款，拋售黃金，發行美金公債，企圖吸收過度發行的貨幣，使不斷上漲的物價得以暫時抑制和減緩。從具體措施來看，國民政府先後採取評議物價、平抑物價，最終實施全面限價政策，特別是蔣介石作為黨國元首，關鍵時刻走向前台，親自督促並下令統制物價，為保證軍需供應，維持基本的民用物資，對一些關乎國計民生的主要商品予以限價，對日用必需品實行平價供應，對生產資料予以財政補貼，運用政府的權力打擊囤積投機，懲治不法商人，制訂相應的戰時物價政策。其間因應戰時局勢的變化，不斷更改政策，雖然這些措施並不徹底，也只能暫時緩解物價上漲的困境，但在一定程度上還是維持了戰時市場秩序，最低限度地保障軍需與民用，對於堅持長期抗戰發揮了一些作用。

　　從重慶批發物價指數表來看，[100] 戰時物價上升幅度極為嚴重，特別是 1940 年以後，食品價格上漲得雖然也十分迅猛，但相對來說還是低於其他商品的幅度，其中物價上升幅度最高的是金屬類，其次為燃料、衣着、建築材料等。這說明政府戰時對糧食等涉及國計民生的主要商品實施的平價與限價政策還是發揮了一些作用。雖然物價持續上漲，但這一政策的實施，特別是平價米的供應，至少還是維持了大後方公教人員最基本的生活。儘管戰時大後方民眾生活水平及質量下降得非常嚴重，特別是對戰前那些生活無憂無慮的高級公務員和高級知識分子來說，可以說是陷於貧困化的邊緣，但最終他們還是能夠堅持下來，並贏得抗戰的最後勝利。

　　然而應該指出的是，戰時控制物價的措施支離破碎，諸多政策相互

100　參見譚熙鴻主編：《十年來之中國經濟》（上海：中華書局，1948 年），頁 16。

矛盾，許多法令亦未能有效執行。有時當某項法規不能達到預期目的時，主管機關不是先檢討其失敗原因，而是貿然予以廢止，企圖更換新的辦法，卻又打亂整體部署。當政者本身對於控制物價就有抵觸情緒，他們認為由政府規定物價和限制物資的分配，勢必造成民眾對商品匱乏的緊張心理，從而導致囤積居奇、投機倒把的活動更加嚴重。而且地方政府往往對中央政府的命令陽奉陰違，甚至置之不理，民眾則對政府的措施持懷疑態度，他們認為市場問題最好還是由市場解決，然而放任自由，導致紙幣不斷擴大發行，更加使民眾對政府的措施予以抵制。再加上由於地形複雜、交通不便，後方各地區之間的物價相差巨大，因此管制物價實際上只能在幾個大城市間進行，而且一旦執行，其貨源便開始枯竭，存貨反而向物價管制不力或根本沒有管制的地區流動，致使限價政策成為空談。

張公權認為：「中國所實行的各種控制物價和工資的政策，並未構成戰勝通貨膨脹的完善方案，許多個別的措施在目的上互相矛盾。除了這些原則上的缺點外，控制物價的措施都是支離破碎的，其有關的法令都未得到普遍有效的執行。更有甚者，每當一項措施不能達到原期的目的時，便匆匆予以廢止，更訂新的辦法以代之。」[101] 結果是頭疼醫頭，腳疼醫腳，中央法令朝令夕改，地方政府無所適從，甚至陽奉陰違，消極抵制。

就以限價政策為例，不論是從內容的制定，或是實施的狀況來看，在理論上還是在實踐中都存在嚴重的缺陷。首先，忽視商品經濟市場的調節作用，違背商品的價值規律，無視供需關係的變化，因而窒礙了商品之間的流通；其次，導致物價上漲的最根本原因是物資短缺及通貨膨脹，限價政策只是被動地規定商品價格，而未能有效地扶持生產的發

101　張公權著、楊志信譯：《中國通貨膨脹史，1937-1949》，頁 221。

展，更未能廣開財源、收縮赤字，因此不可能有效地限制物價上漲；第三，後方地域廣袤，特別是城鄉差別巨大，加之交通不便，彼此之間物價及生活水平相距甚大。然而限價政策卻未能分地區予以區分，而是全國一致，導致各地區之間相互封鎖，各自為政，堵塞了商品流通的道路，刺激了囤積貨物的行為。

限價政策只是一種消極治標的辦法，並不能解決戰時後方物資緊缺、物價上升的困境。但是在此物價急劇上漲之際，為了堅持抗戰，盡可能維持後方軍民的最低生活標準，政府採取行政手段，通過頒行一系列法令來控制物價，抑制物價的上漲，對於安定人心、維持供給，還是能產生短期的效益。然而由於行政效率低下，所以政府對於限價亦縮小範圍，將管制物品僅限於大米、食鹽、食油、棉花、布匹、燃料和紙張等八種基本商品，實施管制的地區亦只限於後方主要城市。要求各地政府設立相應機構執行中央政府的政策，對於受管制物資按當地實際情況制定相應的價格，嚴格禁止黑市，對於超過限價出售的商品，政府有權予以收購、沒收或出售，凡嚴重違章者，可處以徒刑、無期徒刑乃至死刑。

限價政策實施之後，由於管制的地區較少，而且主要限於大城市，以致於物資紛紛逃避，物資供求關係緊張，黑市出現且日益嚴重；而且各地方政府各有考慮，對於管制物價亦採取消極態度，所謂限價亦大多名不副實；再有就是貨幣的發行過度，物價的高低實際上是與貨幣的發行具有極為重要的關係，由於戰時稅收短少、公債不足，唯有大量發行貨幣才能補救日趨增長的財政赤字，而貨幣發行愈多，促使市場上的游資作祟，再導致物價上漲、囤積加劇這一惡性循環的情形日益嚴重。

限價政策實施後，物價雖一時有所抑制，但其上漲的趨勢始終未能停止。表面上看物價確定一度得以穩定，但卻是市場蕭條，許多商品有行無市，或是以次充好，冒牌貨充斥市場。由於限價規定既嚴，標準亦低，反而限制生產，阻礙流通，有市無價，黑市泛濫。因為大城市管制

較嚴，周邊鄉村限制較鬆，造成物資外流，都市商品奇缺，鄉村商品高昂的現象，到了後來，物價一如既往依然狂漲不已。雖然之後政府有關部門不斷補充和修正限價政策，但其作用有限，到了 1945 年初春，物價又像脫韁野馬，一發不可收拾。

從評議物價、平抑物價到限制物價的演變中，可以看出抗戰以來政府對物價的管理經歷了一個從管得少到管得多、從管得鬆到管得嚴的過程；同時又以田賦徵實、對公教人員供應平價米等措施加以配合，這些對於堅持抗戰、穩定物價發揮了一定作用。但解決物價的根本問題是要增加生產，保證交通，疏通物資交流，擴大商品供應，然而在戰爭的環境下，實際上這些問題又都是無法解決的。過去學者評論戰時統制經濟、包括物價管制等等政策時，往往偏重於批判國民政府的種種失誤，以及施政過程中的弊病，這自然是沒有問題、也是應該指出的，但是他們往往缺乏對歷史的寬容與理解。對於歷史學所言，後來的學者會從歷史結局中去對之前所發生的事件作出總結和評價，而真正的當事人卻很難對於尚未發生的歷史作出正確的預判。因此在抗日戰爭這樣極端艱難困苦的情形之下，若能真正徹底地解決戰時物價的問題，恐怕也是一個不可能完成的任務。

原載《史林》2021 年第 3 期

抗戰後期中美兩國關於外匯匯率的博弈

一　引言

　　太平洋戰爭爆發後，中國加入世界反法西斯同盟，國際地位大幅上升。與此同時，中國也開始得到盟國、特別是美國的軍事與財政援助。1942 年 2 月，美國國會通過了向中國提供 5 億美元貸款的議案，這是一筆無擔保、無利息、無年限、無指定用途、無任何附加條件的貸款，而且數額之大在歷史上也是前所未有。三個多月之後，中美雙方又簽訂了《中美租借協定》（又稱《抵抗侵略互助協定》），此後中國不僅從美國方面獲得了包括飛機、火砲、槍械、彈藥、汽車等物資在內的軍事援助，而且根據 1943 年簽定的「回惠租借協議」，美方還應允以美金支付中方所墊付的資金，包括美軍在中國的消費，建築機場及其他費用。照理說這個協定對於中美兩國都是個雙贏的決策，但最後卻引發了兩國間的激烈爭拗，其中的關鍵就在於美軍在華費用應該按照甚麼樣的外匯匯率予以結算。最初美方對按中方的官價匯率結算沒有太大異議，但沒想到中國的通貨膨脹來得如此激烈，尤其是到了抗戰後期，隨着美軍駐華人員的增加，加上美方計劃在大後方修建多個可供停降 B-29 大型轟炸機機場，以攻擊日軍基地，需要中方提供大量的勞動力和建築材料，

這樣需支付的美元就日漸增多，但黑市與官方價格差距也愈來愈大，因此美方要求匯率以市場價格結算。然而站在中方的立場，當時通貨膨脹已經十分嚴重，但為了向美軍提供廉價的物資並建造多個機場，又不得不大量增發貨幣，致使這個矛盾更為突出。所以在如何償付這批費用支出的問題上，中美之間展開了長時期的談判，雙方討價還價，爭持日久，不僅成為當時中美外交談判中的一個重大問題，而且也影響到戰後兩國之間的關係。

　　關於抗戰期間美國對華援助歷來為中美學者所關注，早期論著主要來自美國學者的研究，美國國務院公佈了歷年的外交文件，當時財政部長摩根索（Henry Morgenthau Jr.）的日記亦得以出版，[1] 國民政府美籍顧問楊格（Arthur N. Young）曾根據個人收藏的文件著有專著，[2] 著名銀行家張嘉璈在分析戰時及戰後通貨膨脹的著作中對此亦有所論述。[3] 近年來國內外學者有許多論文和專著也都談到這個問題，其中重要者包括吳景平：〈抗戰時期中美租借關係述評〉（《歷史研究》1995 年第 4 期）；任東來：《爭吵不休的伙伴：美援與中美抗日同盟》（桂林：廣西師範大學出版社，1996 年）；楊雨青：《美援為何無效？戰時中國經濟危機與中美應對之策》（北京：人民出版社，2011 年）；齊錫生：《劍拔弩張的盟友：太平洋戰爭期間的中美軍事合作關係（1941-1945）》（北京：社會科學文獻出版社，2012 年）；柯博文：〈戰時金融體系的維持：

1　*Foreign Relations of United States: Diplomatic Papers(FRUS): 1944,* vol.6, China, 1945, Vol.7, The Far East, China, Washington, D.C.: Government Printing Office(GPO), 1967; *Morgenthau Diary (China)* (New York: Da Capo Press, 1974).

2　Arthur N. Young, *China and Helping Hand, 1937-1945* (Cambridge: Harvard University Press, 1963). 中譯本為李雯雯譯、于杰校譯：《抗戰外援：1937-1945 年的外國援助與中日貨幣戰》（成都：四川人民出版社，2019 年）。以下簡稱《抗戰外援》。

3　Chang Kia-ngau, *The Inflationary Spiral: The Experience in China, 1939-1950*, New York, 1959. 中譯本為張公權譯、楊志信譯：《中國通貨膨脹史，1937-1949》（北京：文史資料出版社，1986 年）。此書後又有于杰的新譯本《通脹螺旋：中國貨幣經濟全面崩潰的十年（1939-1949）》（北京：中信出版社，2018 年）。

保護法幣的挑戰〉，載《民族救亡與復興視野下的上海金融業》（上海：復旦大學出版社，2016 年）等等。特別是復旦大學歷史系兩位研究生先後完成的博士論文，後又在其基礎上相繼出版的專著，這就是曹嘉涵博士的《抗戰時期中美租借援助關係》（上海：東方出版中心，2015 年）和王麗博士的《楊格與國民政府戰時財政》（上海：東方出版中心，2017 年），可以說是對這個問題研究最深入的著作。簡言之，上述這些論著主要聚焦於抗戰期間中美雙方之間的衝突與合作，其中雖然也有部分內容涉及抗戰後期中美兩國關於匯率的爭持，但依據的多為美方資料（曹、王的著作中亦參閱了不少中方的檔案），基本上是從美方的立場進行觀察和分析。本文則在這些研究的基礎上，主要參閱新近開放的蔣介石日記以及蔣介石、宋子文、孔祥熙等人的往來文電，側重站在國民政府領導人的角度上，重新審視當年有關外匯匯率的這場爭論，並討論戰時中美之間的爭持對於戰後中國局勢的發展究竟發生了哪些影響。

二　中國政府管理外匯的演變

外匯（Foreign Currency）從廣義上來講，就是一個國家擁有的一切以外幣表示的資產，也是國家的貨幣行政當局以銀行存款、財政部庫券、長短期政府證券等形式保有的在國際收支逆差時可以使用的債權；而外匯匯率（Foreign Exchange Rate）則是以另一國貨幣來表示本國貨幣的價格，其價格最終應由外匯市場來決定。外匯是一個國家在國際市場上所含純金銀的價值體現，而外匯儲備的多少既關係到該國貨幣準備基金所達到的程度，更影響該國國際貿易與國際收支的平衡，所以每個國家都會對外匯及其匯率制定不同的政策加以管理。

中國原是銀本位國家，但本身產銀不豐，長期以來的外匯匯率實際上就是金與銀之間的比價，因此國際市場上黃金與白銀的價格升降，對中國的國際收支影響極大。由於黃金和白銀以往都可以自由進出口，所

以長期以來中國並無所謂管制外匯的問題。然而隨着上世紀三十年代以來，英鎊、日元和美元等世界主要貨幣先後放棄金本位，更因美國政府實施白銀政策，白銀價格大幅上升，而中國的銀圓價格遠高於英、日、美等國家的貨幣，導致國內的物價日益下跌，嚴重影響國內經濟。在這種形勢之下，國民政府最終決心實施幣制改革，採用管理外匯本位的貨幣制度。

1935 年 11 月國民政府宣佈廢除銀本位的貨幣制度，實施法幣政策，改行外匯匯兌本位制，白銀收歸國有，由中央、中國和交通三行（後又加入中國農民銀行）發行的法幣不可兌換銀圓，但可以無限買賣外匯，即法幣的價值取決於它與外國貨幣的兌換比率，所以匯率高低可以衡量法幣的價值，具有新的不同意義。法幣發行之初是與英國的貨幣掛勾，後又因要求美國購買中國的白銀，並以美元作為貨幣發行準備金，因此又與美元掛勾。法幣政策實施之初，對主要外國貨幣的匯率為 1 元法幣等於英鎊 1 先令 2 便士半或美金 0.30 元，並以 0.25 便士的波幅作為買進和賣出外匯的上下限，這一匯率維持了相當長的時間。

全面抗戰爆發後，中國政府顧忌貨幣對外價值的跌落會影響到它的對內價值，故繼續實施無限制兌換外匯的政策，為此政府頒佈安定金融辦法，與外商銀行訂定君子協議，竭力維持匯率。直到 1938 年 3 月，華北傀儡政權在日本的指使下成立偽聯合準備銀行，企圖發行無準備不兌現紙幣，以其套購法幣之後再換取外匯，這時國民政府方公佈《購買外匯請核辦法》及《購買外匯請核規則》，同時停止無限制供給外匯，開始對外匯實施管制。起初一段時間，匯率尚能大致依據物價上升和通貨膨脹的速度有所調整，然而其後兩者間差距愈來愈大，匯率變動的幅度亦不斷加大，儘管國內法幣購買力大幅下降，但重慶政府仍堅持法幣名義上的匯率。美籍顧問楊格就竭力堅持法幣的自由兌換，他認為這可以加強戰時中國的軍事力量，雖然後來他著書時也承認執行這一政策的確付出昂貴的代價，因為要維持市面穩定而售出的外匯數量驚人，但是

楊格仍以為，當時大量用法幣購買外匯的並不是日本人，而多為中國人，特別是那些了解內情的內部人士，譬如金城銀行的周作民等私人銀行家就在上海外匯買賣受限後派人到香港購買外匯。儘管國民政府竭力維持外匯的兌換，但法幣隨着貨幣的不斷增發而告貶值，其匯率也從 1937 年的 29 美分跌落到 1940 年晚期的 6 美分。[4]

　　1939 年，日本侵略者扶植的華興銀行在上海成立，發行不兌現的鈔票，目的就是要奪取上海的外匯市場。但很快中央銀行與英商各銀行為了維持法幣的對外價值，維持上海與香港的外匯市場。因為法幣可以兌換外匯，而日本控制下的各傀儡銀行發行的鈔票並不具備這一功能，故為外國銀行所拒用。其後中國又與美國和英國成立平準基金，所以日本的破壞雖然讓法幣的匯率受到重大影響，但在抗戰初期中國政府仍然成功地維持了法幣的匯率，避免大幅度貶值，其後一段時間，雖然國內物價飛漲，匯率有所下調，但相對來講還是比較穩定。[5]

　　抗戰期間中國政府對外匯的管理機構有過相應的調整，1939 年 4 月 25 日，隸屬於財政部的外匯審核委員會成立，同年 7 月，原中央銀行外匯審核處結束，其業務移交外匯審核委員會辦理。1941 年 9 月 1 日，外匯管理委員會成立，直隸行政院，除接管原外匯審核委員會業務外，還負責掌理關於出口結匯、吸收僑匯、收集金銀、封存資金、國外借款用途之分配等事宜。1942 年 5 月，國民政府頒佈《戰時管理進出口物品條例》，所有外匯及對外貿易均置於國府的完全控制之下，其中外匯和黃金均集中於中央銀行，由其統籌辦理，原來為特許國際匯兌銀

4　柯博文：〈戰時金融體系的維持：保護法幣的挑戰〉，載《民族救亡與復興視野下的上海金融業》（上海：復旦大學出版社，2016 年），頁 8。

5　關於平準基金的設立與作用，可參見吳景平關於中國與英、美平準基金會的系列論文：〈美國與抗戰時期中國的平準基金〉，《近代史研究》1997 年第 5 期；〈英國與中國的法幣平準基金委員會〉，《歷史研究》2000 年第 1 期；〈蔣介石與戰時平準基金〉，《民國檔案》2013 年第 1 期。

行的中國銀行則變更為發展國際貿易的銀行。1943 年 11 月底，為加強管制，政府決定裁撤平準基金委員會，其業務交由外匯管理委員會接管，該會亦改隸財政部管轄。1945 年 3 月，行政會議決定將外匯管理委員會經管業務交由中央銀行辦理，4 月 15 日，該委員會結束，在中央銀行內另設外匯審核委員會，與該行業務並立，並由該行總裁任主任委員。[6]

　　雖然抗戰爆發後外匯匯率不斷下調，但其貶值的幅度與速度並非十分劇烈。直到 1941 年 8 月，財政部長孔祥熙宣佈美元與法幣的匯率為 1：18.8，後來又調整為 1：20，在這之後官方的匯率則長期不變。宋子文及其他人曾反對這一固定匯率，但是孔祥熙的這一決定卻得到蔣介石的支持，或者說就是在蔣的授意下才竭力堅持的。然而這一政策的實施卻使得以摩根索為代表、原來支持中國的美國官員與國民政府之間的關係愈來愈疏遠。[7]作為黨國元首，蔣介石對於外匯匯率亦十分重視，他在 1941 年 9 月 27 日的「本星期反省錄」中寫道：「中央預算已定，平準基金委員會及外匯管理委員會已開始工作，外匯黑市完全消滅，金融政策已能付諸實施，惟物價上漲之風尚未平息耳。」[8]然而僅僅兩個多月後，他又責怪「平準基金會工作不力，外匯日跌，物價激增，最為可慮」，所以他才必須「每週親自主持經濟會議，傾全力以赴，期能補救也」。[9]這說明蔣介石對於外匯的儲備以及匯率等情形均十分關心。

　　太平洋戰爭爆發後，上海的租界及香港相繼為日軍佔領，外匯市場

6　關於外匯管理機構的演變可參見中國第二歷史檔案館藏中央銀行檔案：三九六 /260(2) 所附之圖表，該表並注明其成立時間以及組織與職掌。

7　Arthur N. Young, *Cycle of Cathay: A Historical Perspective* (Vista, California: Ibis Publishing, 1997), p.241.

8　《蔣介石日記》（1941 年 9 月 27 日「上星期反省錄」）。蔣介石日記原存美國斯坦福大學胡佛研究所，後移交台北國史館。本文引用蔣介石日記源自抗戰歷史文獻研究會抄錄之電子版，下僅注明日期。

9　《蔣介石日記》（1941 年 11 月 30 日「本月反省錄」）。

隨之關閉，中國的外匯市場只限於重慶與昆明，交易額亦隨對外貿易數額的下降而劇減，其匯價主要用於政府間的購買，所謂平準委員會早已名存實亡。由於此時自由市場外匯交易幾乎中斷，無法進口物資，國民在國外的資本亦被凍結，所以外匯的交易數額很少，外匯匯率變化不是很大，對民眾生活也沒有產生太大的影響。然而隨着駐華美軍的大批到來，他們隨身攜帶的外匯便成為黑市上搶手的生意，以致於官價與黑市間的差價愈來愈大，這就成為戰時大後方一個嚴重的問題。

三　《中美租借協定》與《回惠租借協定》

蘆溝橋事變後，中國軍民基本上是在孤立無援的情形之下堅持抗戰。儘管 1941 年 3 月美國國會通過《租借法》（*Land-lease Act*）之後，美國總統羅斯福（Franklin D. Roosevelt）曾公開聲明美國將對中國提供無條件的全面援助，但其法案還是主要解決英國等歐洲國家在美國購買軍火時所發生的困難。直到太平洋戰爭爆發後，中國政府加入同盟國，成為世界反法西斯陣營的重要一員。蔣介石向美國方面表示，願以華盛頓為同盟國「政治及軍事之中心點」，並商議各國聯合作戰計劃。隨後羅斯福總統徵得英國等盟國的同意，向蔣介石提出成立中國戰區的建議，並由蔣親任中國戰區盟軍最高統帥。在這之後中國的國際地位大幅提高，同時也得到盟國、特別是美國的援助。

1942 年初，中國先是得到美國提供的 5 億美元借款，這是中國政府有史以來獲得的最大一筆借款，而且這筆借款還具有無擔保、無利息、無期限、無指定用途等優惠。6 月 2 日，中美雙方正式簽訂了《中美租借協定》（又稱《抵抗侵略互助協定》），規定「美國政府繼續以美國大總統准予轉移或供給之防衛用品、防衛兵力及防衛情報供給中國政府，中國政府將繼續協助美國之防衛及其加強，並以其所供給之用品、

兵力或情報供給之」。[10] 第二年 6 月，美國政府根據這個協定而提議，並由外交部長宋子文與美國國務院換文，規定中國對美援助辦法，即《反轉租借協定》或稱《回惠租借協定》（*Reverse Land-lease*）。其中中國對美國的協助大致分為二大類：一、直接以材料或人工供應美國部隊及機關，此項供應擬記入租借賬內中國政府戶下（原按：此項辦法業已部分實施，我現供給美國駐華部隊伙食，即其一例）；二、供給中國貨幣，俾美國部隊及機關得用以在中國獲得材料及人工之供應，並支付其他用途。中國政府所供給之中國貨幣總數，由雙方隨時商定比例，其中一部分由美國政府以美金按照官價折合付與中國政府，另一部分則記入租借賬內之中國政府戶下。關於這一點，美國國務院還專門予以解釋，稱「美國政府擬以中國貨幣支付其駐華軍隊之費用，其用意為防止其官員利用黑市得其所不應得之利益」。[11] 美方希望將美軍部分開支列入回惠租借援助項下，放在戰後清算，這樣可以減少與中方在法幣供給問題上的現金往來，從而避免因法幣官價與黑市價格之間差異所造成的波動。因此抗戰中後期，中國政府源源不斷地向美軍和美國機關直接提供物資和勞務，對於中方其間所提供的中國貨幣及其勞務與物資，美國政府則直接支付美元或予記賬。這對於雙方本是一件雙贏的協定，然而卻由於中國貨幣的日益貶值，並對法幣匯率的高估而發生了問題。

　　中國對美國的「回惠租借」援助開始於太平洋戰爭爆發前為那些來華美軍提供食宿服務，最初美方是以通過官方匯率，向中國的中央銀行出售美元匯票的方式獲得法幣。1941 年 8 月 18 日起，美元對法幣的匯率為 1：18.82，到了 1942 年 7 月 10 日，匯率變為 1：20，在這之後中國官方的匯率就一直沒有發生變化。然而由於法幣的大量發行，導致物

10　《中美租借協定》（1942 年 6 月 2 日），中國第二歷史檔案館藏國民政府國庫署檔案：三六七 (2)/112，財政科學研究所、中國第二歷史檔案館編：《民國外債檔案史料》（北京：檔案出版社，1992 年），第 11 卷，頁 407-409。

11　《抄送外交部原呈及照會》（1943 年 6 月 24 日），中國第二歷史檔案館編：《中華民國史檔案資料匯編》第五輯第二編「外交」（南京：江蘇古籍出版社，1994 年），頁 424-427。

價急劇上漲，法幣的購買力日趨下降。若按 1：20 的匯率計算，法幣匯價是戰前的 1/6（戰前為 1：3.36），但根據戰時大後方平均物價粗略計算，法幣的購買力 1941 年底僅為戰前水平的 1/20 左右，1942 年底為 1/66，1943 年底為 1/228，1944 年底為 1/755，而到 1945 年 8 月抗戰勝利時則為 1/2500 左右。[12] 而作為美軍主要基地的昆明，通脹程度更高，反差也就更加明顯。

表 1 是抗戰中後期重慶美金黑市價格的統計，從中即可看出黑市與官價之間愈來愈大的差距。

表 1　　1943-1946 年重慶市場上的美鈔市價

年份	每法幣元等於美元（分）	每美元等於法幣（元）
1943 年 6 月底	1.693	59.06
1943 年 12 月底	1.191	83.96
1944 年 6 月底	0.521	191.94
1944 年 12 月底	0.1753	570.45
1945 年 6 月底	0.0586	1706.48
1945 年 12 月底	0.08165	1224.74
1946 年 1 月底	0.0680	1470.59
1946 年 2 月底	0.0491	2036.66

資料來源：張公權著、楊志信譯：《中國通貨膨脹史，1939-1949》（北京：文史資料出版社，1986 年），頁 192。原表的比率是法幣對美元，為便於統計，筆者將其換算為美元對法幣。

由於中國所有的出海口都被日軍封鎖，各類補給物資均要通過空運才能運往後方，為了讓更多的軍事物資運到中國，盡可能節省運輸噸位，蔣介石同意由中方解決駐華美軍的日常食物及所需要的其他服務，最初的服務對象主要是陳納德（Claire L. Chennault）的第十四航空隊，這項工作就由黃仁霖所領導的戰地服務團承擔。具體服務包括膳食、理髮、洗衣、製衣以及建造住房、訓練譯員、文化娛樂和接待外賓等眾多項目，而美軍的膳食標準必須按美國軍醫署提供的水平執行。根據這個

---

12 《抗戰外援》，頁 273-274。

標準，美軍官兵每人每天所需要的食品為：肉類（包括牛肉、豬肉或雞肉）18 英兩，雞蛋 4 枚，蔬菜 20 英兩，洋芋 10 兩，乾菜 2 兩，麵粉 12 英兩，豬油 2 兩，糖 6 兩，鹽 0.5 兩，水果 11 兩，花生 1 兩，茶葉 0.5 兩以及其他香料。[13] 據長期擔任國民政府財政顧問的美籍專家楊格估計，駐華一名美國士兵的開支幾乎等於 500 名中國士兵的費用。特別是太平洋戰爭爆發後，美國在華軍費的數額不斷攀升，自 1942 年至 1944 年 1 月，美國以中方官價匯率購買的美元為 13,719 萬元。[14]

　　隨着美軍源源不斷進駐大後方，特別是雲南更成為美軍聚集的地區，造成本地供應十分緊張。雲南省主席龍雲在致參謀總長何應欽的電報中報怨：「美軍駐昆明年餘，消費甚巨，自三十二年度人數日漸增加，入春以來，每日豬羊不算，菜牛每日須三十條，雞千餘隻，雞蛋數千枚。」[15] 到了這一年的 9 月，駐華美軍更不斷增加，僅昆明呈貢區的美軍人數即高達 1 萬多名，因此每天當地為供給美軍食品，僅僅消費的牛就有 35 頭、豬 50 頭、雞 1,000 餘隻。龍雲擔心美軍消費過度會「影響農耕」，「妨及糧政」。然而蔣介石卻要求他盡可能保證美軍的食物供應，因為這些物資「攸關盟軍營養」，關係「作戰力量甚大」。[16] 這就說明，為了保障駐華美軍的日常生活，當地政府作出了巨大貢獻。雖然地方政府為了爭取撥款，向中央呈送的報告或許存在諸多強調困難、誇大其詞的情形，但不可否認，戰時大量美軍的駐防，確實會對當地的民生帶來重大影響。

　　太平洋戰爭爆發後，中美雙方決定在中國西南地區修建和擴建機場

13　參見黃仁霖：《黃仁霖回憶錄》（台北：傳記文學出版社，1984 年），頁 120-121。

14　《抗戰外援》，頁 305 注 1 圖表。

15　《龍雲致何應欽電》（1944 年 1 月 22 日），《中華民國史檔案資料匯編》第五輯第二編「外交」，頁 323。

16　《蔣介石與龍雲往來電》（1944 年 9 月 11、18 日），《中華民國史檔案資料匯編》第五輯第二編「外交」，頁 323-324。

及其他軍事基地，規定其建築費用由美方負擔。1942 年下半年，中國開始為駐華美軍的食宿以及修建和改善各種機場支付費用，美方則負責營房、辦公場所和運輸的開支，但雙方並沒有簽訂具體協議，直到第二年的 5 月美方才主張簽訂協議，規定美國以美元償付用法幣購買某些物資的費用，中國則承擔剩下的費用，然而匯率的高低卻成為爭論的焦點，最終亦未達成任何協議。待到戰爭勝利後，這項開支以及其他美軍在中國消耗的費用，折合法幣共達 1,500 億元需要歸還給中國政府。然而關於匯率的問題卻在兩國高層中觸發激烈的爭議。中方要求按官方匯率折算，美方則要求以市場價格償還，最終雙方相互各讓一步，達成折衷的辦法，即 1944 年 2 月以前的開支按法幣 1 元等於美金 1.66 分（大約 1：60）計算，1944 年 2 月至 12 月的費用，則按 1 元法幣等於 2 美分（1：50）結算。從這樣的結算中，中國政府共收進外匯達 4 億美元。[17]

　　應該說 1941 年以後長期堅持 1：20 的固定匯率當初在制定時就不現實，隨着日後日益惡化的通貨膨脹，這個匯率就更加不切實際了（參見表 1）。太平洋戰爭爆發後，大批美軍來到中國，特別是後來美方要在西南大後方修建機場等設施，按照中美兩國間的協議，美方在華人員的生活補給以及修建機場等設施的費用由中方墊付，美國再按照官價匯率支付美元。由於中國嚴格管制外匯，但美軍士兵來華後不願以官價兌換法幣，而且美方為鼓勵美軍的士氣，自 1942 年秋天起便開始向駐華美軍官兵部分發放美金現鈔，至 1944 年 1 月，發給美軍人員的現鈔數額已達 600 萬美元，[18] 其中大多數的美鈔及華僑匯款都是在民間按黑市價格出售的，於是黑市便大行其道。中國政府雖然對此現象予以默認，

17　張公權著、楊志信譯：《中國通貨膨脹史，1937-1949》，頁 193。然而這個匯率的計算方法似乎與後述談判情形不同，詳看下文。

18　Arthur N. Young, *China's Wartime Finance and Inflation, 1937-1945*, (Cambridge: Harvard University Press, 1965), p.270.

但卻因害怕匯率的變化會導致民眾心理發生恐慌，所以寧肯損失外匯收入，也不改變匯率。到了 1944 年，黑市外匯的匯率已達到 1：600 的高峰。而美軍在中國修建機場和空軍基地，中方仍要求美方以官價匯率支付，這樣的話，即使是最普通的設備價格都會變得格外昂貴。1944 年初，美國軍隊計算，若按這一官方匯率，在中國建造空軍基地的原材料，包括在成都附近修建的遠程轟炸機基地，其金額大約是美國本土所需價格的 8 至 10 倍。[19]

在重慶的外國官員對官方的這一匯率極為不滿，1942 年 10 月，駐英大使顧維鈞回國述職時參加孔祥熙為國民參政員舉辦的一次宴會。宴會之後，孔祥熙、郭泰祺、陳光甫、蔣廷黻等人來到他住的房間聊天。陳光甫說，美國人，特別是美國的駕駛員和傳教士對官方規定的匯率十分不滿，因為官方匯率是法幣 20 元，而黑市則高達 35 至 40 元。孔祥熙表示不能接受對法幣的這種評價，但對於他們在黑市上倒賣美金一事則閉目不管。[20]1944 年 2 月 14 日，英國新任駐蘇大使卡爾在與傅秉常聊天時也訴苦報怨，說「重慶官價匯率殊令外交官生活發生困難，希望孔院長能改善」云云。[21]

1943 年春，大批美國軍隊開始進駐中國的西南地區，由於美軍在後方普遍使用美鈔購物，導致官價外匯與黑市外匯之間的差距愈來愈大，「工不如商，商不如囤，囤不如金，金不如匯」，這段極為流行的民謠即生動地描繪出大後方此刻的情景。特別是 1944 年下半年國軍在豫湘桂戰場上出現的大潰敗，導致大後方民眾人心惶惶，更使得美金黑市價格飛速上揚。11 月下旬僅半個月，重慶的外匯黑市價格就從 250

19 *Foreign Relations of United States: Diplomatic Papers(FRUS): 1944*, vol.6, China, p.843. Washington, D.C.: Government Printing Ofiice(GPO), 1967.

20 《顧維鈞回憶錄》第五冊（北京：中華書局，1987 年），頁 103。

21 傅錡華、張力校注：《傅秉常日記：民國三十三年》（台北：中央研究院近代史研究所，2014 年），頁 52。

元法幣兌一美元升至近 600 元。[22] 儘管美元的黑市匯率不斷上漲，美國政府和其他外國駐華團體也都一再要求法幣貶值，雖然官方的這一匯率基本上是有價無市，但官方匯率依然維持 1：20 這一水平。

這一固定不變的外匯政策導致中美兩國之間的關係愈來愈緊張，同時它也讓美國在提供資金維護法幣價值的支持時表現得躊躇不前。宋子文在給蔣介石的密呈中說，「自華回國之美軍官及外交人員、新聞訪員等，對於我國每多表示不滿」，其中主要原因「實為所得美金薪給以官價折合法幣，在華不敷生活」，因為「法幣匯率與實際價值相差過遠」。宋子文還說他在重慶時已向孔祥熙多次提及這一問題，不知何時考慮解決。[23] 在蔣介石的過問下，財政部同意自當月起，同意駐華外交人員兌付外匯時可照現行匯價增加 50%，但並不包括軍隊官兵和新聞記者。為此蔣介石在財政部的呈文上手批：「如所費不多，亦能照辦。」[24] 美國記者西奧多・懷特（Theodore White）也寫道：「美國在中國的士兵都對這種過高的匯率心知肚明，他們認為美國在被這種醜陋露骨的時尚所欺騙。」楊格則認為這種人為制定的固定匯率造成了「美國似乎被欺騙」的感覺，同時這也成為戰後美國政府削弱對華援助的一個主要原因。[25]

根據《回惠租借協定》的要求，美國空軍要在中國後方修建機場，由中國提供勞力及建築材料，費用則由美國負擔。國民政府為此需要大量徵集勞工，只能以增加法幣的發行數量來滿足美方的要求。1943 年8 月，孔祥熙在國防最高委員會第 118 次常務會議上報告稱：「現在美國要大量地增加飛機到我們中國來，我們要做二十個飛機場，每一個飛

22　《陪都的「美金熱」》，《新華日報》，1944 年 11 月 22 日，第 3 版。

23　《宋子文致蔣介石密呈》（1943 年 5 月 11 日），台北國史館藏國民政府檔案：001-085100-0002-18。

24　《財政部密呈及蔣介石手批》（1943 年 5 月 17 日），台北國史館藏國民政府檔案：001-085100-0002-24。

25　Arthur N. Young, *Cycle of Cathay: A Historical Perspective*, p.241.

機場需要數百萬美元，飛機到來之後，還要許多的供應。所以明年的支出，除了預算之外，一定還有追加，恐怕明年度要增一千億的發行。這一千億的印刷費，就要三千萬美金，再運到我們中國來，又要五百萬美金，合起來是三千五百萬美金。把這些法幣增加到市面上來，對於物價的高漲，是火上加油。」[26]

其後，美國為了成功起降大型轟炸機 B-29 以便對日本的本土進行轟炸，計劃在成都附近建造多個大型機場，這樣就要徵調 40 餘萬名勞工。1944 年 2 月孔祥熙在國防最高委員會第 130 次常務會議上報告稱，為了修建這些機場，10 天之內就要發行 13 億法幣，整體預算達 35-40 億元。[27] 因為要在大後方修建機場，中方需要提供大批勞動力，不得不增發大量貨幣，以致物價不斷上漲，通貨膨脹日益加劇。西南聯合大學總務處主任、歷史學家鄭天挺教授在與朋友聊天時談及，因為「滇東、滇北新定建造大機場三（一在鹽洋），估計二十萬萬元，一旦二十萬萬游資散佈市內，法幣必貶值，於是紛紛囤積」，[28] 他認為這才是目前昆明物價暴漲的重要原因。另一位歷史學家顧頡剛也認為，「近日物價之高，蓋因美兵大來，渠等用美金，因以刺戟物價。近日市上牛肉買不到，亦因全供給美國兵之故」。[29]

抗戰後期，隨着美軍在華人數的增加，以及通貨膨脹的加劇，政府的負擔愈發沉重。據財政部部長俞鴻鈞報告，美軍空軍招待費原按 27,500 人，每人每日撥款法幣 600 元計算，計每月需法幣 5 億元，如今

26　台灣中國國民黨黨史館藏國防最高委員會檔案：國防：001/049，轉引自曹嘉涵：《抗戰時期中美租借關係》（上海：東方出版中心，2015 年），頁 184。

27　台灣中國國民黨黨史館藏國防最高委員會檔案：國防：001/049，轉引自曹嘉涵：《抗戰時期中美租借關係》，頁 185。

28　俞國林編校：《鄭天挺西南聯大日記》（1944 年 2 月 16 日）（北京：中華書局，2018 年），下冊，頁 792。

29　《顧頡剛日記》（1944 年 3 月 13 日）（台北：聯經出版事業公司，2007 年），第五冊，頁 252。

美軍人數增至 36,000 人，而每人每日撥款又增為 850 元，因此呈請自
1945 年 2 月起，要求每月撥款 91,800 萬元。[30] 雖然蔣介石接報後批示
「照准」，但也可以看出此時財政壓力之巨大。

除了駐華美軍的日常開支和軍事建設等費用，還有一筆重要的外匯
來自外國的傳教和慈善事業，戰爭時期這筆經費大部分轉移到大後方。
據美國援華聯合會駐華辦事處估計，1943 年美國在華用於傳教和慈善
匯款約有 1,420 萬美元，連同英國和加拿大對中國的救濟金和對中國教
育的捐款，總額應高達 1,700 萬美元。[31] 然而這筆資金若按官價匯率計算
的話，許多預定的計劃就不可能實施。因為按照中方的統計，自 1942
年至 1943 年上半年，中國對美實施回惠租借援助的清單中，包括中國
派遣武裝部隊出國協助盟軍作戰所支出的軍費、招待美國空軍以及建築
機場工程款等諸項費用，合計約為法幣 25 億元，若按中國官方的匯率
折算，相當於 12,500 萬美元。[32] 因此，關於匯率如何計算，就成為中美
兩國之間一個十分重要的問題。

四　關於匯率的爭執

1943 年 11 月，蔣介石在埃及出席開羅會議期間曾向美方提出 10
億美元借款的請求，先是羅斯福總統在與宋美齡談話中曾應允向中國
貸款，但其後，當中方正式向美方提及此事時，羅斯福竟藉詞延宕。[33]

30　葉惠芬編：《蔣中正總統檔案・事略稿本》，第 59 冊（台北：國史館，2011 年），頁
　　732。以下簡稱《事略稿本》。

31　參見《抗戰外援》，第 277 頁。

32　參閱曹嘉涵：《抗戰時期中美租借關係》，頁 184。

33　關於羅斯福是否同意向中國借款之事的經過，可參閱齊錫生：《劍拔弩張的盟友：太
　　平洋戰爭期間的中美軍事合作關係（1941-1945）》（北京：社會科學文獻出版社，2012
　　年），頁 447-449。

羅斯福後來曾向史迪威（Joseph W. Stilwell）表示，蔣介石現在需要 10
億美元的貸款，但他認為這筆貸款很難獲得國會通過。他還有個計劃，
即用 5,000 萬到 1 億美元的現金到黑市去購買中國的法幣，而當中國人
發現這些貨幣被收買後，他們就會控制貨幣，匯率則會下降，我們即可
控制通貨膨脹。[34] 實際上美方拒絕向中國提供借款的主要理由，就是因
為雙方在匯率方面出現的爭持。

　　1943 年 12 月 9 日，美國駐中國大使高斯（Clarence E. Gauss）致
電國務院，反對美國向中國提供 10 億美元的借款。他的理由是：首先，
中國政府和私人手中其實並不缺乏美金儲備，而從上一次 5 億美元借款
的結果看，也很難相信中國政府會很好地利用這筆借款；其次，不必害
怕中國會單方面與日本媾和，因為中國已躋身四強，不會輕易放棄這一
地位。高斯還認為，目前中國政府正「竭力利用美國現存的慷慨與善
意」而為自己謀利；而且許多政府官員的想法是，中國已單獨抵抗日本
六年多，現在應該讓美國來承擔戰爭負擔了；再加上中國戰後要執行的
是一種對中國有利的封閉經濟，並不願意與在華美軍合作。為此美方
不得不為成都機場的建設支付比實際費用高出 8-10 倍的開支，由於美
元與法幣 1：20 的不合理匯率，使得美軍在華每月開支高達 2,000 萬美
元，「而中國同時卻以我們為代價，建立起可觀的外匯儲備」。[35] 同月 23
日，高斯大使在與蔣介石會談時說，人為強制的匯率「可能招致利用美
國政府和軍隊的嚴厲批評」。蔣介石則表示，官方匯率無法變更，因為
這將導致「中國貨幣得不到支持，將引起中國在經濟和軍事上的雙重失
敗」。但他同意讓孔祥熙出面協商，看看能否採取其他方式，盡可能讓

34　《史迪威文件》，頁 251-252，轉引自任東來：《爭吵不休的伙伴：美援與中美抗日同盟》
　　（桂林：廣西師範大學出版社，1996 年），頁 114。

35　*Foreign Relations of United States: Diplomatic Papers: 1943,* vol.6, China, pp.476-479. 又見
　　《抗戰外援》，頁 300。

雙方達成一致意見。[36]

　　1944 年 1 月，羅斯福致電蔣介石，儘管他在電文中已經修改了原先的強硬立場，但還是拒絕了蔣介石的借款要求，同時也委婉地批評了中國的財政政策。這使得蔣介石更為惱怒，他在日記中寫道：「此非不佳之消息也，蓋以革命建國事業，未有不從絕望中得來，此正為余爭取國家權利之良機也。應研究應付辦法，而以支付駐華美軍軍費與為美軍建築機場費用為交涉之根據。」[37]

　　幾天之後，蔣介石給羅斯福發出一份態度強硬的回電，提出應以貸款或匯率折換美金方式支付美軍在華費用。他表示，如果中國戰區經濟沒有到此危急的地步，他不會向美國借款。蔣介石並提出兩點建議：「（一）美國給予中國十億美金借款，則我方可應付今後預算不敷之一部分，並可適用反租借辦法，應付美軍在華費用，如修機場、供應糧食、運輸軍品等之龐大支出；（二）如貴國財政部以為上次建議不能接受，則余提議在華美軍一切費用，應由美政府負擔，而中央銀行依二十元法幣合美金一元之正式匯率，予以匯兌之便利。」蔣介石還強調，如果美方不接受上述建議，那麼中國政府只能「盡其所能之力量」予以協助，雖然仍會「繼續持久抵抗共同敵人之日寇」，然而「關於戰時經濟與財政，亦可只聽其自然之變化」。[38]

　　該電發出後蔣介石就在日記中預測可能發生之後果：「甲、停築機場；乙、停止空運；丙、自辦給養；丁、然其主義上、政策上、戰略上、地位上及其對內、對外之本身利害而言，皆非其所取之途徑。余所以毅

36　參見《抗戰外援》，頁 275-276。

37　《蔣介石日記》（1944 年 1 月 11 日）。又見《事略稿本》，第 56 冊，頁 115。

38　《蔣介石致羅斯福電》（1944 年 1 月 15 日），台北國史館藏蔣中正總統檔案：002-020300-00031-035。本文所引蔣中正總統檔案，均藏自台北國史館，下略稱蔣介石檔案。國史館、中正紀念堂、中正文教基金會合編：《蔣中正先生年譜長編》（台北：國史館，2014 年），第七冊，頁 554-555 錄有全文。又見秦孝儀總編纂：《總統蔣公大事長編初稿》（台北：中正文教基金會，2003 年），第五卷下冊，頁 471-472。

然出此態度者，全看此一點耳。惟不能不防其軍人與財政家，小見淺識之流，加之反對我國之政客與左派者從中挑撥，造成僵局耳。」[39]

　　華盛頓收到蔣介石的電報後反應極大，正如蔣介石預測的那樣，陸軍部和財政部都要求對中國採取強硬態度；相對來說國務院的立場較為溫和，但對於中國借款的要求也同樣表示拒絕。[40]1月24日，孔祥熙覆函摩根索，重申中國方面在協助美軍建築機場方面從未故意延宕，雖然因短期間內支出龐大，以致發生通貨膨脹，物價上升，戰時經濟難以維持，犧牲巨大，但仍保證會克服各種困難，繼續盡力。[41]幾天之後，羅斯福致電蔣介石，同意由孔祥熙前往美國商談財經及在華美軍經費問題，並表示今後數月內在華美軍費用每月約以2,500萬美元為度，希望將來經兩國協商，「以同值之美金記入貴國賬下」。[42]接到羅斯福來電，蔣介石為之前的強硬態度也感到有些後悔，他在日記中寫道：「美國匯率交涉尚未成就，對羅總統覆電堅強太過，是已違反政策，雖未妨害大局，然於個人情感則已損矣。」[43]

　　2月1日，孔祥熙告知美駐華大使高斯處理在華美軍費用辦法，並表示如中國經濟形勢許可的話，本可負擔所有在華美軍的費用，但抗戰已近七年，中國已經無此能力。孔還強調，「為示共同作戰、密切合作起見，建築機場購地所需費用，由中國政府支付，至其他費用，由美軍陸軍於中國中央銀行設立賬戶，並向中央銀行在美賬戶先存入美金二千五百萬元，折合法幣五億元，另由中國政府加撥二億五千〔萬〕

39　《蔣介石日記》（1944年1月16日）。

40　參見《抗戰外援》，頁302-304。

41　秦孝儀總編纂：《總統蔣公大事長編初稿》，第五卷下冊，頁474-475。

42　《蔣中正先生年譜長編》第七冊，頁563-564；又見秦孝儀總編纂：《總統蔣公大事長編初稿》，第五卷下冊，頁476。

43　《蔣介石日記》（1944年1月31日「本月反省錄」）。

元，以備支用。如需要增加時，仍按前述比例分別撥存。」[44] 第二天蔣介石在答覆羅斯福電報中，沒有再提 10 億美元借款之事，態度亦有所和緩。[45] 但蔣介石之前的強硬立場卻已經引起美方的不滿，因此自 1944 年 2 月起，美國政府不再按 1：20 的官方匯率購買法幣，但中方還是照舊向美軍提供相應的生活及軍事方面的服務，只是先墊付法幣，如何計算則留待日後商議處理。

與此同時，中美雙方關於外匯匯率的談判在重慶開始進行，美方不斷要求更改中美貨幣之間的匯率，提出的方案之一是希望將 1：20 的匯率增加到 1：100。然而雙方的談判沒有任何結果，因為孔祥熙堅持維持 1：20 的官方匯率，他認為提高匯率會進一步加深中國的通貨膨脹。但他也作了些讓步，同意美方用官價購買法幣時執行「買一贈一」（即 1：40）的形式，以此作為對租借援助的回惠，甚至部分情況下還可以「買一贈二」（即 1：60）。[46]

美國沒有同意中方的借款要求，並派遣軍方財政顧問艾奇遜（Ede Acheson）配合高斯大使與中國協商中美間的匯率問題。艾奇遜堅持 1：100 的兌換率。應該說這一價格雖然與官方匯率相差甚遠，但仍比美元黑市上的價格優惠許多。但孔祥熙堅決反對這個提議，他認為這會損害法幣的價值。美國軍方所採取的報復行動是為在華美軍士兵發放美元，從理論上講這些美元可以通過黑市交易再流回美國。據美國軍方估計，1944 年初，美軍每月在華產生費用為 1,700 萬美元，但其中只有 600 萬美元是按照官方匯率交易使用的。[47]

2 月 17 日，宋美齡「抱病往機場慰勞中美空軍三處」，同時亦致

44　《總統蔣公大事長編初稿》，第五卷下冊，頁 477。

45　《蔣中正先生年譜長編》，第七冊，頁 569-570。

46　參見《抗戰外援》，頁 306。

47　*Foreign Relations of United States: Diplomatic Papers: 1944,* vol.6, China, p.853.

函羅斯福，指出在華美軍軍費「如演算為中國之國幣，頗有類乎天文學上之數字，而中國之經濟力，實無以抵抗此壓力，顯將遭受崩潰之威脅」，因此對美方提出解決在華美軍費用條件表示無法接受，並希望美國「派遣負責代表來華洽商中國經濟財政危急問題」。[48]2 月 23 日蔣介石在日記中記道：「美國借款無望，而其匯價仍要求以一兌百之主張，堅持不變，過去各種方法已歸失敗。凡事皆須自己，外援何足憑藉？只要能自立自強，不求於人則得矣。美軍一面不願依照匯率，一面要求每月供給其法幣四十億圓，其勢非將中國經濟根本破產不可也。」美軍要求在三個月內提用法幣 160 億，而只折付美金 1.2 億元。「如此通貨更漲，物價更高，經濟必致加速破產也。余意不如以無代價供給其法幣，以示慷慨為上也。」[49]然而實際情形卻是，自 1944 年 2 月起，美方不再依照 1：20 的官價匯率向中方購買法幣，但駐華美軍的日常開支及其他服務仍需要中方承擔，因此中方依然負有墊付美軍在華開支的責任。自 1942 年 7 月至 1944 年 12 月，中方共為駐華美軍墊付法幣 500.81 億元，這筆墊款除了 1944 年 2 月之前的部分由美方按時用美金購買償付之外，其他的部分則到 1944 年 11 月與 1945 年 6 月才分兩次結清。[50]

在此之前的 2 月 19 日，美國駐中印緬軍總部史迪威將軍（Joseph Warren Stilwell）在致蔣介石的備忘錄中提出駐華美軍付款辦法，主要內容為：自本年 3 月 1 日起，凡主要為供給在華美軍使用之建築與保養費用，均由美方負擔，包工合同在本年 3 月 1 日尚未完工而費用已由中方付給一部分者，將繼續由中方付給，直至完工為止。美方還將負擔：直接供美軍需要之作戰及非作戰設備之建築及保養費，以及服務美招待

48　台北國史館藏蔣中正總統檔案：002-020300-00031-041，《蔣中正先生年譜長編》，第七冊，頁 579-580。

49　《蔣介石日記》(1944 年 2 月 23、25 日)。

50　財政部國務署編：《美軍墊款及反租借節略》，《民國外債檔案史料》，第 11 卷，頁 652-653。

所之戰地服務團人員住屋之費用，而其他一切開支美方概不負責。

由於此案關係國家主權及戰後清算等問題，所涉內容十分重要，為此 3 月 24 日由軍事委員會外事局召集軍政部、交通部、財政部及航空委員會、工程委員會等有關部門共同商議意見，5 月 24 日，由參謀總長何應欽函覆史迪威，說明中方立場如下：

一、中國政府可為負擔者，僅為購地費、地上權費、中國空軍使用之作戰及非作戰設備，至於各機場及附帶建築物、通達機場之道路、美軍使用之作戰及非作戰設備、美軍人員之住所設備等之建築與保養之費用，均應由美方負擔。中方因辦理此等工程之管理費，及工程人員、監工人員、工人薪給，亦應請美方償付。

二、凡應美軍部請求建築之新機場及建築物，或原有機場及建築物之擴充改善以供美方使用，無論已完成或興工者，其費用亦應照前項辦法，分由兩國償付，惟原由中方自行建築之機場假與美空軍使用者，其費用無須由美方償付。

三、今後美方如託辦在中國境內之工程事項，需先與工程委員會洽商核准方可辦理，美方所應償付之各項費用，亦由工程委員會結算通知美方照數償還，交由中國財政部歸墊。

四、在中國境內建築之各機場及建築物在戰事終了時，自當由美方無條件歸還給中國。

五、原本美軍在華之膳食及招待費美方同意自付，中方為表示友誼曾應允代付，但美軍人數近來增加眾多，中方難以悉數承擔，應由雙方商議解決辦法。

美方收到該函後回覆說已交相關部門研究，並且稱「其中容或有若干點未盡同意，但亦非不可加以克服者」，故而答應「一俟搜集有關各

部門之意見，自當盡速函達」云云。[51]

　　4 月 19 日，孔祥熙在致羅斯福總統的函件中寫道：中國堅持抗戰，至今已近七年，所受損失無法計算，如果不是這樣，中方定願承擔美軍在華之一切費用。截至目前為止，中國為美軍墊付修造機場及其他費用已達 170 億元，其中 2 月份以前付出的即為 100 億元，這筆數額相當於太平洋戰爭後美國向中國提供最大的五億美元借款。美方認為這筆費用應按 1：100 的匯率計算，然而「此舉無異將華幣對外價值貶低五倍，若付諸實行，足為中國抗戰前途之致命打擊」。雖然美軍官兵可以在黑市上用美金換得較高數額的法幣，但它在市面上流通的數量實屬微小，而其主要需求者則多為那些投機居奇之輩，他們或運至上海以資敵，或私運到印度投機，「可見美金在黑市上所換取較高之價格，實不足以表示華幣對外之真實價值也」。接着，孔祥熙又回顧了法幣實施後國家為維持其匯率所承擔的巨大代價，並表示目前不能隨意變更匯率的原因，認為這樣會影響國內民眾的心理，導致物價高漲，對於法幣更無信心，最終勢必將影響抗戰決心。「然至今為折合率問題，尚未獲至協議，中國既不能降低幣值，甚願另覓其他辦法，以解決此問題也」。因此他再三要求所有為美軍墊付之款項，仍按固定匯率結算支付。[52]

　　就在同一天，孔祥熙在給摩根索的電報中提供了一份中國政府自 1942 年 9 月至 1944 年 4 月墊付美軍在華軍費開支的清單，在這期間內，由國庫署和中央銀行共墊付法幣約達 180 億元。具體數額詳見表 2。

表 2　中國政府墊付駐華美軍軍事開支清單

51　財政部編：《對美回惠租借案經過概述》（1945 年 2 月 24 日），中國第二歷史檔案館藏中央銀行檔案：三九六 (2)/2793，《民國外債檔案史料》，第 11 卷，頁 640-643。

52　《孔祥熙致羅斯福電（譯文）》（1944 年 4 月 19 日），蔣介石檔案：002-020300-00031-043；又見《總統蔣公大事長編初稿》，第五卷下冊，頁 508-509。

（1942.9.-1944.4.）

單位：法幣元

項目	金額
A. 財政部國務署支出	
1. 機場建設費	8,018,932,286.25
2. 中美空軍混合聯隊營房建築費	355,580,500.00
3. 中國戰區後勤部隊開支（主要用於駐華美國空軍食宿服務）	1,483,407,953.78
4. 美國空軍補給物資運輸費	404,442,917.92
5. 按照美軍當局具體要求進行的道路改善經費	615,896,800.00
小計	10,878,260,457.95
B. 中央銀行墊款	
1. 空軍基地建設墊款	
a. 1944 年 3 月 11 日	1,743,000,000.00
b. 1944 年 4 月 7 日	1,000,000,000.00
c. 1944 年 4 月 14 日	1,503,000,000.00
d. 1944 年 4 月 19 日	520,000,000.00
2. 美國陸軍賬戶墊款	
a. 1944 年 2 月 10 日	1,000,000,000.00
b. 1944 年 3 月 6 日	1,000,000,000.00
c. 1944 年 4 月 15 日	250,000,000.00
小計	7,016,000,000.00
總計	**17,894,260,457.95**

資料來源：H. H. Kung to Morgenthau, April 19, 1944, *FRUS,1944, China,* Vol.6, p.917. 轉引自
曹嘉涵：《抗戰時期中美租借援助關係》（上海：東方出版中心，2015 年），頁
199。

　　這就表示，中方一方面堅持官價匯率不可改變，但又同意可用適當
的方式予以變通，然而，圍繞匯率的爭論仍然沒有解決。

五　孔祥熙赴美談判

　　5 月 31 日，駐美大使魏道明向孔祥熙發來密電，報告他當天上午
與羅斯福總統見面的情形。首先他將孔祥熙電文中的辦法轉告羅斯福，
並面呈備忘錄。羅斯福稱重慶黑市法幣美金比價較好，已跌至 180 元。

他即按照孔之指示，解釋黑市及物價情形，並說如幣制地位趨弱，會對物價帶來嚴重影響，希望早日解決這一問題，羅斯福亦甚以為然，並稱此事尚未與財長晤談，認為有必要時孔可直接到美一行。[53] 孔祥熙接到電報後立即回電，首先對羅斯福關心重慶美鈔黑市價格下跌之事表示欣慰，贊揚其「深謀遠見，至為欽佩」。孔認為，美鈔之所以現在能夠維持 180 元的價格，主要是有人故意造成其不合理之高價所致，實際市場並無大量需要，僅為數百元交易而已，如果大量出售，市價必定大幅下降。孔祥熙接着說，最近中方曾同意美國教會用支票與正常商人交換，而其價格最多亦不過 100 元左右；而近來有人在市場上出售 3,000 美元的支票，每元亦只有 53 元法幣。目前美軍運華的美鈔尚未交出，「倘以相當數量公開發售，深信必將立時大跌」。[54]

　　此時第二次世界大戰已勝利在望，而美國在大戰中的地位大增，成為主宰世界的老大。為了鞏固其戰後的霸主地位，美國向同盟國建議，於戰爭後期在美國召開各國財政首腦的重要會議，並制定戰後的貨幣規則，這就是 1944 年 7 月在美國新罕布什爾州的一個小鎮召開的布雷頓森林會議（Bretton Woods Conference），美國就是希望通過這個會議確立戰後以美元為中心的國際貨幣體系。概括說來就是實施美元與黃金掛勾，世界上其他國家的貨幣再與美元掛勾的「雙掛勾」制度，這一制度影響戰後世界金融，意義極為深遠。孔祥熙以中華民國行政院副院長兼財政部部長的身份出任特命全權代表出席會議，6 月 23 日，孔祥熙一行抵達華盛頓，並於 7 月間參加了各個階段的會議。[55] 實際上孔祥熙此行除了參加世界貨幣會議之外，還有一個重要的任務就是與美方談

53　《魏道明致孔祥熙電》（1944 年 5 月 31 日），蔣介石檔案：002-020300-00031-042。

54　《孔祥熙致羅斯福電》（1944 年 6 月 3 日），蔣介石檔案：002-020300-00031-044。

55　關於會議召開的情形可參見高作楠：《參與構建戰後國際貨幣金融秩序：中國與布雷頓森林會議》，《民國檔案》2018 年第 2 期，頁 81-90。

判，一方面繼續爭取美援，同時亦為租借物資的使用以及如何確定匯率等事務討價還價。行前蔣介石還專門致函羅斯福總統，稱「孔博士與余始終共事凡十六年於茲，對於中國政治、經濟及財政方面之情形，充分明瞭」；蔣介石還在信中表示，雖然中國目前非常需要孔祥熙留在國內處理政務，但因此行「對於增強我中美兩國以及余與閣下之友誼合作，深信必有重大之成就」，所以才委派他為「余個人最堪信任之代表」，前往美國洽談。[56]

　　財政部常務次長郭秉文是孔祥熙的親信，原應陪同孔參加布雷頓森林會議，因忙於在倫敦處理平準基金結算等問題無暇來美，但後來孔在與美國財部談判時，他仍是孔的顧問。郭秉文曾向顧維鈞解釋出使美國的目的以及孔對美國十分失望的心情，他說，孔出使美國的目的包括：（一）在布雷頓森林會議上要求增加中國的份額。這一要求沒有實現。（二）向中國運送更多的黃金。這件事仍在討論中，尚未解決。（三）同美國解決在中國為美國空軍建造機場所支出的費用問題。美國財長摩根索拒絕接受法幣對美元為 20：1 的官方匯價，孔亦拒不改變他的態度。隨後，美國提出以法幣對美元 100：1 的匯價，用美元一次還清這筆費用，孔勉強接受了這個提議，但表示成都機場除外。孔說，羅斯福總統曾在開羅會議期間向蔣介石提出，成都機場的修建費用全部由美方償付，不過此事並無書面依據。他說，用於修建機場的總費用達 80 億法幣。（四）取得剩餘軍用物資。美國決定將剩餘物資售予出價最高且用現金支付的國家，而中國曾希望免費或以分期付款的方式得到這批物資。（五）為中國取得一些消費品以防通貨膨脹。美國並未立即表示同意，只是決定派遣納爾遜（Donald M. Nelson）到中國研究這一問題，並了解戰後中國的需要。郭秉文的印象是，羅斯福總是慷慨大方地作出

56　《蔣介石致羅斯福函》（1944 年 6 月 17 日），轉引自古僧編著：《孔祥熙與中國財政》（台北：博學出版社，1979 年），頁 309。

許諾，而具體負責的部門卻往往不能履行這些諾言。[57]

　　此時中國戰場正面臨重大的軍事潰敗，國內政治、軍事、經濟危機四伏，蔣介石急於需要得到美國的援助，希望盡快解決兩國之間的交涉。然而孔祥熙卻依然拒絕讓步，他這種錙銖必較、討價還價的山西商人作風就連蔣介石都覺得有點過分。他在給孔祥熙的電報中不斷催促他務必盡快解決幣值之間的匯率交涉，要他在談判中「務望從速解決，不必過於爭持，如能於法幣百元至百廿元之間換得美幣壹元亦可」，而且此事並不一定非要羅斯福總統親自出面協助，「否則每月墊付美軍之款積累更多，而幣價更落，則財政更難為繼也」。[58]

　　然而孔祥熙卻報告說：「美軍墊款事總統、財長、陸長皆表示願為公允解決，並授權財長辦理，惟軍需主管多方為難。」接着，孔將美方最近召開有財政、外交及軍需各方負責人參加的會議內容報告如下：由美方再撥美金 1 億元，如此計算，均合美金 1 元等於法幣 100 元；自 7 月至 9 月止，每月由美方付我美金 2,000 萬元，所有在華美軍所需之法幣由我撥付，每美元等於法幣 78 元；以後償付辦法，每三個月商討一次。對此要求孔祥熙的回答則是：我方匯率現時絕對不便變更；成都機場建築各費，羅斯福總統曾向蔣主席聲明另由美方撥付，不能與每月經常費混為一談。蔣介石看到孔祥熙的態度如此強硬就急了，立即在原電上親擬覆電：「成都機場經費不必堅持爭執，即照對方所提，在一億二千五百萬美金之內似亦可了結，總以速了為是。」[59]

　　美國政府官員與軍方將領對於中美貨幣間匯率之事一直心懷不滿，駐美大使館武官朱世明將軍陪同美國總統特使赫爾利（Patrick J.

---

57 《顧維鈞回憶錄》第五冊，頁 425。

58 《蔣介石致孔祥熙電》（1944 年 8 月 3 日），蔣介石檔案：002-020300-00031-045。

59 《孔祥熙致蔣介石電及蔣之覆電》（1944 年 8 月 5 日），蔣介石檔案：002-020300-00031-047。

Hurley）到訪莫斯科，他在與駐蘇大使傅秉常談話時透露，「蓋美軍在華，每月用款約二千餘萬。美方要求我將匯率提高至八十法幣，但我只允四十，而黑市則在二百以上，美方以為我不公允」。[60]

在蔣介石的督促下，孔祥熙亦抓緊時間與美方談判。他在報告中說，關於美軍墊款之事羅斯福總統本已責成財政部長辦理，但因最近總統及財長外訪，而「軍政要人或因歐戰赴前方，或則避暑外出，再度會商須待各員歸來」。另據羅斯福總統的特別顧問霍浦金斯（Harry L. Hopkins）密告，「中美關係受輿論影響極大，墊款問題因此稍作停待」云云。孔祥熙並應承此次去華盛頓會立即與美國財長繼續洽商這一問題。蔣介石收到後即在原電上擬寫覆電：「墊款問題望速解決，務請兄於雙十節前到渝勿延，並以此意通告美政府，俾諸問題能提早解決。」[61]

9 月 28 日，蔣介石致電孔祥熙，囑其「今後切不可再向美方要求任何物品，除非美方自動來與我商談時，再予洽商，否則切勿再求於人，於事無益，而反為其所輕也」，同時還要他速行返國。[62] 但孔祥熙仍堅持「非得有利時機，不欲輕易放過」的想法，繼續與美方折衝。最終摩根索亮出底線，看到美方不肯再行讓步，孔祥熙這才同意與美方達成協議。

11 月 28 日，孔祥熙在給蔣介石的電報中詳細介紹了他自布雷頓會議期間及其之後與美方談判關於匯率問題的解決方案，主要內容為，美方對於本年 2 月至 6 月五個月的墊款允以每月撥付美金 2,500 萬美元，共 12,500 萬元為了結，其 7 月至 9 月三個月墊款，則允每月支付美金

60　傅錡華、張力校注：《傅秉常日記：民國三十三年》（1944 年 8 月 30 日），頁 193。

61　《孔祥熙致蔣介石電及蔣之覆電》（1944 年 9 月 5 日），蔣介石檔案：002-020300-00031-048。

62　秦孝儀總編纂：《總統蔣公大事長編初稿》，第五卷下冊，頁 615-616。

2,000 萬元，共計 6,000 萬元為了結，兩者相加合共美金 18,500 萬元，但這包括成都機場之款在內。孔祥熙則認為，成都機場之款必須另付，因為羅斯福總統前已允許，因此拒不接受美方所開條件。其後經一再交涉，孔祥熙並拿出羅斯福 1 月 12 日致蔣介石的電報與之爭辯，最終美方同意再加 2,500 萬元，共計 21,000 萬美元，包括 2 月至 9 月的一切款項（連成都機場之款在內），但孔祥熙還是不接受。經過孔祥熙的再三堅持，美方終於讓步，「除付現款二億一千萬元外，成都機場之款承認係我方出款建築，可記入互惠租借項下，將來清算。軍部如不再有異意，即可照此明日解決。如此解決，約合國幣八十元折算美金一元」。[63]20 天之後，孔祥熙電告蔣介石，有關美軍墊款問題均已根據前電精神予以解決，而且「該款正由美國庫辦理撥付手續，約旬日即可收聯邦準備銀行我政府之賬」。[64] 主管情報收集的侍從室六組少將組長唐縱也在日記中寫道：「美國償還我國為在華美軍墊付之款額與所出之勞力、供應之物資，及代建之軍事建築所費之款項二億一千萬美元。」[65] 至此，中美間關於匯率的交涉，歷經數月之談判，最終在羅斯福和蔣介石的直接干預下暫告一段落。

據統計，截至 1944 年 9 月底止，中方應美方要求支付款項為：國庫墊款總數 15,018,665,724.79 元，減去美方承認可記入互惠租借項下之成都機場工款 3,200,000,000.00 元，及已聲明由中方負擔之招待美空軍用費 3,365,217,764.66 元，結算墊款 8,453,447,960.13 元；中央銀行墊款總數 21,137,874,000.00 元，減去美方承認可記入互惠租借項下之成都機場工款 4,791,000,000.00 元，結算墊款 16,346,874,000.00 元。這兩部

63　《孔祥熙致蔣介石電》（1944 年 11 月 28 日），蔣介石檔案：002-020300-00031-049。

64　《孔祥熙致蔣介石電》（1944 年 12 月 18 日），蔣介石檔案：002-020300-00031-050。

65　《唐縱失落在大陸的日記》（台北：傳記文學出版社，1998 年），頁 446。

分相加，總額共為 24,800,321,960.13 元，最近美方撥還美金 21,000 萬元，按照 1：80 的匯率，折合成法幣約為 16,800,000,000.00 元，僅夠償還中央銀行墊款，國庫墊款則未包含在內，將來如何清算，尚需與美方協商。原先美方只同意撥付該款即清結 9 月底所有墊款，經孔祥熙再三堅持，美方才同意將成都機場款項記入互惠項下。至於招待費，為了維持中美友好關係，中方同意由己負擔，不再索要，但限定為 9 月底，其額度即按蔣介石所核定的標準，每人每天為法幣 600 元，並按 27,500 的人數撥款 5 億元，不得超過，若人數增加，亦按這一比例計算。並規定自 10 月 1 日起，以後每三個月清算一次。而截至 1944 年 12 月底止，中國政府國庫墊款及中央銀行墊款兩部分合計，總額為 52,258,652,275.15 元。[66] 爭論持續多時的中美匯率談判終於有了一個初步結果，然而如何執行則尚未得到落實。

六　蔣、孔、宋之間的爭議

在如何援助中國物資、特別是如何計算雙方貨幣匯率這個問題上，美國的國務院、財政部和陸軍部的態度不一樣，相對來說，國務院的表現較為和緩；而在中國，黨國元首蔣介石與具體經辦此事的孔祥熙及宋子文雖然立場一致，但在具體問題上認識也有所不同，其中孔祥熙的態度可以說最為強硬。

就在孔祥熙赴美談判期間，重慶的政壇上發生異動。由於豫湘桂戰

66　財政部編：《對美回惠租借案經過概述》（1945 年 2 月 24 日），中國第二歷史檔案館藏中央銀行檔案：三九六 (2)/2793，《民國外債檔案史料》，第 11 卷，頁 643-646。美國顧問楊格則認為，按照中方所報的 155 億元法幣清單，以 21,000 萬美元計算，匯率為 1：74，而大後方當年 1-9 月份黑市的匯率平均為 1：200 左右。詳見《抗戰外援》，頁 311。

場的潰敗，更因抗戰以來通貨膨脹日益加劇，物資供應緊張，那些掌握
財經大權的官員卻和奸商勾結在一起大發國難財，引起朝野上下震怒，
大後方又掀起反貪腐的浪潮，矛頭直指孔祥熙、徐堪等一班財政高官。
不僅在國內，此時因涉及史迪威被撤換之事，以及中國軍隊貪污情形均
引致美國輿論之不滿，特別是針對孔祥熙、何應欽與陳氏兄弟，甚至波
及蔣介石。[67] 在民眾輿情與現時需要的情形下，蔣介石不得不考慮政府
改組，結果是財政、軍政與教育等部的部長易人。11 月 20 日，孔祥熙
被免去財政部長一職，由原政務次長俞鴻鈞繼任，但其行政院副院長一
職並未更換。隨後，蔣介石又致電孔祥熙，希望他出任駐美大使，「專
任對美外交」。很明顯，這就是叫他主動辭去行政院副院長之職。[68]

　　孔祥熙接到這封電報後即於 23、24 日接連發去兩封電報，揚言說
要辭去所有公職，專心養病。蔣介石又連忙去電予以慰留，稱他已囑
赫爾利轉告羅斯福總統，目的就是要表示他本人「對吾兄平時依畀之
深」，「對兄只有更加信任與感佩」。蔣介石並且安慰他說：「此次兄雖
卸除財部，而其他要職並未變更，中外觀感決不因此有所影響，請勿以
此介意，並請在美照常進行工作，勿再言辭為盼。」[69]

　　12 月 5 日，蔣介石致電孔祥熙，雖然一方面聲稱有關財政金融事
務交涉今後仍由其全權處理，但同時又宣佈，在其未回國之前，派宋子
文代理行政院長一職。[70] 然而也是在同一天，蔣又向羅斯福發去一份英
文電報，再次強調孔祥熙作為他的私人代表，雖然剛剛辭去財政部長
一職，但他仍擔任行政院副院長及中央銀行總裁等要職，「余與中央政

67　西南聯大歷史系教授鄭天挺曾在日記中摘錄美國《紐約時報》攻擊中國政壇及軍隊腐敗
　　的言論，參閱《鄭天挺西南聯大日記》（1944 年 11 月 4 日），下冊，頁 949-950。

68　《蔣介石致孔祥熙電》（1944 年 11 月 21 日），蔣介石檔案：002-010300-00055-009。

69　《蔣介石致孔祥熙電》（1944 年 11 月 28 日），蔣介石檔案：002-010300-00055-012。

70　《蔣介石致孔祥熙電》（1944 年 12 月 5 日），蔣介石檔案：002-020300-00031-045。

府對彼仍深加依畀，命其繼續進行我政府所委託之任務」，因此凡是孔在美經手所辦理的財政、金融、經濟各項事務，均全權代表政府辦理，請羅斯福轉告美國政府有關官員，「以利我中美合作之進行」。[71]

12 月 17 日，孔祥熙再次致電蔣介石，稱美軍墊款問題已完全按照前電所提到的方法解決，該款正由美國庫辦理撥付手續，大概 10 天左右即可收到聯邦準備銀行我政府之賬。[72]1945 年 1 月，孔祥熙到華盛頓時突臨時患病入住醫院，1 月 18 日，美國財政部長摩根索、副部長懷特（Harry D. White）親自到醫院探望他，並當面交給他一張截至去年 9 月美軍全數墊款的美金支票，內中美金 34,097,239.96 元，係由駐華美軍總部存在中央銀行之存款劃抵，列收中國政府之款。孔祥熙在電報中還忘不了炫耀一番，稱「此案交涉至此可謂完全結束，然辦理交涉實極不易」，他認為這都是他交涉的結果。他在電報中還說，摩根索等財政部官員與他交談甚歡，問他不論公私方面有甚麼事需要幫忙盡可提出，他立即提出運送黃金以及 10-12 月三個月墊款的清算問題。摩根索滿口答應，說等他出院之後即開始洽商。[73]

孔祥熙雖然不得已辭卻財政部長一職，但他並沒有放棄對美國的談判交涉。2 月 2 日，孔祥熙給蔣介石寫了一份長函，詳細報告了他此次到美 7 個月以來的工作經過，其中主要是他參加貨幣金融會議以及與美方洽談支付墊款的事務。而關於他個人辭職之事，稱其在重慶時就多次請求辭職，因「重責在身，後繼無人，何能言去？是以勉力支撐」；然而「因公開罪於人，自所難免，惟念置身政治，只求有利國家，個人毀譽，在所不計」。但他強調「公道是非總須彰明，僅憑信口雌黃，即加處斷，俾使在位者寒心，後起者裹足」。信的最後，孔還不忘提出欲委

71　《蔣介石致羅斯福電》（1944 年 12 月 5 日），蔣介石檔案：002-020300-00029-055。
72　《孔祥熙致蔣介石電》（1944 年 12 月 17 日），蔣介石檔案：002-020300-00031-050。
73　《孔祥熙致蔣介石電》（1945 年 1 月 19 日），蔣介石檔案：002-020300-00031-051。

任蔣經國中央銀行要職，因為蔣經國「實以有為青年，如能多予歷練，必成大器」，他並聲稱這完全是「為國選材，別無他意」。[74]

然而事態的進展並不像孔祥熙報告那樣順利，原本美軍墊款雙方同意每三個月結算一次，但只結算到 1944 年 9 月，其後兩期均未進行結算。孔祥熙 2 月間在華盛頓時曾為此事向美方提出交涉，然而「美財部藉口軍部賬表尚未轉賬」，故無法結算。其實真正的原因是最近美方看到法幣價值日益衰落，因此持觀望態度，目的就是為了減少支付數額。在這件事上，財政部門和軍方的態度是一致的，他們還意圖向羅斯福等最高領袖進行遊說，讓其產生疑忌。孔祥熙認為如果這樣的話，「於我前途諸多不利」。[75]

就在同一天，孔祥熙還在另一封給蔣介石的電報中，藉財政收支不敷的問題攻擊當今的行政院代院長宋子文。電文稱：「減稅後國庫收短支增，銀行墊款每月增加數巨驚人，長此以往，惡性膨脹，物價高漲及券料有無問題，即將發生幣信根本動搖，國家前途何堪設想，實深憂慮。」根據報告，本年 1、2 兩月國庫收入 140 億元，但支出為 870 億，不敷之數高達 730 億！而貨幣發行總額，自抗戰爆發至 1944 年 6 月他赴美前的這 7 年間，共發行 1,100 餘億，而至今僅過了 7 個月，貨幣發行就已增至 2,500 億！有關部門擬運用黃金、物資來彌補虧短，但「美政府根本懷疑，藉詞延宕」，「且運輸更成問題，故為希望無多」。正在此時，重慶爆發黃金提價泄密這一驚天大案，該案涉及到中央銀行、中央信託局和財政部等機構的諸多高官，他們都是追隨孔祥熙多年的親信，而蔣介石此時已掌握了孔祥熙涉嫌美金公債舞弊的關鍵證據。可是孔祥熙此刻還在電報中為捲入黃金舞弊大案的幾位下屬說情，說甚麼

74 《孔祥熙致蔣介石電》（1945 年 2 月 2 日），蔣介石檔案：002-080109-00022-002。

75 《孔祥熙致蔣介石電》（1945 年 3 月 30 日），蔣介石檔案：002-020300-00031-052。

「該行責任重大，負責人員犧牲為國，倘使人心動搖，影響行基，即破壞國家財政金融，關係抗建至鉅」。並希望蔣介石邀見主管人員「加以訓勉，尤足鼓勵」。[76] 然而蔣介石則認為「關於美國軍費交涉，此時亦不宜要求羅總統令行，以無甚效果也」。同時還告訴孔，說宋子文即將來美，等他到美之後「當與兄面商一切」。[77]

其實在此前後，蔣介石也一直在考慮財政金融等問題，而如何制定匯率就是其中一個重點。早在 1943 年 7 月他就覺得應將「法幣與美金重定比價，而以黃金為標準」。[78] 此時他又在日記中寫道：「研究財政金融、今年度施政綱要甚久，此時對於美國匯率應速改正，以美金一圓值法幣二百五十圓為標準，一以免美國謂我有意索詐，一以防制此後金融之大壞也。」[79] 不久以後，蔣介石又給身在美國的宋美齡發電報，讓她轉告孔祥熙，說他正與宋子文設計修改外匯匯率的事，因為「對美匯率尚未決定數目，亦未定實施時期，但不能不有改正，否則所餘無幾，而無形中之損失甚大」，並希望孔與即將到美國訪問的宋子文具體進行討論。[80]

1945 年 4 月 7 日，代理行政院院長宋子文以中國政府首席代表的身份，率團乘飛機前往美國，出席即將在舊金山召開的聯合國制憲大會。4 月 13 日，宋一行抵達華盛頓，此行除了是要參加羅斯福總統的喪禮之外，更重要的則是與美方官員洽談援助的事情，特別是希望美國

76　《孔祥熙致蔣介石電》（1945 年 3 月 30 日），蔣介石檔案：002-080109-00009-005。關於美金公債舞弊案及重慶黃金提價泄密案之經過，可參閱拙文〈美金公債舞弊案的發生及處理經過〉，《歷史研究》2009 年第 4 期；〈「大時代的小插曲」—— 1945 年重慶黃金提價泄密案〉，《中國經濟史研究》2020 年第 2 期。

77　《蔣介石致孔祥熙電》（1945 年 4 月 4 日），蔣介石檔案：002-020300-00056-037。

78　《蔣介石日記》（1943 年 7 月 20 日），又見《事略稿本》，第 54 冊，頁 136。

79　《蔣介石日記》（1945 年 3 月 1 日）。

80　《蔣介石致宋美齡並轉孔祥熙電》（1945 年 4 月 8 日），蔣介石檔案：002-010300-00056-040、041。

政府向中國提供二億美元的黃金。4 月 21 日，宋在致蔣的電報中稱他已與財長摩根索見過面，摩的態度極好，並說若宋能早點來美國會有很多事可做，可惜延遲至今，雖然羅斯福總統已經去世，但無論如何他還會盡力予以協助。宋子文即提出黃金之事必須迅速解決，因他本人要去舊金山，故先讓其親信貝祖詒留在華盛頓與美方進行初步洽談。[81]

孔祥熙對宋子文來美國處理美軍墊款及黃金運銷等問題極為不滿，這種心情在他致蔣介石的電報中表露無遺。孔祥熙表示此事原本一直由他親自負責，然「子文到美，擬談黃金運銷問題，財部即以為異」；而且美國財政部官員曾非正式表示，關於美軍墊款問題原來是和他談判解決的，「今宋又來洽商，不知應與何人交涉為妥」。而且「弟現為中央銀行總裁，當時借墊款，係由弟令辦理，責任所在，義不容辭」，「對外交涉，最忌步驟紊亂」，故而「深恐兩歧，有礙國家前途」云云。[82]然而抗戰以來因通貨膨脹，物資短缺，而主管財經事務的官員以權謀私、官商勾結、貪污腐敗的事例層出不窮，引起輿論的極大憤慨，「倒孔」風潮此起彼伏。特別是此時美金公債舞弊及黃金提價泄密等貪腐大案的披露，以孔祥熙為代表的官僚資本更成為朝野上下攻擊的共同目標。反映在這時正在召開的國民黨「六全」大會的選舉上，那就是孔祥熙、徐堪等財政官員的得票數目急劇下降。雖然蔣介石已查出孔祥熙與美金公債等弊案確有關連，但他還是想予以照顧，然而在強大的輿論壓力下，「對此只有憐惜，而無其他兩全之道也」。蔣的意思是解除孔行政院副院長的職務，但保留中常委，因而仍將其提為候選人。在他看來此事雖「甚煩惱，但為黨國計，不能不以公忘私也」，雖然「苦痛極矣」。[83]然而他再也沒想到的是，「此次大會選舉，中委在舊中委當選

81　《宋子文致蔣介石電》（1945 年 4 月 21 日），蔣介石檔案：002-020300-00031-054。

82　《孔祥熙致蔣介石電》（1945 年 5 月 27 日），蔣介石檔案：002-020300-00031-077

83　《蔣介石日記》（1945 年 5 月 30 日）。

者，以庸之與徐堪為最低，而全會選舉常委且竟落選，其信望墜落如此，猶不知余往日維持之艱難也」。[84] 儘管如此，蔣介石還是叮囑宋子文對孔祥熙還是要「特加禮遇尊重」，有甚麼事仍需與他商議，「以增加我內親之情感，與免除外人之猜測」。[85]

在這之後不久，蔣介石致電宋子文和孔祥熙，認為「法幣對外匯率已至不能不斷然調整之時機，否則各種實際困難無法解決，外匯黑市猖獗不止，而官價匯率與物價愈趨愈遠，完全脫節，長此以往，財政金融與對外信用實甚可慮」。他經過再三考慮，決定「不如決心作一次合理之調整，即規定以法幣五百元合美金一元，作為法定匯率。如此則政府可命令各社團將外匯售與中央銀行，以消滅黑市，同時今後美軍墊款亦可獲得一合理之結算標準，不至如過去拖延受辱」。然而「本月以前美軍之墊款，仍須照過去約定辦法合理折算，不能照改正後之匯率計算也」。並讓他們認真研究商議具體實施辦法，「但匯率之調整，實不能再緩也」。[86]

身在美國的宋子文此時已真除行政院長之職，6 月 9 日他首先覆電，表示完全同意蔣介石的意見，必須立即調整匯價與物價脫節的現象，但他又認為「此事與國家財政經濟關係密切，必須統盤籌算，核定一比較可以維持久遠之價格，以期穩定」。他說這次到國外考察感受頗多，亦考慮到一些辦法，然而「惟須參合國內情形，擬定整個方案，同時實施，方為有效」。提出是否等他回國後「面陳一切，再行宣佈」。[87] 第二天，蔣再致電孔，稱「因有重要事待決，非面商不可，務請兄即日

84　《蔣介石日記》（1945 年 5 月 31 日）。

85　《蔣介石致宋子文電》（1945 年 5 月 31 日），蔣介石檔案：002-010300-00056-059。

86　《蔣介石致宋子文、孔祥熙電》（1945 年 6 月 8 日），蔣介石檔案：020-080109-00002-006；又見美國斯坦福大學胡佛研究院檔案館藏宋子文檔案：第 58 箱第 5 卷。

87　《宋子文致蔣介石電》（1945 年 6 月 9 日），蔣介石檔案：002-080109-00002-006。

回國為盼」。同時亦致電宋：「中已電庸兄回國面商一切，則其關於美國交涉事自當停止矣。」[88] 並同意匯率之事待其回國後再行商議。[89]

　　儘管蔣介石已下令終止孔祥熙在美國洽談中美兩國間墊款及匯率之事，並讓他盡快回國，但孔仍不願意放棄手中的這些權力。在他回國前的將近一個月中，他曾多次給蔣介石發電，一方面表達他對兩國談判的意見，但重點還是要堅持個人的形象。6 月 11 日，孔祥熙在給蔣介石發去的電報中談及匯率的問題，他認為，「現在通貨膨脹及外匯黑市已至如此地步，變更匯率原屬應當」，但是眼下正是「抗戰最後階段，要在人心安定，幣信鞏固，方能應付危局」。而「近來黑市變動，牽動更大，時間是否相宜，殊費考慮，美財部亦認為此時變更不大合宜，不如俟將來相當時機，一次調整為宜」。孔祥熙說他亦徵求過宋子文的意見，宋也認為目前改變匯率「尚非其時」。「至於美軍墊款，既非按照法價，亦非根據黑市，已成分攤性質，與匯率之大小無關，其餘外人久已不照法價結匯，而在公開市場互見」。因此他認為，「此時即使匯率調整，預料黑市仍繼續存在，必更上揚，而影響物價及國庫支出更鉅」。[90]

　　其實對美方而言，蔣介石提出提高美金匯率的建議已沒有甚麼現實意義，因為此時美國對日作戰已進入最後階段，全面勝利指日可待，美國沒有必要再為糾纏於兩國貨幣的匯率之爭；而且美國也顧慮，一旦中國大幅調低匯率，會導致通貨膨脹極速加劇，影響即將到來的反攻。所以只是同意先向中國墊款，具體的清算工作一直到戰後再予進行。因此直到 1946 年 4 月，中美雙方才達成共識，戰時中方為提供美軍生活及

88　《蔣介石致宋子文、孔祥熙電》（1945 年 6 月 10 日），蔣介石檔案：002-010300-00056-063、064。

89　《蔣介石致宋子文電》（1945 年 6 月 11 日），蔣介石檔案：002-020300-00056-005。

90　《孔祥熙致蔣介石電》（1945 年 6 月 11 日），蔣介石檔案：002-080109-00002-006。

建造機場等費用共計墊款為 1,038 億元法幣，美方 1941-1945 年共支付 39,200 萬美元，其中 1941 年下半年至 1944 年 1 月，美國按照官價購買法幣 13,700 萬美元，1944 年 2-9 月以及 10-12 月則分別支付了 21,000 萬和 4,500 萬美元，其餘部分則以美國戰後剩餘物資的方式予以補償。[91]

1945 年春，中國的通貨膨脹率每月大約為增長 25%，楊格認為中國已經度過了「最不可逆的惡性通脹階段以及戰爭結束前的金融崩潰」。根據他的計算，若以 1937 年 1-6 月中國的物價指數為 1 的話，那麼 1941 年 12 月數字增長到 19.8，到了 1943 年年底，價格指數已增長到 228，其後更以幾何級數的速度增加，1944 年 12 月為 755，1945 年 5 月 2167，8 月更達至 2647。[92] 由於中國的貨幣貶值極大地破壞了大後方的經濟，一個戰前穩定的金融體系被徹底摧毀了。

七　結語

一個國家的匯率如何確定決非易事，特別是戰爭期間更是如此。以中國為例，如果法幣標價定得過高，外匯的超額供給將迫使匯率下降；反之，匯率如果過低，則外匯的超額需求又會讓匯率上升。作為安定市場的力量，官方制定的匯率短期內干預市場，可以取得一定的效果，但從長遠看來，沒有任何一種基金能夠確保左右匯率的市場變化。

抗戰以來，由於支出龐大，收入短缺，財政赤字大幅上升，同時財政當局又要維持外匯匯率的穩定，其結果就是擴大發行，製造通貨膨脹。抗戰後期，中國為執行回惠租借協定，向駐華美軍提供生活用品，特別是負責多個大型機場建設的人力與物力，最後亦只能靠發行貨幣

91　參見《抗戰外援》，頁 311-312。

92　Arthur N. Young, *China's Wartime Finance and Inflation*, p152.

來解決這一難題。正是因為中國軍民付出的巨大犧牲，才保證了美軍在華執行任務，據統計，中方向美方提供的勞務與物資，1941 年 7 月至 1945 年 9 月墊款約 2,459 億元，美國償付了其中的 1,479 億元，未清償的 980 億元被列入回惠租借賬內。即使是按 1945 年 9 月 1：921 的匯率計算，這筆未償的墊款也相當於 1 億多美元。這些墊款在中國財政收入中佔據相當大的比例，自 1942 年 7 月至 1944 年年底，中國向美國墊款約 500 億元，相當於同期國民政府實收總額的 48.5%，亦相當於 1944 年法幣流通總額的 26.4%，而 1945 年國民政府支付美軍開銷的費用，更佔當年法幣發行量的 53%。[93]

此外，中國政府還為美軍修建公路和機場而大量徵用勞力，為了修建能夠起降 B-29 型轟炸機的新機場，中央與地方政府曾抽調 40 餘萬民工，在開列的「回惠租借清單」中，財政部墊付的機場建設費為 80 億法幣，中央銀行墊付的空軍基地建設費則有 48 億法幣。[94]為了墊付如此數量的費用，中國政府只能利用過量發行鈔票的方法予以彌補，因此更加加重了原本已極為嚴重的通貨膨脹。

若從中美戰時交往互動中的美國方面尋找原因，應該說美國政府及大多數民眾對於堅持抵抗日本侵略的中國人民是充滿同情的，然而美國政府卻長期堅持「先歐後亞」的既定方針，以及民眾中白人至上和長期以來對中國的輕視與怠慢，在整個反法西斯戰爭中又可以看出其施捨者的心態，最明顯的表現就是對華援助的數量及力度遠遠不能與歐洲相提並論。中國雖與英、蘇等國家同屬盟國，但 1942-1943 年每年從租借法案中獲得的物資數量，只有美國當年輸出總額的千分之四。[95]另據美國

93　吳景平：《抗戰時期中美租借關係述評》，《歷史研究》1995 年第 4 期。這一數字與前引楊格書中的數字不同，存以待考。

94　曹嘉涵：《抗戰時期中美租借關係研究（1941-1945）》，復旦大學歷史系博士論文，2011 年，頁 165。

95　Arthur N. Young, *China and Helping Hand, 1937-1945*, p.350.

對外經濟執行人克勞萊稱，至 1945 年 5 月 31 日止，美國執行的全部
租借法案金額為 412.08 億美元，其中英國為 290 億美元，蘇聯 100 億
美元，法國 5.1 億美元，中國 3.62 億美元，[96] 僅佔租借法案全部金額的
8.7%。而且所謂援助往往口惠多於實際，特別是取消進攻緬甸的計劃傷
害了中國領導人的自尊。原本《回惠租借協定》中美方同意以中國官價
匯率購買法幣，而且開羅會議期間美國決定在中國後方修建眾多機場及
設備，羅斯福總統亦同意為此買單。然而當時美方沒有考慮到中國通脹
的嚴重，導致外匯匯率的不斷下降，因此後來屢次要求更改匯率，而中
國則堅持不予改變，從而造成劇烈的摩擦。由於雙方在匯率方面的反復
爭吵，始終形成不了決議，同時美國又拒絕向中國提供借款，使得這一
矛盾更加激烈，美方對中國的觀感亦急度下降，對於援華態度日益消
極，甚至有意怠慢，譬如一再延遲向中國運輸黃金，致使中國的財政危
機愈發嚴重。正是因為未能及時解決匯率的爭論，中國只能大規模地墊
付法幣，卻沒有相應的美元及時進賬，而且美方為報復而停運黃金，這
都導致中國的通貨膨脹進一步加劇。

　　戰時中國，由於外匯與國際貿易被政府嚴格管制，外匯價格的高低
對於一般民眾的影響實際並不大。但是隨着太平洋戰爭爆發後大批美
軍進駐中國，出現外匯的官價與黑市兩個市場，而美國在中國的軍事
開支成為外匯黑市市場的主要來源，導致外匯黑市的匯率不斷飆升，
從 1943 年到 1944 年，外匯黑市價格幾乎上漲了將近三倍，而同期其他
物資價格只漲了 50%。然而總體來說，外匯指數還是長期低於物價水
平，1945 年 8 月的外匯匯率較戰前增長 600 倍，而同一時期的批發物
價則上升了 2,450 倍！[97] 美金黑市市場的活躍，既破壞了市場的正常交

96　《黃炎培日記》（北京：華文出版社，2008 年），第 9 卷，頁 80。黃炎培日記數字有誤，
　　這個數字是參照《大公報》的記載。
97　張公權著、楊志信譯：《中國通貨膨脹史，1937-1949》，頁 34。

易，同時又刺激和加速了腐敗的滋生。

事實上中國政府根本無法阻止盟國軍隊及民間人士在黑市上使用外匯，因此孔祥熙後來對外交涉也有所讓步，同意接受美元外匯可以有50% 的上升空間，但這與黑市上的價格仍然相差很遠。雖然這樣做的後果是使中國在戰爭後期存儲了大量的外匯，但它的代價卻是使得盟國特別是美國政府對中國產生戒心，實際上也阻礙了對華援助的力度。

從另一個角度來看，由於與美方之間的匯率結賬中確實中方賺到便宜，從而獲得前所未有的外匯收入，國庫外匯存量大增，達到空前的額度。據統計，截至 1945 年年底，中國持有外匯約值 1.4 億美元，以及接收的日偽黃金和白銀約值 6,000 萬美元，再加上剩有的美國借款、美軍在中國開支的結還，中央銀行自有的資財，共計值美金 858,049,946.48 美元，其中美元外匯為 571,366,327.84 美元，英鎊合值 44,292,656.19 美元，黃金合值 198,920,962.45 美元，白銀合值 43,470,000.00 美元。[98] 這是中國政府歷史上從未有過如此巨大的外匯儲備。

1962 年 10 月，就在蔣介石 75 歲生日前夕，孔祥熙從美國回台灣為其祝壽，蔣即在日記中寫道：「彼在抗日期間，財政充裕，而且改革幣制，統一財政，此為前清以來至民國二十三年歷史所從未有之成績也。至其財政交卸時，尚存有美金九億餘，與現金一億餘美元，此亦從來所未有之政績。乃不幸至抗戰末期，為共匪誹謗造謠，而使知識階層反對，不安於位而辭職，此即在抗戰後財政為子文弄糟，以致政府失敗，卒致最後大陸淪陷於匪手之一重大原因也。」[99]

98　張公權著、楊志信譯：《中國通貨膨脹史，1939-1949》，頁 193。
99　《蔣介石日記》（1962 年 10 月 31 日，「本月反省錄」）。

　　孔祥熙這種討價還價、錙珠必較的商人作風，或許為中國的國庫掙多了一些美元現金儲備，但因過度發行鈔票，卻對中國造成了嚴重的經濟危機，同時也破壞了中美之間的關係。在羅斯福內閣中，財政部長摩根索原來是主張對華援助最積極的成員，但是在外匯匯率這個問題上，他卻站在中國的對立面。1944 年 6 月 8 日他在給羅斯福的一份備忘錄中寫道：「正如您所說，在開羅會議期間中國領導人提出十億美元借款時，我們對在華軍事項目的援助就已經出現了問題。」他主張拒絕這筆貸款，因為蔣介石曾威脅說，除非美方同意借款，或者以官方匯率購買法幣支付在華的軍事費用，否則中國政府將不會再為戰爭作出實質性的貢獻，包括建造軍事工程。中方的態度激怒了摩根索，因為他很清楚法幣的實際幣值已從戰爭開始時的 1 元法幣約值 30 美分下降到 1941 年的 5 美分（這只是官價），而在此時，黑市上的價格 1 元法幣只能兌現 0.5 美分了。[100]

　　據長期擔任孔祥熙的秘書譚光回憶，美國人對孔祥熙的不滿主要是因為他在與美方計算外匯匯率問題上斤斤計較，惹惱了美國總統羅斯福，特別是財政部長摩根索。太平洋戰爭爆發後，根據中美雙方協議，美國開始在中國的大後方成都、昆明等地建築機場和其他軍事基地，由中方提供基礎建設的人力和物力，商定由美方直接發放工資，而且美方人員的生活物資亦由中方提供。由於需求的法幣為數極巨，而中國官方與黑市的匯率相差極大，其時官方匯率一直定為 20 元，但黑市價格早已接近 100 元，美國人當然不傻，就直接將美元在黑市上出售。孔認為這樣會影響法幣的價值和國家的信用，就與美國軍方商議，要求按照《反租借法案協定》的規定，由中國政府盡量向美方人員供給法幣現鈔

100　*Foreign Relations of United States: Diplomatic Papers: 1944,* vol.6, China, pp.928-929.

使用（一般按 40 元的匯率）。當時美國與其他盟國之間的一切軍事經濟援助都通過所謂《租借法案協定》撥付，另外又根據《反租借法案協定》，由盟國提供美方所需要的物資，彼此之間均用記賬方式賒欠，待到戰後雙方再予結算。

抗戰後期，中國財政頻於破產，通貨膨脹極為嚴重，1944 年 6 月孔出席世界貨幣會議時，中國的財政赤字已經達到天文數字。然而此時美方拖欠中方的撥款已達 6 億美元左右（按官價的一倍 40 元計算），為此孔祥熙寄希望美方予以經濟援助時先解決欠款問題。羅斯福認為可行，並囑財長摩根索接洽。摩也同意，但卻不同意按 40 元的匯率折算。孔認為此時中國黑市匯率雖然很高，但美方在華包括外交、軍事、宗教、教育各界人士的外匯均按 40 元法幣兌換 1 美元計算，收入與支付不應出現兩種不同的價格。然而摩根索始終不同意，彼此間爭執不斷。孔將此情形告知羅斯福，並電告蔣徑電羅說理，在這種情形之下，羅只好答應先撥還一部分，其餘的戰後再結算清償，孔因此而取得了 1 億多美元現鈔的進賬。此事羅斯福是出於無奈，但摩根索卻認為是吃了大虧，因而對孔結下仇恨。他還根據各種情報來源，包括國民黨內反孔方面（胡適、王世杰等）提供的材料，揭發孔貪污腐敗，要求予以撤換。羅即通過宋子文向蔣轉達美方的要求，最終由陳誠、俞鴻鈞接替了何應欽與孔祥熙的軍政、財政二部長之位。其餘欠款仍於戰後結算，並由宋子文出面和美國協商，購進美國在太平洋沿岸的大批剩餘物資，基本上是些無用的設備和過期的罐頭食品等物資。

抗戰後期中美雙方為外匯匯率的爭執持續了很長時間，雖最終隨着反法西斯戰爭的勝利，彼此方達成協議，但雙方之間已埋下互不信任的隱患。由於孔祥熙的拒不讓步，為中國的國際收支爭得重要的財富，乃至於國庫從未有過如此豐盈的外匯儲備。然而這一成績的獲得卻付出了巨大的代價，它不僅為戰後中國的通貨膨脹推波助瀾，還對中美關係造

成了負面影響，甚至直接關係到戰後的重建與經濟復員，是耶非耶，值得深思。

《南開史學》2024 年第 1 期（總第 37 期）

官僚資本

官僚資本與「官辦商行」

一　引言：「官僚資本」溯源

　　在中國，「官僚資本」雖然是個耳熟能詳的名詞，但彼此間的歧義卻很多。那麼甚麼是「官僚資本」或「官僚資本主義」呢？在 Google 中文網上鍵入「官僚資本」這四個字，只需 0.13 秒，便搜索出 211 萬多個相關條目。百度百科認為，「官僚資本」是「在半殖民地、半封建的中國，統治者憑藉國家政權的力量建立和發展起來的資本主義經濟。是政治不民主、經濟不發達的產物」。按照中國大陸史學界的傳統解釋，官僚資本主義就是依靠帝國主義、勾結封建主義、直接利用國家政權而形成的國家壟斷資本主義。它主要表現為與國家政權結合，因而具有買辦性、封建性和壟斷性等基本特徵。依照這樣的解釋，晚清政府、北京政府和南京國民政府時期的所有官辦、官商合辦、官督商辦以及官

僚私人投資興辦的企業或公司都應屬於官僚資本。[1]

「官僚資本」這個名詞究竟是甚麼時候在中國出現的？根據香港中文大學中國文化研究所「中國近現代思想史專業數據庫」的統計資料顯示，這個名詞最早是由中國共產黨的領導人發明並使用、出現於二十年代大革命時期的中共機關刊物上。蔡和森認為美國計劃在中國大力發展實業，實質上是「表明中國官僚與外國資本家的勾結，又是表明外國經濟的侵略主義之另一種方式。外國帝國主義者這種經濟侵略的新方式（扶植一班奴性的官僚資本家，如梁士詒、周自齊、曹汝霖、王正廷等，使之代替外國資本家出面，以掠奪中國的財富），與他們在政治上想扶植滬、漢資本家的新方式是相表裏的」。[2] 毛澤東則呼籲全國各地的商人「不為曹銳和一班『官僚資本家』所迷惑」，共同響應和支持上海商人的行動。[3] 很明顯，這裏所說的「官僚資本家」指的是那些具有官僚身份的資本家。1923 年 7 月，瞿秋白（化名屈維它）在《前鋒》創刊號上發表〈中國之資產階級的發展〉，首次提出「官僚資本」這一名詞，他將洋務派經辦的官辦企業稱為「官僚資本之第一種」，將官商合辦企業稱為「官僚資本之第二種」；1929 年，李達在《中國產業革命概況》一書中提到清代官僚於舉借外債時「從中漁利，自肥私囊，形成官僚資本」；1930 年，日本學者橘樸則在〈中國社會的發達階段〉一文中將官僚資本分為「梁士詒型」和「張謇型」兩種；1936 年，呂振羽在《中國政治思想史》一書中將清政府創辦的「國營事業的萌芽」統稱為官僚

1　關於官僚資本的傳統解釋可參閱黃逸平：〈民國經濟史研究述評〉，曾景忠編：《中華民國史研究述略》（北京：中國社會科學出版社，1992 年），頁 10-11。譬如有的學者就認為，官僚資本除包括一部分私營企業外，還包括「官辦」、「官督商辦」、「國營」、「公營」等形式的企業，官僚資本在軍事工業、商業、金融業等部門得到更大的發展，更多地表現商業和金融業資本。見全慰天：〈中國四大家族官僚買辦資本的形成〉，孫健編：《中國經濟史論文集》（北京：中國人民大學出版社，1987 年），頁 349。

2　和森：〈美國資本奴隸中國的新謊言〉，《嚮導》第 16 期（1923 年 1 月 18 日），頁 126。

3　澤東：〈北京政變與商人〉，《嚮導》第 31、32 期合刊（1923 年 7 月 11 日），頁 233。

資本。[4]由此可以看出，這一時期中國馬克思主義學者眼中的所謂官僚資本家，指的是那些具有大官僚背景的資本家；而官僚資本則既是指晚清政府和北洋軍閥政府時期的官辦企業，但同時也包括那些具有官僚地位和身份的人所經營的企業。

　　不管怎麼解釋，「官僚資本」這個名詞在戰前其實並不常見，然而到了抗戰中期，隨着官僚政治的腐化加劇，愈來愈多主管財經事務大權的官員亦參與各種經濟活動，他們利用手中所掌握的權力假公濟私、化公為私，這種「前方吃緊、後方緊吃」的腐敗現象日益嚴重，終於引起了大後方人民的強烈不滿，報刊輿論亦對此大張撻伐，並將他們利用職權、私人參與投資和經營的企業或金融機構稱之為「官僚資本」，其中孔祥熙、宋子文為代表的長期執掌國家財政金融命脈的大員更成為朝野上下攻擊的目標，而「官僚資本」也就成為報刊上頻繁出現的詞匯了。

二　官僚資本的發生和發展

(一)「官僚資本」產生的歷史背景

　　在中國古代傳統社會中，在「官本位」的政治和社會條件下，在自給自足的自然經濟環境中，重農輕商、重本輕末一直是主導整個社會的取向，長期以來商人的地位很低，常居於四民之末。而某些官僚雖趨於利益的誘惑，或是利用權勢與商人勾結分取其利潤，或是自己私下經商，享受特權，但他們的這種行徑大多都是隱蔽進行，或是委託代理人經營，或是以假名及堂號入股牟利。這是因為中央政府嚴令高級官員及親屬經商，《大明律》就明文規定公、侯、伯以及四品以上官員及其親屬、僕人不得經商；而且商人的地位低下，從某種意義上講，官員亦不

4　參見許滌新、吳承明主編：《中國資本主義發展史》第二卷（北京：人民出版社，1990年），頁10。

屑與商人為伍。

鴉片戰爭後，中國被迫納入世界體系，在自強運動中開始出現了一批具有近代化生產的大企業，其資本的構成形式大多由官辦、官督商辦到官商合辦，原由官府經營的事業通過招商，改由私人承辦，但政府仍能予以嚴格控制。在向近代化轉型的過程中，商人的經濟實力不斷上升，此時經商已並不是甚麼低下的職業，清政府內如李鴻章、張之洞、劉坤一等封疆大吏在推行現代化的同時，自己也深深地捲入經濟活動之中，在這些官督商辦、官商合辦的企業中，政府的財產已經同官僚的利益混為一體、難以區分了。在這中間，盛宣懷既是政府主管經濟的高級官員，本人又積極參與金融、航運、電訊、鐵路、礦山等各項實業的投資和經營，擁有強大的經濟實力，可以算是完成由官僚向商人轉變、成為官商合一最為成功的官僚資本家。[5]

民國成立後，由於政府的提倡以及現實的需要，整個社會價值觀如對「義」、「利」的判斷以及對職業的取向與追求等，都發生重大的變化，因而刺激了一大批士紳投資近代化金融與企業的意欲，甚至連那些軍閥和官僚也將以往購置土地房產等傳統項目改為投資近代化的工業。有學者專門進行過統計，北京政府時期先後有 45 名軍閥和官僚投資於212 家企業和金融機構，包括礦山、建築、製造、棉紡、交通運輸和公共事業等部門，其中金融或與金融相關的機構最為集中，共有 82 個。[6]王秋華則專門對直系軍閥私人投資進行研究，據他統計，屬於直系軍閥投資了包括礦山、紡織、麵紛、銀行等 93 個新式企業，其中金融業的投資也是最為顯著，共有 20 家銀行，另外還有不少舊式的銀號和當

5　參閱費維愷著、虞和平譯：《中國早期工業化：盛宣懷（1844-1916）和官督商辦企業》（北京：中國社會科學出版社，1990 年）。

6　魏明：〈論北洋軍閥官僚的私人資本主義經濟活動〉，《近代史研究》1985 年第 2 期。

舖。[7] 這些軍閥和官僚投資的銀行和企業，即可以視為北京政府時期官僚資本的代表。

國民政府成立後，官員經商、官商勾結的情形雖然並不罕見，但其現象尚不嚴重，因此當時並未引起社會的廣泛注意。導致「官僚資本」在中國急速發展是抗戰中後期的事，其原因則是與抗戰爆發後大後方政治、經濟和社會的局勢變化有關。

抗戰初期，全國軍民響應政府號召，不分黨派，奮起抵抗，民眾有錢出錢、有力出力，同仇敵愾。然而到了廣州、武漢失守之後，抗戰進入相持階段，一方面由於政府實施戰時統制經濟體制，凡是對外出口創匯的商品一律實施統購統銷，而涉及國計民生的物資則予以壟斷專賣，這就給那些經辦財政金融事務的官員極大權限；同時，戰爭對經濟造成嚴重的破壞，加上大後方人口迅速增加，導致物資供應極度匱乏，通貨膨脹日益加劇。隨着政府對外匯實施嚴格管理，原先投機外匯的資金轉而對貨物囤積居奇，以致於走私、貪污等各種腐敗行徑大行其道。

抗戰中期以後，由於軍事節節失利，物資缺乏，物價飛漲，軍、公、教人員均感生活困難。政府迭頒緊急法令，管制物價，取締囤積居奇，但相當多的政府官員利用手中職權囤積居奇，以圖暴利，尤其是那些掌管國家財政金融大權的高級官員，私事公辦，公款私營，他們的家屬則憑藉其特殊身份，亦官亦商，視違法亂紀為常事，一班不肖之徒，競相逢迎，朋比為奸，或假借名義向國家銀行貸借巨款，或套購外匯，大作其無本生意。於是上行下效，官商勾結，貪污盛行，政治和社會風氣每況愈下，國家財政日益困難，全賴發行鈔票以應急。而這些貪官污吏和不良奸商，特別是豪門望族的財富則日益暴增，過着極為奢侈豪華的生活。由於長期以來宋子文、孔祥熙一直執掌國家的財經事務，因此

7　王秋華：《直系軍閥私人經濟活動研究》，碩士學位論文，河北大學歷史系，2006 年。

這些官員不是他們的親屬，就是他們的部下，甚至他們自己對於經商的活動亦毫不掩飾，孔、宋家族早在抗戰期間就成為豪門權貴的代表，因此以他們為代表的官僚及其親屬所經營的企業公司就被人們稱之為「官僚資本」，也有人將其稱為「豪門資本」或「權貴資本」。

還有一種現象在抗戰後期也日趨普遍，那就是採用政府的公款投資，以官員個人的身份入股成立公司的方式，時任行政院參事陳克文曾在日記中有過這樣具體的記述。抗戰勝利前夕，廣西、安徽兩省官員曾計劃合資創辦一個「新遠東實業股份公司」，參與籌辦的人除了陳克文外，還有廣西綏靖公署參謀長張任民、安徽省民政廳長韋永成、黨政考核委員會政治組主任雷殷、廣西省政府辦事處主任程思遠等十餘人，除了一位企業家外，其他幾乎「非軍人即公務員」。主持人在籌備會上首先說明，現在官辦的廣西企業公司已完全失敗，因此今後不能再用官辦的形式；接着討論資金來源，決定張任民負責二千萬，韋永成負責一千萬，「據說財源仍係出於公家，但以私人名義入股」。因此雷殷就直接稱其為「官僚資本，不知彼等如何化公為私」。陳克文在日記中寫道：「此三千萬元必係桂皖兩省當局於公家財政之內設法移撥而來，以張、韋為代理人，以股份公司之形式，化公為私，從事營利也。此公司之資本總額定為一萬萬元，主要之經營地區當以廣西為範圍，經營如有成效，真可謂為官僚資本主義。」[8]

（二）國民黨曾試圖限制官僚資本發展

抗戰期間，對於大後方囤積物資、物價飛漲，特別是政府官員參與投機牟利的情形，國民政府高層並非毫不知情，蔣介石就曾下令對有關涉案官員嚴加懲處。他在致四聯總處秘書長徐堪的手令中說：「據報各

8　陳方正編校：《陳克文日記》（台北：中央研究院近代史研究所，2012 年），下冊，頁983。

國營銀行及貿易機關職員私做投機買賣，囤積居奇，幾成普遍現象，而普通檢查倉庫，皆早得訊逃逸，國家施行統制管理，甚或反為此輩操縱圖利之機會。聞上海方面外匯黑市買賣，亦以四行人員私做為多，坐令金融經濟時生波動，國計民生胥受嚴重影響。此輩利欲熏心，罔知國難，若不設法取締，嚴加制裁，物價前途必更趨昂漲，於社會治安、民心向背關係均甚重大。希立核議具體實施辦法，呈候核定頒佈施行，以期嚴禁嚴懲，樹之風聲，是為至要。」[9]為此蔣介石還屢屢下令設立各種評議機關和物價平準處，企圖壓抑物價，甚至還以操縱物價、囤積居奇等罪名，處以前成都市長楊全宇死刑。然而這一切卻無法根治腐敗，原因就像蔣介石的侍從唐縱所說，「據報成都米價漲至一百四十餘元一擔，現仍漲風未已（重慶漲至一百八十餘元）。城廂內外，陸續發生搶米風潮。查川省去歲豐收，據估計足敷全省人口五年之食。乃入夏以來，各地米價，駸駸上漲，搶米之案層見疊出。有人多疑為共黨鼓動，企圖暴動，而不知軍閥、官僚、資本家故意囤積，致激民變。委座曾令省政府組織物價平準處，穩定價格，孰知評價之人，即係操縱之人，如何能制止風潮，消弭隱患？」[10]

政府官員不僅囤積物資、操縱物價，而且還依仗權勢，投資經營實業，並從中牟利，從而引起大後方民眾的強烈不滿，就連國民黨內部對此也一片責難。1940 年 7 月 6 日國民黨五屆七中全會期間，中央委員王漱芳、曾擴情等 21 人聯名提交「嚴防官僚資本主義之發展，以免影響民生主義」之提案，提案開宗明義指出，抗戰以來在中國出現的一種奇怪現象就是「官僚資本主義之長足發展」。他們認為，資本主義之所

9　《蔣介石致徐堪電》（1940 年 6 月 14 日），重慶市檔案館、重慶市人民銀行金融研究所合編：《四聯總處史料》上冊（北京：檔案出版社，1993 年），頁 698-699。

10　《唐縱失落在大陸的日記》（台北：傳記文學出版社，1998 年），頁 125 頁。以下簡稱《唐縱日記》。

以能夠發展憑藉的是「大量之資本、大量之土地、經營之技術與勞工之能力」，而如今中國的官僚資本則「因利乘便、巧取豪奪」，其後果乃「直接影響民生，間接危害抗戰」。因此他們提議：「嚴禁官吏經營商業，最低限度亦不許經營與職務有關商業」；「切實實行戰時利得稅」，所有具獨佔性質的企業均「由政府經營之」，「明定統制範圍及職責，並嚴防其弊病」；並明確指出必須「嚴懲官僚資本主義者」。很明顯，這裏所說的官僚資本指的就是那些國民黨內大官僚以「政治的地位」、「政治的權力」、「政治的運用」而大發國難財的行徑。[11]

　　1941 年 3 月，第二屆國民參政會第一次會議於重慶召開，劉家樹等 22 名參政員提交提案，請求政府重申前令，嚴禁官吏利用權位私營商業，操縱物價。[12] 其後不久召開的國民黨五屆八中全會中，梅公任等 14 名委員也提出相類似的議案，要求「嚴禁貪官奸商操縱物價、囤積貨物、營私圖利，以解除軍民痛苦而增加抗戰力量」，後經行政院下令，將此議案轉發各部。[13]

　　1945 年 5 月召開的國民黨六全大會上裴鳴宇等 61 名代表提出議案，要求執行五屆七中全會通過的「嚴防官僚資本主義發展」之提案，並補充辦法，以挽救經濟危機。[14]5 月 17 日通過的六全大會《對於政治報告之決議案》指出，抗戰以來，「政府關於財政、經濟、金融、貿易之政策，既不能相互配合，更未能貫徹發展國家資本及限制私人資本之

11　該提案油印件分別藏於台北國史館藏國民政府檔案：266/1231 和南京中國第二歷史檔案館藏經濟部檔案：四 /24587。又載秦孝儀主編：《革命文獻》第 80 輯（台北：中央文物供應社，1981 年），頁 101-103；中國第二歷史檔案館編：《中華民國史檔案資料匯編》第五輯第二編「財政經濟」（五）（南京：江蘇古籍出版社，1997 年），頁 41-43。

12　中國第二歷史檔案館藏經濟部檔案：四 /24590。

13　《行政院訓令》（1941 年 5 月 31 日），中國第二歷史檔案館藏經濟部檔案：四 / 24588。

14　台北中國國民黨中央委員會黨史館藏檔案：國防 003/3324。

主張」，以致「令社會財富日趨於畸形之集中，亟應嚴切注意，力挽頹風」。[15]

　　儘管政府對於官員經商有所限制，但大後方官商勾結、權錢交易的現象卻日益嚴重，官員利用職權，參與或從事各種經濟活動的情形更是屢見不鮮。對此陳布雷曾十分精闢地形容：「在北京政府時代買辦與官僚結合，南京政府時代買辦與官僚結合，尚有平津、京滬之距離；今者官僚、資本家、買辦都在重慶合而為一。」[16]各級政府掌握一定權力者，特別是主管財政經濟部門的首腦，甚至於軍隊將領，上行下效，一旦有機會也會置身於內。這種借助權力而形成的官僚資本，以及由此而產生的特權階層，其目的就是要阻止市場經濟向公平競爭的現代化方向發展，而是着力將市場經濟朝向畸形的方向，從而成為腐敗的市場經濟。特別是到了抗戰勝利之後，這些特權階層更是藉接收之名大肆掠奪國家財產，利用手中的權力直接或間接參與各種經濟活動，並從中牟取暴利，終於引發國內各階層民眾的憤慨。

（三）戰後國家資本與官僚資本的擴張

　　南京國民政府成立後，秉承孫中山「節制資本」的建國思想，主張發達國家資本，發展國營經濟。1930 年 3 月 3 日，國民黨三屆三中全會通過《關於建設之方針案》，強調今後「鐵道、水利、造船、製鐵、煉鋼等偉大建設之事業，依照總理節制資本之義，宜由國家經營之」；規定「煤、鐵、油、銅礦之未開發者，均歸國家經營」，並計劃兩年之內由政府籌資建設大規模之製鐵煉鋼工廠、造船廠和電機製造廠。[17]

15　榮孟源主編：《中國國民黨歷次代表大會及中央全會資料》（北京：光明日報出版社，1985 年），下冊，頁 916。

16　《唐縱日記》，頁 392。

17　《民國日報》（上海），1930 年 3 月 4 日，第 1 張第 3 版。又載秦孝儀主編：《革命文獻》第 79 輯，頁 161-162。

　　與此同時，國民政府先後成立了全國建設委員會、全國經濟委員會和國防設計委員會（後改名為資源委員會）等一系列機構，規定「凡水利、電力及其他國營事業，不屬於各部主管者，均建設委員會辦理之」。而全國經濟委員會的職能則是對全國範圍內的經濟計劃與實行機關，統籌國營經濟，負責審定投資、審核經費及視察或指導各種計劃之實施。[18]1935 年，又強行對中國、交通二行實行增資改組，企圖完成對全國金融的統制。南京政府所作的一切都是為建立以國家資本為主要成分的經濟體系奠定基礎，但因種種原因，這一時期國家資本的力量尚未全面完成對國家經濟的壟斷。

　　抗戰爆發後，隨着戰時統制經濟體制的建立，國家資本的力量得以迅速發展，特別是在工礦、交通、金融以及對外貿易等行業佔據重要的地位。雖然過去人們對於國家資本膨脹多持批判的態度，但近年來有學者從戰時統制經濟的角度，對這一時期金融、工業和貿易三方面國家資本的活動進行研究，並對其作用基本予以肯定。[19]

　　日本投降後，國民政府即宣佈「沒收日本在中國工礦事業之資本財產及一切權益，歸中國政府所有，並由政府經營處理之」。因此國家資本在短時間內得到極度擴張，其中尤以資源委員會及中國紡織公司最具代表性。

　　據統計，抗戰勝利後資源委員會接收日偽經營的工礦企業多達2,401 家，不僅掌控全國主要的鋼鐵、煤炭、石油、有色金屬、電力、化工、機電等企業，還擴展到水泥、造紙、製糖等行業，在不包括成品、半成品和原材料等流動資產在內的固定資產賬面價值即達 10 萬億

18　韓文昌、邵玲主編：《民國時期中央國家機關組織概述》（北京：中國檔案出版社，1994年），頁 226-231。

19　參見丁日初、沈祖煒：〈論抗日戰爭時期的國家資本〉，《民國檔案》1986 年第 4 期；鄭會欣：《國民政府戰時統制經濟與貿易研究（1937-1945）》（上海：上海社會科學院出版社，2009 年）。

元。因此，資委會所屬企業的產值在全國工業生產總值所佔的比例分別為：煤炭 38.8%，電力 83.3%，鋼 90%，水泥 51%，而石油、鐵砂、鎢、銻、錫、銅等有色金屬及機製食糖則都超過 95%。[20]

中國紡織建設公司成立於抗戰勝利之後，主要以接收原日本在上海、天津、青島和東北的 38 個紡織工廠而成立的大型紡織公司。該公司共計擁有紡綻 1,756,480 枚，織機 38,591 台，號稱是當時世界上最大的紡織企業集團，在中國紡織工業中佔據絕對壟斷的地位，其中紗綻枚數佔 36%，織布機台數 56%，棉紗生產量 39%，棉布生產量 74%，原棉使用量 28%，電力消耗量 36%。[21]

有學者對中國的工礦、企業、金融和商業的資本和比重作過統計，他認為 1936 年國家資本與民間資本的比重相差不多，分別為 49.21% 和 50.79%；但 1947-1948 年國家資本則上升到 58.43%，民間資本則相應下降到 41.57%。然而儘管如此，若按 1936 年的幣制計算，不論是國營還是民營，資本總額都有所下跌。[22]

戰後在國家資本極度擴張的同時，政府內那些掌管財經事務大權的官僚及其親屬也利用戰後接收敵產等特權，搶灘登陸，特別是在經營進出口貿易中大發其財，這也是和主政者當時推行的財經政策具有密切的關係。

抗戰勝利後百廢待舉，國民政府先後制定、採取相應的經濟政策與措施，來應付這突如其來的變化，其中最重要的轉變，就是由戰時的管制外匯到戰後初期的開放金融市場，以及由戰時對進出口貿易實施嚴格的統制到戰後取消統購統銷政策、撤銷國營貿易公司，同時鼓勵輸入、

20　吳兆洪：〈我所知道的資源委員會〉，載《回憶國民黨政府資源委員會》（北京：中國文史出版社，1988 年），頁 118。

21　金志煥：《中國紡織建設公司研究》（上海：復旦大學出版社，2006 年），頁 1、56。

22　虞和平：〈抗戰後國家資本膨脹和壟斷問題再研究〉，《歷史研究》2009 年第 5 期。

對進口商品採取極度放任的態度。行政院長宋子文推行這一措施的初衷，是想藉開放外匯市場和出售庫存黃金以回收過量發行的貨幣，通過大量進口國外的商品，解決物資供應不足、物價不斷上漲的局面，希望在較短的時間內制止自抗戰中後期爆發且日益嚴重的通貨膨脹。然而事態的發展卻與當局的意願截然相反，開放金融市場的後果，導致國庫中大量的外匯與黃金外流，而放任外國商品的自由輸入，更使得國際收支嚴重失衡。新政策實施後不久，內戰即全面展開，緊接着，在上海這個中國最大的經濟城市又爆發了金融恐慌和經濟危機，而且迅速波及全國。然而那些官僚及其親屬卻利用這個千載難逢的機會，大量套購外匯，從美國進口各類奢侈品，大發其財；特別是當國庫外匯急劇流失，有關部門修改政策，嚴格限制進口商品的輸入，嚴禁外匯和黃金的自由買賣之時，他們卻能利用特權，仍然能輕易取得進口配額並結購大量外匯，賺取超額利潤，因而激起眾怒，成為朝野和輿論一致攻擊的目標。

三　官僚資本成為眾矢之的

（一）社會輿論對官僚資本的抨擊

　　抗戰初期社會輿論對於官僚資本的批判最早還只限於官僚主義，正如《大公報》在一篇題為〈嚴防官僚主義的傾向〉的社評中說：「一般的治事精神應該是『幹』，而官僚主義的精神是『混』，手段是『拖』，一切以塞責為本……要防止官僚主義，最重要的，是提倡盡職，嚴防塞責。」[23]

　　抗戰中期，由於大後方的物價日益上漲，而孔祥熙等權貴豪門的斂財行徑卻愈演愈烈，終於引起各界民眾的憤怒，1940 年前後，在重慶

23　《大公報》（重慶），1939 年 4 月 28 日，第 2 版。

等地相繼爆發了聲勢浩大的倒孔運動，其中倒孔的健將當屬馬寅初、傅斯年等幾位知名學者。馬寅初抨擊說：「有幾位大官乘國家之危急，挾政治上之勢力，勾結一家或幾家大銀行，大做其生意，或大買其外匯。其做生意之時，以統制貿易為名，以大發其財為實，故所謂統制者是一種公私不分之統制。」[24] 雖然馬寅初在文章中並未公開點名，但他所攻擊的對象眾人皆知，這種情形就連蔣介石的親信都覺得解氣，只是認為蔣身為「一國領袖，憂勞國事，不能獲得家庭之安慰，不亦大苦乎」？[25] 對其處境深表同情。但是孔祥熙畢竟「為今日之紅人，炙手可熱，對馬自然以去之為快」，站在家族的立場，蔣介石為了維護孔祥熙的名譽和地位，竟「手令衛戍總司令將其押解息峰休養，蓋欲以遮阻社會對孔不滿之煽動也」。[26]

其後，社會輿論逐漸將官僚、地主與商業資本的結合視為破壞戰時經濟的重要因素，《大公報》在一篇題為〈工業資本與土地資本〉的社評中即指出：「大地主與商業資本合流，協力囤積居奇，不僅助長了後方市場的波動，且將牽動整個經濟基礎。」[27] 他們認為，「管理物價是管物，要管物必先管人，尤其要先管管人的人。把管人的人管好，則一般的人可望管好，而物價也可望管好」。政府原本即有公務員不得兼營商業的禁令，因此「應該清查一下，若干官吏兼着商業銀行或企業公司的董事長經理，或若干商人作了官，對這種官而商、商而官的二重人格的人，應該限令他們辭官或者辭商，專於一門，而不能任其進退自如，左右逢源。政府能做到這一步，則社會視聽必為之一新，而官商分離，實

24　周永林、張廷鈺編：《馬寅初抨官僚資本》（重慶：重慶出版社，1983 年），頁 90。

25　《唐縱日記》（1940 年 10 月 31 日），頁 152。

26　《唐縱日記》（1940 年 12 月 8 日），頁 161。

27　《大公報》（重慶），1941 年 11 月 4 日，第 2 版。

際必大有益於物價的管制」。[28]

1944 年 9 月 5 日,國民參政會三屆三次會議在重慶開幕,第二天財政部次長俞鴻鈞代表孔祥熙在會上作財政報告,參政員傅斯年帶頭開炮,強烈要求「辦貪污首先從最大的開刀」,並提出四大問題:一、孔及其家族經營商業問題;二、中央銀行問題(任用私人,予取予求);三、美金儲蓄券舞弊問題;四、黃金買賣問題。[29] 矛頭直指孔祥熙。

抗戰勝利後,隨着官僚經商的現象日益普遍,特別是他們依仗權勢、大肆擴張的行徑更加激起社會輿論的不滿,因此報刊和講壇上對於官僚資本的攻擊愈加頻繁。有學者在報上公開提出,「欲推翻『學而優則仕』,改革教育,必須鏟除官僚資本;欲主持社會正義,整飭吏治,必須鏟除官僚資本;欲想理財政,發展經濟,必須鏟除官僚資本」。[30] 馬寅初則為官僚資本下了一個通俗的定義,他說:「甚麼叫官僚資本?靠做官發財的人所得的資本就叫做官僚資本」;而「中國官僚資本其始大抵皆借為官之搜刮、或侵蝕國營事業之本利而自肥」。[31] 在這前後,批判官僚資本的言論幾乎遍及所有報刊,1946 年廣州綜合出版社曾編輯出版了一本《論官僚資本》的小冊子,將當時發表在各種報刊上有關論述官僚資本的文章收集在一起,包括狄超白、馬寅初、周恩來、吳大琨、鄭森禹、鄭振鐸、陶大塘、方治平、姜慶湘、趙元浩等著名學者和政治家。編者在前言中指出:「戰後中國的官僚資本……更是猖獗起來,一方面他們在購置敵產、計劃國營等名義下,控制了國家經濟命

28　《大公報》(重慶),1942 年 11 月 4 日,第 2 版。

29　台北中央研究院歷史語言研究所藏傅斯年檔案:1-647;王世杰也在 1944 年 9 月 6 日的日記中寫道:「參政員傅斯年等責問孔部長極厲,並涉及許多私人問題(私人營商,以及濫用公款等等)。」《王世杰日記》(手稿本)(台北:中央研究院近代史研究所,1990 年),第四冊,頁 394-395。

30　趙迺搏:〈鏟除官僚資本三大理由〉,《大公報》(重慶),1945 年 11 月 25 日,第 2 版。

31　《新華日報》(重慶),1946 年 2 月 5 日,載周永林、張廷鈺編:《馬寅初評官僚資本》,頁 137。

脈；另一方面為維護他們特權，保衛他們的政治堡壘，出盡死力來反對
民主政治。因此，官僚資本不但是經濟民主的障礙物，同樣也就是反動
政治的支持者。」本書作者的言論主要還是攻擊那些掌控國家資本、負
責經營國營企業的大官僚，如何利用手中的權力，與擁有大量財富的財
閥相結合，通過官商合辦、投資滲透或業務代理等各種形式，巧取豪
奪，化公為私，成為千夫所指的對象。1947 年出版的《中國經濟年鑑》
曾將當時國家經濟危機、民族企業破產歸納為五大原因，其中之一便是
「官僚資本的禍害」。該書認為：「官僚資本在抗戰時曾扼殺了無數民營
工業，勝利後更展其魔手於接收工業，許多敵偽大型工廠都落入官僚資
本的手裏，破壞法令，逃避關稅，壟斷原料，控制價格，促成少數人發
財，整個民族工業破產。」[32] 傅斯年曾大聲抨擊這種醜陋的現象，說國
營企業被「各種惡勢力支配着，豪門把持着，於是乎大體上在紊亂着、
荒唐着、僵凍着、腐敗着。惡勢力支配，便更滋養惡勢力；豪門把持，
便是發展豪門」。[33] 他更將孔、宋比附為趙高和魏忠賢，並大聲疾呼，
要想決定中國未來之命運，首先要請走宋子文，「並且要徹底肅清孔、
宋二家侵蝕國家的勢力」。[34]

　　如果說戰後初期眾多從事進口業的商人從政府開放市場的政策中大
獲其利的話，那麼到後來因外匯大批流失，政府不得不更改政策，嚴格
管制外匯和進口配額，致使他們失去賺錢的途徑。然而那些具有特殊背
景的公司卻可以享受種種特權，繼續從事利潤極大的進口貿易，所以這
才引起中外商人的強烈不滿。1947 年 3 月 13 日，上海的美資報紙《大
美晚報》披露合眾社的一則記者消息稱：目前中國的國營商行購有價值

32　狄超白主編：《中國經濟年鑑‧1947》（香港：太平洋經濟研究社，1947 年），頁 12。

33　傅斯年：〈論豪門資本之必須鏟除〉，《觀察》第 2 卷第 1 期（1947 年 3 月 1 日）。

34　傅斯年：〈這個樣子的宋子文非走開不可〉，《傅斯年全集》（台北：聯經出版公司，
　　1980 年），第五冊，頁 317-325。

數十萬萬元的進口貨物，絕不受結匯限額及進口條例等限制，如環球貿易公司、中央信托局及中國供應局現大量進口奢侈品，如汽車、無線電機、冰箱及其他政府嚴禁進口之貨物，「此項奢侈品大部分為政府有關之商行所定購，供應私人買戶，且傳獲利，以飽私囊」；而「中美商人對於宋子良主持之孚中公司、宋子安之中國建設銀公司、孔令侃之揚子建業公司，利用特權，經營商業，尤多指摘」；另外上述公司的一些頭面人物還利用中國外交官的護照在美國從事商業活動。同日《大美晚報》的社評亦稱：「從其他方面所得之報道與合眾社所稱者完全相符，望官方能對此事予以說明」云云。在這種形勢下，蔣介石也都親自致電財政部部長俞鴻鈞，令財政、經濟二部對此事「遴派要員徹查具報」。[35]

（二）來自體制內的反對聲浪

戰後官僚資本的極度膨脹不僅在民間引起強烈反彈，即使在國民黨內也同樣響起一片罵聲。抗戰勝利後國民黨機關報《中央日報》曾多次發表社論，指出「官僚資本操縱整個的經濟命脈，且官僚資本更可利用其特殊權力，壟斷一切，以妨礙新興企業的進展」，他們認為，若不清除代表官僚利益的官僚資本，「非僅人民的利益備受損害，抑且工業化的前途，也將受到嚴重的影響」。因此建議必須實行大掃除，「從黨裏逐出官僚資本的渠魁，並沒收其全部的財產，正式宣告官僚資本的死刑」。[36]

1946 年 3 月召開的國民黨六屆二中全會上，以 CC 為代表的黨內反對派曾對官僚資本進行了嚴厲的討伐。在會上，蕭錚、賴璉、吳鑄人、吳紹澍、鄭亦同、劉健群等中央執行委員慷慨激昂，義憤填膺，對官僚

35　《蔣介石致財政部部長俞鴻鈞代電》（1947 年 3 月 19 日），中國第二歷史檔案館藏財政部檔案：三 (2)/599。

36　轉引自汪朝光：《1945-1949：國共政爭與中國命運》（北京：社會科學文獻出版社，2010 年），頁 85。

資本大肆抨擊。賴璉即將當時經濟衰退的原因歸結於官僚資本的猖獗，他認為凡是利用政治地位，運用公家資金及其他力量，操縱物價，把持國營事業，破壞國家信用，就是官僚資本。他還提出，必須實行官商分開，實行官吏財產登記，絕對不允許官吏經商，以消滅官僚資本。為了表示對官僚資本的憤慨，蕭錚等人還臨時提出動議，要求經濟部撤回報告。[37] 雖然動議最終因未過半數而遭否決，但卻得到接近 45% 與會代表的支持；雖然內中不乏國民黨黨內派系鬥爭的因素，卻說明即使是國民黨上層也認識到官僚資本的危害。

在這之後召開的國民參政會四屆二次會議也提出《嚴厲清除官僚資本》的議案，提案指出，「官僚資本往往假借發達國家資本、提高民生福利等似是而非之理論為掩護，欺騙社會，社會雖加攻擊，彼等似亦有恃無恐。蓋官僚與資本家已結成既得利益集團，聲勢浩大，肆無忌憚也，倘我政府不予徹底清除，恐將成為革命之對象」。為此還提出若干清除官僚資本的原則，即所有公務員及公營事業人員均不得兼營工商業，凡「利用職權經營工商業者，直接圖利或便利工商業機關間接圖利者，均應依法加重處罰」。[38]

到了 1947 年，由於宋子文推行的戰後開放外匯黃金市場以及鼓勵進口的政策慘遭失敗，他本人也因黃金風潮的爆發而辭去行政院長的職務，但朝野上下對宋子文仍然予以抨擊。4 月 2 日，黃宇人等 103 人在國民黨第六屆中央執行委員會第三次全體會議上提出「擬請懲治『金鈔風潮』負責大員及徹查『官辦商行』賬目、沒收貪官污吏之財產、以肅官方而平民憤」的臨時動議，要求追究宋子文、貝祖詒等負責大員的責

37　關於國民黨六屆二中全會上「官僚資本」的攻擊，參見汪朝光：《1945-1949：國共政爭與中國命運》，頁 82-94。

38　《財政部奉發參政會建議嚴厲清除官僚資本案》（1946 年 8 月 20 日），中國第二歷史檔案館編：《中華民國史檔案資料匯編》第五輯第三編「財政經濟」（一）（南京：江蘇古籍出版社，2000 年），頁 38。

任，不能以辭職、免職即為了事，因為這些大員「不但運用失宜，且抑
有勾串商人、操縱圖利之嫌」，因此應「依法提付懲戒」，「從速查明
議處，以肅黨紀，而彰國法」。臨時動議還稱，一統公司、孚中公司、
中國建設銀公司、揚子建業公司等「官辦商行」「皆有利用『特權』、
結購鉅額外匯、輸入大量奢侈品情事，致普通商人難與爭衡，外商並
因此屢提抗議」，而且「此類『官辦商行』又大抵為官僚資本之企業機
構，其間不乏貪官污吏之財產，盡為搜括民脂民膏之所得」，因此要求
有關部門「徹查此類『官辦商行』之賬目」，如果發現其有「勾結貪官
污吏之確鑿事實者，應即封閉其公司、沒收其財產，以肅官方，而平民
憤」。[39] 由此可見，孔、宋家族經營的這些公司業已成為官僚資本的代
表，更成為朝野上下一致攻擊的目標。

　　1947 年 7 月 29 日《中央日報》披露了財政、經濟二部調查孚中、
揚子公司套購外匯的情形，雖然二部調查的只是政府開放外匯市場政策
這一階段，而且事隔兩天該報又刊發更正說明，稱該數字漏填小數點，
從而將兩公司套購外匯的數額減少了 100 倍，但卻並不能解除人們的疑
慮，這就說明此時政府已經沒有甚麼公信力，更反映出朝野上下對於
「官辦商行」依仗權勢套匯、牟取暴利的憤懣之情。[40] 而且大量的事實也
說明，這些公司確實在管制外匯和進口物資的階段，從政府相關部門處
獲得進口配額，並可以官價套購外匯，從而引起中外商人的強烈不滿。

（三）中共對官僚資本一詞定義的轉變

　　應該指出的是，中國共產黨對官僚資本的批判是經歷了一個過程

39　臨時動議原文見台北中國國民黨黨史館藏國民黨中央執行委員會會議檔案：6.3/89；又
　　見中國第二歷史檔案館藏經濟部檔案：四 /28233。

40　詳見鄭會欣：〈關於孚中、揚子公司套匯數目的爭論及其真相〉，《中央研究院近代史研
　　究所集刊》第六十一期（台北：中央研究院近代史研究所，2008 年 9 月）。

的。抗戰期間中共的機關報《解放日報》（延安）和《新華日報》（重慶）與大後方輿論所抨擊官僚資本的定義大致相同，基本上是泛指國民政府中那些主管財政經濟的官員利用職權、搜刮民財、壟斷工商業的行為。1945 年抗戰勝利前夕，毛澤東在中共七大的政治報告《論聯合政府》中也只是說「官僚資本，亦即大地主、大銀行家、大買辦的資本」。[41] 1946 年 1 月 16 日，參加全國政治協商會議的中共代表團曾提出要「防止官僚資本發展，嚴禁官吏用其權勢地位，從事投機壟斷，逃稅走私，利用公款與非法使用交通工具的活動」。[42] 上述內容後被列入政協會議通過的《和平建國綱領草案》之中。此時雖然輿論對官僚資本的抨擊聲勢浩大，但所謂「官僚資本」主要還是用來專指官僚的私人資本以及私人經濟活動。

　　將所有國家資本與官僚私人資本統稱為官僚資本是國共兩黨內戰加劇的後果。抗戰勝利後不久，內戰便接踵而來。國共兩黨除了在戰場上兵戎相見外，在政治上、輿論上更是互相攻訐，因而此時所謂「官僚資本」的含義就不再限於官僚私人所擁有的資本，而是將國民黨政府控制的交通、工礦及金融機構等所有企業都包括在內了。1947 年陳伯達首先將蔣介石、宋子文、孔祥熙、陳果夫和陳立夫並列為中國的四大家族，進而指出：「近代中國所謂『官僚資本』不是別的，正是代表帝國主義與封建主義的利益而在政治上當權的人物利用政治的強制方法，一方面掠奪農民及其他小生產者，一方面壓迫民族自由工業而集中起來的金融資本。」[43] 1947 年 8 月 31 日，西北野戰軍前委提出「沒收戰爭罪犯、官僚資本、貪官污吏、反動頭子、惡霸全部財產」的口號，次日中

41　毛澤東：《論聯合政府》，《毛澤東選集》合訂本（北京：人民出版社，1968 年），頁947。

42　《新華日報》，1946 年 1 月 17 日。

43　陳伯達：《中國四大家族》（香港：長江出版社，1947 年），頁 1-2。

共中央便覆電同意，從此官僚資本便成為革命的對象。

　　此時毛澤東也正式將四大家族聯同外國帝國主義、本國地主階級和舊式富農結合在一起的壟斷資本稱作「買辦的封建的國家壟斷資本主義」。1947 年 12 月 25 日他在中共中央擴大會議的報告中指出：「蔣宋孔陳四大家族，從他們當權的二十年中，已經集中了價值達一百萬萬至二百萬萬美元的巨大財產，壟斷了全國的經濟命脈。」他進而強調：「這個國家壟斷資本主義，在抗日戰爭期間和日本投降以後，達到了最高峰，它替新民主主義革命準備了充分的物質條件。」毛澤東最後的結論是：「這個資本，在中國的通俗名稱，叫做官僚資本；這個資產階級，叫做官僚資產階級，即是中國的大資產階級。」[44] 按照這一理論，沒收官僚資本歸新民主主義國家所有便成為新民主主義革命的三大綱領之首。嗣後，「四大家族」這一名詞便家喻戶曉，深入人心，所有國營企業、官僚私人的資本和四大家族三者之間似乎也劃上了等號，而帝國主義、封建主義和官僚資本主義更成為「壓在中國人民頭上的三座大山」，成為新民主主義革命的對象。1949 年 4 月國共兩黨和平談判中，中共代表團提出的《國內和平協定（最後修正案）》就明確規定：「凡屬南京國民政府統治時期依仗政治特權及豪門勢力而獲得或侵佔的官僚資本企業（包括銀行、工廠、礦山、船舶、商店等）及財產，應沒收為國家所有」，「凡官僚資本屬於南京國民政府統治時期以前及屬於南京國民政府統治時期而為不大的企業且與國計民生無害者，不予沒收；但其中若干人物，由於犯罪行為，例如罪大惡極的反動分子而為人民告發並審查屬實者，仍應沒收其企業及財產」。[45] 中華人民共和國成立前夕召開的第一屆中國人民政治協商會議所通過的《共同綱領》也明文規

44　毛澤東：《目前形勢和我們的任務》，《毛澤東選集》合訂本，頁 1149。

45　武力：〈「官僚資本」概念及沒收過程中的界定問題〉，《中共黨史研究》1991 年第 2 期。

定「沒收官僚資本歸人民國家所有」。據統計，截至 1949 年年底，全國被沒收接管的「官僚買辦資本企業」共計 2,858 個，其中包括資源委員會和中國紡織建設公司所屬企業、國民黨兵工部及軍事後勤系統所辦企業、國民政府交通部、糧食部和其他部門所辦企業、宋孔家族和其他官僚的「商辦企業」、「CC」系統的「黨營」企業，以及各省地方官僚資本系統的企業。[46]

正如毛澤東自己所說，當他 1940 年發表《新民主主義論》的時候並沒有提出沒收官僚資本的問題，這是因為那時「民族資本與官僚資本的區別在我們的腦子裏尚不明晰」；但是到了 1948 年 9 月國共內戰的關鍵時刻，他就毅然提出，「大工業、大銀行、大商業，不管是不是官僚資本，全國勝利後一定時期內都是要沒收的」。[47]由此可見，有關「官僚資本」的定義和內涵是隨着國內政治和軍事鬥爭的升級而不斷變化的，並且它還因應新興政權政治與經濟的現實需要，最終從宣傳的口號落實到行動上。

四　國家資本抑或官僚資本

（一）對官僚資本傳統說法的質疑

中華人民共和國成立後，長期以來上述說法一直被奉為神聖不可侵犯的信條，沒有人敢懷疑它的理論是否科學，它的含義是否清晰。在當時極左思潮的影響下，傳統的認識根深蒂固，若用一道公式表示，那就是國家資本＝官僚資本＝四大家族。這種認識其實也很容易理解：如果

46　涂克明：〈國營經濟的建立及其在建國初期的巨大作用〉，《中共黨史研究》1995 年第 2 期。

47　毛澤東：《在中共中央政治局會議上的報告和結論》（1948 年 9 月），《毛澤東文集》（北京：人民出版社，1993 年），第五卷，頁 140。

沒有官僚資本，那我們的革命目標是甚麼，壓在我們頭上的三座大山豈不是少了一座？

文化大革命結束之後，特別是實施改革和對外開放的國策以來，隨着經濟的持續發展，學術界的思想也得到解放，過去長期不敢觸動的學術禁區亦逐漸受到挑戰，關於「官僚資本」的爭論就是其中一個具代表性的事例。

早在 1982 年上海社會科學院經濟研究所就圍繞「官僚資本」的概念進行討論，該所杜恂誠即對官僚資本的內涵提出異義，他認為將官僚私人的資本統統看作是官僚資本並不能反映其資本的特徵，因為這樣就會將「國家所有制同私人所有制兩種不同所有制形態的資本混為一談」；儘管他並不否認官僚資本的存在，但卻提出「解放前中國官僚資本的基本特徵應是國家資本」這一結論。[48] 丁日初等則對「官僚資本」這一概念提出質疑，但開始時他們還不敢涉及國民黨統治時期「官僚資本」這個敏感問題，研究對象只限於晚清時期的官辦企業和官督商辦企業。他們認為，中國早期的資本主義都是民族資本主義，可以根據資本的所有權將其劃分為國家資本和私人資本兩大類，它們的存在和發展對於當時中國的現代化有着積極的影響，為整個社會資本主義因素的增長奠定了基礎。[49] 然而即便如此，他們的這一結論也立即受到同所其他學者的批評，其中一個重要的理據就是「如果洋務企業和北洋企業都不是官僚資本，四大家族官僚資本豈不成了從天上掉下來的無本之木和無源之水了嗎」？[50]

1985 年在重慶召開的西南經濟討論會上有學者正式向「官僚資本」

48　杜恂誠：〈官僚資本與舊中國社會性質〉，《社會科學》（上海）1982 年第 11 期。

49　丁日初、沈祖煒：〈論晚清的國家資本〉，《歷史研究》1983 年第 6 期。

50　姜鐸：〈舊中國有沒有官僚買辦資本〉，《文匯報》1984 年 10 月 22 日；〈略論洋務企業的性質〉，《歷史研究》1985 年第 6 期；〈略論北洋官僚資本〉，《中國經濟史研究》1990 年第 3 期。

這一傳統觀念提出挑戰，他們認為官僚資本是一個政治概念，而不是一個經濟概念；使用這種術語去研究中國的政治問題或許有一定道理，但用以研究經濟問題則會導致概念上的含混。由此他們得出的結論是：就經濟研究而言，還是使用國家資本和私人資本為宜。[51]

在這之後，關於官僚資本的討論引起了學術界的重視，就連原先提出並堅持這一概念的學者也承認官僚資本是個通俗名稱，原意並不明確，[52] 但是他們還是堅持認為，既然這個名稱已為群眾所接受，同時又被載入中國共產黨的正式文獻之中，因此還是「可以用它來概括中國資本主義發展史中一個特定的範疇，即從清政府的官辦、官督商辦企業到國民黨壟斷資本這一資本主義體系；而它的實質，用政治經濟學的術語來說，就是在這些不同政權下的國家資本主義」。[53] 然而丁日初等學者卻不同意繼續使用「官僚資本」這一概念，他們的理由是，雖然這個通俗名稱已被群眾所接受，並已用於某些政治文獻之中，但既然已經發現它所存在的問題，同時也承認它的實質就是不同政權下的國家資本主義，那麼為甚麼就不能更正錯誤，使用正確的科學概念，將其稱為國家資本主義呢？至於那些官僚軍閥利用槍桿子或政治權勢從人民身上搜括來的資本，進而用於投資興辦的企業，則「大部分是民族資本主義的私人資本企業，他們的原始積累的來源並不能決定所辦企業就是所謂『官僚資本』」。[54] 杜恂誠也支持這一觀點，他認為毛澤東所說的「官僚資本」，就是特指國民黨時期的國家壟斷資本主義，但它只是一個通俗名稱，而

51　有關這次討論會的綜述文章載《中國經濟史研究》1986 年第 1 期。

52　如許滌新早年就認為官僚的私人資本是「固有意義的官僚資本」，而「國家資本在實際上就是四大家族的私人資本」，因此也被劃入官僚資本的範疇。見許滌新：《官僚資本論》（上海：海燕書店，1951 年），頁 51、54。

53　許滌新、吳承明主編：《中國資本主義發展史》第一卷《中國資本主義的萌芽》「總序」（北京：人民出版社，1985 年），頁 18。

54　丁日初、沈祖煒：〈論抗日戰爭時期的國家資本〉，《民國檔案》1986 年第 4 期。

不是政治經濟學的科學定義；再加上後來一些學者又把它的內涵不斷擴大，把官僚、買辦的私人資本也包括進去，並在時間跨度上向上追溯，一直推前到清政府所創辦的企業。由於內涵混亂，時限不清，因而它的外延也就變得十分模糊，實際上它的界限已經無法確認了。[55]

其後丁日初還陸續發表了一些文章，對這個問題深入加以探討。[56]近年來大陸學術界對這個問題認識的分歧愈來愈小，除了尚有為數不是太多的學者仍堅持傳統觀念外，[57]多數學者都不同程度地對上述觀點加以修正，其中具代表性的《民國社會經濟史》的作者即將過去統稱為「官僚資本」的國民黨及其政府控制下的企業與機構改稱為「國家壟斷資本」。他們認為，這種資本一般來說應具備以下三方面條件：其一，這一資本集團是和國家政權結合在一起的，換句話說，它的資本來自政府，並由政府的官員掌管經營大權；其二，這一資本集團對國民經濟的某些方面具有壟斷性；其三，這一資本集團對廣大人民具有壓迫性。而他們對「官僚資本」的定義則與傳統說法具有明顯的不同，這些區別表現為：（1）這一資本集團的資本不是來自政府，而是來自某一個或多個官僚的私人投資；（2）這一資本集團的經營權掌握在某個或某些官僚手中；（3）掌握這一資本集團的官僚們利用手中的權力以權謀私，進行操

55　杜恂誠：《民族資本主義與舊中國政府，1840-1937》（上海：上海社會科學院出版社，1991 年），頁 4。

56　如〈關於「官僚資本」與「官僚資產階級」〉，張憲文、陳興唐、鄭會欣編：《民國檔案與民國史學術討論會論文集》（北京：檔案出版社，1988 年）；〈關於近代上海資本家評價的札記〉，《上海研究論叢》第 7 輯（上海：上海社會科學院出版社，1991 年）等。後來他將這些論文都收入他的文集《近代中國的現代化與資本家階級》（昆明：雲南人民出版社，1994 年）。

57　持這種觀點的主要代表文章包括：黃如桐：〈關於官僚資產階級問題的一些看法〉，《近代史研究》1984 年第 2 期；全慰天：〈中國四大家族官僚買辦資本的形成〉，載孫健編：《中國經濟史論文集》；清慶瑞：〈國民黨官僚資本的形成對中國經濟究竟起了甚麼作用〉，《教學與研究》1986 年第 6 期和〈堅持對國民黨官僚資本的科學認識〉，《教學與研究》1989 年第 6 期；沙健孫：〈中國共產黨對官僚資本主義經濟的政策〉，《思想理論教育導刊》2004 年第 5 期。

縱壟斷、囤積居奇等損害國家和人民的利益，以飽私囊。[58]

在這前後，還有不少學者圍繞這一問題進行了深入的個案研究。如有學者對北洋政府時期官僚私人的投資及其經營活動進行了深入的考察，他認為軍閥與官僚的私人投資應有別於洋務派動用國家資金所開辦的企業；[59] 也有學者以周學熙為研究個案，將官僚資本（bureaucratic capital）與官僚的資本（capital of bureaucrats）加以區別，並認為中國早期的現代化過程在很大程度上是「官僚資本」轉為「官僚的資本」的過程。[60] 陳自芳則統計收集了近代 210 名官僚（包括軍人）私人投資企業的資料，並將其身份歸納為四大類：一、在職官吏投資於企業，其中多數還擔任董事長或總經理；二、官吏退職後成為企業的投資者或經理人；三、官吏親屬為投資者或經營者；四、通過捐納入仕的紳商。其中特別是前三種人，他們多利用職權或在位時留下的基礎積聚資本，從事經濟活動。[61]

至於國家投資和經營的企業，則有學者專門對資源委員會這個民國時期規模最大的重工業機構、也是過去統稱為官僚資本的著名代表進行了全面的研究，他們認為，若用「官僚資本」來概括資源委員會的性質是不恰當的，這容易造成人們思想中的混亂。他們的結論是：資源委員會所經營的事業在舊中國國民經濟中具有舉足輕重的作用，將它說成是一種反動的、落後的事物，既缺乏歷史根據，也不符合歷史事實，確切的說法應該是「國家資本企業經營管理機構」。[62]

58　陸仰淵、方慶秋主編：《民國社會經濟史》（北京：中國經濟出版社，1991 年），頁 774。作為該書的作者之一，我自然也是同意這一觀點的。

59　魏明：〈論北洋軍閥官僚的私人資本主義經濟活動〉，《近代史研究》1985 年第 2 期。

60　李林：〈從周學熙集團看官僚資本的轉化〉，《二十一世紀》總第 3 期（香港：中文大學中國文化研究所，1991 年 2 月）。

61　陳自芳：〈中國近代官僚私人資本的比較分析〉，《中國經濟史研究》1996 年第 3 期。

62　鄭友揆、程麟蓀、張傳洪：《舊中國的資源委員會──史實與評價》（上海：上海社會科學院出版社，1991 年），頁 3。

　　雖然目前多數學者都不同程度地接受了以「國家資本」來代替以往將國營企業統稱為「官僚資本」的概念，因為這一提法內涵比較明確，不會將官僚私人的投資與國家（包括中央和地方）投資的資本混淆在一起，但這種說法卻依然存在着一些問題，其中一個重要的原因就是缺乏對軍閥官僚（特別是南京國民政府時期）私人投資的企業作細緻的分析。丁日初等人也只是籠統地說，他們所創辦的企業「大部分是民族資本主義的私人資本企業」，那麼剩下來的小部分企業的創辦人又是甚麼人呢？按常理來分析，這部分人就應該是指「四大家族」了，他們的投資如果不屬於民族資本的範疇又是甚麼性質呢？

（二）官僚資本的形態及其特徵

　　官僚資本這一概念在近代史上已存之有年，但其定義卻眾說紛紜，莫衷一是，大有商榷之處。如果僅僅是按照資本的來源，區分企業或公司的性質其實並不是一件困難的事情，譬如以投資的國家分類，可以劃為外資、華資（民族資本）或中外合資幾種類型；若以國內的資本分類，則又可大致分為私人資本、國家資本或官商合資幾種；若再細分，則私人投資部分又可分為一般商人投資的民族資本和官僚及其親屬投資的官僚資本。然而由於意識形態上的鬥爭，在中國長期以來有關官僚資本的定義極為含混，滲雜了許多政治的因素，因此有必要對此作一釐清。

　　甚麼是資本？按照一般經濟學家的解釋，資本就是各種以生利為目的的財貨，其中貨幣是最重要的一種形態。資本通常用來代表金融財富，特別是用來經商、興辦企業的金融資產。按照列寧所下的定義，「國家資本主義就是資本主義制度下由國家政權直接控制某些資本主義企業的一種資本主義」。[63] 因此國家資本（state capital）從其資本的自然

63　《列寧選集》第 4 卷（北京：人民出版社，1976 年），頁 627。

屬性來說，應為國家投資並擁有的企業或事業，在不同的生產關係下，國家資本亦同樣具有不同的社會屬性。然而要注意的是，在資本主義社會，國家資本與私人資本之間存在着一種相互轉化的關係，國有資產既可以通過各種途徑轉化為私有資本，而私有資本也可能因國家以強行參股或改組等方式進行干預，從而改變它的屬性。

早在六十多年前，著名的經濟學家王亞南就曾對官僚資本進行過深入的分析和研究。他認為官僚資本應該有三個具體形態：第一是官僚所有資本形態，第二是官僚使用資本形態，第三是官僚支配資本形態。這三者相互的依存性和融通性，是官僚資本之所以成形的具體內容和條件。這三者之間在某些場合下各自獨立，但在某些場合下又是相互結合的，然而若離開了其中之一，則不足以通體了解其他。因此他認為，所謂官僚資本，即使是就其所有形態來說，也不能單從資本為官所有這一事實來評定，而應該從資本在如何的情形下為官所有這一事實來判斷。為甚麼官僚資本被人們詛咒和詬病，那就是因為他們的資本來源和資本活動，都通通與他們的官職發生密切聯繫。

王亞南指出，官僚資本應是在特殊社會條件下，為官僚所擁有、所運用、所支配的諸種資本之有機結合。它的基本特徵是：

一、官僚資本的三個形態，通通都是以官為其發生聯繫作用的樞紐，沒有官的憑藉，這種資本的屬性就根本無法存在；

二、官僚資本之一極是人的屬性的官或官僚，而其對極，卻是物的屬性的資本，資本捺上官僚的烙印，只能在一定的社會政治條件下才有可能，因此官僚資本的產生和發展，也只能從特定的社會政治關係中去加以理解；

三、官僚資本的第一形態應是其基本形態，因為對公營資本作自利的運用、對私營資本作自利的控制，無非是想使其所有資本形態迅速擴大，但第二、三兩種資本形態不僅同樣重要，甚或更加重要，因為如果沒有這兩種資本形態，第一資本形態也許根本就不易產生，即使產生，

恐怕亦不會形成官僚資本。[64]

　　官僚資本究竟是官僚佔用的資本，官僚運用的資本，抑或是官僚控制的資本？很明顯，單憑其歸屬無以確定其內涵。界定官僚資本的標準應是其生存方式。官僚資本的生存方式有二：其一是其積累的方式，或者毋寧說是其兼併的方式；其二是其獲取利潤的方式，此二者都和自由資本具有名顯的分別。自由資本的積累和利潤都是在競爭中實現的，而官僚資本的積累和利潤都是在壟斷中實現的。操縱二者的都是「一隻看不見的手」，但手與手有別，操縱自由資本的是價值規律，而操縱官僚資本的則是被濫用了的公權力。二者的物化環境也不同，自由資本的積累和利潤是在市場經濟中實現的，它與市場經濟的發展相一致；而官僚資本的積累和利潤是在市場經濟之外實現的，它本身是公權力的異化，如果任其發展，必然導致市場經濟的窒息。

（三）「官商之間」：官僚與財閥的結合

　　若從資本的來源分析，相對於外國資本來說，官僚資本屬於中國資本是毫無疑義的；而相對於國家資本來說，儘管官僚用於投資的資金在原始積累時可能充滿着血腥，但它原則上還是應屬於私人的資本，這也應該沒有問題。然而在認同官僚資本與民族資本具有某些一致性的同時，我們更應看到兩者之間的差異，特別是在中國傳統文化的長期浸淫下，官本位的思想根深蒂固，無處不在。「官」居於四民之上，商人的地位則向來很低（士農工商，排在最後），因而必須屈從於朝官的勢力。而官卻象徵着權力，權力則可以衍生為資本，有了權就有了一切，這在官本位盛行的專制社會中似乎永遠是顛撲不破的真理。

　　官僚資本可以通過幾種方式獲得其獨佔的利益，其一，藉公營事業

64　王亞南：《中國經濟原論》（香港：生活書店，1947 年），頁 252-254。

的經營從中漁利；其二，以商股的名義加入享有獨佔權的半公營事業之中，進而牟利；其三，允許私人經營某些享有特權的企業，官僚再以特殊股份的佔有者予以牟利。而所謂官商合辦的「官」，其實並不是「官員」個人，應是「官方」或是公家，而其中的「商」也不是一般意義上的「商人」，他們多與官府之間具有某種特殊的關係，或者本身就是掌握國家經濟大權的官僚及其親屬。

　　雖然官僚對於國有企業或官辦事業這類資本經營並沒有所有權，但卻享有運用權。公營事業是由政府任命的官員負責，並不是因為資本由公家所運用，為官方所經營，便成為官僚資本，而是公家的企業經營被掌握在官僚手中，由官僚任意處置，並使其對於官僚所有的資本形態發生或明或暗的內在聯繫，這也才是民眾與輿論一致攻擊的原因。

　　至於官僚支配的資本形態指的是那些既非官僚直接保有、又非為官僚直接運用，但卻顯然在多方面受着官僚支配控制的那些私人企業的資本，在經濟與政治保有密切聯繫而又缺少明確的法的權界以資分劃的場合，特別在私人資本必須取得政府各種方式的支援，始能維繫的場合，幾乎大部分的私人企業或其資本，都不免要在不同的程度，通過不同的方式，變為官僚的「俘虜」，變為官僚任意侵漁和自由游泳的大水池，變為他們所有資本形態擴大匯集的又一來源。

　　官僚與財閥的結合及其這種結合所產生的影響非常重要。從歷史上來看，古代中國的官僚統治是以土地為基礎，建立在傳統的土地經濟上，農村和農民的安定或動亂，直接影響到統治能否維持。古代中國早已存在官辦事業，例如鹽、鐵的專賣，武器、火藥的生產就一直由官府控制，嚴禁民間染指，所以鴉片戰爭後中國在西方的衝擊下首先興辦軍事工業採用官辦形式是很自然的。由於官辦事業的腐敗盡人皆知，在具有革新思想的有識之士多年主張商辦企業的呼籲下，直到清季方才有了招商制，即將原由官府經營的事業招商人出資承辦，但政府仍能予以嚴格控制，一時間輪船招商局、礦務招商局、電報招商局便應運而生。

　　應該注意的是，近代中國是在列強炮艦的威迫下被迫打開大門，是在一系列不平等條約下納入世界的，因此中國的新式企業、特別是金融業大都具有某種買辦性格，同時它們也直接或間接與列強具有不同程度的依存關係，與政府和權貴之間更存在密切的聯繫。由於近代化企業、商業和金融業的發展，資金開始向城市流動，出現了一些財團，由於利益的驅動，這些新興財團與政府之間的關係日益密切，其中金融界尤為明顯。與此同時，政府為了維持政權，發行內債必須要得到金融界的支持，而金融界亦從發行公債中與政府建立了緊密的聯繫，並從中賺得巨大利潤。由於中國近代化的銀行幾乎是為國家政權提供資金的唯一工具，這就使得銀行家比從事其他行業的資本家更具備向官僚化轉變的條件。抗戰期間特別是抗戰勝利後出現的大批「官辦商行」，則為我們研究這一時期的官僚資本提供了最好的範例。

五「官辦商行」的個案研究

（一）何謂「官辦商行」？

　　甚麼叫「官辦商行」？按照字面理解，應該是由政府出面或投資、從事商業經營例如中央信託局、物資供應局那樣的機構或公司；但是在抗戰勝利後的中國，這個名詞卻具有其特別的涵意，它主要是指那些與政府具有特殊關係的豪門資本。表面上看，它們與一般私營公司一樣申請註冊，收募資本，但實際上公司的股東不是政府內主管財經事務的高級官員或其親屬，就是富甲一方的財閥大亨，因此他們能夠仰仗特權，控制經濟，牟取暴利，從而引起社會輿論的強烈抨擊。在這些「官辦商行」之中，由於孔祥熙、宋子文執掌國家財政二十餘年，其間從未放棄為家族謀利，所以孔宋豪門資本便成為千夫所指的目標。

　　抗戰勝利後，國民政府接收了大量敵偽產業，同時又改變了戰時的統制經濟體制，實行開放外匯和黃金市場以及鼓勵輸入的財經政策，使

得經營對外貿易成為有利可圖的行業。一時間從事進出口貿易的公司紛紛註冊，而那些官僚及其親屬更是利用特權，搶灘登陸，在經營美國商品進口的貿易中大發其財。然而數月之後，由於國庫中外匯的大量流失，進口商品充斥於市，國民政府又不得不修改對外貿易政策，成立輸出入管理委員會，對進口商品實施配額制，同時對於結購外匯亦實行嚴格的管制。[65] 政府的這一政策確實卡住了一般商人的發財之路，但對那些具有強大背景的豪門資本來說，這些舉措不但沒有任何作用，反倒為他們清除了大量競爭對手。就像傅斯年所抨擊的那樣：「惟有權門、霸戶、豪勢，或與這些人有關係的，才能得到貸款。」[66] 這些權貴豪門資本尤以孔、宋子弟所經營的中國建設銀公司、孚中實業公司和揚子建業公司最具代表性，也是被輿論攻擊為「官辦商行」的三大公司。

（二）中國建設銀公司

在這幾家公司中，中國建設銀公司成立的時間最早，它是 1934 年宋子文在上海聯合國內最大的十多家銀行（包括國家銀行和商業銀行）共同投資而成立的一家股份有限公司。此時宋子文剛剛辭去財政部長，照他的原話說就是「決計棄官就商，且具做『中國摩根』意願」，[67] 因此成立這家公司的目的是為了解決引進外資和促進國內資本市場發展兩大問題，故「本人經本黨同志及銀行界友好之贊助，發起組織中國建設銀公司，成為吾國第一家真正投資公司」。[68] 公司成立後曾一度以國家的

65　參閱鄭會欣：〈從統制經濟到開放市場：論戰後初期國民政府對外貿易政策的轉變及其原因〉，《中央研究院近代史研究所集刊》第五十三期（台北：中央研究院近代史研究所，2006 年 9 月）。

66　傅斯年：〈宋子文的失敗〉，《世紀評論》第 1 卷第 8 期（1947 年 2 月 22 日）。

67　這句話是宋子文親口對中國銀行總經理張嘉璈說的，見姚崧齡編著：《張公權先生年譜初稿》上冊（台北：傳記文學出版社，1982 年），頁 133。

68　宋子文 1947 年 9 月 18 日在國民黨中常會上報告中國建設銀公司成立經過時的講話，全文見《大公報》，1947 年 9 月 19、20 日。

名義，積極吸引外資，完成和新建多條鐵路，公司本身又同時投資國內的工礦企業，特別是通過改制，將大批國有企業控制在手中。然而抗戰後期，隨着公司中原屬國家銀行投資的股份以極低廉的價格出售給私人（主要是包括孔、宋家族在內的政府官員和金融大亨），公司的性質及其經營方向都發生了重大的變化，成為名符其實的官僚與財閥結合的典型。[69] 由於宋子文長期操縱公司的運作，其弟宋子良和宋子文更相繼擔任公司的總經理，因此中國建設銀公司一直被認定為宋氏家族的官僚資本。[70]1949 年 5 月上海剛剛解放，中國建設銀公司亦即立刻被軍管；1950 年 1 月 4 日，軍管會正式宣佈，中國建設銀公司及其屬下的所有企業、公司均以「國民黨官僚資本」的名義予以沒收，但在此之前公司的資本早已撤出，留下來的只是那座矗立在上海外灘的建設大廈。

（三）孚中實業公司

　　孚中實業公司是由中國國貨銀行、交通銀行和金城銀行三家銀行共同投資成立、專門從事進出口業的公司，董事長為錢新之，但實際權力則由總經理宋子良所控制。抗戰剛剛勝利，遠在大洋彼岸的宋子良就以中國國貨銀行總經理的身份親筆致函交通銀行董事長錢新之、總經理趙棣華和金城銀行代總經理戴自牧，提出以三行共同投資成立公司、獨家代理美國廠商、專門經營進口貿易的建議，信中稱：「茲為促進中美合作，以利建設起見，子良等擬組織孚中公司（Fu Chung Corp.），先在美國註冊，資本多寡，容再酌定，但至多國貨銀行可認半數。其

69　參見鄭會欣：《從投資公司到「官辦商行」：中國建設銀公司的創立及其經營活動》（香港：中文大學出版社，2000 年）。

70　譬如陳真、姚洛主編《中國近代工業史資料》第三輯（北京：三聯書店，1960 年）的副標題就是「清政府、北洋政府和國民黨政府官僚資本創辦和壟斷的工業」，其中下卷即將中國建設銀公司及其屬下的企業列為「宋子文家族官僚資本」；而黃逸峰、姜鐸的《舊中國的買辦階級》（上海：上海人民出版社，1982 年）頁 165 圖表「四大家族直接控制的金融機構」亦將中國建設銀公司列於其中。

營業範圍包含經營國際貿易及興辦實業，特別注重交通工具以及附屬業務」，宋子良表示，他已經和「美國著名之 Willis-Overland Motors 公司 Toledo Ohio 訂立合同，五年為期，訂明在中國境內（包括東三省、台灣及香港）獨家經銷其所有出品，如汽車、貨車、軍用或農用之奇普車（Jeep）及小型發動機等」。他並且計劃，「初步為其代銷，次為由美裝運機器赴華設廠，製造一部分零件及裝配，如獲成功，則合資在華設廠，製造全車，並由其技術協助，在各運輸要地廣設汽車修理供應處」，除此之外，「尚有其他美廠多家（如全世著名之 Spark Plug 公司、化學醫院用品公司等）欲在吾國發展營業，苦無對象為其策劃，孚中公司可為效力，裨益建設前途，良非淺鮮。不特此也，一俟國內得設立機構時，即可着手推銷國貨及農產品於海外市場」。至於股份，則全數來自於國貨、交通和金城三行（其中國貨銀行應佔半數），不收外股，但「如荷諸兄個人投資，亦所歡迎」。[71] 這封信詳細介紹了成立孚中公司的目的、公司經營的範圍、資本的來源等重要內容，更充分顯示出宋子良等人計劃戰後搶佔國內市場的強烈野心，值得深入研究。[72]

（四）揚子建業公司

　　同孚中實業公司成立的背景幾乎完全一樣，只不過揚子建業公司的老板是孔令侃。抗戰爆發時，大學畢業不久只有二十多歲的孔令侃就被其父任命為財政部秘書、中央信託局理事，常駐香港，負責與西方國家購買軍火，從中賺取大筆佣金。其後他在美國活動期間，與美國眾多金融寡頭建立了聯繫，成為他們在中國的代理人。抗戰剛剛勝利，孔令侃

71　《宋子良等致錢新之等函》（1945 年 8 月 18 日），中國第二歷史檔案館藏交通銀行檔案：三九八 (2)/252。

72　關於孚中公司的成立經過請參閱鄭會欣：〈戰後「官辦商行」的興起：以中國孚中實業公司的創立為例〉，《中國經濟史研究》2009 年第 4 期。

就搶先成立揚子建業公司，專門從事進出口貿易。揚子公司的總公司設於上海，在漢口、福州、南京、香港、天津等地設立分公司，並在紐約設有聯合機構「揚子貿易公司」，公司下設工業、營業、事務、財務、代理進出口、顏料、影片等九個部門。[73] 由於公司主要經營進出口的貿易，如棉花、電器、藥品及其他奢侈品的進口以及從事豬鬃、茶葉等農產品的出口，因此人們將其視為壟斷進出口的「孔家資本」是十分自然的，而 1948 年 9、10 月間蔣經國在上海「打虎」時所牽連的所謂「揚子公司囤積案」，使得這家公司更為世人所知。[74]

這些「官辦商行」利用其特殊的政治背景及其與政府的微妙關係，戰後迅速在上海「搶灘登陸」，一方面獨家代理美國各大廠商的在華經銷代理權，壟斷汽車、電器、藥品、奢侈品等非生產性的物資進口，同時又仗恃特權，套購外匯及申請大量的進口配額，賺取超額利潤，加快了國庫中外匯和黃金大量流出的速度，同時它也成為國人攻擊的共同目標。

六　「官辦商行」的特點

（一）資本的來源與轉變

首先我們對這些公司的資本來源進行分析。

以中國建設銀公司為例，公司的創立得到國民政府最高當局和國內銀行界的廣泛支持，公司註冊資本為國幣 1,000 萬元，25 名董事和 9 名監事不是政府主管財政經營的高官（如孔祥熙、張靜江、李石曾、陳行、徐堪等），就是以江浙財閥為代表的金融大亨（如胡筆江、周作

73　《大公報》，1947 年 9 月 21 日。

74　關於揚子建業公司的情形可參閱鄭會欣：〈孔令侃與揚子建業公司〉，《中國經濟史研究》2017 年第 4 期；〈揚子建業公司囤積物資案的調查與處理〉，《民國檔案》2019 年第 4 期。

民、唐壽民、張嘉璈、徐新六、貝淞蓀、李銘、陳光甫等），其聲勢之強大、陣容之鼎盛，可謂一時無儷。最能說明問題的是，自 1936 年以後的中央銀行理事會 8 名常務理事（宋子文、孔祥熙、徐堪、陳行、葉琢堂、張嘉璈、陳光甫、唐壽民）竟一個不差地全都是建設銀公司的董事會成員！[75] 從中我們可以得出一個結論：中國建設銀公司的董事會不僅由政府內主管財經事務的高官主事，其成員包攬了中國最大的十幾家國家銀行與商業銀行的首腦，而且他們與政府間具有十分密切的關係，有些人甚至還擔任政府中的重要官職，其中有些人「官」與「商」的身份已很難區分。這些事實都在在說明，中國建設銀公司的創辦是國民政府成立後官僚與財閥結合的一個重要標誌。[76]

孚中實業公司在美國註冊，註冊資本為美金 60 萬元，先付一半，其中中國國貨銀行佔一半股份，其餘的股份則分別由交通銀行（20 萬）和金城銀行（10 萬）擁有。其後孚中公司又在重慶申請註冊，其資本為國幣 1,800 萬元（不久又增資為國幣 3 億元），股份分配的比例也與前者完全一樣，但兩家公司並無上下隸屬地位，而是一種兄弟公司的平行關係，為了以示區分，前者稱作孚中國際公司，後者則為中國孚中實業公司。孔祥熙為公司的名譽董事長，董事長為交通銀行董事長錢新之，其他的董事按比例分別由國貨、交通和金城三行負責人出任，而真正執掌公司大權的則是董事總經理宋子良。

揚子建業公司籌備於 1945 年冬季，1946 年 1 月在上海登記註冊，資本為法幣 1 億元，1947 年 7 月增加為 10 億元，分為 100 萬股，孔祥熙之子孔令侃一人就擁有 249,000 股，其餘的大股東包括杜月笙、范紹

75　參見劉壽林、萬仁元等編：《民國職官年表》（北京：中華書局，1995 年）「中央銀行職官年表」。

76　有關銀公司股東及董事會成員的背景可參見鄭會欣：〈中國建設公司的創立：官僚與財閥結合的一個實例〉，《改革》（重慶）1999 年第 2 期。

增、趙季言、顧心逸、姚文凱等海上聞人，董事長及總經理均由孔令侃一人兼任。[77]

在介紹上述公司資本構成的同時還應注意的是，國有資產往往可以通過各種所謂合法的方式流入官僚和財閥的手中。抗戰爆發前夕，建設委員會屬下幾個經濟效益良好的國營企業如首都電廠、戚墅堰電廠和淮南鐵路與煤礦等企業，就是以私有化的形式，讓中國建設銀公司以低廉的價格取得了它們的經營權，成為民國時期國有企業私營化的典型案例。[78] 難怪傅斯年就認為，孔宋等豪門勢力具有「無限制的極狂蠻的支配欲」，戰前即以中國建設銀公司的名義經營或收買戚墅堰電廠、首都電廠、既濟水電公司、淮南煤礦、鄱樂煤礦等國有企業，以致變國營為「宋營」。[79]

需要指出的是，中國建設銀公司成立初期董監事所佔有的股份並非來自個人，其中絕大部分都屬各股東銀行的參股數額；但是到了抗戰後期，隨着大後方腐敗的加劇，這些官僚和財閥卻以極為低廉的價格，將國家銀行和商業銀行手中的股份轉移到個人名下，然後再利用種種特權，操縱市場，買賣外匯，從事各種投機事業。[80] 對於這一點公司的高級職員亦承認：「本公司成立之初，其股份大部分屬於當地各國家銀行及商業銀行，私人股份甚少。其後時日變遷，原有股份漸多轉移，私人股份亦漸次增多。」[81] 這就說明，此時國家的資產已與官僚財閥私人的

77　陳真、姚洛合編：《中國近代工業史資料》第三輯，頁 1000。

78　鄭會欣：〈揚子電氣、淮南礦路公司的創立與國有企業私營化〉，《歷史研究》1998 年第 3 期。

79　傅斯年：〈論豪門資本之必須鏟除〉，《觀察》第 2 卷第 1 期（1947 年 3 月 1 日）。關於抗戰前夕中國建設銀公司投資經營建設委員會屬下國有企業的經過，可參閱鄭會欣：〈揚子電氣、淮南礦路公司的創立與國有企業私營化〉，《歷史研究》1998 年第 3 期。

80　鄭會欣：《關於中國建設銀公司股份的演變情形》，《歷史研究》1999 年第 3 期。

81　《暫擬中國建設銀公司清理計劃草案》（1949 年 6 月 14 日），中國第二歷史檔案館藏中國建設銀公司檔案：二八九 (2)/24。

利益結合在一起而難以區分了。

　　抗戰勝利後經濟部次長何廉反對政府接收和經營日本在華紡織工業，其中一個重要的原因就是害怕政府擁有並經營棉紡織業可能導致官僚資本主義。他所認為的這種官僚資本主義，即意味着某些人或團體，通過他們所在黨或政府內的特殊地位，建立起他們的經濟權勢。雖然紡織廠由政府管制，但這些企業具有非常巨大的引誘力，會使一些個人或單位企圖加以操縱和控制，最終落入官僚資本家手中。[82] 何廉的擔心並不是沒有道理的，確實有許多官員利用他們手中掌握的權力，通過各種方式，將國有資產轉到個人的名下，造成國有資產的嚴重流失。浙江大學校長竺可楨在日記中曾提到世界貿易公司（U.T.C）成立的來由，這是因為當年陳光甫赴美借款，「美國人不願違日本之意作左右袒，故不遂，但以商行名義可貸二千萬元，成立 U.T.C.。珍珠港事變以後，公開為政府機關，孔、宋二人爭欲奪取囊中，以兩方不洽，陳光甫乃獨立經營。但勝利後又改為私人股，其中組織頗成複雜，但對於書坊所得 Commission 佣金，均交與原購書人云。任嗣達為副經理，正經理美國人，李善述則襄理也。」[83] 這也是國有資產如何轉移的一個實例。

（二）外匯雙軌制和進口貿易配額制

　　正是由於這些公司的特殊背景，所以他們與政府之間存在着極為密切的關係，譬如說，中國建設銀公司就是憑藉與政府間的特殊關係，才可能完成國有資產私有化的轉移過程。除此之外，「官辦商行」還通過外匯的雙軌制和進口貿易的配額制中享受特權，從中牟利。

　　1935 年 11 月法幣政策實施後的一段時間，法幣與美金、英鎊等

82　朱佑慈等譯：《何廉回憶錄》（北京：中國文史出版社，1988 年），頁 258。

83　《竺可楨日記》（1947 年 10 月 4 日），載《竺可楨全集》（上海：上海科學教育出版社，2004 年），第 10 卷，頁 549。

主要外幣的比率雖然不斷調整，但相對來說尚比較穩定；到了抗戰中期，國民政府終於放棄了平衡外匯市場的企圖，美元對法幣開始固定在 1：20 的匯率上。以後隨着大後方通貨膨脹的日益嚴重，法幣亦急劇貶值，但官方的外匯比價卻從未進行調整，而黑市外匯的比價卻不斷以數倍乃至數十倍的速度大幅攀升，當時大後方盛傳「工不如商、商不如囤，囤不如匯」就是對這種現象的一個生動寫照。由於戰時國家對外匯實施嚴格的管制，因此只要是能與政府高層拉上關係，以官方牌價購得外匯，再在黑市上一倒手，數十倍的利潤便唾手可得。

　　戰後國民政府一度開放外匯市場，但外匯的黑市市場依然存在，而且隨着通貨膨脹的加劇，官價與黑市之間的差價日益擴大。當時行政院主管審核外匯工作既無一定審核機構，又無詳細法規，核准時或由行政院行文，或由行政院長宋子文個人決定，以便條手諭中央銀行撥售外匯。經審計部派員審核，未經正式程序、違反規定之處甚多。1946年 4 月 11 日，宋子文致中央銀行總裁貝祖貽英文條諭稱：「宋子良代政府向加拿大政府購買 4,700 噸之船隻三艘，價款加幣 1,575,000.00 元，已電席德懋（紐約中國銀行）先付宋子良加幣 157,500.00 元，並於準備啟運時續付全部，囑付還席德懋。」中央銀行當即與席德懋接洽，結果於 4 月 23 日函財政部國庫署，請准撥歸墊並呈報行政院。但卷內未准國庫署歸墊及行政院關於購船全案之正式文卷，計三船共付加幣 1,580,028.78 元，先墊加幣 310,000.00 元，折合國幣 569,272,723.60元，於 1946 年 4 月 23 日函請國庫署撥還歸墊，7 月 25 日再付加幣 1,270,028.78 元，折合國幣 2,565,458,135.60 元，於 7 月 20 日列入財政部欠賬內。[84]

　　抗戰勝利後，政府實施開放外匯的政策，將美元與法幣的匯率一下

---

[84]　監察委員何漢文等：《外匯使用及各公司營業情形調查報告書》（1947 年 1 月 1 日），中國第二歷史檔案館藏監察院檔案：八 /2040。

子提高到 1：2020 的水平，經營進口貿易者趨之若鶩，導致外匯庫存急劇下降。在這種情形下，政府一方面再度貶值法幣，同時修正進出口貿易辦法，對進口商品實施配額制，對外匯則予以嚴格的審批。然而這些制度對於豪門資本和「官辦商行」來說並無妨礙，相反他們卻可以依仗特權，優先獲得配額，進口管制物資，然後再「合法」套購外匯，從而賺取超額利潤。

　　當時的上海市市長吳國楨後來回憶說，按照政府的有關法令來說，這些豪門資本所做的一切確實沒有問題，一切都是合法的，因為法令本身就是他們自己制定的，這是因為「他們有影響力，一切都是在合法的範圍內做的」。比如，當時沒有人能得到外匯（因申請外匯需要審查），「但他們的人，即孔的人是控制財政部外匯管理委員會的，所以就能得到外匯。每個人都得先申請才能進口必要的貨物，但他們卻有優先進口權。因此，儘管他們的確從中國人民的血汗中發了大財，但一切仍然是合法行為」。[85] 何廉也回憶說：「如果沒有政府的幫助，沒有機會從政府手裏買進外匯，在這個當口任何企業肯定都是要覆滅的。可是在 1945 年到 1947 年這兩年期間，在宋子文的控制下，政府出售外匯時是差別對待的，和宋子文沒有聯繫的企業所有人幾乎沒有機會從政府手裏得到外匯，而與之有關係的人申請外匯就得到照顧。」[86] 著名金融家、上海商業銀行總經理陳光甫對於管理外匯有自己的看法，他認為那些外國專家覺得這種方法不錯，卻不了解中國的官僚政治，「管理外匯，愈管而資金愈逃避」，而「管理正好幫助政府中人方便，……好比唱戲人總想唱一齣好戲，不知政治經濟環境，死硬的做，弄得百姓雞犬不安，可

85　《吳國楨口述回憶——從上海市長到「台灣省主席」（1946-1953 年）》（上海：上海人民出版社，1999 年），頁 69。

86　《何廉回憶錄》，頁 280-281。

怕的學說！」[87]官辦商行正是利用與政府間的特殊關係,「合法」地獲得進口配額,再「合法」地套購外匯,從中賺取差價,但同時也激起眾怒。

(三)依仗特權,牟取暴利

「官辦商行」不僅利用特權申請配額、進口物資、套取外匯,而且還享有其他特權,合眾社記者龍特爾即披露:「孚中公司有代表一人,利用中國外交官之護照,現正在美國從事商業上之旅行,而一般有經驗之中國商界領袖欲赴美國,則常不能獲得准許。」[88]

經監察院調查外交部相關案卷,證實孚中公司現任總經理宋子良曾於 1940 年 7 月 3 日領有外交部 D-2067 號外交護照,由行政院以派赴美國考察交通專使的名義出國,1946 年 9 月 14 日又將護照加簽赴美,現尚未回國。孚中公司現任協理沈鴻年則於 1942 年 4 月 20 日以當時外交部長宋子文隨從秘書的身份,領有外交部 D-2435 號外交護照出國,1946 年 7 月 5 日加簽赴美,目前仍在美國。而中國建設銀公司總經理宋子安亦於 1941 年 11 月 6 日以軍事委員會侍從室侍從秘書的身份領有外交部 D-2325 號外交護照出國,現仍在紐約。[89] 很明顯,宋子良、宋子安兄弟和沈鴻年當年出國或許確為公務所需而持有外交護照,但戰後他們的身份已經完全改變,所持外交護照卻仍能加簽,從而繼續使用這一特權,由此也可以看出他們與政府之間所具有的那種密切關係了。

戰後從事對外貿易當屬進口汽車的利潤最大,但經營這一行業必須具備一些先決條件,首先,公司要擁有充足的資本;其次,要與外國

87　上海市檔案館編:《陳光甫日記》(上海:上海書店出版社,2002 年),頁 205。

88　轉引自《何漢文等監察委員報告書》(1947 年 10 月 1 日),中國第二歷史檔案館藏監察院檔案:八 /2040。

89　《財政、經濟兩部會查報告書》(1947 年 6 月 14 日),中國第二歷史檔案館藏輸出入委員會檔案:四四七 (2)/80;又見《何漢文等監察委員報告書》(1947 年 10 月 1 日),監察院檔案:八 /2040。

汽車公司建立良好的關係；第三，所有經營活動必須得到國家相關部
門的支持。而「官辦商行」則正具備這些有利條件。《文匯報》記者曾
披露宋子良「曾獲得美國對華鋼鐵事出限額的 90%」，而且孚中實業公
司「獨家經營之威利吉普，進口已達萬輛，今年進口之新汽車也達千
輛」。[90] 揚子建業公司壟斷經營「奧斯汀」、「雪佛蘭」等高價名車，每
輛進口成本約合 1,800 美元，公司卻可以 5,000 美元一輛在國內市場出
售。[91]

　　當時輿論普遍認為，進口客車主要是為有產階級、特別是為官僚財
閥服務的奢侈品，因此要求嚴格控制進口。1946 年 3 月 4 日公佈的《進
出口貿易暫行辦法》規定，禁止出廠價格在 1,200 美元以上、七座位以
下之客車進口。但「上有政策，下有對策」，本來吉普車按其性質應屬
於客車，孚中公司就鑽了這個空子，將吉普車列為 1 公噸以下貨車，並
得到海關的同意，從而得以堂而皇之地將其大量輸入國內。[92] 另外該辦
法規定凡在 1946 年 3 月以前所訂的各項合同或已購進者「不在此限」，
孚中公司又利用這一空隙，拿出與偉力斯公司所簽訂的包銷合同以及已
售出的合同向海關交涉，結果批准進口 7,000 輛吉普車，均按當時的官
方外匯牌價 2,020 元結匯。這個數字相當龐大，據時任孚中實業公司協
理的陸品琹後來回憶，當時在美國購買一輛吉普車的價格不超過 400 美
元，加上運費、關稅後，成本至多為 800 美元，然而運到國內一轉手，
即可以 2,400 美元的價格售出，利潤實在是驚人。因此，孚中公司僅從

90　《工商天地》第 1 卷第 9 期，1947 年 8 月。轉引自《交通銀行史料》第一卷（1907-1949）
　　（北京：中國金融出版社，1995 年），下冊，頁 1579。

91　宋子昂：〈揚子公司的一鱗半爪〉，《孔祥熙其人其事》（北京：中國文史出版社，1987
　　年），頁 217。

92　《交通銀行史料》第一卷，下冊，頁 1580-1581。

經營汽車進口的一項業務中就發了大財。[93]

但不久之後，因政府以國家的名義向國外購入大批卡車，所以又規定其他商家自 1946 年 4 月 29 日起暫時停止輸入卡車，然而孚中公司卻於 5 月以後共進口 738 輛汽車。它們之所以能夠違背國家的法令公開進口汽車，是得到有關部門密切配合的。據海關報單簽注，這批汽車中分為 5 月 1 日、9 日、23 日和 6 月 22 日共進口 189 輛，係 4 月 29 日以前業已起運在途；而 5 月 23 日至 1947 年 1 月 28 日共進口吉普車 549 輛，則是 4 月 29 日以前業已訂購、並以現款或信用證付結購價，因此海關方按章核准進口云云。但是海關提供的單據只是一份抄件，說是原件已發還。然而經調查公司的結匯賬冊，僅有 1946 年 4 月 10 日和 24 日兩次訂購吉普車 200 輛、共付定金美匯 49,000 美元，這是屬於合法進口的。其餘吉普車價款美金 767,240.68 元都是在 4 月 29 日以後發生，而且大多是在 8 月份以後才陸續結匯的。很明顯，這與公司及海關的報告內容並不相符，因此「所稱四月廿九日以前業已訂購一節不無可疑」。[94]

孚中公司還於 1946 年 3-12 月憑政府發給之配額，共進口旅行汽車 101 輛，其中 74 輛為 3-9 月份額度，獲發 M.C.11-49 號許可證（6 月 22 日發證），指定向中國銀行結匯美金 54,020 元，27 輛係 10-12 月份額度，指定向大通銀行（Chase Bank）結匯美金 38,021 元，並以 M.C.11-101 號許可證（9 月 21 日發證）報經海關查驗後進口的。[95]

此外，孚中公司還進口其他各類緊俏物資，如購買進口 108 箱各類無線電設備中無線電收音機 60 件，內有 40 件是在 1947 年 1 月 18 日進

93　《原孚中公司協理陸品琹訪問紀錄》（1963 年 3 月），轉引自《經濟學術資料》（上海）1982 年第 8 期，頁 36；又見《交通銀行史料》第一卷，下冊，頁 1580。

94　《財政、經濟兩部會查報告書》（1947 年 6 月 14 日），中國第二歷史檔案館藏輸出入委員會檔案：四四七 (2)/80。

95　《輸入臨時管理委員會非限額進口審核處報告》（1947 年 7 月），中國第二歷史檔案館藏輸出入委員會檔案：四四七 /425。

口的，這是超出政府公佈限制進口日期之後的，因為輸入臨時管理委員會早於 1946 年 11 月 17 日公佈的《修正進出口貿易暫行辦法》中即對已訂貨而尚未進口的貨物限定了起運時間。但孚中公司卻稱，這批貨物是代中央航空公司所購置的，主要是供飛機航行及機場交通聯絡之用，而且憑有中央銀行外匯審核處簽發之第 14747 號許可證報關進口，已於 1946 年 11 月 6 日就將這批貨物由紐約運出，所以海關即以「手續尚無不合，似可予以進口」為由予以放行。[96] 公司還曾代理美國西屋電器公司（Westing House）進口電機，售於台灣電力公司發電機及水電設備，並為上海經緯紡織機器製造廠進口全套設備及其他一切零星機器。[97]

　　孚中公司大量進口汽車牟取暴利之事可算是當時的一大新聞，就連竺可楨也從朋友口中得知孚中、揚子公司「均利用政府，大批購汽車入國，其貪污情形直堪髮指也」。[98] 這說明「官辦商行」在民眾中的形象極為惡劣，已成為輿論攻擊的共同目標。

（四）黨國與家族

　　應該說，蔣介石對於貪污腐敗的行徑還是深惡痛絕的，他也曾下令嚴懲貪官污吏。當他收到有關密報後即命令財政、經濟二部秘密調查「官辦商行」依仗特權牟取暴利的活動，而且在披閱調查報告後，仍下令繼續追查「中央信託局、物資供應局、孚中公司進口汽車中確有超出規定限制，依法應禁輸入；又，孚中公司、揚子公司進口之無線電及冰箱，亦有在法令限制輸入以後，何以主管機關竟予核發許可證，准予進口」？「孚中實業公司進口之吉普車，其結匯在卅五年四月廿九日以

96　《輸入臨時管理委員會非限額進口審核處報告》（1947 年 7 月），中國第二歷史檔案館藏輸出入委員會檔案：四四七 /425。又見《何漢文等監察委員報告書》（1947 年 10 月 1 日），中國第二歷史檔案館藏監察院檔案：八 /2040。

97　《交通銀行史料》第一卷，下冊，頁 1580。

98　《竺可楨日記》（1947 年 10 月 4 日），《竺可楨全集》，第 10 卷，頁 549。

後，依法應停止輸入，何以仍准進口並結售外匯？以上各節仍有查究必要」。[99]

最近剛剛公佈的蔣介石日記也進一步證實了這一論點。[100]1947 年 8 月 1 日他的日記中即流露出當時的心情：

近日為宋家孚中、孔家揚子等公司，子文違章舞弊，私批外匯案，佘本令行政院徹查，尚未呈覆……余嚴電財部公佈真相，稍息民疑。子文自私誤國，殊為可痛，自應嚴究懲治，以整紀綱。

朝課後，為查究孚中等公司案，令財部與《中央日報》公佈改正，必須根究查辦，水落石出方妥。

兩天之後，蔣介石又在「上星期反省錄」中寫道：

對孚中、揚子各公司違法外匯，子文私心自用如此，昔以荒唐誤國，猶以其愚頑而尚無舞弊之事諒之。今則發現此弊，實不能再恕，故依法行之，以整紀律。

與此同時，蔣介石為了制止官商之間的勾結，又親自向行政院院長張群下達手令：

目前中外商人對於政府申請外匯、核准進口貨物之辦法諸多批評，認為唯有與政府密切關係之商家，始能有特殊之待遇。而事實上管理辦

99　《蔣介石代電》（1947 年 6 月 28 日），中國第二歷史檔案館藏輸出入委員會檔案：四四七 (2)/80。

100　蔣介石日記原保存於美國斯坦福大學胡佛研究所，自 2006 年 3 月起分批全部對外開放，目前已移運台北國史館典藏。

法是否盡善，亦成問題。查目前核准之外匯有限，而申請之商行則甚多，為免除社會對政府之責難，並防止管理機關徇情偏袒起見，唯有採取公用〔開〕公告之方式，按月由財政部將結放外匯之數額及准許進口物品之項目，先期登報公告，囑各行商限期登記申請。至於各商行之名稱、董事長、經理之姓名、資本額、申請外匯之數額、進口物品之名稱、數量等項，無論核准與否，均由財政部按月登報公告，以昭大信。如有數個商家同樣合於申請之規定者，則取抽籤式輪流核准之方法，以示公允。倘商家認為財政部核准有不公允者，准予提出申訴。此事簡而易行，且將使中外輿論認識我政府確有保障人民合法利益及剷除積弊之決心。此外，凡涉及工商業核准之外匯、進出口貿易、公營事業經費狀況等，應由行政院採取公開公告之原則，並盡量鼓勵人民檢舉貪污，提成充獎，以杜流弊。希即照此原則，限本月十五日前擬定實施辦法呈核為要。[101]

　　然而蔣介石的心情是矛盾的，一方面他對於貪污腐敗深惡痛絕，亦希望通過嚴刑峻法予以打擊，以鞏固黨國的統治；然而一旦腐敗牽連到家族利益、特別是涉及到孔氏豪門的身上，蔣介石的態度就變得猶豫不決了，1945 年對美金公債舞弊案的處理結果就是一個明顯的案例，[102] 而 1948 年的揚子公司囤積案的最終處理，又再次證實了這個判斷。

　　1948 年 9 月，蔣經國在上海「打老虎」的行動中查抄了揚子建業公司囤積的大量物資，此舉得到朝野上下的密切注意，監察院亦立即委派監察委員熊在渭、金越光前來上海進行調查，孔令侃立即搬出宋美齡為他說情。10 月 9 日，蔣經國從無錫飛往北平，特地向蔣介石報告上

101 《國民政府主席蔣介石致行政院院長張群手令》（1947 年 8 月 5 日），台北國史館藏國民政府檔案：001-084100-0005。

102 參見鄭會欣：〈美金公債舞弊案的發生及處理經過〉，載《歷史研究》2009 年第 4 期。

海執行經濟管制的情形，蔣介石在日記中寫道：「經濟本為複雜難理之事，而上海之難，更為全國一切萬惡鬼詐薈萃之地，其處理不易可想而知。對於孔令侃問題，反動派更借題發揮，強令為難，必欲陷其於罪，否則即謂經之包蔽〔庇〕，尤以宣鐵吾機關報攻訐為甚。余嚴斥其妄，令其自動停刊。」[103]10月18日剛從瀋陽督戰回到北平的蔣介石又給上海市長吳國楨發來一電，要他立即制止監察院的行動：

　　關於揚子公司事，聞監察委員要將其開辦以來業務全部核查，中以為依法令論殊不合理。以該公司為商營，而非政府機關，該院不應對商營事業無理取鬧，如果屬實，則可屬令侃聘律師進行法律解決，先詳討其監察委員此舉是否合法，是否有權，一面由律師正式宣告其不法行動，拒絕其檢查。並以此意與經國切商，勿使任何商民無辜受屈也。[104]

　　兩天後吳國楨亦發來回電：

　　查此案前係由督導處辦事處逕飭警局辦理，奉鈞座電後，經與經國兄洽定三項辦法：（一）警局即日通知監察委員，檢查該公司業務全部超越警局，只能根據違反取締日用品囤積居奇條例之職權，警局前派會同查勘人員即日撤回；（二）該公司可以無當地行政人員在場為理由，拒絕查賬，不必正面與該委員等發生爭執；（三）監察委員熊在渭與天翼先生關係極深，職定訪天翼先生，請其轉達不作超越法律範圍之檢查。是否有當，敬請示遵。[105]

---

103 《蔣介石日記》（1948年10月9日）。
104 《蔣介石致吳國楨電》（1948年10月18日），台北國史館藏蔣中正檔案特交檔案：002080200334070。
105 《吳國楨致蔣介石電》（1948年10月20日），台北國史館藏蔣中正檔案，特交檔案：0020080108002015。

　　此時東北戰場鏖戰正急，國共兩黨正在進行決定中國未來兩種命運、兩種前途的大決戰。蔣介石居然萬里戎機，特地從前線發來電報，阻止有關部門對揚子公司的調查，這就說明此刻黨國榮辱與家族利益已經緊密地結合在一起，也是到了生死存亡的關鍵時刻了。面對中共甚至國民黨內的攻擊，蔣介石卻認為「社會對宋孔豪門資本之攻訐幾乎成為全國一致之目標，共匪宣傳之陰毒與深入如此，以此為倒蔣手段也」。[106] 而且，「對孔宋攻訐牽涉內人，凡卑鄙齷齪足以毀滅余全家之信用與人格之誹謗，皆已竭盡其手段矣。是非不明，人心惡毒至此，如無上帝之恩施與耐心毅力，當已悲憤棄世矣」。[107]

七　結語：應重視對官僚資本的研究

　　關於國家資本和官僚資本的爭論延續了多年，雖然目前絕大多數學者都不同程度地接受了以「國家資本」來代替以往將國營企業統稱為「官僚資本」的概念，因為這一提法內涵比較明確，不會將官僚私人的投資與國家（包括中央和地方）投資的資本混淆在一起，但是應注意的是，在一定的條件下，特別是在中國長期以來官僚政治傳統的影響下，官僚可以通過手中所掌握的權力，以各種方式將國家資本轉化為官僚私人的資本，而且這種轉化往往都是以各種「合法」的途徑加以實現的。

　　儘管我們承認官僚個人投資的資本仍應屬於中國的私有資本，不能簡單地將其劃為國家資本的範疇；儘管他們的資本在原始積累時可能充滿着血腥，但並不能因此而將其劃出私人資本的陣營。有學者即明確指出：「在對資本類型作分類統計或分類研究的場合，『國家資本』或『國

---

106 《蔣介石日記》（1948 年 11 月 11 日）。

107 《蔣介石日記》（1948 年 11 月 12 日）。

家壟斷資本主義」確有比『官僚資本』清晰的一面，但『國家資本』或『國家壟斷資本主義』的經濟學概括並不完整，在許多場合，『官僚資本』的概念仍不應被棄用。」他認為「官僚資本」應該是「在中國近代國家資本主義經濟體系中，官僚利用對資源的控制，利用對信息的獨佔，利用對企業的使用權、收益權、處置權和轉讓權的掌握，牟取私利並損害全社會福利的一種經濟和社會形態」。[108] 因此，我們在認同官僚資本與民族資本一致性的同時，更應看到兩者之間所存在的明顯差異，特別應注意到官僚與財閥的聯合及其這種結合所產生的影響。在這些官督商辦、官商合辦的企業中，政府的利益和財產已經同官僚私人的利益混為一體、難以區分了。[109] 而中國建設銀公司、孚中實業公司和揚子建業公司等這些「官辦商行」則正是民國時期官僚資本的典型代表，因此應該深入進行研究。

我們還應看到，民國時期的官僚資本還具有一個重要特點，那就是除了政府高級官員本人直接從事或投資企業之外，往往還採用另一種形式介入國家的商業活動，他們本身不直接出面，而以其家屬（配偶、子女、兄弟等）身份投資興辦公司，即所謂「裙帶資本（apron-string capital）」，這些事例在抗戰勝利前後表現得格外明顯。抗戰勝利前後，宋子文擔任行政院院長，步入其一生中仕途的巔峰，他為了表明官員不參與經商而辭去揚子電氣、淮南礦路和既濟水電三公司董事長的職務。然而也就是在此同時，一大批政府高級官員親屬創辦的公司卻紛紛出現，搶灘登陸，前文提及最著名的也是被朝野上下指責為「官辦商行」的三大公司——揚子建業公司、孚中公司和中國建設銀公司，總經理就分別是孔祥熙之子孔令侃和宋子文的兩個胞弟宋子良、宋子安。

108　杜恂誠：〈試論近代中國社會階層排序〉，《學術月刊》（上海）2004 年第 1 期。

109　有關晚清官僚投資經商的史實可參見陳錦江著、王笛、張箭譯：《清末現代企業與官商關係》（北京：中國社會科學出版社，1997 年）。

　　民國成立後，由於軍閥混戰，政局不穩，中央權威日益下降，使得政府干預經濟的能力也隨之減弱，企業家和商人從而可以擺脫政府的某些控制，得到相對的發展；然而國民政府成立之後，隨着中央集權的強化，政府對經濟的干預亦日益加強。當新政權成立之初，以江浙財團為代表的中國金融資產階級在經濟上立即給予援助，他們同時也從經營國債中獲得優厚的利潤，從而將自己與政權緊密地聯繫在一起，由是權勢與財勢便有機地加以結合，並對整個國民經濟產生極為重要的影響。從上述幾家「官辦商行」的發展歷史和經營活動中我們即可以清楚地看到，宋子文、孔祥熙這些政府主管財政經濟事務、同時又以私人名義從事各種經濟活動的亦官亦商的官僚，是如何與張嘉璈、陳光甫、錢新之這些原本是金融大亨、但又與政府具有密切關係甚或擔任政府重要職務的亦商亦官的財閥結合在一起；同時它也說明，只要具備一定條件，這種官商勾結、以權謀私的傳統政治行為模式是可以在歷史發展的過程中不斷再現的。

原載王建朗、黃克武主編：《兩岸新編中國近代史》[民國卷] 下冊

（北京：社會科學文獻出版社，2016 年）

後記

　　擺在讀者面前的這本小書是我的第六本文集。

　　自大學畢業後從事歷史研究工作以來至今已四十多年，這些年先後在內地、香港和台灣發表了近 200 篇學術論文和文章，其中大都與民國的歷史有關。這些論文有些已先後結集出版，其中《改革與困擾：三十年代國民政府的嘗試》（香港教育圖書公司，1998 年）主要收錄的是早期在內地發表的論文，涉及的是戰前財政金融改革與這一時期的中外經濟關係；《國民政府戰時統制經濟與貿易研究（1937-1945）》（上海社會科學院出版社，2009 年）是我在新世紀初圍繞抗戰期間國民政府貿易委員會研究所完成的系列論文；《檔案中的民國政要》（香港：中華書局，2013 年）所收的學術文章雖說追求通俗可讀，但都是以檔案等原始資料為依據，決非胡編亂造，此書出版後又先後由北京的中華書局和台北的大旗公司出版了簡體與繁體版，題目雖略有不同，但內容卻沒有變動，這也是我在兩岸三地同時出版的同一本書；《讀檔閱史：民國政事與家族利益》（北京：中華書局，2014 年）收錄的大都是新世紀後發表的論文，內容涉及民國時期的政治、外交和財政經濟，而且多與蔣介石、孔祥熙和宋子文及其家族的活動有關；而《日記中的歷史：民國人物的公務與私情》（香港：商務印書館，2020 年）則主要以近年來公佈和出版的民國人物日記為依據，撰寫的十多篇論文既涉及民國重要人物的政治活動，也披露他們日常生活的記錄，該書最近也會由北京的社會科學文獻出版社出版簡體本。

　　承蒙中華書局（香港）有限公司侯明總經理、總編輯和副總編輯兼學術出版分社黎耀強社長厚愛，約我出版一冊論文集，我就選擇了 13 篇論文，選取的原則是，其一，這些論文皆未收入上述文集，其二，所

收論文的內容均與民國時期的社會經濟有關。上述論文發表的時間相距時間較長，有些是二十多年前撰寫的，更多的是近年發表的論文，此次加以匯總時，除了對個別題目略加修改，注釋予以統一之外，內容與文字基本未作變更。

　　陳方正博士長期出任香港中文大學中國文化研究所所長，我自1990年開始在中文大學服務起，即長期得到他的鼓勵進行民國史的研究。本書出版前冒昧向他提出不情之請，承蒙應允賜序，他從理論上和現實中予以深入闡釋，提綱挈領，對我深有啟發，謹此致以真摯的謝忱。